관용의 역사

관용의 역사

르네상스에서 계몽주의까지

우리 시각으로 읽는 세계의 역사 10

김응종 지음

푸른역사

머리말

관용의 역사가인 자고린은 "과거와 현재의 모든 거대 종교 중에서 그리스도교가 가장 불관용적인 종교였다"고 말한다.[1] 사실이 그러했다. 313년에 공인된 이후로, 그리스도교는 한마디로 박해하는 종교였다. 그러니 '관용의 역사'는 불관용적인 그리스도교로부터의 해방의 역사이다. 그리스도교의 불관용적인 태도가 변한 것은 놀랍게도 우리 시대에 와서이다. 제2차 세계대전의 고난을 겪고 나서, 1965년 제2차 바티칸 공의회는 드디어 종교의 자유를 허용했다. 그리스도교는 오랜 독선과 불관용을 버리고 그리스도교가 여러 종교들 가운데 하나의 종교임을 겸허하게 받아들인 것이다.

기원후 1세기, 그리스도교가 소수 종교로서 역사의 무대에 등장했을 당시의 상황도 비슷했다. 거대한 지중해 세계를 평정한 로마제국에는 세상의 수많은 종교가 들어와 있었다. 그 많은 종교들을 통제하는 일은 제국의 힘을 넘어선 것이었기에 로마는 종교의 자유를 부여했다.[2] 그것이 제국의 안전을 유지하는 방법이었기 때문이다. 물론 조건이 없던 것은 아니었다. 로마는 황제를 신으로 숭배했기 때문에 로마의 종교들은 황제를 위해 예배 의식을 거행해야 했다. 대부분의 종교는 유일신을 숭배하지도 않았고 도그마도 지니고 있지 않았기 때문에 다른 신을 인정하고 그 신을 위해 예식을 거행하는 것이 어렵지 않았다. 이는 로마라는 나라를 인정하고 나라의 평화와 안정을 위해 기도하는 것이기도 했다. 로마라는 든든한 울타리 안에서 신들은 평화롭게 공존했다.

그러나 그리스도교는 달랐다. 그리스도교는 유일신을 숭배했다. 그리스도만이 신이기 때문에 다른 신들은 모두 거짓이었다. 그리스도교만이 참된 종교였고, 다른 종교는 모두 미신이었다. 그리스도만이 "길이요, 진리요, 생명"이었다. 다른 종교들은 병을 고쳐주고 잃어버린 물건을 찾아주는 등의 기능을 가진 종교였던 반면에, 그리스도교는 진리를 가르쳐주었다. 이러한 성격의 그리스도교가 다른 종교를 배척하는 것은 당연했다. 그리스도교는 로마 황제를 신으로 인정할 수 없었고, 따라서 황제 신을 위해 예배하기를 거부했다. 이것은 로마가 보기에는 로마의 평화와 안정을 해치는 행위였기 때문에 그리스도교에 대한 박해는 불가피했다.

로마에서 그리스도교는 합법적인 종교가 아니었다. 그리스도교도라는 사실 자체가 범법 행위였다.[3] 로마의 체계적인 박해 앞에서, 그리스도교는 '종교의 자유'를 요구했다. 테르툴리아누스의 뒤를 이어 락탄티우스는 디오클레티아누스 황제의 박해에 대항하며 다음과 같이 주장했다: 종교는 강요될 수 있는 것이 아니다, 박해는 인간의 법과 신의 법을 위반하는 것이다, 박해는 박해하는 종교에 좋지 않다, 박해가 아니라 설득과 대화를 해야 한다.[4] 박해받는데도 그리스도교인의 수는 꾸준히 늘어서 4세기경에 이르면 전 인구의 10퍼센트를 차지할 정도가 되었다. 그리스도교가 거대 종교가 되자 박해보다는 관용을 베푸는 편이 현명했다. 313년 콘스탄티누스 황제는 밀라노칙령을 공포하여 그리스도교인들에게 종교의 자유를 부여했다. 그러나 그리스도교의 역사에서는 이때부터 일탈이 시작된다. "이 중대한 결정으로 인해 이성이 속박되고 사상이 노예화되며 지식이 전혀 진보하지 못한 천년이 시작되었다."[5] 그리스도교에 대한 박해가 끝나면서, 락탄티우스의 이야기도 잊혀졌다. 그리고 "관용론에 대한 그리스도교의 기여는 끝났다."[6] 그리스도교는 불관용의 종교가 되었고, 테르툴리아누스와 락탄티우스 같은 사람들을 박해하게 된다. 약자일 때는 종교의 자유를 요구하다가 강자가 되면 종교의 자유를 거부하는 행태는 관용의 역사에서 수없이 되풀이된다.

밀라노칙령이 그리스도교를 국교로 선포한 것은 아니었다. 그러나 황제들은 그리스도교로 개종했고 그 덕에 그리스도교의 세력은 더욱 커졌다. 그리스도교는 기본적으로 배타적인 도그마를 갖춘 배타적인 종교이기 때문에 로마의 전통적인 종교들을 인정하지 않았다. 충분한 힘을 얻은 그리스도교는 이교도의 신전을 파괴하고 신자들의 일상생활을 방해하는 등 박해하기 시작했다. 박해받던 종교에서 박해하는 종교로 탈바꿈한 것이다. 362년, 율리아누스 황제는 모든 종교는 법 앞에 평등하다며 그리스도교의 지배에 제동을 걸고 전통적인 다신교 사회로 돌아가려 했으나 성공하지 못했다. 391년, 로마는 그리스도교를 국교로 선포했다. 이때부터 중세를 거쳐 프랑스혁명 전까지 그리스도교는 유럽에서 국교의 지위를 차지했다. 다시 말하면, 그리스도교를 믿지 않을 자유는 물론이고 '다르게' 믿을 자유도 없었다.

그리스도교는 이교를 상대로 한 싸움에서 승리를 거두었다. 그러나 그것으로 평화가 온 것은 아니었다. 대개 외전外戰은 내전內戰으로 이어지는 법인데, 그리스도교 역시 내전에 휘말렸다. 그리스도교 교리는 신비적인 내용을 많이 포함하고 있어서 다르게 생각할 여지가 많았기 때문이다. 삼위일체, 예수의 탄생과 부활, 동정녀 마리아, 성체성사 등은 모두 신비였다. 인간의 이성으로는 이해하기 어려운 내용이었고, 따라서 사람마다 다르게 생각할 가능성이 많았다. 예수는 인간인가, 신인가, 인간이며 신인가 등의 문제를 둘러싸고 신학 논쟁이 벌어졌으며, 그때마다 이단들이 생겨났다. 이단이란 말 그대로 '다르게 생각하는 사람'일 뿐이었지만, 그들은 오류에 빠진 사람들로 단죄되어 가혹한 처벌을 받았다.

중세 그리스도교 세계를 위협했던 이단들은 타락한 사람들이 아니었다. 사탄의 앞잡이는 더더욱 아니었다. 가톨릭교회와는 다르게 생각했을 뿐이다. 카타르파는 선과 악의 문제를 고민했고, 발도파는 빈곤의 문제에 대해 가톨릭교회와는 다르게 생각했고 가톨릭교회를 비판했다. 그들은 '진정한 그리스도교인'을 자처했다. 그러나 그들은 이단으로 단죄되었다. 중세에는 가톨릭교회가 해석한 그리스도교에 순종할 의무만 있었지, 자신의 양심에 따라 그리스도교를 해석하거나 다른 종교를 선택할 자유가 없었다. 중세는 종교의 자유가 없었다. 12세기 전반기에 이르면 화형이 이단에 대한 일반적인 구제책이 되었으며, 13세기 전반기에는 이단재판소가 설치되었고 고문도 허용되었다.

신학자들은 이단을 어떻게 할 것인가를 놓고 고민했다. 신앙은 기본적으로 개인의 양심의 문제이기 때문에 강제로 개종시키는 것은 불가능하다고 생각했기 때문이다. 또 그것이 성서의 정신이기도 했다. 이 문제와 관련해서 관용의 역사에 자주 등장하는 성서 구절이 "가라지의 비유"다.(마태13, 24-30)

도나투스주의자들과 논쟁하는 아우구스티누스, 샤를—앙드레 반 루(1705~1765).

도나투스주의자들은 4~5세기에 북아프리카에 퍼졌던 그리스도교 이단이다. 이들은 디오 클레티아누스 황제의 그리스도교 박해 때 신앙 포기의 증거로 성서를 양도하라는 요구를 따른 그리스도교인들을 배교자로 단죄하고, 자기들이 참된 성사를 지키는 진정한 교회라고 주장했다. 아우구스티누스는 성직자 개인이 아니라 성직 자체가 성사를 유효하게 만든다는 논리로 가톨릭교회를 옹호했으며, 콘스탄티누스 황제가 가톨릭교회를 제국의 공식 교회로 인정했음을 법적 문서를 통해 입증했다. 중세에 교회와 성직자의 부패와 타락을 비판했던 이단들은 도나투스주의자라는 비판을 받았다.

예수께서 또 다른 비유를 그들에게 말씀하셨다. "하늘나라는 어떤 사람이 밭에 좋은 씨를 뿌린 것에 비길 수 있다. 사람들이 잠을 자고 있는 동안에 원수가 와서 밀밭에 가라지를 뿌리고 갔다. 밀이 자라서 이삭이 팼을 때 가라지도 드러났다. 종들이 주인에게 와서 '주인님, 밭에 뿌리신 것은 좋은 씨가 아니었습니까? 그런데 가라지는 어디서 생겼습니까?' 하고 묻자, 주인의 대답이 '원수가 그랬구나!' 했다. '그러면 저희가 가서 그것을 뽑아버릴까요?' 하고 종들이 다시 묻자, 주인은 '가만두어라. 가라지를 뽑다가 밀까지 뽑으면 어떻게 하겠느냐? 추수 때까지 둘 다 함께 자라도록 내버려두어라. 추수 때에 내가 추수꾼에 일러서 가라지를 먼저 뽑아서 단으로 묶어 불에 태워버리게 하고 밀은 내 곳간에 거두어들이게 하겠다'고 대답했다.

비유의 의미는 분명하다. 그것은 가라지, 즉 이단을 제거하지 말고 '최후의 심판'에 맡기라는 말이다. 중세의 신학을 지배했던 아우구스티누스는 처음에는 신앙이 양심의 문제라며 폭력적인 개종이나 박해를 반대했다. 그러나 결국에는 가라지의 비유를 자의적으로 해석하여 박해를 정당화시켰다. 밀 이삭을 상하게 하지 않고 가라지만 뽑아낼 수 있다면 가라지를 뽑아도 된다고 해석한 것이다.[7] 이렇게 해서 '정당한 박해'라는 괴상한 용어가 만들어졌다. 나중에 이 말은 '정당한 전쟁'이라는 또 다른 괴상한 용어와 짝을 이룬다. 나아가 그는 '혼인잔치의 비유'(루카14, 16–24)에 의거해 강제 개종을 정당화시켰다.

예수께서 이렇게 말씀하셨다. "어떤 사람이 큰 잔치를 준비하고 많은 사람들을 초대했다. 잔치 시간이 되자 초대받은 사람들에게 자기 종을 보내어 준비가 다 되었으니 어서 오라고 전했다. 그러나 초대받은 사람들은 한결

같이 못 간다고 핑계를 대었다. 첫째 사람은 '내가 밭을 샀으니 거기 가봐야 하겠소. 미안하오' 했고, 둘째 사람은 '나는 겨릿소 다섯 쌍을 샀는데 그것들을 부려보러 가는 길이오. 미안하오' 했으며, 또 한 사람은 '내가 지금 막 장가들었는데 어떻게 갈 수가 있겠소?' 하고 말했다. 심부름 갔던 종이 돌아와서 주인에게 그대로 전했다. 집주인은 대단히 노하여 그 종더러 '어서 동네로 가서 한길과 골목을 다니며 가난한 사람, 불구자, 소경, 절름발이들을 이리로 데려오너라' 하고 명령했다. 얼마 뒤에 종이 돌아와서 '주인님, 분부하신 대로 다 했습니다. 그러나 아직도 자리가 남았습니다' 하고 말하니, 주인은 다시 종에게 이렇게 일렀다. '그러면 어서 나가서 길거리나 울타리 곁에 서 있는 사람들을 억지로라도 데려다가 내 집을 채우도록 하여라. 잘 들어라. 처음에 초대받았던 사람들 중에는 내 잔치에 참여할 사람이 하나도 없을 것이다.'

"억지로라도 데려다가 내 집을 채우도록 하여라"가 문제의 구절이다. 아우구스티누스 이래 루이 14세까지의 박해자들은 모두 이 구절을 근거로 박해 및 강제 개종을 정당화했다. 근대의 관용사상가들은 글자 그대로가 아니라 '이성'의 빛으로 비유적으로 이 구절을 해석하면서 아우구스티누스를 비판했다. 아우구스티누스는 위대한 신학자일지는 모르지만, 관용의 역사에서는 "박해자들의 제후"일 뿐이었다.[8] 토머스 아퀴나스 역시, "잘못을 행하는 자유를 주는 것보다는 죽음을 주는 편이 영혼에게 덜 나쁘다"라는 아우구스티누스의 잔인한 말에 동의하면서 이단들에게 화형을 선고했다.[9] 17세기 프랑스의 신학자인 보쉬에는 가톨릭은 "모든 종교 가운데 가장 엄격하고 가장 덜 관용적인 종교"라며 자랑스러워했다.[10] 17세기에 가톨릭의 박해를 받은 프랑스의 회의주의 철학자 피에르 밸은 불관용이 그리스도교의 본질이며 그리스도교와 함께 태어났다고 주장했다.[11] 관용의 역사가인 엘튼도 이에 동의한다.

> 실제로, 종교들은 다른 종교에 대해서가 아니라 자기 종교 내의 다른 종파들에 대해 극히 불관용적이다. 이슬람교도들이 그리스도교도들을 공격하는 것을 즐기기는 했지만, 그들은 이슬람 내의 종파 투쟁에서 훨씬 더 많이 마일리지를 쌓았다. 그런데 모든 종교들 가운데, 그리스도교의 교리가 가장 정교하기 때문에 많은 분파들을 낳았으며, 이단을 파괴하는 원칙과 실천 면에서 가장 철저했다.[12]

따라서 '관용'으로 돌아가기 위해서는 중세를 떠나야 했다. 이 책에서 관용의 역사를 르네상스에서 계몽주의 시대까지로 한정한 것은 바로 이 시기에 유럽이 그리스도교의 지배에서 벗어나 세속 사회로 들어서기 시작했다고 보기 때문이다. 나아가, 관용으로 돌아가기 위해서는 그리스도교에서 벗어날 필요가 있었다. 이 책에서 무신론을 주요 테마로 다루고 무신론자 돌바크로 계몽주의에 대한 장을 마무리한 것은 이러한 이유에서다. 프랑스에서 '관용'이라는 말이 등장한 것은 종교전쟁이 시작된 1562년이고, '양심의 자유'라는 말이 사용되는 것도 역시 이 무렵이다.[13] 독일에서도 1618년에 시작된 30년전쟁 중에 '관용'이라는 단어가 등장한다.[14] 즉, 관용은 종교전쟁의 부산물인 셈이다. 종교전쟁은 종교개혁의 직접적인 결과였다. 그리고 종교개혁은 중세의 타락한 그리스도교를 넘어 원래의 순수한 그리스도교로 돌아가려는 운동이었다. 한편, 고대로의 복귀라는 점에서 종교개혁은 르네상스의 산물이었다. 계몽주의 시대에는 그리스도교의 여러 종파들이 공존하고 갈등하는 가운데 국가의 안정과 번영이라는 실용적인 차원에서 관용이 절실히 필요해졌다. 1787년 루이 16세는 관용칙령을 공포하여 프로테스탄트들에게도 종교의 자유를 부여한다. 관용의 역사에서 볼 때, 루이 16세는 개혁군주이다.

르네상스는 이교도들의 사상이 부활한 시기다. 고대 철학자들의 자연철학, 회의주의 철학, 에피쿠로스의 철학 등은 근대의 관용론자들이 그리스도교 도그마의 독단과 독선을 허무는 무기가 되었다. 이신론자, 자유사상가, 회의주의자, 에피쿠로스주의자, 철학자, 무신론자 등 다양한 사람들이 양심의 자유와 관용을 위한 투쟁을 벌였고, 교회는 이들을 이단 또는 무신론자라고 고발하면서 교회의 권위를 지키기 위해 몸부림쳤으나, 최종적으로 국가는 국가의 이익을 고려하여 관용을 선포했다. 교회와 국가의 관계에서 국가가 주도권을 잡는 것이 중요했고, 종교전쟁은 국가, 즉 군주가 결정권을 확보하는 데 큰 역할을 했다. 아우크스부르크 평화조약이 "그의 지역에 그의 종교"라고 결정한 것이 그 증거다.

1787년, 루이 16세의 관용칙령과 더불어 관용이 승리를 거두었다. 그러나 관용은 승리를 거둔 동시에 폐기되었다. 관용은 본래 '용인容認', '시혜施惠'의 의미를 지니는 구체제의 개념이었기 때문이다. 계몽주의자들에게 종교의 자유와 양심의 자유는 더 이상 군주가 용인하거나 시혜를 베푸는 대상이 아니었다. 그것은 일찍이 로크가 주장한 바 있는, 인간의 자연권이었다. 프랑스혁명은 종교의 자유가 "인간의 자연적이고 양도 불가능하며 신성한 권리"라고 선언함으로써 '관용의 역사'에 종지부를 찍었다.

르네상스에서 계몽주의 시대까지의 관용의 역사를 관통하는 중요한 힘으로는, 이렇듯 인문주의와 종교개혁, 종교전쟁, 회의주의를 비롯한 고대 사상의 부활, 계몽주의 등을 꼽을 수 있다. 이 책을 인문주의와 종교개혁, 종교전쟁과 관용, 회의주의의 부활, 계몽주의로 구성한 이유는 이 때문이다. 구체적으로, 이 책에서는 에라스뮈스, 루터, 칼뱅, 보댕, 흐로티위스(그로티우스), 홉스, 몽테뉴와 자유사상가들, 스피노자, 로크, 밸, 이신론자들, 몽테스키외, 볼테르, 루소, 돌바크 같은 계몽사상가들, 인문주의, 종교개혁, 종교전쟁, 아우크스부르크 평화조약, 낭트칙령, 베스트팔렌 평화조약, 퐁텐블로칙령 같은 사건들을 중심으로 관용의 역사를 살펴볼 것이다. 이밖에도 수많은 사람들과 사건들이 관용의 역사에 등장했지만, 이 책에서 다루고 있는 사람들과 사건들만으로도 관용의 역사를 조망하는 데에는 어려움이 없으리라 생각한다.

　근대의 종교 문제에 관심을 가지게 된 것은 박사 학위논문을 준비하기 위해 뤼시앵 페브르의 《16세기의 무신앙 문제—라블레의 종교》를 읽으면서부터이다.[15] 그러니 역사 연구에 입문하면서부터 종교사로 방향을 잡았다고 말할 수 있다. 그중에서도 구체적으로 '관용'이라는 주제에 관심을 가지게 된 것은 슈테판 츠바이크의 《폭력에 대항한 양심》을 읽으면서이다.[16] 이 책은 충격적이었다. 그 후 '관용'과 '무신론'이라는 주제로 여러 가지 사건과 인물에 대한 논문을 쓰면서 그때의 충격을 이성적으로 진정시켰다. 한국연구재단의 인문저술지원사업에 선정된 후, '관용의 역사—르네상스에서 계몽주의까지'라는 거대한 주제로 연구를 진행하면서 대략적인 초고를 작성한 다음, 이 분야의 전문가인 페레즈 자고린, 헨리 카멘Henry Kamen, 벤저민 카플란 Benjamin Kaplan의 책을 정독하면서 초고의 내용을 보완하고 수정했다.[17] 이 세 명의 전문가들 역시 나와 마찬가지로 '근대'에 집중하여 관용의 역사를 다루고 있어서 매우 반가웠다.

"모든 역사는 당대사"라는 크로체의 명제는 옳다. 비록 서양의, 그것도 근대의 관용의 역사를 다루고 있지만 현대 사회와도, 우리 사회와도 무관하지 않다. 종교적 갈등은 물론이고, 이념적 갈등, 인종적·문화적 갈등을 겪고 있는 오늘날의 우리 사회에 요구되는 정신 가운데 하나가 '관용'일 것이다. '관용의 역사'가 이 문제에 대해 함께 고민하는 데 도움이 되기를 바란다.

2014. 6. 30
김응종

차례

I. 인문주의와 종교개혁

II. 종교전쟁과 관용

III. 회의주의의 부활

IV. 계몽주의와 관용

I

인문주의와
종교개혁

중세에는 '관용'이 없었다. '이단'을 관용하는 것은 무관심하고 무책임했을 뿐만 아니라 불신적인 행위였다. 관용하는 것은 "교회와 국가를 파괴하려는 적그리스도의 최후의 필사적인 계획"으로 여겨지기도 했다.[18] 가톨릭교회는 처음에는 그들을 포용하고 구원으로 이끌기 위해 설득과 대화라는 방법을 동원했으나, 그들이 교회의 품으로 돌아오기를 완강히 거부할 때에는 그들을 제거함으로써 다른 선량한 신도들이 감염되지 않도록 차단했다. 그렇게 하는 것이 그리스도교적 사랑의 표현이었다.

중세에는 개인도 없었고, 양심의 자유라는 것도 없었다. 오직 중요한 것은 가톨릭 공동체의 가르침을 따르는 일이었다. 그것이 바로 구원에 이르는 길이었다. 관용이 시작되기 위해서는 중세에서 벗어나야 했다. 르네상스 시대에 와서 사람들은 중세 너머에 있는 고대를 바라보게 되었고, 내세의 구원만을 바라는 그리스도교적인 삶이 아니라 현세의 자연스러운 삶을 발견할 수 있었다. 또한 고전고대古典古代에서 원죄에 신음하는 비참한 인간이 아니라 스스로의 운명을 개척하는 적극적인 인간을 발견했다. "인간과 자연의 재발견"은 인간의 자유와 존엄성에 대한 재발견이기도 했다. 고대는 종교의 자유가 있던 사회였기 때문에, 고대의 부활은 종교의 자유를 예고하는 셈이었다.

그리스도교 인문주의는 그리스도교의 근원으로 돌아가려 했다. 그리고 지나치게 논리적인 중세 가톨릭교회의 스콜라 철학에 가려 있던 그리스도의 철학을 찾아냈다. 그것은 의식儀式과 도그마의 그리스도교가 아니라 사랑과 평화와 도덕의 그리스도교였다. 특히 에라스뮈스는 이러한 그리스도교 인문주의의 제왕이었다. 그 후 인문주의에서 종교개혁이 탄생했다. 그러나 종교개혁은 인문주의의 기대를 저버리고 새로운 도그마가 되었다. 루터는 가톨릭교회에 저항하면서 양심과 자유를 외쳤으나, 관용론자가 아니었다. 그가 만든 교회 역시 가톨릭교회와 마찬가지로 불관용적이었다.

관용의 역사는 종교개혁과 인문주의와 함께 시작되지만, 두 힘의 성격과 방향은 달랐다. 종교개혁은 불관용적이었던 반면, 인문주의는 관용적이었다. 처음에는 종교개혁이 승리를 거두었으나, 최종적으로는 인문주의가 승리를 거둔다.

〈봄〉, 보티첼리, 1482년경.

그림 중앙에는 베누스가 있고, 봄과 관련된 고대의 신들이 주위를 둘러싸고 있다. 등장인물들의 몸짓은 위대한 계절의 부활에 대한 로마 시인 루크레티우스의 묘사를 따르고 있다. "봄이 오니, 날개 달린 전령들이 앞서 나와 베누스의 입장을 알리고, 어머니 플로라는 열심히 제피로스의 발꿈치를 따라와 그들의 앞길에 빼어난 색과 향을 풍성하게 흩뿌린다." 보티첼리는 루크레티우스의 《사물의 본성에 관하여》를 읽고 영향을 받았다(참고. 스티븐·그린블랫, 이혜원 옮김, 《1417년, 근대의 탄생. 르네상스와 한 책 사냥꾼 이야기》, 까치, 2013). 르네상스의 의미가 고대의 부활임을 이보다 더 잘 표현한 그림은 없다.

1

루터와
'그리스도인의 자유'

양심

1517년 10월 31일, 아우구스티누스 수도회 수도자이자 신부이며 비텐베르크 대학 교수인 신학 박사 마르틴 루터는 가톨릭교회의 면벌부 판매에 항의하는 '95개 논제'를 비텐베르크 성城 교회 정문에 게시했다. 이것은 공개적으로 문제를 제기하고 논쟁을 요청하는 의례적인 행동이었으나, 그의 작은 행동은 '종교개혁'이라는 혁명적 사건으로 확대되었다.

결과론이지만, 가톨릭교회의 대응은 현명하지 못했다. 지지자들의 응원과 교회의 처벌 의지가 교차하는 가운데, 루터는 1519년에 요한 에크와 공개 토론을 벌였고, 1520년에는 세 편의 책자를 통해 자신의 사상을 체계적으로 정리했다. 《독일 귀족에게 고함》에서는 그리스도 교회의 개혁에 관해 독일인, 특히 귀족들의 애국심에 호소했고, 《교황의 바빌론 포로생활》에서는 교회에 '포로로 잡혀 있는' 성사 가운데 세례성사와 성체성사만을 인정함으로써 가톨릭교회의 성사 제도를 비판했으며, 《그리스도인의 자유》에서는 '믿음'으로 구원받는다는 '새로운' 신학을 제시했다. 루터는 1521년에 교황의 파문 교서를 받았으나 용감하게 불태워버렸고, 보름스에서 열린 제국의회에 소환되어 황제의 심문을 받을때는 소신을 굽히지 않았다. 공민권을 박탈당해 목숨이 위태로워진 절체절명의 순간에, 루터는 작센 선제후의 도움으로 바르트부르크 성으로 피신했다. 루터는 《신약성서》를 독일어로 번역하는 역사적인 작업에 몰두했다.

　루터가 교황과 황제의 위협에도 뜻을 굽히지 않은 것은 '양심' 때문이었다. 루터는 황제 앞에서 다음과 같이 말했다.

　성서의 증거와 명백한 이성에 비추어 나의 유죄가 증명되지 않는 한, 나는 교황들과 공의회의 권위를 인정하지 않겠습니다. 사실 이 둘은 서로 엇갈린 주장을 하고 있습니다. 내 양심은 하느님의 말씀에 사로잡혀 있습니다. 양심에 어긋난 행동을 하는 것은 옳지 않을 뿐더러 안전하지도 않기 때문입니다.[19]

　성서를 해석하는 권한은 더 이상 가톨릭교회의 독점물이 아니었다. 누구나 성서를 읽고 이성에 따라 해석하고 양심에 따라 판단할 권리가 있었다. '양심'은 루터가 가톨릭교회의 권위에 맞설 수 있게 한 힘이었다. 중세에는 가톨릭교회의 권위가 신앙의 기준이었으나, 루터에게는 양심이 신앙의 기준이었다. 성서를 읽고 스스로 옳다고 믿는 것이 신앙의 기준이 되었다는 말이다. 루터의 '양심' 선언은 더 이상 교회의 가르침이나 공의회의 결정을 무조건 따르지는 않겠다는 의지의 표명이었다. 루터의 선언은 로욜라의 선언과 대조된다. 반종교개혁의 기수는 다음과 같이 말했다. "어떤 것이 우리 눈에는 하얗게 보이는데 교회가 검다고 하면 우리는 그것이 검다고 말해야 한다."[20]

루터의 95개 논제는 직접적으로는 면벌부 판매에 반대했지만, 근원적으로는 면벌부 자체를 문제삼았다. 교회에서 면벌부를 발급하는 근거는 성인들의 '공功'이 교회의 보고를 이루고 있기 때문에 교황은 여분의 공을 취하여 공이 바닥난 사람에게 줄 수 있다는 것이다. 루터는 자신을 구원할 만큼 충분한 공을 가진 사람은 아무도 없다고 말함으로써 면벌부 이론 자체를 무너뜨렸다. 성인이라고 해도 죄인이기 때문에 성인들의 공을 쌓아두는 보고라는 것은 존재하지 않는다는 말이다. 게다가, 자기의 공이 아니라 남의 공에 의해 구원받을 수는 없다. 그러면 어떻게 구원받을 수 있을까? 수도자로서의 엄격한 생활을 하면서도 구원을 확신하지 못해 불안해하던 루터는 하느님은 자비로우신 분이기 때문에 그리스도를 통해 구원하실 것임을 믿기만 하면 죄를 용서해주시고 구원의 은총을 내려주실 것이라는 생각에 도달했다. 루터는 이러한 생각을《그리스도인의 자유》제10절에서 표현했다.

우리 그리스도인은 믿음으로써 충분하고 아무런 행위도 더는 필요하지 않다는 것을 알며, 그래서 모든 계명과 율법에서 확실히 벗어난다는 사실을 안다. 만일 그가 이런 것에서 벗어난다고 한다면 그는 확실히 자유롭다. 이것이 그리스도인의 자유이며 유일한 신앙이다. 그것이 우리로 하여금 게으르게, 혹은 악을 행하게 할 수 없고, 의로움과 행복을 얻기 위해 아무런 행위도 필요 없게 만든다.

루터는 외면적인 '선업'이 아니라 내면적인 '믿음'으로써 그리스도 인으로서의 '자유'를 얻었다. 루터가 말하는 '자유'는 가톨릭교회의 율법과 강요로부터의 자유요 해방이었지, 자연법적인 자유를 말하는 것은 아니었다. 그가 말하는 자유는 스스로의 양심에 따라 파악한 신의 뜻에 복종하는 것이었다. 역사는 루터를 신학자로 조용히 내버려 두지 않았다. 그는 바르트부르크 성에서 성서 번역만 하고 있을 수 없었다. 루터는 혼자가 아니었다. 지지자들이 등장했기 때문이다. 그들은 루터와 마찬가지로 양심에 의해 성서를 해석했고, 자유를 얻었으며, 루터보다 더 과격하게 요구했다. 루터는 본의 아니게 혁명의 소용돌이 속으로 빨려들어갔다.

독일인 루터

루터의 사상은 '성서주의', '믿음주의', '은총주의'로 요약할 수 있다. 이것은 루터에게는 획기적인 사상이었지만, '새로운' 사상은 아니었다. '선업'과 '은총'의 갈등은 그리스도교의 역사에서 오래된 것이었다. 일찍이 아우구스티누스는 인간의 자유의지와 선업을 강조하는 펠라기우스에 반대하여 은총을 주장했으며, 17세기 프랑스의 얀센주의 역시 은총을 내세웠다. 발도파나 후스파 같은 중세의 '이단들' 역시 대체로 루터와 같은 사상을 가지고 있었다. 루터는 그리스도교의 이단의 계보를 잇는 셈이었다.

그러나 루터가 이단이 아니라 '종교개혁가'로 명예를 회복한 것은, 사상과 용기 외에도 다른 요소들이 작용했기 때문이다. 우선 루터가 민족주의에 호소했다는 사실을 지적할 수 있다. 이러한 민족주의적 경향은 독일 귀족에게 호소하는 책자에 분명히 나타난다.

모든 그리스도의 나라의 돈이 이 밑빠진 교회에 빨려들어가고 있습니다. 이것이 그리스도의 나라의 공동 자산이라는 말에 독일인들은 코웃음을 칠 뿐이죠. 이러다간 머지않아 로마의 모든 교회, 궁전, 성벽, 다리를 세우는 데 우리의 돈을 바쳐야 할 판입니다. 먼저 우리들이 가꿔야 할 것은 지역 교회가 아니라 살아 있는 성전입니다. 우리에게는 필요도 없는 성베드로 대성당은 꿈에도 그릴 수 없는 것입니다. 우리 관구의 교회들이 약탈을 당하느니, 성당이 아예 세워지지 않는 편이 훨씬 낫습니다.[21]

이렇게 '독일'을 강조하는 경향은 '95개 논제' 이후에 계속 나타난다. 루터는 《식탁담화》에서 "독일은 교황의 돼지다. 독일은 교황에게 그 많은 베이컨과 소시지를 댈 수밖에 없다"고 서술하기도 했다. 종교개혁 초기의 한 풍자화는 루터를 "독일의 헤라클레스"로 묘사했다.[22] 독일인들에게 루터는 '민족 영웅'이었다. 1519년에 라이프치히에서 루터와 요한 에크의 논쟁이 벌어졌을 때, 200여 명의 학생들은 손에 도끼를 들고 루터를 호위했다. 독일이 루터를 지지한 것이다. 독일에서 교황의 대변인 노릇을 하던 알레안더의 보고에 의하면, 루터가 교황의 교서를 불태울 무렵 독일인들 가운데 10분의 9는 "루터"를 외쳤고, 나머지 10분의 1은 "교황을 죽여라"를 외쳤다![23]

루터가 이렇게 독일인들의 열광적인 지지를 받은 것은 인쇄술 덕분에 루터의 사상이 쉽게 전해졌기 때문이다. '인쇄술'이라는 역사적인 발명품이 루터를 역사적인 인물로 만든 것이다. 바젤의 인쇄업자인

〈보름스 제국의회에서의 루터〉, 안톤 폰 베르너(1843~1915).

루터는 1415년에 보헤미아의 후스가 콘스탄츠 제국의회에 소환되어 이단으로 몰려 화형당한 사실을 알고 있었음에도 제국의회에 출석하여, '양심'을 따르겠다고 주장하고 있다. 루터의 '용기'가 돋보이는 대목이다.

요한 프로벤은 '95개 논제', '확답', '프리에라스에게 보내는 답변', '참회', '성만찬'에 대한 설교 등을 수집해서 책으로 묶어 출판했다. 1519년 2월, 그는 루터에게 지금까지 인쇄한 책 가운데 이렇게 날개 돋친 듯 팔린 책은 없었다고 말했다. 이 책은 독일 전역뿐만 아니라 외국에까지 퍼져나갔으며, 루터를 민족의 영웅이 아니라 세계의 영웅으로 만들었다. 그래서 루터는 《식탁담화》에서 "인쇄는 온 세상에 참 종교를 전파하는 하느님의 최신작이요 최선작"이라고 말했다. 1521년부터 1524년까지 4년 동안 독일에서 발행된 소책자의 수는 독일 역사의 어느 때보다도 많았다.[24]

루터가 이단으로서의 비참한 삶을 맞이하지 않고 종교개혁가로 역사에 이름을 남길 수 있던 것은 독일의 제후들이 신성로마제국 황제에 맞서서 루터를 보호했기 때문이다. 보름스 제국의회에서 작센 선제후 프리드리히가 루터를 '납치'하여 바르트부르크 성에 은거시킨 것은 루터뿐만 아니라 종교개혁을 구한 셈이었다. 루터는 독일 제후들의 도움으로 종교개혁을 계속할 수 있었지만, 그로 인해 지불해야 할 대가는 컸다. 제후들이 새로운 루터파 교회에서 과거 가톨릭교회의 주교들이 하던 역할을 떠맡았기 때문에, 결과적으로는 교회가 국가에 종속되고 말았던 것이다.

루터의 배신?

루터는 많은 사람의 지지를 받았지만, 한결같은 지지를 받으리라는 보장은 없었다. 그러한 가능성은 이미 루터의 사상 속에 내포되어 있었다. 루터는 '성서주의', '믿음주의', '은총주의'를 내세우며 전통적인 가톨릭교회와 뚜렷이 차별화했다. 이제 신앙의 기준은 교회의 가르침과 권위를 따르는 것이 아니라 각자가 이성에 따라 성서를 읽고 양심에 따라 판단하는 데 있었다. 루터는 부지불식간에 '개인주의'라는 시대의 흐름에 동참한 셈이다. 최종적인 판단 기준은 개인의 양심이었다. 그런데 '양심주의'는 또 다른 루터들을 양산할 가능성을 지니고 있었다. 루터의 책이 아무리 많이 읽혔더라도, 루터의 책을 읽은 사람들이 모두 루터의 추종자가 되는 것은 아니었다. 그들 모두 자신의 '양심'에 따라 루터를 이해했기 때문에 최종적으로는 서로 다른 루터의 이미지가 생성되었다. 루터의 가르침을 따라 '성서주의'를 택한다고 해도 루터와는 다르게 성서를 이해하는 사람도 있을 수 있었고, 루터의 뜻을 오독할 수도 있었다. 교황과 황제의 위협에도 당당했던 루터는 당시로서는 과격한 인물이었지만 루터보다 더 과격한 인물도 나올 수 있었고, 실제로도 그러했다. 루터가 바르트부르크 성에서 성서 번역에 몰두하고 있을 때, 이미 '종교개혁'은 루터를 넘어설 만큼 과격해졌다.

　루터의 종교개혁이 내포한 한계를 극명하게 드러내준 사람이 토마스 뮌처인데, 그는 문서상으로 입증된 최초의 루터파다.[25] 뮌처는 루터의 추천으로 츠비카우의 사제직을 얻었다. 그러나 신비주의에 강하게 물들어 있었고 하느님을 직접 체험하려 했던 뮌처는 '프라하 선언'에서 '문자적 믿음'이라는 외적 말씀에 대해 '영적 믿음'이라는 내적 말씀을 대립적으로 제시했다. 이것은 루터의 성서주의를 넘어 성령주의로 향한 것이었다. 뮌처는 루터를 강하게 비판했다.

그는 고리대와 세금이 믿음의 수용을 막고 있음을 모르는가? 그는 신의 말씀으로 충분하다고 주장한다. 그는 삶에 시달리는 사람들이 신의 말씀을 읽도록 배울 시간이 없다는 것을 모르는가? 제후들은 고리대로 민중의 피를 짜내고 있으며, 하천의 물고기, 하늘의 새, 들판의 풀을 자기들의 것으로 여기고 있다. 그런데 그 거짓말쟁이Dr. Liar는 '아멘!'이라고 말한다. 그 기회주의자Dr. Pussyfoot, 비텐베르크의 새로운 교황, 안락의자Dr. Easychair, 아첨꾼은 어떠한 용기를 지니고 있는가? 그는 칼은 신이 지배자에게 준 것이기 때문에 저항해서는 안 된다고 말한다. 그러나 칼의 힘은 전 공동체에 속한다![26]

뮌처는 루터를 "살찐 돼지"라고 비난했다. 1525년 4월에 농민전쟁이 발발하자, 그는 이를 천년왕국이 도래하는 징조라고 생각했다. 뮌처는 흰색 바탕에 신과의 계약을 상징하는 무지개를 그린 깃발을 들고 2,000여 명의 농민군을 지휘했다.

루터는 뮌처와 농민반란에 대해 어떻게 생각했을까? 자신의 '양심'에 호소했듯이, 뮌처의 '양심'과 농민들의 '양심'을 인정했을까? 루터는 뮌처의 양심을 인정하지 않았고, 신비주의적인 성서 해석도 인정하지 않았다.

또 하나의 쟁점이 있다면 저항권이었다. 성서는 군주에 대한 저항을 허용하는가? 루터는 《로마서》의 말씀에 따라 모든 권력은 하느님이 주셨기 때문에 군주를 거스르는 것은 하느님의 명을 거스르는 것이라고 생각했다. 군주는 지상의 평화를 유지하도록 하느님에게 임명받았다는 것이다. 루터에게 저항권이란 상상할 수 없었다. 고작해야 저항 대신 이민을 권할 뿐이었다. 루터는 지난 1,000년 동안 자신만큼 세속 국가를 옹호한 사람은 없었다고 말했고 보름스 제국의회의 소환을 하느님의 부르심으로 해석했다.[27] 루터가 지킹겐이나 후텐 같은 제국 기사들의 저항에 반대한 것도 같은 이유에서였다. 반면, 뮌처는 선택받은 자들은 현실의 불합리하고 정의롭지 못한 것들에 저항해야 한다고 생각했다. 그리고 선택받은 자들의 사명은 하느님의 나라를 세우는 것이고, 이를 위해서는 불경건한 자들을 제거해야 한다고 생각했다.

　루터는 시종일관 비폭력을 강조했다. 루터는 교회를 파괴하고 신부들을 몰아내는 등 폭력 사태가 벌어지자, 폭력은 그들을 더욱 강하게 만들 뿐이라고 설교하면서 기도할 것을 호소했다. 그래서 농민전쟁 중에 뮌처가 불신자들을 도륙하라며 살육을 선동하자, 루터는 몸서리쳤다. 루터는 폭력적인 행동을 막기 위해 위험을 무릅쓰고 농민전쟁이 벌어지던 튀링겐 지역으로 가서 농민과 제후 사이의 협상을 종용했고 뮌처파와 신학 논쟁을 벌이기도 했다.

　그러나 루터로서도 어쩔 수 없었다. 루터는 최종적으로는 제후의 편을 들었다. 제후는 하느님이 임명했다고 믿었기 때문이다. 농민반란이 죄이고 폭력이 죄라면, 제후들이 반란을 진압하는 것은 정당한 행동이다. 농민들의 폭력에 맞서 제후들이 행사하는 폭력은 불가피했다. 결국 루터는 "강도와 살인을 일삼는 농민들"을 "미친개 때려잡듯이" 죽이라고 말했고, 루터의 저주로 5,000여 명의 농민들이 도살당했다. 루터가 농민들을 버리고 제후들을 지지한 것은 루터의 '배신'인가? 세속 권력은 하느님으로부터 왔으므로 세속 권력에 저항할 수 없다는 것은 루터의 다른 사상들과 마찬가지로 그리스도교의 근본적인 사상이었다. 그러므로 루터가 원래의 생각을 바꾸어 농민들을 배신하고 제후들의 편에 선 것도, 루터가 기회주의적으로 굴면서 제후들에게 보답한 것도 아니었다. 루터가 농민들을 지지하리라는 생각은 농민들의 오해였다.[28] 루터에게 배신감을 느낀 농민들은 가톨릭으로 돌아가거나 과격한 재세례파에게서 종교적 고향을 발견했다.

루터는 어떻게 해서 하느님으로부터 온 교회 권력에 저항할 수 있었을까? 보름스 제국의회에서 루터가 "나는 여기에 확고부동하게 서 있습니다. 달리 어찌할 도리가 없습니다"라고 말했던 이유는 그의 행동이 양심의 요구였기 때문이다. 루터에게 있어서, 양심의 요구는 자신이 아니라 바로 하느님의 요구였다. 그러하기에 그는 어쩔 도리가 없었던 것이다. 폭력적인 저항은 불가능했지만, 비폭력적인 저항은 어쩔 수 없었다. 루터는 츠빙글리가 카펠 전투에서 목숨을 잃은 것은 칼을 든 데에 대한 하느님의 심판이라고 생각했다.[29] 루터의 저항 방식은 '순교'였다.

우리는 복수하거나 변호하기보다는 도살당하러 가는 양이 되어야 옳다. 우리의 양심이 그러한 재앙의 감당할 수 없는 무게에 짓눌리거나 우리의 복음이 유혈의 명분이 되기보다는, 열 번이라도 죽는 편이 낫다.[30]

루터는 1546년에 63세의 나이로 세상을 떠났다. 수녀였던 카타리나 폰 보라와 결혼했으며, 여섯 명의 자녀를 두었다. 당대의 개혁가로서는 보기 드문 삶이었다. 그는 개혁을 시작했으나, 개혁은 혁명으로 치달았고 전쟁으로 폭발했다. 자신의 사상보다 과격한 사상이 퍼지고 원하지 않던 폭력이 발생하는 가운데, 루터는 안정을 희구하게 되었고 군주에게 그 희망을 걸었다. 루터는 세속 군주가 지역 주민들의 종교 생활을 감독하도록 했다. 주민들을 가톨릭교회로부터 해방시켰으나, 다시 국가에 예속시킨 것이다. 결국, 그는 세속 권력에 의지하는 보수주의자가 되었다. 독일이 근대 이후 권위주의의 지배를 받게 된 이유 중의 하나는 여기에서 찾을 수 있을 것이다.

관용과 불관용

루터는 관용에 대해 어떻게 생각했을까? 루터는 1523년의 《세속의 권위에 대하여》에서 관용에 대해 고전적으로 진술했다.

개개인은 자신의 책임하에 자신이 믿을 것을 결정해야 한다. 그리고 올바로 믿도록 노력해야 한다. 다른 사람들이 나를 대신해서 천당에 가거나 지옥에 갈 수 없으며, 나를 위해서 문을 열거나 닫을 수 없다. 그들이 나를 대신해서 믿을 수 없기에, 나에게 신앙이나 불신앙을 강요할 수 없다. 어떻게 믿느냐는 각자의 양심의 문제다. 그리고 이것은 세속 정부의 권위를 감소시키지 않는다. 그러므로 세속 정부는 본래의 일에만 신경 쓰는 것으로 만족해야 하며, 사람들이 믿을 수 있는 것, 원하는 것을 믿도록 허용해야 한다. 이 문제에 대해서는 누구에게도 강제력을 사용해서는 안 된다.[31]

믿음은 개인의 '양심'의 문제이기 때문에 강요할 수 없다는 것이다. 루터는 "강제로 믿게 할 수도 없으며 해서도 안 된다"라는 아우구스티누스의 원론적인 말을 되풀이했다. 믿음은 사람의 일이 아니라 "성령 안에서 이루어지는 신神의 일"이기 때문이다.[32] 그러므로 사람의 힘으로는 끼어들 수 없다. 그러나 이러한 관용적인 입장은 오래가지 않았다. 아우구스티누스 역시 "억지로라도 데려와라"는 성서 구절을 인용하며 강제 개종을 지지한 바 있다. 이러한 아우구스티누스의 이 중적인 사고가 루터에게도 나타난다.

루터는 농민전쟁이 발발하기 전에는 관용론자였다. "가난한 사람들이 그처럼 비참하게 죽음에 처하고 불태워지고 잔인하게 살해되는 것은 옳지 않다. 나는 그 때문에 괴로워 죽겠다. 아무나 자기가 좋아하는 것을 믿게 내버려두어라. 잘못 믿은 사람은 지옥 불로 충분히 처벌을 받을 것"이라는 생각이었다.[33] 그러나 농민전쟁은 루터의 관용적인 입장을 변화시켰다. 그는 농민전쟁이 단순히 종교적인 요구가 아니라 군주에 대한 저항이라고 생각했다. 이렇게 종교적인 요구를 정치적인 반란으로 몰아서 박해하는 것은 후대의 박해자들에게 계승된다. 루터는 공공의 평화를 위해서는 한 지역에 하나의 종교가 있는 것이 바람직하다고 생각했다. 이것은 1555년의 아우크스부르크 평화조약의 기본 정신을 예고하는 것이다.[34]

가톨릭교회의 미사에 대해서도, 루터는 초기에는 미사 폐지를 요구하는 지지자들을 만류했으나 1525년 이후에는 세속 권력이 강제력을 동원해서라도 미사를 폐지하라고 요구했다. 그는 양심의 자유와 예배의 자유를 구분하여, 예배가 신성을 모독하는 경우에는 군주가 개입할 수 있다고 말했다. 이렇게 처음에는 정치와 종교, 교회와 국가의 분리를 내세웠으나, 농민전쟁 이후에는 종교적인 반대파를 국가의 적으로 규정하면서 종교를 국가에 예속시켰다. 1526년, 루터는 작센 선제후에게 다음과 같이 썼다.

어떤 사람이 무엇을 견지하고 무엇을 믿을지를 미리 규정하는 것이 우리의 의도는 아니지만, 우리의 공국 내에서 해로운 반란이나 해악을 막기 위해 어떠한 분파도 관용하지 않을 것이다.[35]

루터는 자신의 종교적 자유를 획득하기 위해 가톨릭교회와 싸웠으나, 자신보다 더 급진적인 혁명가들의 종교적 자유에는 관용적이지 않았다. 대표적인 사례가 뮌처와의 관계다. 루터는 당대의 가장 급진적인 프로테스탄트였던 재세례파에 대해서도 관용적이지 않았다. 루터는 재세례파에 대해 점점 강경한 입장을 취했고, 1530년에는 재세례파를 처형시키라고 요구했다.

루터는 츠빙글리가 성체성사에서 그리스도가 실재함을 부정하는 것도 관용하지 않았다. 유대인들에 대해서도 마찬가지였다. 루터는 교황 제도의 폐단이 사라지고 나면 유대인들이 회심할 것으로 낙관했으나, 여전히 회심하지 않자 유대인들에 대해 부정적인 입장을 취했다. 루터가 말년에 쓴 〈유대인과 그들의 거짓말에 대하여〉는 일반 그리스도교인들의 유대인에 대한 종교적 편견을 공유하고 있을 뿐만 아니라, 유대교 회당을 폐쇄하고 유대인 거주지를 통제하며 유대인의 통행을 금지하는 등 반유대주의적인 조치를 제안한다.[36] 그렇지만, 루터가 유대인에 대해 부정적인 입장을 취한 것은 그 시대에는 유별난 일이 아니었다. 여러 면에서 루터와 대조적이었던 에라스뮈스에게 있어서도 유대인은 그리스도교 사회가 용납할 수 없는 적이었다.[37] 이슬람교에 대한 대응은 흥미롭다. 1542년에 바젤 시가 《코란》의 라틴어 번역본을 금서로 지정하고 사본을 몰수했을 때, 흥미롭게도 루터는 출판업자를 변호했다. 《코란》 번역본이 그리스도교인들에게 이슬람교의 가증스러운 정체를 폭로할 것으로 확신했기 때문이었다. 다시 말해, 반이슬람주의 때문에 《코란》의 번역본 출판을 지지한 것이다!

관용의 역사에서 볼 때, 루터가 1517년에 비텐베르크 성 교회 문에 95개조를 붙인 것은 관용으로의 문을 연 것이었다. 루터가 요구한 '양심의 자유'는 당시로서는 새로운 말이었다. 그러나 '루터가 말한 양심의 자유는 개인적인 선택의 자유를 의미하는 것이 아니었다. 그가 애용한 '양심'은 개인의 마음속에 있는 하느님의 뜻이었고 하느님의 지시였다. 그래서 그는 달리 어찌할 도리가 없다고 토로했던 것이다.[38] 루터는 자신의 '양심'은 곧 하느님의 뜻이라고 생각했기에, 다른 사람의 '양심'을 인정하지 않았다. 그것은 성서에 의거하지 않은 양심이었으므로 거짓 양심이라고 생각했다.[39] 그에게 있어서 성서의 의미는 너무나 확실해서 주관적인 해석의 여지가 없었다. 루터는 성서주의가 무수한 해석을 낳을 것임을 미처 예상하지 못했던 것이다.[40] 이런 면에서 루터는 중세적이었다. 그가 말한 양심의 의미는 그를 본받아 양심의 자유를 요구한 관용론자들이 생각했던 양심의 의미와는 달랐다.

루터가 말한 '자유'도 마찬가지여서, 근대적인 의미의 자유는 아니었다. 그것은 사상의 자유, 표현의 자유, 공포로부터의 자유, 결핍으로부터의 자유 등에서 가리키는 자유가 아니었다. 그것은 종교적 억압으로부터의 자유가 아니라 가톨릭교회가 요구하는 선업으로부터의 자유였다. 그가 말한 '그리스도인의 자유'는 선업을 행하는 것이 아니라, 그리스도가 구세주임을 믿음으로써 얻어지는 것이었다. 그것은 구원의 공포로부터의 자유였다.[41] "진정한 자유"는 원하는 것을 하는

것이 아니라 해야 하는 것을 하는 것이었으니, 그것은 결국 자유가 아니었다.[42]

루터에게 있어서 그리스도인의 자유는 선택의 여지가 없었다. 루터가 말한 "그리스도인의 자유"는 그리스도교인들이 자유롭다고 선언한 것도, 그리스도교인들에게 자유를 부여한 것도 아니었다. 루터는 자신의 성서 해석이 옳다고 확신했기 때문에 다른 사람이 다르게 해석할 자유를 인정하지 않았다. 유일한 길은 루터가 해석한 성서의 말씀을 믿고 따르는 것이었다. 그리스도인의 자유란 "로마를 버리고 비텐베르크와 동조할 자유"에 지나지 않았다.[43] 루터에게도, 그리스도를 믿지 않거나 다르게 믿을 자유는 존재하지 않았다.

따라서 루터는 관용주의자가 아니었으며, 그의 새로운 종교 역시 관용적이지 않았다. 종교개혁이 관용사회를 향한 큰 발걸음이었다는 주장은 휘그적 역사 해석의 편견일 뿐이다.[44] "관용은 본질적으로 프로테스탄티즘의 정상적인 결과다. 그것은 개인적인 판단 실행의 직접적이고 논리적이며 불가피한 결과이기 때문이다"라는 레키의 고전적인 진술은 오늘날에는 더 이상 통용되지 않는다. 레키 자신도 책에서 프로테스탄티즘은 하나의 도그마적 체계로서 종교적 자유에 적대적이었다고 인정했다는 사실을 주목할 필요가 있다.[45] 종교개혁이 관용의 역사에 공헌한 점을 찾는다면, 관용과 종교의 자유를 신장시킨 것이 아니라 가톨릭교회의 권위에 대한 맹목적인 복종을 문제삼고 '양심'이라는 '새로운' 신앙의 기준을 제시한 데 있을 것이다.[46]

2

에라스뮈스의 평화주의

루터와 에라스뮈스

에라스뮈스(1466~1536)와 루터(1483~1546)는 역사의 라이벌이다. 루터는 에라스뮈스의 영향을 많이 받았음을 인정했고, 에라스뮈스는 자신의 가톨릭교회 비판과 루터의 종교개혁 사상이 상당 부분 일치한다는 점을 인정했다. 그러나 개혁의 방향은 같지 않았다. 인문주의자는 가톨릭교회의 내적인 개혁을 원한 반면, 종교개혁가는 가톨릭교회를 파괴하고 새로운 교회를 세웠다. 루터는 에라스뮈스에서 출발했지만, 에라스뮈스를 넘어섰다. 흔히 비유하듯이, 루터는 에라스뮈스가 낳은 알을 부화했으나 알에서 나온 것은 에라스뮈스가 꿈꾸었던 것이 아니었다.

당대의 승리자는 루터였다.[47] 에라스뮈스는 가톨릭에서는 파괴적인 인물로 배척당하고, 프로테스탄트에서는 도피적이고 기회주의적인 인물로 배척당한 채 "지친 자유주의자"로 생을 마감했다.[48] 역사의

에라스무스의 초상화, 알브레히트 뒤러, 1526.

무대는 과격한 행동가들이 주도하고, 그들의 행동은 주목받고 그들에 대한 기억이 전해지는 법이다. 그러나 에라스뮈스가 온건했다고 해서 세상을 등진 것도 행동하지 않은 것도 아니었다. 그는 투쟁에 반대했고, 전쟁에 반대했으며, 불관용에 반대했고, 폭력에 반대했다. 당장은 루터의 손이 올라갔지만, 장기적으로도 그러할까? 결국, 관용의 역사에서는 에라스뮈스가 승리자다.

에라스뮈스는 1466년에 로테르담에서 사제의 아들로 태어났다. 그는 데벤테르의 공동생활형제단에서 운영하는 학교에서 공부했고, 스테인에 있는 아우구스티누스 수도원에 들어갔으며, 1492년에 사제 서품을 받았고, 1506년에 토리노 대학에서 신학 박사 학위를 받았다. 에라스뮈스 역시 루터와 마찬가지로 수도자이자 사제이며 신학 박사였다. 1503년에 출판한 《그리스도 병사의 교본》은 그리스도교인들이 금식, 성지순례, 성인 숭배, 고행 같은 외적인 계율 준수나 제식보다는 그리스도를 모델로 삼아 도덕적이고 정신적인 삶을 추구해야 한다는 것을 강조한 책으로, 에라스뮈스를 가톨릭 개혁의 대변자로, 교황들의 조언자로, 유럽의 선생으로 만들어주었다.[49] 1511년에 출판한 《우신예찬》(이 책은 친구인 토머스 모어 예찬으로도 읽힐 수 있다)은 《그리스도 병사의 교본》에서 진지하게 말한 것을 풍자적으로 각색한 것이다. 그리스도교 인문주의자로서의 에라스뮈스의 가장 뛰어난 업적은 1516년에 성서의 그리스어 원본과 《불가타 성서》 수정본을 병치한 《신약성서》다. 이 책의 서문에서 에라스뮈스는 고대 철학자들의 난해한 철학에는 몰두하면서도 그리스도 철학에 대해서는 무관심한 세태를 개탄하면서, 그리스도 철학은 나이, 성, 신분 등에 관계없이 모든 사람이 이해할 수 있는 것이기 때문에 성서가 "농부, 재봉사, 여행자

그리고 투르크인"의 손에 들려 있었으면 한다고 말했다.[50]

1517년에 루터가 역사의 무대에 등장했을 때, 그는 이미 최고의 명성을 누리고 있었다. 그는 인문주의자들의 제왕이었고 그의 집을 방문하는 것은 '문화적 순례'였다. 루터와 논쟁을 벌인 요한 에크는 1518년에 에라스뮈스에게 보낸 편지에서, 에라스뮈스는 전全 독일, 교황청, 이탈리아, 프랑스, 잉글랜드를 지배하고 있으며 "몇몇 수도자나 신학자를 제외한 모든 학자들은 에라스뮈스주의자다"라고 말했다.[51] 그의 행동은 지적이었고, 성서 주해, 교부학, 문학, 논쟁, 3,000여 통의 편지를 통해 이루어졌다.[52] 에라스뮈스는 네덜란드에서 태어났지만 한 국가에 갇히지 않았다. 그는 '국민'이라기보다는 그리스도교의 세계 시민이었다. 그는 파리, 루뱅, 잉글랜드, 이탈리아 등지에서 머물렀으며, 1535년에 스위스 바젤로 돌아와 살다가 이듬해에 죽었다. 같은 해, 같은 도시에서, 칼뱅은 《그리스도교 요강》을 출판했다. 같은해, 교황은 종교개혁의 문제를 해결하기 위해 공의회를 소집했지만, 9년 후인 1545년에야 열린다. 트렌토 공의회(1545~1563)다.

평화주의자 에라스뮈스

16세기 초까지 그리스도교 세계는 종교적 통일성을 유지하고 있었으나, 중세의 절정기만큼 내적으로 응집력이 있지는 않았다. 그리스도교 세계에 대한 교황청의 장악력은 국민국가의 등장으로 약해졌으며, 교회는 온갖 부패와 악습으로 얼룩졌다. 그러자 인문주의자들을 중심으로 근본적인 교회 개혁 요구가 터져 나왔지만, 그리스도교 세계의 일체성은 손상되지 않았다. 그러나 루터의 혁명 이후로는 달라졌다. 이제 가톨릭 세계의 보편성과 일체성이 위태로워졌다. 에라스뮈스에게 시급한 문제는 분열된 그리스도교 세계의 평화와 통일이었다.

에라스뮈스는 평화주의자였다. '평화'만큼 그를 사로잡은 주제는 없었다. 군주가 지상에서 수행해야 하는 가장 큰 의무는 국내외의 평화를 유지하는 것이었다. 그리스도교 제후들 사이의 전쟁은 혐오감을 일으켰다. 그는 오스만투르크에 대한 십자군 이야기는 더 이상 듣고 싶지 않았다. 그는 1515년에 교황 레오 10세에게 이렇게 썼다. "그리스도와 그의 사도들과 순교자들이 그리스도의 관용, 인내, 성스러운 교리 등을 통해 세상을 정복했듯이, 우리는 무기보다는 삶의 경건함으로 투르크인들을 더 잘 굴복시킬 것입니다."[53] 에라스뮈스가 1517년에 쓴 《평화의 불평》에서 평화의 여신은 다음과 같이 탄원한다.

나는 모든 축복의 근원이고 전쟁은 가장 큰 해악인데도 사람들이 나를 배척하는 것을 보면 사람들이 미친 것이 틀림없다. …… 만일 우리가 싸워야 한다면 왜 공동의 적인 투르크인들에게로 향하지 않는가? 그렇지만 기다리라. 투르크인들 역시 인간이며 형제가 아닌가? 무엇보다도 진지하게 평화를 희구해야만 한다. 오늘날 일반 대중은 교묘한 암시와 선전, 잉글랜드인은 프랑스인의 타고난 적이라는 주장 등에 의해 전쟁으로 내몰리고 있다. 왜 잉글랜드 사람이 프랑스 사람에 대해 악의를 가져야 하는가? 왜 인간으로서 인간에게, 그리스도인으로서 그리스도인에게 선의를 가지면 안 되는가? …… 비그리스도교적인 세상에서 그리스도인들은 언덕 위에 있는 도시처럼 세상에 빛을 비추어야 한다. 그러나 그리스도인들이 서로 싸운다면 어떻게 이교도들이 믿도록 움직일 수 있겠는가? 만일 우리가 투르크인들을

그리스도교로 이끌고자 한다면, 우리가 먼저 그리스도인이 되어야 한다.[54]

에라스뮈스는 아우구스티누스나 토마스 아퀴나스가 지지한 '정당한 전쟁'을 혐오했다. 그는 "가장 선한 전쟁도 가장 악한 평화보다 악하다"고 말한 평화주의자였다. 에라스뮈스는 민족주의적인 감정을 어리석다고 여겼다. 평화를 깨기 쉬운 것이었기 때문이다. 그가 루터에게 반대한 이유 가운데 하나는 루터가 지나치게 민족주의적인 성향을 띠고 있다는 점이었다. 그는 자신이 학문의 공화국과 그리스도교 사회에 속한다고 생각했고, "온 우주가 나의 조국이다"라고 거듭 말했다.[55] 에라스뮈스는 세계시민주의자였다.

에라스뮈스는 섹트를 관용해야 한다고 생각했지만, 그것은 그리스도교가 통일성을 회복하길 기다리며 취한 일시적인 편법이었다. 그는 세속적인 국가 내에 다양한 종교들이 공존하는 것이 이상적인 해결책이라고는 생각하지 않았다. 그리스도교 인문주의의 전통에 따라, 그의 이상은 그리스도교의 통일성을 회복하는 것이었다. 그의 마지막 작품 가운데 하나인 《교회통합회복》(1533)은 그러한 염원을 담고 있다. 그는 죽기 1년 전에 새로운 교황인 파울루스 3세에게 보내는 편지에서도 이러한 희망을 드러냈다. "타르수스의 바울로는 과거에 무수히 많은 섹트로 나뉜 사람들을 종교적인 통일과 조화로 이끌었습니다. 나는 로마의 바울이 교리의 갈등과 분열의 소란을 진정시키기 바랍니다. 똑같은 그리스도가 과거에 사도 안에서 작용했듯이, 오늘날에는 교회의 수장 안에서 작용하실 것이기 때문입니다."[56]

에라스뮈스는 '이레니시즘Irenicism', 즉 그리스도교 평화주의를 주장했다. 그는 무엇보다도 '자비'를 강조했다. 그는 성서에서 그리스도의 온화함과 관용을 나타내는 구절을 즐겨 인용했다. "보라, 내가 선택한 나의 종. 내가 사랑하는 사람, 내 마음에 드는 사람, 그에게 내 성령을 부어주리니. 그는 이방인들에게 정의를 선포하리라. 그는 다투지도 않고 큰 소리도 내지 않으리니, 거리에서 그의 소리를 들을 자 없으리라. 그는 상한 갈대도 꺾지 않고 꺼져가는 심지도 끄지 않으리라."(마태오 12, 18–20) 에라스뮈스의 말을 들으면, 그리스도교에는 사랑과 화합 외에는 다른 계명이 없다고 여겨질 정도다. 또한 그는 가라지의 비유를 자주 인용했다. "때가 되기도 전에 가라지를 자르려 하는 노예들은 거짓 사도들과 이단들이 칼과 형벌에 의해 제거되어야 한다고 생각하는 사람들이다. 그러나 밭의 주인은 가라지를 없애기를 원하지 않는다. 주인은 그것들이 좋아져서 밀이 될 경우를 위해 그것들을 내버려둔다. 그것들이 좋아지지 않으면, 장차 그것들을 벌하는 수고는 판관에게 맡긴다."[57] 아우구스티누스에게 반대한 것이다.

에라스뮈스는 폭력으로 공공의 평화를 해치거나 군주에 저항하는 일에 특히 비판적이었다. 에라스뮈스는 재세례파가 폭력에 의지하지 않고 박해를 견뎌낼 때는 그들에게 동정심을 느꼈다. 그러나 그들이 폭력에 의해 신의 지상 왕국을 건설하려 했을 때는 그렇지 않았다. 사도들은 제후들에게 복종하라고 명했기 때문이다. 그에게 있어서도 군주는 하느님의 지상 대행자였다.[58] 이 점에 있어서 그는 루터와 다르지 않았다.

루터를 관용하라!

에라스뮈스의 사상은 루터의 종교개혁 이후로 뚜렷해졌다. 에라스뮈스는 처음에는 루터에게 호의적이었다. 그는 루터의 성서 지식을 칭찬했고, 그가 교회에 가하는 경고는 고려할 만한 가치가 있다고 생각했다. 에라스뮈스는 면벌부 판매에 대해, "나는 면벌부 판매를 비난하지 않는다. 하지만 천국에 이르는 길을 돈으로 살 수 있다는 생각은 언어도단이다"라며 루터를 지지했다. 구원은 오직 은총에 의해서만 가능하다는 루터의 주장은 바로 에라스뮈스의 생각이었다.[59] 에라스뮈스는 '자유의지'를 주장하며 '예속의지'를 주장한 루터와 논쟁했지만, 루터의 개혁안 가운데 교황을 적그리스도라고 언급한 것 말고는 에라스뮈스가 받아들이지 못할 것이 하나도 없었다.[60] 에라스뮈스는 루터파라는 의혹을 받기까지 했으며, 1531년에 공식적으로 단죄되었다. 두 사람 사이의 차이는 기질적이었다. 루터는 격렬한 예언자였고, 에라스뮈스는 비판적이고 회의주의적인 지성인이었다. 혁명가 루터는 가톨릭교회의 가르침을 거부하고 '양심'이라는 새로운 신앙의 기준을 제시했으나, 회의주의자 에라스뮈스는 무엇이 진리인지 확신하지 못했고 교회의 결정과 전통을 받아들였다.[61]

에라스뮈스는 초대 교회의 단순한 신앙을 그리워했다. 그는 교회가 이단들의 사변에 맞서 양형영성체, 성체 변화, 연옥, 유아 세례 등 신조信條의 수를 늘이는 것을 유감스러워 했다. 우리의 인문주의자는 로마 교황청의 세속성에서부터 고위 성직자들의 부귀영화, 수도자들의 기행, 신학자들의 논쟁, 민중적인 미신에 이르기까지의 교회의 악습을 비판했다. 그렇지만 그는 교회에 대한 믿음을 버리지 않았으며, 교

가톨릭 반종교개혁운동은 에라스뮈스가 "종교개혁을 부화한 알을 낳았다"고 비판했다. 에라스뮈스가 루터를 충분히 비판하지 않았으며, 에라스뮈스의 풍자와 비판이 가톨릭교회를 약화시켰다고 보았기 때문이다. 에라스뮈스의 모든 책은 금서禁書로 지정되었다.

회의 권위를 의심하지 않았다. 1530년, 그는 독일 주재 교황 대리인 캄페지오 추기경에게 "폭동이 일어나면 나는 츠빙글리파와 루터파의 희생자가 될 것입니다. 나는 가톨릭교회로부터 뿌리 뽑히느니, 차라리 희생을 감내하겠습니다"라고 썼다.[62] 이렇듯, 에라스뮈스는 교회에 대한 충성심을 꺾지 않았다. 루터가 추진하는 분열적 개혁은 그가 보기에는 광기였다. 인문주의 전통은 동일한 종교 안에서 사람들을 통합시키는 것이었다.

에라스뮈스는 그럼에도 루터를 심하게 밀어붙이지 않기를 바랐다. 그는 1519년에 마인츠의 대주교인 브란덴부르크의 알브레히트에게 보낸 편지에서, "그리스도교의 정신은 루터를 이렇게 다루기를 권합니다. 그가 죄가 없다면, 그가 사악한 사람들에게 짓눌리는 것을 보고 싶지 않습니다. 그가 죄가 있다면, 그가 빗나가는 것이 아니라 낫기를 원합니다. 예언자들의 증언에 의하면, 이러한 행위는 연기 나는 심지를 끄지 않고 구부러진 갈대를 꺾지 않은 예수 그리스도의 예와 더 잘 어울리는 것입니다"라고 말했다.[63]

에라스뮈스는 루터를 놓고 이단재판을 벌이지 말 것을 요청했다. 그는 루터를 꺾기보다는 가르치고 인도하기를 원했다. 그러나 교황청에 대해 반란을 일으킨 것은 루터 혼자만이 아니었다. 독일 전역이 그의 글과 말에 감동했다. 그의 지지자들이 늘어났고, 과격한 행동과 요구가 나오기 시작했다. 에라스뮈스는 이런 상황에 개탄했으나, 강력한 제재가 가져올 슬픈 결과를 줄곧 우려했다. 1526년, 그는 황제 카를 5세의 동생인 페르디난트의 대신인 요하네스 하이게를린 주교에게 마음을 털어놓았다.

아마도 악이 퍼진 도시들에서는 이쪽 편이든 저쪽 편이든 자기들의 자리를 차지하도록 허가를 내리는 편이 좋습니다. 그리고 시기가 무르익어 화해의 기회가 올 때까지 각자의 양심에 따르도록 하는 편이 낫습니다. 그동안, 모든 폭동 기도에는 엄벌을 가해야 합니다. 악습의 근원 가운데 일부는 시정하고, 나머지는 공의회를 기다려야 합니다.[64]

일시적인 양심의 자유와 관용, 폭동에 대한 진압, 명백한 잘못에는 즉각적인 시정. 이것은 1555년의 아우크스부르크 평화조약을 예고하는 것이었다.[65] 그렇지만 당시로서는 대담한 계획이어서 아무 반응도 얻지 못했다. 에라스뮈스는 1530년에 독일 주재 교황 대리인 캄페지오 추기경에게도 똑같은 주장을 했다. 에라스뮈스는 4세기 말에 그리스도교인, 이교도, 유대인, 이단들이 공존하던 상황을 묘사한 후, 성 토마스 아퀴나스가 이교도들의 관용을 위해 사용했던 원칙을 이단에게 적용했다. 섹트들이 공존하는 것은 아마도 악이겠지만, 내전이라는 더 큰 악을 피하기 위해서는 관용할 수 있다는 말이었다. 그리고 "그것은 어떤 경우에도 전쟁보다는 덜한 악일 것입니다. 전쟁은 얼마나 참혹한 것입니까!"라고 덧붙였다.[66]

그리스도 철학

평화주의만으로는 그리스도교 세계를 통합시키는 데 충분하지 않았으며, 교리적인 통합이 필요했다. 그는 종교개혁가들의 교리적 대담성을 비판했지만 신학자들의 과도한 논리와 사변 속을 헤매는 주지주의도 비판했다. 신앙의 원천과 단절되어 있기 때문이었다. 에라스뮈스는 성서와 교부들의 원천으로 복귀할 것, 성서 원전을 연구할 것, '그리스도 철학'의 가장 가까운 해석자인 교부에게로 돌아갈 것을 요구했다. 이러한 교리적인 토대 위에서, 그리스도교인들 사이에 화합과 평화를 회복할 수 있다는 주장이었다. 루터의 위기가 일어났을 때부터, 에라스뮈스는 편지와 글을 통해 이러한 사상을 여러 번 강조했다. 에라스뮈스는 1518년 《그리스도 병사의 교본》의 신판 서문에서 박식하고 경건한 사람들로 위원회를 구성하여 '그리스도 철학'을 만들 것을 제안했다. 그가 그리스도교 인문주의의 동의어로 삼은 이 말은 복음서에 나오는 그리스도의 인간적인 면모, 즉 사랑, 친절함, 온유함, 순수함 등을 그리스도교의 핵심에 놓는 것이었다.[67] 이런 점에서 그는 '근대적 신앙' 운동에 속했다. 그는 젊었을 때 데벤테르의 공동생활형제단에서 지냈으며, 특히 '그리스도를 본받아'라는 정신에 심취하지 않았던가? 에라스뮈스는 1519년에 친구인 슬레흐타에게 보낸 편지에서 그것을 다음과 같이 요약했다.

그리스도 철학의 요체는 우리의 모든 희망이 당신의 아들을 통해 모든 은혜를 무상으로 베풀어주시는 신에게 놓여 있음을 아는 데 있다. 예수의 죽음은 우리를 구원했으며, 세례는 우리를 그의 몸과 결합시킨다. 이 세상의 욕망을 좇다 죽을 운명인 우리는 그의 가르침에 따라 살아야 하며 모든 사람에게 선을 베풀어야 한다. 그리고 우리에게 역경이 닥치면 그리스도의 재림 시에 벌어질 미래의 보상에 대한 희망 속에서 그것을 용기 있게 이겨내야 한다. 그것은 의심할 여지 없이 경건한 사람에게 보장되어 있다. 우리는 덕을 실천해야 한다. 그러나 공이 우리에게 있는 것은 아니다. 그것은

전적으로 신에게 속한 것이다.[68]

이것이 그리스도 철학의 핵심이다. 나머지는 '비본질적인 것 adiaphora'이다. 비본질적인 것에 대해 신학자들은 자유롭게 사변을 펼칠 수 있으며, 그것을 믿고 안 믿고는 신자들의 자유다. 에라스뮈스는 1523년에 팔레르모의 대주교 장 카롱들레에게 보낸 편지에서, "우리 종교의 요체는 평화와 화합입니다. 그것은 하나의 조건하에서만 유지될 수 있는데, 도그마의 수를 최소화하고 나머지는 각자의 판단에 맡기는 것으로, 이는 문제들이 너무 모호하기 때문입니다."[69] 에라스뮈스는 1523년에 루터파 종교개혁가인 울리히 폰 후텐에 반대해서 쓴 글에서, 루터가 일으킨 논쟁은 모두 비본질적인 것에 대한 것이라고 말했다.

거기에서 문제가 되는 것은 신앙 조항이 아니라 로마 교황의 수월권이 그리스도로부터 오는가, 추기경단은 교회에 필수 불가결한 기구인가, 신앙고백이 그리스도의 것인가, 주교들은 치명적인 죄를 사할 수 있는가, 자유의지는 구원에 중요한가, 믿음만이 구원을 가능하게 하는가, 몇몇 선업은 인간의 일로 볼 수 있는가, 미사는 어떤 의미에서는 희생제로 간주될 수 있는가 하는 여부이기 때문이다. 내가 만일 재판관이라면, 스콜라적 논쟁의 일반적인 주제인 이러한 문제 때문에 사람들의 목숨을 빼앗으려 하지 않을 것이며, 내 목숨을 걸지도 않을 것이다.[70]

에라스뮈스는 종교의 지적인 측면보다는 종교의 실천적 측면, 즉 '그리스도의 삶'을 강조했다. 루터가 양심과 믿음을 강조한 지점에서 그는 도덕을 강조한 것이다. 그렇다고 '그리스도 철학'을 도그마 없는 순수한 도덕주의로 축소시키는 것은 잘못이다. 1533년에 그는 교회의 통합을 회복시킬 방법을 모색한 글에서, 악 중의 악은 나쁜 도덕이 아니라 신앙을 잃는 일이며 분열의 정신이라고 말했다. 그가 스콜라적인 사변을 좋아하지 않은 것은 분명하지만, 신학 자체를 비난하지는 않았다.

에라스뮈스는 《신약성서》를 편찬하는 데 인문주의적 비판을 동원했다. 성서의 원전과 나중에 임의로 추가된 거짓 텍스트들을 구분할 수 있다면 순수한 그리스도교 교의를 회복할 수 있다고 생각했기 때문이다. "원전으로 돌아가라!"라는 르네상스 휴머니즘의 정신에 따른 것이다. 에라스뮈스는 비판적인 시각으로 텍스트들을 검토했는데, 그리스도교의 핵심 교리인 삼위일체론의 증거가 될 만한 텍스트를 최고最古의 《신약성서》 필사본에서 찾을 수 없었다. 그는 공개적으로는 이 민감한 문제를 제기하지 않았지만, 에라스뮈스를 추종하는 스페인의 젊은 신학자들은 삼위일체론을 부정했다.[71] 에라스뮈스의 '성서 비판'은 흐로티위스와 스피노자로 계승된다.[72]

그는 교회의 개혁을 원했지만, 그리스도교의 통일성은 그 이상으로 중요한 일이었다. 그는 그리스도교의 교리를 핵심적인 교리와 비본질적인 교리로 나누고, 핵심적인 교리만 일치하면 비본질적인 교리는 자유로운 해석에 맡기자고 주장했으나, 이러한 구분과 소망은 비현실적이었다. 종교개혁가와 신학자에게는 '모든 것'이 핵심적인 교리였던 것이다. 신학자라기보다는 인문주의자였던 그는 사람들이 초대 교회의 단순한 신앙으로 돌아갈 수 있다면 모든 것이 잘될 것이라고 순진하게 믿었던 셈이다.[73]

에라스뮈스의 유산

에라스뮈스의 평화주의와 이상주의는 종교개혁 앞에서 무력했지만, 오랫동안 지속되는 유산을 남겼다. 그는 그리스도교 세계의 일체성을 회복하기 위해 초대 교회의 순수한 신앙으로 돌아가야 한다고 생각했으므로, 그리스도교인에게 필요한 것은 예수 그리스도가 구원자이며 신의 아들이라는 근본적인 교리를 믿는 일이었다. 나머지 비본질적인 교리는 중요하지 않았기 때문에, 각자의 판단에 맡기면 되는 부분이었다. 본질적인 교리와 비본질적인 교리를 나누고, 비본질적인 교리는 관용적으로 대하자는 생각은 후대의 관용론자들에게 지지받았다.

에라스뮈스는 현실적으로 벌어지고 있는 그리스도교의 분열과 대립 앞에서 일시적인 해결책이기는 하지만 관용을 제시했다. 물론 에라스뮈스와 인문주의자들에게 가톨릭교회가 여러 개의 종파로 나뉘는 일은 용납될 수 없었다. 일체성은 어떤 일이 있더라도 추구해야 할 최고의 선이었다. 그러므로 '관용'은 통합으로 돌아가기 전에 인내하는 것이었고, 일시적인 공존이었다. 그렇지만 이단을 응징하는 것이 그리스도교인의 숭고한 사명으로 알고 있던 시대에 이 정도라도 '관용'을 제창한 것은 당시에는 획기적이었다.[74]

'관용'과 함께 에라스뮈스를 위대하게 만든 것은 평화주의였다. 특히 그리스도교인들끼리 전쟁을 벌이는 것만큼 그리스도교의 기본 정신에 위배되는 일은 없다. 그는 그리스도교의 이단들은 물론이고 이슬람교도와 같은 불신자들과도 평화롭게 공존하지 못할 이유가 없다고 생각했다. 그러나 에라스뮈스가 제시한 대화와 평화주의는 현실적으로 결실을 맺지 못했다. 종교개혁은 종교전쟁이라는 참극을 불러왔다. 종교개혁이 종교전쟁으로 이어짐으로써 평화주의자 에라스뮈스는 패배하고 말았지만, 그의 평화주의는 전쟁의 참화 속에서 더욱 절실해졌다.

관용의 역사에서 에라스뮈스가 차지하는 위치는 그의 친구였던 토머스 모어와의 비교를 통해 두드러진다. 토머스 모어는 1516년, 즉 루터의 종교개혁 1년 전에 발표한 《유토피아》에서 종교의 자유를 보장해야 한다고 주장했지만, 잉글랜드에서 전개되는 종교개혁에 대한 대응 방법은 에라스뮈스와는 정반대였다. 《유토피아》의 정신은 현실의 잉글랜드에 적용되지 못했다. 모어는 루터와 윌리엄 틴들에게 분명히 반대했다. 그는 1529년에 《이단에 대한 대화》를 출판하여, 이단을 화형시키는 것이 옳다고 이단재판관처럼 말함으로써, 중세를 벗어나지 못했다. 모어는 가톨릭을 고수했고, 국왕의 이혼에 반대하여 참수당했다. 가톨릭을 위한 순교였고 그 덕분에 성인의 대열에 올랐으나, 관용의 역사에서는 아무런 자리를 차지하지 못한다.[75]

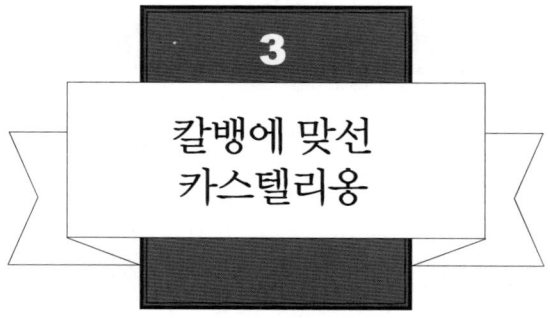

3

칼뱅에 맞선
카스텔리옹

칼뱅의 신정정치

장 칼뱅은 1509년에 프랑스 피카르디 지방의 누아용에서 태어났다.
그는 에라스뮈스도 다닌 적이 있는 파리 대학의 몽테귀 콜레주에서
수학했다. 그러나 성직자가 되려던 마음을 바꾸어 오를레앙 대학과
부르주 대학에서 법을 공부해 1532년에는 법학사 학위를 취득했고,
그해에 《세네카의 관용론 주석》을 출판했다.[76] 1515년에 에라스뮈스
가 출판한 세네카의 《관용론》을 의식하고 쓴 이 책에서 젊은 인문주
의자 칼뱅이 외치고 싶었던 것은 '관용'이었다. 그 무렵, 칼뱅의 종교
도 흔들리고 있었던 것이다.

당시 프랑스에는 루터주의가 퍼져 있었다. 국왕 프랑수아 1세의 누
이인 마르그리트 드 나바르는 인문주의자들과 종교개혁가들을 보호
했다. 그녀가 쓴 《죄 많은 영혼의 거울》을 가톨릭 보수주의자들이 금
서로 지정하려 하자, 국왕은 이 문제를 해결하기 위해 파리 대학에 사

〈젊은 칼뱅〉, 플랑드르 화파(작자 미상).

문위원회를 설치했다. 당시 파리 대학장은 칼뱅의 친구인 니콜라 콥이었다. 콥은 '지복至福'을 주제로 신학기 개강 연설을 했는데, 완고한 가톨릭 신학자들은 그 내용이 이단적이라고 비판했다. 이 연설문의 실제 작성자로 의심받은 칼뱅은 1533년에 파리를 떠나 지방으로 도피했다. 이때까지만 해도 프랑스는 루터파를 탄압하지 않았다. 그러나 가톨릭의 성찬식과 성체 변화를 비난하는 격문이 국왕 침실에까지 나붙자, 국왕은 루터파를 본격적으로 박해하기 시작했다. 루터파로 개종했던 칼뱅은 위협을 느끼고 스위스 바젤로 도주했으며, 에라스뮈스의 도시에서 장차 칼뱅파의 경전이 될《그리스도교 요강》을 출판했다.

1536년, 칼뱅은 제네바의 종교개혁가인 기욤 파렐의 초청을 받아 제네바에서 '신학 교사' 자격으로 종교개혁을 추진했다. 그러나 과격함에 대한 거부감 때문에 2년 만에 추방당한 후 스트라스부르로 갔다. 당시 스트라스부르는 유럽의 주요 개혁가들에게 은신처를 제공한 관용의 도시였다. 평화주의 개혁가인 마르틴 부처의 도시에서, 르페브르 데타플, 칼뱅, 베즈, 파렐, 덴크, 슈벤크펠트, 세르베투스, 멜키오르 호프만, 제바스티안 프랑크 등이 개혁 사상을 다듬었다. 칼뱅은 이 도시에서 개혁교회 목사로 지내면서 재세례파 목사인 장 스토르되르와 가깝게 지냈다. 장 스토르되르가 죽자 칼뱅은 1540년에 그의 미망인인 이델레트 드 뷔르와 결혼했다. 칼뱅주의가 태어난 곳은 제네바가 아니라 스트라스부르였다.[77]

칼뱅과 파렐이 제네바를 떠난 후 제네바는 극심한 내분에 빠졌다. 1541년, 제네바는 칼뱅에게 고개를 숙였고, 칼뱅은 초청을 받아들였다. 칼뱅은 1564년에 죽을 때까지 제네바 시를 실질적으로 통치하게 된다. 이른바 '신정정치'였다. '신정정치'란 '신의 통치'를 뜻하지만, 실제로는 칼뱅의 통치였고 독재였다. 대학의 한 문화사 교재에는 다음과 같이 '신정정치'의 실체가 폭로되어 있다.

제네바는 여러 구역들로 분할되었고, 교회 회의에서 파견된 감시인이 불시에 모든 가정을 방문하여 가족들의 습관을 검사했다. 가장 온건한 형태의 오락조차도 엄격히 금지되었다. 춤, 카드놀이, 극장 구경, 안식일에 일하거나 노는 행위 등, 모든 것은 악마의 소행으로 여겨져 법으로 금지되었다. 여인숙 주인은 식사 기도를 하지 않은 사람에게는 먹을 것이나 마실 것을 주어서는 안 되고, 손님이 9시 이후에는 잠자리에 들도록 해야만 했다. 말할 것도 없이 벌칙은 엄격했다. 살인이나 반역뿐만 아니라, 간음, 마술, 신성모독, 이단 등도 사형과 같은 중죄로 다스려졌다. 칼뱅이 제네바에서 지배권을 장악한 후 처음 4년 동안에 집행된 사형 건수는 58건이었다. 당시 제네바 시의 전체 인구는 겨우 1만 6,000명이었다.[78]

소위 청교도적인 생활이었다. 1551~1554년에는 80명이 파문당했고, 1559년 한 해에만 300명이 넘는 사람이 파문당했다. 열광적인 존 녹스는 이 도시를 "사도들의 시대 이래로 지구상에 존재했던 학교 가운데 가장 완벽한 그리스도의 학교"라고 찬양했으나,[79] 당시의 눈으로 보아도 선전에 불과했다. 그것은 영락없는 전체주의 사회의 축소판이었다. 제네바 시민들은 칼뱅의 지도 아래에서 행복했을까? 전적으로 그렇지만은 않았던 것 같다. 칼뱅에게 저항한 사람들, 칼뱅이 폭력으로 억누른 사람들이 의외로 많았기 때문이다. 많은 사람들이 사형당했고, 더 많은 사람들이 추방당했으며, 더 많은 사람들이 탈출했다. "새로운 예루살렘"의 감방은 죄수들로 가득 찼다. 이 도시가 '질서'와 '계율'을 위해 지불한 대가는 컸다. 제네바는 칼뱅이 하느님의 이름을 내걸고 지배하던 시기만큼 사형, 형벌, 고문, 추방 등을 많이 겪은 적이 없었다.[80] 제네바 시의회 기록에 드러난 제네바는 인간의 자유가 철저히 억압된 '잿빛 그림자의 도시'였다.

어떤 시민이 세례식에서 웃었다—사흘간 감방. 어떤 사람은 여름철 더위에 지쳐서 설교 시간에 잠들었다—감방. 노동자들이 아침 식사에 파이를 먹었다—사흘간 물과 **빵**만 먹을 것. 두 명의 시민이 구주희九柱戲 놀이를 했다—감방. 다른 두 명은 포도주 4분의 1병을 걸고 주사위 놀이를 했다—감방. 어떤 남자가 아들에게 아브라함이라는 이름을 붙이기를 거절했다—감방. 눈먼 바이올린 연주자가 춤곡을 연주했다—도시에서 추방. 어떤 사람이 카스텔리옹의 성서 번역을 칭찬했다—도시에서 추방. 어떤 소녀가 스케이트를 타다가 잡혔다. 어떤 부인이 남편의 무덤에 몸을 던졌다. 어떤 시민이 예배 도중에 옆 사람에게 담배를 주었다—종교국에 출두하여 경고를 받고 참회할 것.[81]

제네바의 시민들은 "구원을 얻기 위해" 개인의 자유와 사생활을 포기했으며, 이에 따르지 않은 사람들은 고문을 받고 처형되거나 추방당했다. 제네바의 신정정치는 시민들의 자발적인 참여에 의해 이루어진 것이 아니라 폭력에 의해, 츠바이크에 의하면 "모든 독재의 영원한 법칙"인 테러에 의해, 그리고 시민들의 체념에 의해 이루어졌다. 도대체 "아침에 파이를 먹는 것"과 "저녁 9시 이후에 잠자리에 드는 것"이 왜 죄가 되는가? 칼뱅이 이들에게 벌을 내린 것은 구원으로 인도하기 위해서가 아니라 질서와 규율을 잡기 위해서였다. 그것은 영혼의 구원을 위한 불가피한 행위가 아니라 인간의 자유와 인권을 탄압한 것에 불과했다.

그런데 신학적인 해석을 달리하는 사람들을 "이단"으로 규정하고 처형한 칼뱅의 행위는 적어도 "신앙의 시대"에서는 묵인되거나 정당화될 수 있지 않을까? 그는 가톨릭에 비해 그나마 온건하지 않았는가? 그러나 여기에 반대한 사람이 있었으니, 그가 바로 카스텔리옹이다.

칼뱅에 저항한 카스텔리옹

츠바이크가 "폭력에 대항한 양심"이라고 부른 세바스티앵 카스텔리옹Sébastien Castellion은 1515년에 프랑스 동부 뷔제 지방에서 태어났다. 그의 진짜 이름은 샤티용이고 라틴어 이름은 카스텔리오로, 카스텔리오라고 불리기도 하는 것은 이 라틴어 이름 때문이다. 그는 리옹의 트리니테 콜레주에서 공부했으며 인문주의자로서 재능을 인정받았다. 종교개혁 시대에 인문주의자로 살아남기는 힘들었다. 그는 칼뱅의 《그리스도교 요강》을 읽고 종교개혁가가 되었고, 스트라스부르에 가서 칼뱅을 만났다. 그는 칼뱅이 제네바로 금의환향하기 몇 달 전에 제네바에 있는 한 콜레주의 담임교사가 되었고 곧 이 학교의 교장이 되었으나, 적은 봉급으로는 생활하기가 어려워서 1544년에 사표를 냈다. 그가 들어가고 싶었던 곳은 목사단이었다. 그러나 칼뱅은 그의 독립적인 성서 해석을 경계하여 그를 받아들이지 않았다. 이미 이때부터 칼뱅과 성서 해석을 달리하거나 칼뱅 신학을 비판하는 것은

〈카스텔리옹〉

슈테판 츠바이크는 칼뱅과 카스텔리옹의 초상화를 비교하며 다음과 같이 썼다. "칼뱅의 얼굴은 긴장 그 자체다. 초조하고도 고집스럽게 분출을 노리고 있는, 경련적이고 병적으로 옹집된 에너지를 보여주는 반면, 카스텔리옹의 얼굴은 온화라고 침착하게 기다리는 얼굴이다. 참을성 없음이 끈기에 맞서 있고 튀어 오르려는 열의가 끈질긴 신념에 맞서 있다. 광신주의가 인문주의에 맞서 있는 것이다"(슈테판 츠바이크, 안인희 옮김, 《폭력에 대항한 양심. 칼뱅에 맞선 카스텔리오》, 자작나무, 1998, 93쪽).

의견 차이가 아니라 이단이나 국가적인 범죄로 취급되었다. 칼뱅은 자기의 예정설을 거부한 카스텔리옹을 고소했고, 칼뱅을 본받아 프로테스탄트 신앙의 사도가 되고자 했던 카스텔리옹은 칼뱅을 떠났다. 그 후 8년간 카스텔리옹은 바젤에서 번역을 하거나 교정을 보며 빈궁한 생활을 하다가, 1553년에 바젤 대학의 그리스어 교수가 되었다.

가난이 그의 학문을 방해하지는 않았다. 카스텔리옹은 1551년에 성서의 라틴어 번역서를 출판했다. 잉글랜드의 젊은 왕 에드워드 6세에게 바치는 서문에는 관용 정신이 나타난다.

> 아! 우리는 어떤 시대에 살고 있습니까? …… 우리는 다른 사람들이 피를 흘리지 않도록 하기 위해 스스로 피를 흘리신 그리스도에 대한 열정 때문에 피를 흘리고 사람을 죽입니다. 그리스도에 대한 열정 때문에 우리는 가라지를 뽑습니다. 그러나 그리스도께서는 곡식이 뽑히지 않도록 하기 위해서 수확 때까지 가라지를 그대로 두라고 명령하셨습니다. 그리스도에 대한 열정 때문에 우리는 다른 사람들을 박해합니다. 그러나 그분께서는 누가 오른뺨을 때리면 왼뺨을 내밀라고 말씀하셨습니다. 그리스도에 대한 열정 때문에 우리는 다른 사람들에게 악을 행합니다. 그분께서는 악을 선으로 돌려주라고 명령하셨지만 말입니다.[82]

이단이라는 이유로 박해하는 것은 하느님이 수확하실 때 하실 일을 인간이 먼저 하려는 셈이다. 그것은 하느님의 말씀에서 비롯된 것이 아니라 인간의 오만과 독단에서 비롯된 것이다. 카스텔리옹이 가라지의 비유를 들어 인간의 '모든' 범죄에 대한 관용을 주장한 것은 아니다. 살인, 도둑, 간음 등과 같이 명백한, 다시 말해 행위자도 인정하지 않을 수 없는 범죄에 대해서는 그에 합당한 처벌을 가할 수 있다. 카스텔리옹이 반대한 것은 종교적인 "오류"에 대해 엄격한 처벌을 가하는 일이었다. 종교적인 문제에 대해서는 사람마다 다른 의견을 가질 수 있기 때문이다. 성서는 다의적으로 해석될 수밖에 없다는 것이 카스텔리옹의 기본적인 입장이었으며, 여기에서 그의 관용 사상이 시작되었다. 엄밀히 말해, 관용이 카스텔리옹의 독창적인 사상은 아니었다. 그리스도의 온후함과 자비를 강조한 것, 가라지의 비유, 이단과 일반 범죄의 구분 등은 모두 에라스뮈스에게서 찾아볼 수 있는 내용이었다.

그러던 중, 1553년에 미카엘 세르베투스(미젤 세르베토)가 이단으로 몰려 화형당하는 사건이 발생했다. 제네바에서, 칼뱅에 의해서였다. 세르베투스는 1511년경 스페인의 빌라누에바에서 출생했다. 그는 종교재판을 피해 프랑스 툴루즈로 도망쳤고, 그곳의 대학에서 법학을 공부했으며, 과학적인 것과 종교적인 것 등 모든 것에 호기심이 많았던 백과사전적인 사람이었다. 그는 황제 카를 5세의 고해신부를 따라다니며, 아우크스부르크, 바젤, 스트라스부르 등지에서 종교개혁가들과 접촉했다. 그는 여전히 삼위일체론을 받아들인 루터, 츠빙글리, 칼뱅 같은 선구자들이 혁명적이지 못하다고 생각했다. 1531년에 나온 그의 첫 번째 책《삼위일체론의 오류》은 제목 그대로 삼위일체론이 성서적으로 근거가 없음을 주장한 책이었다. 이 책이 논란을 불러일으킨 것은 당연했고, 스트라스부르와 바젤에서는 책의 판매가 금지되었다. 그는 스트라스부르를 떠나 파리, 리옹, 비엔 등지에서 미셸 드 빌뇌브라는 이름으로 출판업자, 지리학자, 점성술사, 의사 등의 직업을 전전하며 살아갔다. 프랑스에 머무는 20년 동안, 겉으로는 선량한 가

크리스토퍼 시험의 세르베투스 동판화(1607).

왼쪽 위 부분은 세르베투스가 제네바의 샹펠 광장에서 화형당하는 모습이다. 아래 부분에는 세르
베투스의 출신이 쓰여 있다. "Michael Servetus Hispanus de Aragonia"

톨릭이었으나 속으로는 근본적인 종교개혁을 모색하고 있었다.

1553년, 세르베투스는 비엔에서 M. S. V라는 이름으로 《그리스도교 재건》을 출판했다. 그리스도는 인간이지만 신적인 능력을 지니고 있다는 것이 이 책의 논지였다. M. S. V.라는 이니셜이 누구인지는 즉시 알려졌다. 그해, 제네바에서 망명해 있던 칼뱅의 가까운 친구인 기욤 드 트리는 리옹에 거주하는 사촌 앙투안 아르네에게 사실을 알렸고, 아르네는 이단재판관인 마티외 오리에게 세르베투스를 고발했다. 즉시 조사가 진행되었다. 세르베투스가 책과의 관련성을 부인하자, 이단재판관은 아르네에게 더 많은 정보를 요청했다. 그러자 트리는 칼뱅에게서 전해 받은 세르베투스의 편지 20여 통을 이단재판관에게 넘겨주었다. 칼뱅과 가톨릭 이단재판관이 공동의 적 앞에서 협력한 셈이었다.[83] 세르베투스는 구금되었으나, 며칠 뒤 감옥을 탈출했다.

몇 달 뒤, 세르베투스는 새로운 거처를 찾아 이탈리아로 가던 중 제네바를 거쳐가는 실수를 범했다. 8월 13일 일요일, 칼뱅이 설교하는 예배에 참석했다가 발각되어 체포되고 말았다. 칼뱅에게 삼위일체를 부정하는 것은 이단 중의 이단이었고, 따라서 그러한 자의 사형은 한 개인의 의견이 아니라 전 교회의 공통된 의견이라고 확신했다. 시의회는 만장일치로 사형을 선고했고, 그다음 날로 세르베투스는 샹펠 광장에서 산 채로 화형에 처해졌다. 가톨릭 중세에도 보기 드물었던 잔인한 처형이 칼뱅의 주도하에 집행된 것이다. 가톨릭 교회는 세르베투스의 책과 초상肖像을 불태웠다.[84]

세르베투스는 순교자였지만, 그 역시 칼뱅 못지않은 불관용주의자였다. 죽은 사람이나 죽인 사람이나 이단은 사형에 처해야 한다고 생각한 것은 마찬가지였다. 세르베투스는 자신의 신학 사상이 칼뱅과

〈제네바의 감옥에 있는 세르베투스〉, 피카소, 1904.

차이가 없기 때문에 자신에게 이단죄가 있다고 판명되면 칼뱅에게도 동일한 형벌을 주어야 한다고 요구할 정도였다. 당시에 이단은 사형에 처한다는 것이 가톨릭 세계나 프로테스탄트 세계에 널리 알려진 규칙이었다. 세르베투스의 화형은 불링거와 멜란히톤을 위시한 프로테스탄트 교회의 지도자들로부터 지지를 받았다.

그러나 일반인들은 칼뱅의 종교 독재에 불만을 가지기 시작했다. 특히 에라스뮈스의 영향이 남아 있던 바젤에서는, 이탈리아에서 망명 온 사람들을 중심으로 세르베투스에 대한 동정적인 여론이 일어났다.

그러자 칼뱅은 자신의 행동을 정당화할 필요를 느끼고, 세르베투스 화형 후 4개월 만인 1554년 1월에 《참된 믿음을 유지하기 위한 선언》을 발표했다. 칼뱅에 의하면, 이단과 신성모독자들에 의해 모욕당한 하느님의 명예를 위해 복수하는 것은 교회의 의무이며, 이 의무는 너무나 막중해서 가족이나 친족도 예외로 둘 수 없을 뿐만 아니라, 경우에 따라서는 《구약》에 나오듯 한 도시의 전 주민을 몰살시킬 수도 있었다. 하느님은 인간의 살이나 팔에 의해 도움을 받을 필요가 없다는 반론에 대해, 칼뱅은 하느님이 인간의 도움을 원하신다면 그래야 한다고 대답했다. 이 점에 있어서, 칼뱅의 입장은 이단은 하느님에게 대역죄를 범한 것이기 때문에 사형에 처해야 한다고 주장한 중세의 신학자들과 다르지 않았다.

칼뱅의 정당화는 여기에서 그치지 않았다. 칼뱅은 그리스도의 자비를 들어 자신을 비판하는 사람들에게, 그리스도가 신전에서 상인들을 내쫓은 것으로 보아 폭력에 반대하지 않았다고 대답했다. 이에서 더 나아가 토마스 아퀴나스와 마찬가지로, 이단을 관용하는 것 자체가 참된 자비에 대한 공격이라고 말했다. 마지막으로, 그들이 이단을 처벌할 수 있다면 가톨릭의 이단재판을 비난할 수 없다는 주장에 대해, 칼뱅은 교황주의자들은 거짓 교리를 가지고 있기 때문에 프로테스탄트를 박해할 권리가 없다고 말했다. 이런식으로 이단 박해를 정당화시키는 상투적인 논리는 아우구스티누스 이래의 박해자들에게서 볼 수 있는 것이었다.

이 같은 불관용론은 당연히 논박을 불러일으켰다. 최초의 논박은 칼뱅의 친구이자 베른의 고위 행정관인 니콜라스 추르킨덴이 시작했다. 그는 칼뱅의 원칙과 세르베투스를 처형한 것에 대해서는 비난하지 않았다. 그러나 잔인한 탄압이 줄어들기를 기대했으며, 행정관으로서 "가혹함의 과잉보다는 관용의 과잉"이라는 죄를 짓는 편을 선호했다. "우리가 교황주의자들처럼 잔인하게 행동한다면 그들을 기쁘게 할 것"이라는 말에 대해서는 칼뱅도 대답할 말이 없었다. 나중에 칼뱅은 추르킨덴이 제네바에서 추방된 반삼위일체론자들과 가까이 지낸다며 비난했다.

칼뱅의 진짜 상대는 카스텔리옹이었다. 칼뱅의 《참된 믿음을 유지하기 위한 선언》이 나온 지 한 달 후에 카스텔리옹은 마르티누스 벨리우스라는 이름으로 《이단자들에 대하여》를 발표했다. 이 책은 에라스뮈스를 비롯한 관용론자들의 텍스트 20편과 카스텔리옹의 서문으로 구성되어 있다.[85] 놀랍게도 이 책에서는 칼뱅이 관용론자로 등장하는데, "교회에서 쫓겨난 사람들을 박해하고 인간으로서의 권리를 거부하는 것은 비그리스도교적인 일이다"라고 말한 적이 있기 때문이다. 이 책에서 카스텔리옹은 이단 박해를 인정하는 것으로 인용되던 성서 구절들을 체계적으로 비판한다. 성서에 나오는 칼은 세속의 칼이 아니라 영적인 칼이며, 심판은 현세의 심판이 아니라 최후의 심판을 말한다는 것이다. 그런데 도대체 이단이란 무엇인가? 복음서와 성 바울에 의하면, 이단이란 "자신의 의견을 고집하는 사람"이다. 12세기의 교회법학자인 그라티아누스에 의하면, 이단이란 "성서에 위배되게끔 인간의 인식에 의해 선택되었으며, 공개적으로 주장되고 완고하게 옹호되는" 견해를 가진 사람이다.[86] 도덕의 영역에서는 어떠한 행위가 악인지 모든 사람이 인정할 수 있기 때문에 처벌할 수 있지만, 종교의 영역에서는 그렇지 않다. 본질적으로 성서는 다양하게 해석할 수 있는 수수께끼, 비유 등으로 구성되어 있기 때문이다. 카스텔리옹이 인용한 제바스티안 프랑크 역시 같은 이야기를 하고 있다.

이단 박해는 그리스도가 아닌 사탄의 사업이라는 것이 카스텔리옹의 주장이었다. 그렇다면 종교에 관한 한 모든 것을 허용할 것인가? 성서의 해석은 완전히 자유로운가? 16세기 사람인 카스텔리옹에게는 그렇지 않았다. 종교의 문제에도 일반 도덕 문제와 마찬가지로 증거가 명백한 진리들이 있었으니, 유일신의 존재, 천지창조, 영혼 불멸, 예수의 부활 같은 그리스도교의 근본 교리가 그러했다. 이러한 진리에 대해 계속 고집부리는 사람들을 화형에 처해야 할 것인가? 카스텔리옹은 무신론자와 급진 합리주의자들은 관용에서 배제했지만, 그가 요구한 벌은 화형이 아니라 추방이었다. '근본 교리'가 아닌 다른 비본질적인 교리들에 대해서는 자유였다. 여기에서는 에라스뮈스의 목소리가 들린다.

칼뱅과 베즈는 이 책의 저자가 누구인지 즉시 알아보았다. 베즈는 마르티누스 벨리우스(즉, 카스텔리옹)와 같은 회의주의자들을 반대하는 《이단의 처벌에 관하여》를 발표했다. 여기에서 칼뱅의 후계자는 한 사람을 죽음에서 구하기 위해 많은 사람을 이단으로 오염시키는 "악마적이고 비그리스도교적인 자비"를 비판했다. 카스텔리옹은 다시 칼뱅의 주장을 조목조목 반박하는 《칼뱅의 글에 반대하여》를 썼는데, 세르베투스를 살해한 칼뱅이라는 사람에 대한 형사 고발장이었다. 카스텔리옹은 여기에서도 칼뱅을 증인으로 불러낸다. "이단을 죽이는 것은 범죄 행위다. 쇠와 불로 그들을 파멸시키는 것은 인문주의의 모든 원칙을 부인하는 행위다"라고 말한 칼뱅을 말이다.[87] 최종적으로, 카스텔리옹은 인문주의의 이름으로 종교개혁가를 단죄한다.

한 인간을 죽이는 것은 절대로 교리를 옹호하는 것이 아니다. 그것은 그냥 한 인간을 죽이는 것을 뜻할 뿐이다. 제네바 사람들이 세르베투스를 죽였을 때, 그들은 교리를 지킨 것이 아니라 한 인간을 희생시킨 것이다. 인간이 다른 사람을 불태워서 신앙을 고백할 수는 없다. 단지 신앙을 위해 불에 타 죽음으로써 신앙을 고백하는 것이다.

그렇다. 칼뱅은 한 인간을 죽인 것이다. 세르베투스를 죽인 것은 교리도 아니고, 제네바에 세워진 세르베투스 추모비에 새겨져 있는 "시대"도 아니다. 그를 "시대의 희생자"라고 담담하게 기록하는 것은 그와 같은 시대의 희생자들을 양산한 범죄의 공범자가 되는 셈이다. 그일이 칼뱅의 범죄였음을 역사는 분명히 기록해야 한다. 카스텔리옹이 그렇게 했듯이 말이다.

카스텔리옹의 논거는 변함이 없었다. 그리스도교의 도덕은 분명해서 모든 사람이 이해할 수 있지만, 도그마는 기본적으로 모호하기 때문에 각자 자유롭게 생각할 수 있다는 것이었다. 칼뱅이 우선시했던 것은 도그마였던 데 반해, 카스텔리옹이 우선시했던 것은 에라스뮈스처럼 도덕이었다. 칼뱅에게 있어서 하느님의 말씀은 분명하며 진리와 오류를 구분하기에 충분할 정도로 절대적이고 객관적이었지만, 카스텔리옹에게는 그렇지 않았다. 하느님은 신비와 베일 속에서만 말씀하신다. 그렇다면 하느님의 말씀 속에는 확실한 것이 하나도 없단 말인가? 카스텔리옹은 그렇지 않다고 말한다. 구원에 필요한 것, 도덕적 가르침, 이행해야 할 의무 등은 분명하다. 그러나 하느님의 신비를 밝히는 것은 인간의 능력을 넘어선다. 따라서 진정으로 그리스도교적 삶을 사는 사람들 사이에도 이 점에 있어서는 의견의 차이가 있을 수

있다는 점을 인정해야 한다. 다시 말하면, 이단이라고 비난하지 말아
야 한다.

그 후 카스텔리옹의 관심은 종교전쟁이 벌어진 프랑스로 옮겨 갔
다. 카스텔리옹은 《황폐해진 프랑스에 대한 충고》(1562)에서 양심의
자유를 특히 강조했다. 종교가 내란을 일으킨 원인은 무엇인가? 카스
텔리옹이 보기엔 그것은 "양심의 강요" 때문이었다. 옛 종교를 회복
시키기 위해 전쟁과 양심의 강제라는 악보다 더 악한 수단을 사용했
기 때문이다. 이는 가톨릭과 프로테스탄트 모두에게 책임이 있다. 자
신의 양심을 중요하게 여기고 또 그 때문에 박해받기를 원하지 않으
면서 왜 상대방을 박해하는가? 성서에는 "다른 사람이 너에게 하기를
네가 원치 않는 것을 다른 사람에게 강요하지 마라"고 하지 않는가?
잘못된 양심이라도 인간의 양심은 그 자체로 존중받아야 한다는 것이
카스텔리옹의 생각이었다. 카스텔리옹은 미셸 드 로피탈 같은 사람이
국가의 안정과 통일을 위해 프로테스탄트들을 관용하자고 주장하는
것과 달리, 양심의 자유를 위해 관용할 것을 주장했다. 이렇게 실용적
인 이유가 아니라 양심의 자유라는 이유로 관용을 주장한 사람은 카
스텔리옹이 처음이었다.[88]

마지막 글인 《의심의 기술》(1563)에서 카스텔리옹은 '이성주의자'로
변한다. 성서 해석의 자유를 주장하는 사람에게는 자연스러운 변화일
는지 모른다. 루터나 칼뱅은 성서에 절대적이며 배타적인 권위를 부
여하고 영성주의자들은 성령에 최고의 권위를 부여한 반면, 카스텔리
옹은 이성에 권위를 부여했다. 칼뱅이 말하듯 이성은 죄악으로 타락
한 것이 아니라, 모든 사람에게 공통된 빛이었다. 그것은 신의 선물이
었고, 그의 표현을 빌면 "신의 딸"이었다. 그것은 성서에서 확실한 것

과 불확실한 것을 가려주고, 영원한 진리와 일시적이고 의심스러운 진리를 구분해준다. 자구字句와 텍스트에 얽매인 성서 공방은 아무런 도움이 되지 않는다. 어떠한 주장이든 그것을 뒷받침해주는 구절을 성서에서 찾을 수 있기 때문이다. 이성은 자구를 넘어 정신에 도달할 수 있게 하며, 정당하게 의심하게끔 한다. 《의심의 기술》은 칼뱅주의자들의 절대적 도그마주의와는 대조적으로, 자유롭고 과학적이며 신중한 접근 방법을 제시한, 시대를 앞선 놀라운 책이라고 평가받을 만하다.[89] 카스텔리옹은 이성의 눈으로 신학적인 논점들을 검토한다. 이제는 성서도 이성의 눈으로 비판적으로 읽어야 하며, 세르베투스를 화형으로 몰고 간 삼위일체도 물론 검증 대상이었다. 카스텔리옹은 세르베투스와 마찬가지로 삼위일체를 믿지 않았다. 그는 세르베투스와 함께 반삼위일체주의인 소치니파의 선구자가 된다.[90]

마지막으로, 카스텔리옹은 《독일 신학》을 번역했다. 이 책의 원저자가 누구인지는 알 수 없지만, 당시에 많은 사람들은 신비주의자인 요하네스 타울러를 지목했다. 타울러의 신비주의는 16세기의 이성주의자인 카스텔리옹이나 16세기의 신비주의자인 다비드 드 조리스 같은 사람들에게 영향을 미쳤다. 인문주의자 카스텔리옹의 이성주의는 도그마를 의심했으며, 올바른 의견보다는 올바른 행동을 강조했는데, 이러한 도덕주의적인 종교관은 '그리스도 본받기'를 실천하던 독일 신비주의와 쉽게 화합했던 것이다.

칼뱅은 비판을 허용하지 않는 사람이었다. 그는 카스텔리옹의 글이 출판되지 못하도록 검열을 강화하고, 바젤에 외교적인 압력을 가했다. 칼뱅의 간계, 음모, 비방, 모략이 도를 넘어서자, 멜란히톤은 카스텔리옹을 옹호하는 편지를 써 보냈으며, 바젤 대학은 카스텔리옹에게 내렸던 집필 금지령을 해제했다. 카스텔리옹은 "우리 둘 중 한쪽이 잘못이겠지만, 그렇기 때문에 더욱 서로를 사랑해야 한다! 주님께서는 언젠가는 잘못 생각하는 사람에게 진리를 보여주실 것이다"라면서 그리스도의 평화를 제안했다. 그러나 칼뱅은 그 제안을 받아들이지 않았다. 1563년, 카스텔리옹은 이단으로 고발되었다. 교황당이며, 재세례파이고, 회의주의자이며, 하느님을 부인하는 자일 뿐만 아니라, 모든 간통자와 범죄자들을 옹호하는 자라는 것이 죄목이었다. 그런데 우연인지는 모르지만, 카스텔리옹은 위험한 재세례파로 드러나 시신이 화형에 처해진 다비드 드 조리스의 오랜 친구였으며, 삼위일체론에 반대하는 글을 써서 취리히에서 추방된 이탈리아인 베르나르도 오키노의 책을 번역했음이 밝혀지면서 상황이 매우 불리해졌다. 카스텔리옹은 당시 종교 박해를 받던 사람들이 도피하던 폴란드로의 망명을 고려했으나 갑작스러운 죽음으로 인해 적들의 치명적인 공격으로부터 벗어났다. 1563년 12월 29일, 카스텔리옹은 48세의 나이로 세상을 떠났다. 그다음 해인 1564년에는 칼뱅이 그 뒤를 따랐다. 카스텔리옹은 특별한 유언을 남기지는 않았지만, 다음과 같은 이야기를 그의 유언 대신 기억하고 싶다. 1558년경, 칼뱅과 베즈의 집요한 공격에 대해 바젤의 에라스뮈스주의자는 다음과 같이 썼다.

나는 그리스도의 피를 걸고 당신에게 부탁합니다. 나를 편안하게 놔두고 나에 대한 박해를 중단해주십시오. 나에게 신앙의 자유, 그것을 고백할 자유를 주십시오. 내가 당신에게 자유를 주기를 원하듯이 말입니다. 당신과 동의하지 않는 사람들을 배교자요, 불신자라고 비난하지 마십시오. 종교의 중요한 사항에 대해서는 나와 당신이 다르지 않습니다. 나는 당신이 받들고 있는 그 종교를 용감하게 받들고 있습니다. 나는 몇 가지 점에 대한 당신의 해석에 동의하지 않을 뿐입니다. 그리고 많은 경건한 사람들은 나와 같이 생각하고 있습니다. 우리는 모두 잘못을 범하고 있습니다. …… 그렇지만 서로 친절하게 대합시다. 우리는 모두 그리스도교의 자비가 무엇인지를 압니다. 그 일을 합시다. 그리고 그렇게 함으로써 공동의 적을 침묵시킵시다.[91]

종교개혁과 인문주의

세르베투스를 화형시킨 것이 정당한가를 놓고 전개된 칼뱅과 카스텔리옹의 싸움은 물론 칼뱅의 승리로 끝났다. 그것은 골리앗과 다윗의 싸움이나 마찬가지였다. 카스텔리옹의 책은 칼뱅의 검열과 필사본이라는 한계 때문에 큰 반향을 불러일으키지 못했고, 칼뱅의 명분은 시합 전부터 이미 승리를 거두고 있었다. 이단을 처벌하고 종교의 일치를 이룬다는 것은 당시로서는 당연한 원칙이었기 때문이다. 카스텔리옹의 뒤를 이어 바젤 대학의 제자인 간트너가 스승의 언어를 동원하여 이단 처벌의 부당함을 고발했다. 하지만 이 문제를 해결하기 위해 1571년에 모인 70명의 목사들 가운데 간트너를 지지한 사람은 세 명에 불과했다. 아직은 종교적 자유니 관용이니 하는 개념들이 낯설던 시대였다.

이렇듯 당시에는 싱거운 싸움이었지만, 칼뱅에 맞선 카스텔리옹은 관용의 역사에는 "폭력에 대항한 양심"으로 길이 남아 있다. 인문주의자였던 카스텔리옹이 자신을 종교개혁으로 이끌어주었던 칼뱅에 반대하여 관용을 제창한 것은 칼뱅에 대한 사사로운 원한 때문이 아니었다. 그것은 칼뱅이 세르베투스를 화형시키기 전에 이미 틀을 갖추었다. 성서 해석의 자유도 칼뱅에 대항하기 위해 개발한 전술적인 무기가 아니었다. 그는 라틴어 성서 번역판 서문에서, 자신은 성서의 모든 구절을 다 이해한 것이 아니기 때문에 자신의 번역을 절대적이라고 믿지 말라고 경고할 정도였다. 자신과 "다른 의견"을 가진 사람을 《구약성서》 식으로 처벌하는 것은 《신약성서》의 시대에는 합당하지 않은 독단에 불과하다는 것이었다. 이러한 논거 위에서 카스텔리옹은 관용과 종교의 자유를 제창할 수 있었다.

카스텔리옹이 선구적이었다는 사실은 17세기 말의 관용론자인 존 로크와 비교해볼 때 더욱 선명하게 드러난다. 로크의 《관용에 관한 편지》는 종교전쟁에서 벗어나기 위해 교회와 국가의 분리를 주장하고 종교는 개인과 창조주 사이의 개인적인 문제임을 천명한 것으로, 관용의 역사에서 신기원을 연 책으로 평가받는다. 로크는 카스텔리옹을 잘 알고 있었으며, 로테르담의 지적 서클에서 피에르 밸과도 접촉했다. 그렇다면 로크는 어느 정도로 관용을 주장했을까? 놀랍게도 그는 가톨릭과 무신론자를 관용에서 배제했다.[92] 이런 점에서 로크는 1세기 전의 카스텔리옹보다 조금도 발전하지 못했다.

종교개혁은 관용과 종교의 자유를 주장하면서 시작되었다. 루터는 "교황도, 주교도, 어느 누구도, 그리스도교인에게 그의 동의 없이 단 한 음절의 의무도 강요할 수 없다"고 말했으며, 칼뱅 역시 마찬가지였다. 베인턴은 "칼뱅이 종교의 자유를 옹호하는 글을 썼다면, 그것은 인쇄상의 실수다"라며 칼뱅의 불관용을 강조했지만, 이때의 칼뱅은 종교개혁가가 된 이후를 가리킨다. 그 전에 칼뱅은 《세네카의 관용론

주석》을 쓴 인문주의자였다. 그는 이단을 죽이는 것은 범죄 행위이며 인문주의의 원칙을 부인하는 행위라며, 마치 카스텔리옹처럼 말하지 않았던가? 카스텔리옹은 종종 이런 칼뱅을 등장시켜 관용을 옹호하는 기술을 하곤 했다.

'나의 종교의 자유'를 주장한 종교개혁가들은 '너의 종교의 자유'를 인정하지 않았다. "모든 그리스도교인은 그 자신이 사제"라는 만인사제론과 성서만이 유일한 권위라는 성서주의는 가톨릭교회의 권위를 부정하며 프로테스탄티즘을 열었지만, 또 다른 프로테스탄티즘을 낳을 가능성을 지니고 있었다. 칼뱅의 '내적 확신'은 루터의 '양심'과 마찬가지로 새로운 도그마를 낳았을 뿐이다.[93] 종교개혁가들은 자신의 성서 해석이 곧 하느님의 뜻이라고 이해했기 때문에 다른 사람의 성서 해석을, 루터식으로 말하면 다른 사람의 양심을 받아들이지 않았다.

카스텔리옹이 그리스도교의 교리 가운데 유일신의 존재, 천지창조, 영혼 불멸, 예수의 부활 등만 그리스도교의 근본 교리라고 여긴 것은 본질적인 것과 비본질적인 것을 구분한 에라스뮈스를 계승한 것이다. 카스텔리옹이 이어받은 에라스뮈스의 정신은 에라스뮈스의 땅인 네덜란드에서 개화했다. 당시 스페인의 지배에 저항하던 네덜란드에서, 디르크 폴케르츠존 코른헤르트는 카스텔리옹의 관용 사상을 전파하는 데 노력한 관용의 투사였다. 코른헤르트는 "카스텔리옹의 책 한 줄에는 칼뱅과 베즈의 모든 책보다 더 많은 진리와 신에 대한 외경과 교훈이 들어 있다"고 말했다. 칼뱅파의 불관용에 반대했던 프로테스탄트들, 광교파latitudinarians, 반삼위일체파, 소치니파 등이 특히 그의 사상을 받아들였다. 16세기 말과 17세기 초 네덜란드와 잉글랜드에서

는 심지어 '카스텔리옹 르네상스'라고 부를 만큼 카스텔리옹이 관심
을 끌었다. 코른헤르트는 카스텔리옹을 대신해서 네덜란드 칼뱅파 교
회의 불관용에 저항하며 싸웠다.[94]

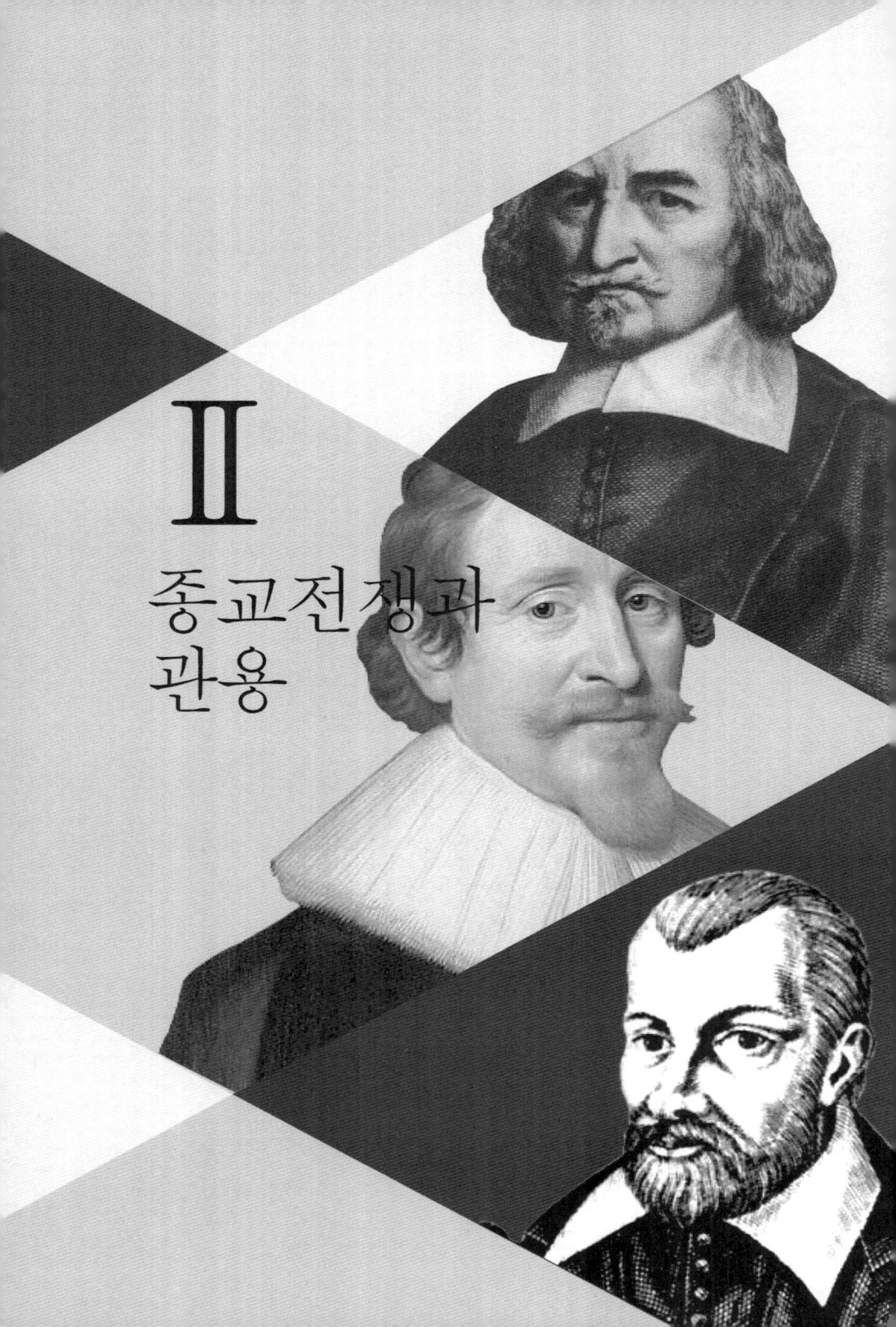

II
종교전쟁과
관용

루터는 양심의 자유를 내세우며 가톨릭교회에 저항했지만, 그렇다고 만인에게 양심의 자유를 인정한 것은 아니었다. 그는 '나'의 자유는 주장하면서도 '너'의 자유는 거부했다. 이 점에 있어서는 칼뱅을 비롯한 종교개혁가들도 마찬가지였다. 그리고 그것은 그리스도교의 전통이었다. 관용의 역사는 '나'의 자유를 주장하는 것을 넘어서 '너'의 자유를 인정하는 것으로 발전하는데, 이 과정이 그렇게 순탄하지만은 않았다. 관용이 확산되는 데 사상의 힘이 작용한 것은 부인할 수 없다. 고대의 회의주의 사상, 휴머니즘, 자연법 사상, 계몽사상 등은 그리스도교의 도그마를 해체하고 교권주의를 무너뜨리는 데 기여했다. 그러나 사상이 사회적 제도로 정착되고 자유가 권리로 인정받는 데에는 '전쟁'이라는 용광로가 필요했다. 참극을 피부로 겪으면서 사람들은 비로소 느꼈고, 생각했고, 양보했던 것이다.

1517년 10월 30일, 루터의 '95개조 반박문'으로 시작된 종교개혁은 불관용적인 종파주의confessionalism로 분열하면서 종교전쟁으로 폭발했다. 루터파의 저항은 1555년에 '아우크스부르크 평화조약'으로 종결되어, 영방領邦 제후는 '그의 지역에 그의 종교cujus regio, ejus religio'

라는 원칙에 따라 영방의 종교를 결정할 수 있게 되었다. 두 번째 종교전쟁은 프랑스에서 일어났다. 프랑스의 칼뱅파와 가톨릭은 1562년부터 여덟 차례나 전쟁과 평화를 반복하다가, 1598년의 낭트칙령으로 공존의 길로 들어섰다. 세 번째 종교전쟁은 1618년에 보헤미아 지방의 종교 문제가 발단이 되었고 전 유럽적인 전쟁으로 비화된 30년 전쟁이다. 1648년 베스트팔렌조약은 아우크스부르크의 원칙인 '그의 지역에 그의 종교'를 칼뱅파에까지 확대했다. 이로써 유럽대륙에는 가톨릭, 루터파, 칼뱅파가 공존할 수 있는 제도적 기반이 마련되었다. 종교개혁의 직접적인 결과는 종교전쟁이었다. 종교전쟁은 사랑과 평화의 종교가 지닌 모순을 적나라하게 드러냈다. 자신의 종파가 승리할 것으로 믿었던 사람들은 실망했다. 사람들은 어느 한 종파가 유일하다거나 우월하다거나 하는 배타적인 생각에서 벗어났고, 무엇보다 평화를 갈구했다. 평화를 위해 종교전쟁을 거부했고, 그것은 종교에 대한 회의로 이어졌다. 그 결과, 종교가 약해지고 정치가 강해지면서 종교와 정치의 분리, 즉 세속화가 진행되었다. '그'가 기준이 되는 '그의 지역에 그의 종교'는 세속화 경향을 상징적으로 보여준다.

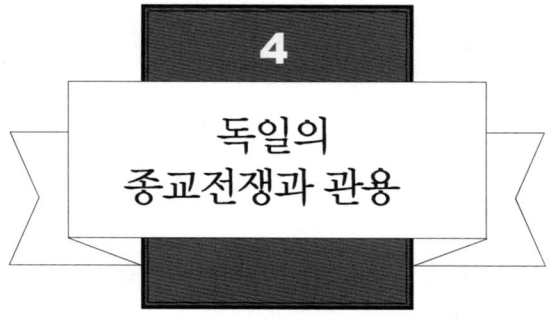

4

독일의
종교전쟁과 관용

종교개혁과 아우크스부르크 평화조약

　종교개혁은 1521년에 루터가 작센 선제후 프리드리히의 도움으로
바르트부르크 성에 은거하며 《신약성서》를 독일어로 번역할 때부터
이미 루터를 넘어서고 있었다. 루터의 명성은 전 독일로 퍼졌고, 지지
자가 늘어났으며, 일부는 과격해졌다. 특히 츠비카우의 '예언자들'은
칼슈타트와 손잡고 '성령주의'에 입각하여 철저한 개혁을 요구했다.
도시가 혼란에 빠지자, 루터의 동료인 멜란히톤은 루터에게 도움을 청
했다. 루터는 1522년 봄에 비텐베르크로 돌아와 자신의 신조에 따라
새로운 교회를 세웠다. 같은 무렵, 루터를 지지하는 휴머니스트 기사
인 울리히 폰 후텐과 프란츠 폰 지킹겐은 루터와는 달리 무력을 동원
하여 종교개혁을 추진하려 했다. 이들 기사들은 트리어 대주교의 영지
를 공격했으나 실패했다. 이러한 재세례파와 제국 기사들의 반란은
1525년의 농민전쟁과 1534년에 재세례파가 벌인 뮌스터 광란의 서곡

이었다. 루터는 과격한 반란을 지지하지 않았다. 그러나 루터가 점화한 저항의 불길은 그 자신의 반대에도 불구하고 들불처럼 번져갔다.

1529년 제2차 슈파이어 제국의회에서 황제 카를 5세는 1521년 보름스 제국의회에서 결정한 루터와 루터 추종자에 대한 추방령을 재확인했으며, 루터주의를 받아들인 지역에서도 가톨릭 의식에 따라 라틴어로 미사를 지내야 한다고 결정했다. 그러자 루터파 제후들은 가톨릭을 강요하는 카를 5세에게 '항의서'를 제출했고, 항의자(프로테스탄트)라는 별명을 얻게 되었다. 1530년, 멜란히톤은 추방령이 내려진 루터를 대신해서 아우크스부르크 제국의회에 28개 조항의 신앙고백과 교리를 제출했으나 거부당했다. 루터파 제후들은 무력 저항에 나서기 시작했다. 종교전쟁이 시작된 것이다.

사실, 첫 번째 종교전쟁은 독일에 앞서 스위스에서 일어났다. 당시 스위스는 13개 칸톤이 느슨하게 연합된 연방으로 각각의 칸톤이 주권을 가지고 있었다. 그것은 300여 개의 영방국가로 구성된 신성로마제국의 축소판이었다. 1529년과 1531년 사이에, 취리히가 이끄는 프로테스탄트 칸톤 연합은 가톨릭 칸톤 연합과 전쟁을 벌였다. 처음에는 취리히가 유리했으나 1531년 빌메르겐전투에서 치명적인 패배를 당했다. 그 결과, 교회 지도자인 츠빙글리를 포함하여 성인 남자의 4분의 1이 사망했다. 양측은 평화조약을 맺었는데, 제2차 카펠 평화조약이 그것이다. 각각의 칸톤은 종교를 선택할 수 있는 권리를 보장받았다. 1555년 아우크스부르크의 정신인 '그의 지역에 그의 종교'가 발현된 것이다.

제2차 종교전쟁은 신성로마제국에서 일어났다. 1531년, 루터파 제후들은 당시 가장 강력한 프로테스탄트 지도자였던 헤센 백작 필립 1

세와 작센 선제후 프리드리히 1세의 주도 아래 슈말칼덴동맹을 결성했다. 그것은 신성로마제국 황제 카를 5세의 공격에 대비하여 신앙을 지키기 위한 수비적인 종교 동맹이었으나, 가톨릭교회와의 단절이 경제적인 이익을 주면서 정치적인 동맹으로 변했다. 1535년 12월, 아우크스부르크 신앙고백을 지지하는 안할트, 뷔르템베르크, 포모제뿐만 아니라 아우크스부르크, 하노버, 프랑크푸르트 암 마인, 켐텐 같은 제국도시들이 동맹에 가담했다. 같은 해에는 합스부르크 가문에 반대하는 프랑스가 동맹에 가담했으며, 오스만투르크도 동맹을 지지하는 외교 문서를 보냈다. 그 후, 덴마크, 브란덴부르크, 팔츠 등이 동맹에 가담했다. 동맹국들은 서로 보호하기 위해 1만 명의 보병과 2,000명의 기병을 동원하기로 결정했다. 그들은 직접적으로 카를 5세를 공격하지는 않았지만, 대신 가톨릭교회의 영지를 몰수하고 주교와 가톨릭 제후들을 몰아내며 루터주의를 북부 독일에 확산시키는 데 전력을 다했다.

당시 카를 5세는 한편으로는 프랑스, 다른 한편으로는 오스만투르크와 싸우느라 독일에 관심을 기울이지 못했다. 그러나 외부와의 전쟁을 마무리하면서, 1546년부터는 제국 내의 프로테스탄트를 진압하기 시작했다. 전력 면에서는 슈말칼덴동맹이 우세했으나, 동맹의 지도자들은 무능했으며 분열되어 있었다. 1547년에 황제와 교황이 동원한 제국 군대는 뮐베르크전투에서 결정적인 승리를 거두었다. 프리드리히 1세를 포함한 많은 지도자들이 포로로 잡혔고, 많은 도시들이 가톨릭으로 돌아갔다. 1548년, 승리한 카를 5세는 슈말칼덴동맹에 아우크스부르크 가협정Augsburg Interim을 체결할 것을 강요했다.[95] 아우크스부르크 가협정은 프로테스탄트들에게 7성사, 교황 수위권 같은

cet Voleurs infames et perdus, Monstrent bien que le crime (horrible et noir engeance) Et que c'est le Destin des hommes vicieux
fruits malheureux a cet arbre pendus Est luy mesme instrument de honte et de vengeance Desprouuer tost ou tard la iustice des Cieux .

Israel ex. Cum Priuil. Reg.

〈전쟁의 비참함〉, 자크 칼로, 1633.

전통적인 가톨릭 교리를 인정할 것을 요구했으나, 한편으로는 프로테스탄트들이 요구한 대로 루터파 성직자의 결혼과 평신도의 양형 영성체를 인정하는 타협적인 면을 보여주었다. 아우크스부르크 가협정은 에라스뮈스주의자인 플루크의 작품이었다. 아우크스부르크 가협정은 제국법이 되었고, 교황은 프로테스탄트에 대한 양보를 준수할 것을 주교들에게 지시했다. 프로테스탄트 측에서 인문주의자 멜란히톤은 평화를 위해 아우크스부르크 가협정을 수용했으나, 대부분의 루터파 목사들과 신학자들은 거부했다.

프로테스탄티즘의 세력은 여전히 강력했기 때문에 황제는 아우크스부르크 가협정을 강요할 수 없었다. 1552년, 이번에는 슈말칼덴동맹이 카를 5세에게 군사적으로 승리를 거두었다. 오랜 전쟁에 지친 황제는 파사우 평화조약에 서명했다. 제국 내에서 종교적 통일성을 유지하려는 황제의 희망이 사라진 셈이었다. 3년 후인 1555년에 카를 5세와 슈말칼덴동맹 사이에 체결된 아우크스부르크 평화조약으로 루터파는 공식 인정받았다.

아우크스부르크 평화조약은 제국 내의 주권군주에게 가톨릭과 루터주의 가운데 선택할 수 있는 권리를 부여했다. 그래서 제국은 중세 이래의 종교적 통일성을 잃고 '그의 지역에 그의 종교'라는 원칙에 따라 가톨릭과 루터파로 분열되었다. 주권군주가 선택한 종교와 일치하지 않는 종교를 가진 사람들은 자신이 믿는 종교가 허용되는 지역으로 이주할 수 있는 권리를 부여받았다. 예외적으로, 페르디난트 선언이라는 비밀 조항에 따라 기사들과 루터주의를 따르던 일부 도시들은 '그의 지역에 그의 종교' 원칙에서 제외되었다. 또한 주권군주가 가톨릭 성직자인 지역에서 군주가 루터파로 개종할 경우에는 성직자

1555년 제국도시 아우크스부르크에 모인 신성로마제국 영방국가들의 대표들이 종교의 자유를
부여하는 문제에 대해 논의하고 있다.

로서의 지위를 상실하고 그 자리는 다른 가톨릭 성직자로 대체되었으며 신민들은 그를 따라 개종할 의무가 없었다.

아우크스부르크 평화조약은 루터파를 공식적으로 인정함으로써 관용의 역사에서 커다란 진전을 이루었다. 그러나 그것은 심각한 한계를 지니고 있었다. 첫째, 루터파 이외의 다른 프로테스탄트, 예컨대 칼뱅파와 재세례파 등을 인정하지 않음으로써 여전히 종교 분쟁의 씨앗을 남겨놓았다. 둘째, 아우크스부르크 평화조약은 군주에게 종교의 자유를 주었지 개인에게 준 것이 아니었다. 세속 군주가 개종할 경우 신민들은 그를 따라 개종하든가 아니면 이주해야 했다.

아우크스부르크 평화조약은 군주를 종교의 우두머리로 인정했고, 군주는 양심의 자유를 누렸다. 루터가 천명했던 양심의 자유가 군주들의 양심으로 구체화되어 신앙의 기준이 된 것이다. 아우크스부르크 평화조약 역시 하나의 국가에 하나의 종교만 허용했다는 점에서 중세의 가톨릭 국가와 다르지 않았다. 그러나 결정적인 차이점이 있다면, 중세의 국가에서는 군주가 신앙을 결정한 것이 아니라 신앙이 군주를 결정했다는 점이었다. 예컨대 이단자는 군주가 될 수 없었다. '그의 지역에 그의 종교'라는 아우크스부르크의 원칙은 "하나의 신앙, 하나의 법, 한 명의 왕"이라는 오랜 전통과는 달리, '신앙'보다 '지역'이 우선임을 천명한 것이다.[96] 이제 관용의 역사에서는 신앙이 아니라 군주, 국가, 국가 이익, 국가이성이 주도권을 잡게 된다.

1555년 이후로 독일은 아우크스부르크 평화조약 체제 아래에서 1618년까지 대체로 평화를 유지했다. 그러나 많은 종파들 가운데 가톨릭과 루터파만 인정받았고, 군주에게 신앙결정권을 부여한 아우크스부르크 평화조약이 현실적으로 적용되는 데에는 문제가 많았다. 팔츠의 사례는 아우크스부르크 평화조약이 얼마나 큰 종교적 혼란을 초래했는지 잘 보여준다. 1563년, 팔츠 선제후 프리드리히 3세는 아우크스부르크 평화조약에서 인정하지 않은 칼뱅파로 개종한 후, '하이델베르크 교리문답'을 작성하여 신민들에게 강요했다. 그의 명령에 따라 신민들은 칼뱅파가 되거나 국외로 떠나야 했다. 그는 1566년에 아우크스부르크 제국의회에서 1555년의 아우크스부르크 평화조약을 위반했다는 비난을 받았다. 그가 1576년에 죽자, 아들인 루트비히 6세는 루터주의를 회복시켰다. 칼뱅주의를 철회하기를 거부한 목사들은 국외로 떠나야 했고, 평신도들도 루터주의를 받아들이거나 망명을 떠나야 했다. 이 새로운 체제는 7년간 지속되었다. 1583년에 루트비히 6세의 아들이자 상속자가 된 프리드리히 4세는 미성년자였기 때문에, 그의 삼촌인 요한 카시미르가 섭정을 맡았다. 섭정은 고인의 유언을 파기하고 조카를 칼뱅주의로 키웠으며, 전 국민에게 칼뱅주의를 강요했다. 고高팔츠 지역은 이에 저항하여 루터파로 남았다.

이렇게 군주가 개종하고 신민들에게 개종을 강요할 때 내적으로 혼란이 발생했다. 신민들은 개종하거나 망명을 떠나거나 군주에게 저항했다. 예외적으로, 브란덴부르크 선제후인 요한 지기스문트는 1613년에 칼뱅파로 개종하면서 신민들에게 개종을 강요하지 않았다. 선제후가 자유주의자였기 때문이 아니었다. 그도 원래는 다른 군주들처럼 권리를 행사하려 했으나, 목사들과 신민들의 강한 저항에 부딪히자 신민들이 자유롭게 루터주의를 따를 수 있도록 허용한 것이다. 그는 가톨릭 신민들에게도 똑같은 자유를 부여했다. 이렇게 해서, 독일에서는 처음으로 칼뱅파 영방국가에서 루터파와 가톨릭에 관용이 부여되었다.[97]

제국에 속한 가톨릭 국가에서도 브란덴부르크에서와 비슷한 일이 일어났다. 1609년, 황제 루돌프 2세는 보헤미아 왕국의 신민들에게 종교의 자유를 허용하는 '장엄 서신'을 공포했다. 이 문서는 1598년에 공포된 프랑스의 낭트칙령처럼 한 국가에 복수의 종파를 허용하는 획기적인 칙령이었다. 프로테스탄트 교회가 세워졌고, 교회 조직이 결성되었다. 그러나 가톨릭과 프로테스탄트가 평화롭게 공존한 것은 아니었으며, 양측의 분쟁은 끊이지 않았다. 그것은 결국 1618년의 '프라하의 창문 밖 던지기Defenestration of Prague'로 폭발했다.

30년전쟁의 참극

아우크스부르크 평화조약은 독일의 종교분쟁에 대한 일시적인 해결책이었다. 아우크스부르크 평화조약의 대원칙 아래에서 가톨릭과 루터파는 세력 확장을 위해 부심했다. 특히 아우크스부르크 평화조약에서 인정받지 못한 칼뱅파의 진출은 아우크스부르크의 평화 자체를 위협했다. 1607년, 황제와 바이에른 공작 막시밀리안 1세는 도나우뵈르트에 가톨릭을 회복시켰고, 이듬해 제국의회의 다수는 1555년의 아우크스부르크 평화조약이 갱신되기 위해서는 1552년 이후 프로테스탄트가 탈취한 교회를 반환해야 한다고 결정했다. 이에 1608년 프로테스탄트 제후들은 팔츠 선제후 프리드리히 4세를 중심으로 군사동맹을 결성했다. 그러자 이듬해 가톨릭도 바이에른 공작을 중심으로 군사동맹을 결성했다. 이러한 가톨릭과 프로테스탄트의 대립 구도 속에서 30년전쟁이 발발한다.

그 무렵, 신성로마제국의 제위 계승후보자는 합스부르크가家의 페르디난트였다. 예수회에서 교육받은 열성 가톨릭이 황제가 되는 것이지만, 프로테스탄트 영방군주들은 별로 두려워하지 않았다. 그들은 주권을 가지고 있었기 때문이다. 그러나 합스부르크가가 직접 통치하는 오스트리아와 보헤미아는 사정이 달랐다. 보헤미아 지방은 특이한 지역이었다. 15세기에 후스파의 반란이 일어났던 보헤미아 지방은 비록 제한적이기는 하지만 후스파의 양형영성체주의 같은 예배 의식을 공식적으로 인정받았다. 1609년 루돌프 2세는 보헤미아의 프로테스탄트들에게 종교의 자유를 보장했다. 보헤미아에서 종교개혁이 일어난 지 200년 만에 보헤미아 인구의 85~90퍼센트를 차지하던 비非가톨릭 귀족, 부르주아, 농노들은 종교의 자유와 법적인 보호를 획득했다.[98] 그러나 1617년에 보헤미아의 왕이 된 페르디난트는 루돌프 2세의 칙령을 철회했다. 이에, 1618년 5월 23일, 100여 명의 보헤미아 프로테스탄트 귀족들은 페르디난트의 가톨릭 보좌관 두 명을 프라하의 흐라드쉰 성 창문 밖으로 던져버렸다. 그들은 창 아래 15미터 떨어진 개울에 떨어졌으나 살아남았다. 가톨릭의 주장에 따르면, 낙하 중 천사의 구원을 받기 때문이며, 프로테스탄트의 주장에 따르면, 거름더미 위에 떨어졌기 때문이다.[99]

"프라하의 창문 밖 던지기"로 칼뱅파가 프라하를 장악했다. 그들의 공식적인 목표는 보헤미아의 특권을 수호하고, 페르디난트 왕을 사악한 예수회로부터 구해내는 것이었다. 실질적인 목표는 물론 이질적인 합스부르크가의 지배에서 벗어나는 것이었다. 위기는 곧바로 전 제국으로 확산되었다. 1619년, 노령의 황제 마티아스가 사망하자, 프로테스탄트 제후들은 합스부르크가의 지배에 저항할 기회를 얻었다. 마티

<프라하 창문 밖 던지기>, 목판화, 1618.

프라하 시청 3층 홀에서 황제의 가톨릭 보좌관 2명과 비서 한 명을 창문 밖으로 던지려 하고 있다. 이 사건은 30년전쟁의 도화선이 되었다. 제1차 프라하 창문 밖 던지기는 1419년에 과격 후스파가 시의회 의원들을 창문밖으로 던진 사건을 말한다. 이 사건 직후 후스파 전쟁이 일어나 1436년까지 계속되었다.

아스의 후계자를 뽑는 선제후는 세 명의 가톨릭 대주교(마인츠, 트리어, 쾰른), 세 명의 프로테스탄트 제후(작센, 브란덴부르크, 팔츠), 그리고 보헤미아 왕이었다. 1619년 8월 28일, 프랑크푸르트에서 선제후들은 만장일치로 페르디난트를 황제로 선출했다. 몇 시간 후, 프라하의 프로테스탄트들은 페르디난트를 보헤미아 왕위에서 폐위시키고, 제국 의회에서 페르디난트를 지지하길 주저했던 팔츠 선제후 프리드리히 4세를 왕으로 뽑았다. 프리드리히가 왕위를 받아들이자, 전면전이 불가피해졌다. 페르디난트는 세습 영토를 빼앗으려는 독일 제후를 징벌하기로 결심했다.

보헤미아 폭동은 처음부터 어긋났다. 그들에게는 2세기 전에 보헤미아의 종교 반란을 이끌었던 얀 후스 같은 지도자가 없었다. 귀족들은 서로 불신했으며, 프로테스탄트 종파들은 분열했다. 의회는 특별세를 부과하거나 군대를 강화하기를 망설였다. 그들은 토박이 지도자가 없었기 때문에 칼뱅주의자인 팔츠 선제후에게 기울었던 것인데, 그것은 오판이었다. 프리드리히는 슬라브인들의 복음 종교에 아무 생각도 없었을 뿐만 아니라, 합스부르크가와 싸우는 데 필요한 돈과 사람을 대줄 만한 능력도 없었다. 보헤미아인들은 프리드리히를 지원할 독일 제후들을 찾았으나 허사였다. 프리드리히의 장인인 잉글랜드 국왕 제임스 1세와 같은 외국인들은 중립을 지켰다. 폭도들의 최대 희망은 페르디난트의 약점을 파고드는 것이었다. 황제는 제국 내에서 군대를 일으킬 수단이 거의 없었으며, 오스트리아의 귀족들은 대체로 보헤미아의 폭도들과 손을 잡고 있었기 때문이었다. 그러나 페르디난트는 강력한 군주를 매수할 수 있었다. 독일의 강력한 가톨릭 제후인 바이에른 공작 막시밀리안은 페르디난트 황제로부터 프리드리히의 선제후 지위와 팔츠 땅 일부를 양도받는 조건으로 군대를 파견했다. 스페인의 펠리페 3세 역시 팔츠 땅 일부를 양도받는 조건으로 그의 사촌에게 군대를 파견했다. 더욱 놀랍게도, 루터파인 작센 선제후는 합스부르크가의 영토인 루사티아를 받는 조건으로 보헤미아 재정복을 지원했다. 이렇게 종교와 정치가 혼합된 협상의 결과 1620년에 군사원정이 이루어졌고, 백산전투의 승리로 폭도들을 완전히 진압했다. 프리드리히는 보헤미아 왕위뿐만 아니라 그의 영방인 팔츠까지 빼앗겼다.

원래의 문제는 해결되었지만, 전쟁은 끝나지 않았다. 처음에는 중립을 지켰던 외국의 프로테스탄트 제후들이 제국의 문제에 개입했기 때문이다. 1625년, 루터파인 덴마크의 크리스티안 4세는 북독일의 프로테스탄트들을 보호한다는 구실로 전쟁에 끼어들었다. 크리스티안 4세는 가톨릭이 제국을 완전히 장악하지 않도록 하면서 동시에 막시밀리안처럼 많은 이익을 얻기를 바랐다. 그는 프리드리히보다 유능한 지도자였고 우수한 군대를 가지고 있었지만, 독일 내의 동맹자들을 찾을 수 없었다. 작센과 브란덴부르크의 프로테스탄트 제후들은 프로테스탄트의 대의보다는 전쟁을 끝내고 싶어 했기 때문이다. 1626년, 막시밀리안은 루테르전투에서 크리스티안을 격파하고 덴마크로 몰아냈다.

황제 페르디난트는 전쟁으로 많은 이익을 얻었다. 보헤미아 폭도들의 항복으로, 그는 프로테스탄트들을 억누르고 토지를 재분배하여 합스부르크 소유지의 행정을 개편했다. 또한 제국헌법을 고쳐서, 약속대로 팔츠의 선제후 권리를 바이에른 공작에게 넘겨줌으로써 친합스부르크적인 가톨릭 선제후가 다수를 차지하게 되었다. 전쟁이 독일 북부로 확산되자, 그는 프로테스탄트 제후들을 몰아내고 그들의 영토를 동료들에게 나누어주었다.

페르디난트의 전쟁 목표는 그의 동맹인 막시밀리안의 목표와 양립하기 어려웠다. 페르디난트 4세는 막시밀리안보다 고분고분한 도구가 필요했고 알브레흐트 폰 발렌슈타인을 발견했다. 보헤미아의 프로테스탄트 출신인 발렌슈타인은 보헤미아 폭동 때 합스부르크에 가담하여 엄청난 부를 축적했다. 30년전쟁의 지도자들 가운데 발렌슈타인은 가장 불가사의한 인물이었다. 그는 용병 만스펠트를 제국에서 쫓아내고 대부분의 덴마크와 독일의 발트 해안 지방을 점령했다. 페르디난트 황제는 그를 새로 점령한 발트 해 연안 주 가운데 하나인 맥클렌부르크의 공작으로 임명했다. 브란덴부르크 선제후 같은 중립적인 제후들은 발렌슈타인이 영토를 점령하는 것을 막을 힘이 없었다. 막시밀리안은 지나치게 강한 발렌슈타인을 처리해달라고 황제에게 청원했다.

1629년, 황제는 복원칙령을 공포했다. 복원칙령이란 신성로마제국 내에서 칼뱅주의를 불법으로 정하고, 루터파가 1552년 이래로 몰수한 교회재산을 원래대로 돌려놓을 것을 명령한 것이다. 16개의 주교구, 28개 도시들과 마을들, 그리고 북부와 중부 독일에 산재해 있던 150여 개의 수도원과 수녀원이 가톨릭으로 복귀했다. 페르디난트는 제국의회를 무시하고 일방적으로 행동했다. 가톨릭 제후들도 프로테스탄트 제후들과 마찬가지로 위협을 느꼈다. 황제가 그들의 법적 자유를 짓밟고 중앙권력을 강화시켰기 때문이다. 발렌슈타인의 군대는 오랫동안 프로테스탄트의 영향을 받았던 마그데부르크, 할버슈타트, 브레멘, 아우크스부르크 등의 도시들을 점령하고, 그들을 강압적으로 가톨릭으로 개종시켰다. 황제는 1555년의 아우크스부르크 평화조약을 파기하고 제국을 가톨릭 절대 국가로 바꾸는 꿈을 꾸었다.

1630년, 이러한 위기의 순간에, 스웨덴의 구스타프 아돌프가 개입했다. 그는 독일의 프로테스탄트와 자유를 지키겠다고 선언했다. 스웨덴 왕은 덴마크의 크리스티안과 마찬가지로 어려움을 겪었다. 그역시 독일 내에 동맹군이 없었기 때문이다. 그러나 구스타프 아돌프에게는 다행스럽게도 페르디난트가 이적 행위를 했다. 독일을 장악했다고 생각한 황제는 아들을 제국의 후계자로 정하고 네덜란드와 프랑스에 대항하는 스페인을 지원하기 위해 1630년에 제국의회를 소집했는데, 황제의 계획은 지나칠 정도로 야심찬 데다 그에 대한 독일 제후들의 적개심을 과소평가한 것이었다. 제후들은 황제가 그들을 회유하기 위해 발렌슈타인에게서 제국 군대의 지휘권을 빼앗은 후에도 여전히 그의 요구를 거절했다.

구스타프 아돌프는 두 번째 행운을 맞이했다. 프랑스가 그를 도와주기로 한 것이다. 프랑스의 리슐리외 추기경은 구스타프의 프로테스탄트 십자군에는 관심이 없었다. 그런데도 그가 스웨덴을 지원한 이유는 제국을 혼란스럽게 만들어서 라인 강 지역에 대한 프랑스의 영향력을 강화하기 위해서였다. 마지막으로, 구스타프는 브란덴부르크 선제후와 작센 선제후를 압박하여 동맹을 맺었다.

이제 그는 행동으로 옮길 수 있었다. 1631년, 구스타프 아돌프는 브레이턴펠트에서 제국 군대를 무찔렀는데, 30년전쟁에서 가장 결정적인 전투였다. 페르디난트는 그동안 얻은 것을 대부분 잃어버렸다. 다음해, 그는 중부 독일에 남아 있던 가톨릭 지역들을 점령했다. 바이에른은 철저하게 파괴되고 약탈당했다.

구스타프의 개입은 독일의 프로테스탄트를 구하고 합스부르크의 중앙집권 야욕을 무너뜨리는 데 결정적이었다. 그러나 그의 승리는 너무 짧았다. 1632년에 발렌슈타인이 돌아온 것이다. 두 위대한 장군은 작센의 뤼첸에서 격돌했다. 구스타프 아돌프는 사망했고, 전쟁은 고착상태에 빠졌다. 발렌슈타인은 종교적인 열정이나 합스부르크가에 대한 충성과는 관계없이, 후하게 지불하려는 사람과 화의를 맺으려 했다. 그는 페르디난트의 적인 독일 프로테스탄트나 보헤미아 폭도, 스웨덴, 프랑스 등과 협상을 벌였다. 1634년, 황제는 발렌슈타인을 해임했고, 그를 죽이거나 생포하라고 명령했다. 그는 비참한 최후를 맞이했다.

1634년, 제국 군대는 뇌르드링겐에서 스웨덴군을 격파했다. 이듬해, 황제는 스웨덴의 동맹국인 작센·브란덴부르크와 화의를 맺었다. 그런데도 전쟁은 끝나지 않았다. 1635년, 프랑스는 스웨덴의 패배에 보복하기 위해 군대를 파견했다. 이제 전쟁은 프랑스·스웨덴 대 스페인·황제 사이의 전쟁으로 바뀌었다. 1635년 이후에는 소수의 독일인만이 전쟁을 바랐을 뿐, 대부분은 중립을 원했다. 그러나 그들의 땅은 전쟁터가 되었으며, 재산은 계속 약탈당했다. 1635년부터 1648년까지의 13년은 가장 파괴적이었다. 프랑스·스웨덴 군대가 대체로 우위를 유지했다. 그들의 목표는 합스부르크가에 치명타를 가하는 것보다는 전쟁을 계속하여 약탈하는 것이었다.

도시들이 주요 공격 대상이었다. 마르부르크는 열한 번이나 점령당했다. 도시 주민들은 공격을 막아내거나 군대를 매수하곤 했다. 아무런 방비책이 없는 농민들은 최악이었다. 인구의 손실은 세금 면제를 위해 숫자를 과장한 것을 감안하더라도 어마어마했다. 던의 연구에 의하면, 독일 도시들은 인구의 3분의 1을 잃었으며 농촌은 5분의 2를 잃었다. 30년 동안 제국의 인구는 700만 내지 800만이 감소했다.[100]

30년전쟁의 성격을 어떻게 규정할 수 있을까? 일반적으로 30년전쟁을 종교전쟁이라고 부르지만 종교만이 30년전쟁의 발발과 전개, 종결에 영향을 미친 것은 아니다. 같은 가톨릭 국가인 프랑스와 신성로마제국이 싸웠던 사실만 봐도 종교가 유일하거나 무조건적인 이유가 아님을 알 수 있다. 동시대인들은 제국 군대, 바이에른 군대, 스웨덴 군대, 보헤미아 군대 등으로 구분했지, 가톨릭 군대나 프로테스탄트 군대라고 부르지 않았다.[101] 그렇다고 해서 30년전쟁이 종교전쟁이 아니라고 말하는 것은 오해를 불러일으키기 쉽다. 30년전쟁은 어떤 전쟁보다 종교적인 성격이 강했다는 점을 부인하기 어렵기 때문이다. 관용의 역사에서 볼 때, 30년전쟁은 '그의 지역에 그의 종교' 원칙에서 칼뱅파를 배제했기 때문에 일어났고, 그 원칙에 칼뱅파를 포함시키는 것으로 끝났음을 주목할 필요가 있다.

30년전쟁은 같은 그리스도교를 믿는 사람들끼리 야만적인 학살을 자행했다는 점에서 동시대인들에게 충격을 주었다. 1620년의 한 팸플릿은 교황, 루터, 칼뱅이 서로 싸우는 그림을 보여준다. 그림 아래에는 다음과 같은 글귀가 새겨져 있다. "주 예수여, 아래를 보소서. 셋이 어떻게 싸우는지 보소서. 주여, 빨리 오셔서 당신의 교회를 지키소서. 그러한 싸움을 끝내소서." 팸플릿은 그리스도교인들끼리의 싸움을 그리스도교와 그리스도교인들의 삶에 위반된다며 고발한다.[102] 종교전쟁에 대한 반발은 30년전쟁을 배경으로 한 소설《모험가 짐플리치시무스》에서도 잘 드러난다.[103] 17세기 후반에 '관용'을 제창한 주요 사상가들, 예컨대 사무엘 푸펜도르프, 필리프 야콥 슈페너, 고트프

리트 빌헬름 라이프니츠, 크리스티안 토마지우스 등이 30년전쟁 중이
나 그 직후에 태어난 것은 우연이 아니다. 전쟁은 피해자들의 적대심
을 증폭시켜주기도 했지만 전쟁 그 자체에 대해 환멸을 느끼게 했고,
이러한 환멸은 배타적인 종파주의에 대한 회의로 이어졌으리라 보아
도 무리는 없을 것이다.

베스트팔렌 평화 체제

　베스트팔렌 평화 체제는 1648년 5월과 10월 사이에 베스트팔렌의
오스나브뤼크와 뮌스터에서 체결된 일련의 평화조약을 일컫는다. 베
스트팔렌 평화조약에는 신성로마제국, 스페인, 프랑스, 스웨덴, 네덜
란드, 제국의 자유도시들이 참여했다. 이 조약으로 신성로마제국의
30년전쟁, 스페인과 네덜란드 사이의 80년전쟁(1568~1648)이 끝났다.
　베스트팔렌 평화조약은 정치적인 차원에서 신성로마제국을 구성하
고 있던 영방국가들의 완전한 독립과 주권을 인정했다. 이로써 '독일
인들의 신성한 로마제국'은 300여 개의 작은 주권 국가로 분열되었고
제국은 이름만 남았다. 바이에른은 1623년에 팔츠 선제후 프리드리
히 5세에게서 빼앗은 황제 선거권을 유지했다. 반면, 불쌍한 팔츠는
가톨릭의 저低팔츠와 프로테스탄트의 고高팔츠로 분리되었으며, 저팔
츠의 지배자인 카를 루드비히는 여덟 번째로 황제 선거권을 획득했
다. 프랑스, 스웨덴, 브란덴부르크는 영토를 확장했고, 네덜란드와 스
위스는 정식으로 독립을 인정받았다.
　종교적인 차원에서, 베스트팔렌 평화조약은 아우크스부르크 평화

조약의 '그의 지역에 그의 종교' 원칙을 재확인하고 여기에 칼뱅파를 포함시켰다. 이로써 제국 내에서 칼뱅파도 공식적으로 인정받았다. 그렇지만 베스트팔렌 평화조약은 루터파와 칼뱅파 이외의 종파는 인정하지 않았다. 베스트팔렌 평화조약은 분열된 그리스도교 교회들이 다시금 통합될 때까지 '평화'가 유지되도록 보장하기 위한 것으로, 제국의 평화와 통일이 종교의 순수성보다 중요했다. 이러한 이유로 교황청은 조약에 반대하고 인정하지 않았다.

관용의 역사에서 주목할 만한 점은 '관용'이라는 용어가 처음 사용되었다는 사실이다. 이 용어는 다수의 그리스도교 종파들이 공존하는 상황에서 지배자의 종교와 다른 그리스도교를 믿는 사람들을 보호하기 위해 사용되었다.[104] 프랑스의 경우에도 '관용'이라는 용어가 종교전쟁 발발 즈음에 처음 사용되었던 것을 보면, '관용'이 다수의 종파들이 공존하고 싸우는 상황에서 등장했다는 것을 알 수 있다.

구체적으로 무엇을 관용한다는 말인가? 베스트팔렌 평화조약은 종교적 실천 형식을 공적 예배, 사적 예배, 가정 예배로 구분했다. 1624년을 기준으로 삼아, 그 당시 공적 예배나 사적 예배를 실행하고 있던 신민들은 그 지위를 그대로 인정받았다. 1624년에 공적 예배나 사적 예배를 실행하지 못한 신민에게는 가정 예배가 허용되었다. 형식의 차이에도 불구하고 이들은 모두 "자유로운 양심을 가지고 개인적인 신앙을 추구"할 수 있었다. 조약은 강제적이거나 자발적인 망명 조건들을 명시한 망명 혜택을 규정해두었다.[105] 망명을 허용한다 해도 재산을 처분할 만한 충분한 기간을 보장하는 것이 중요했다. 1555년 아우크스부르크 평화조약에서는 그 준비기간을 명시하지 않았지만, 베스트팔렌 평화조약에서는 그 기간을 3년 내지 5년으로 명시했다.[106]

전반적으로 베스트팔렌 평화조약은 유럽에서 개인의 양심의 자유와 예배의 자유를 보장한 최초의 국제조약이라는 평가를 받을 만하다.[107]

독일 헌법의 아버지라는 평을 받고 있는 요한 야코프 모저(1701~1785)는 구체적으로 다음과 같이 종교의 실천 형태를 나누었다. 공적 예배의 핵심은 루터파와 칼뱅파는 예배를 알리는 종을 공개적으로 칠 수 있고, 모든 신자들은 언제든지 자유롭게 예배에 참석할 수 있으며, 신혼부부는 공개적으로 교회로 인도되고, 어린이는 전통적인 방식으로 세례를 받으며, 사망자들은 공개적인 추도사 속에 매장되는 것이다. 가톨릭은 물론 이보다 더 많은 의식을 거행한다. 사적 예배는 설교자가 예배를 주관하고, 회중 속에서 노래를 부르거나 기도하며, 필요하면 성찬식을 거행할 수 있다. 가정 예배는 같은 종교를 가진 사람들이 집에서 예배를 보는 것으로, 독서, 노래, 기도를 할 뿐 다른 의식은 없다.[108]

이렇게 베스트팔렌 평화조약은 각 종파가 1624년에 향유했던 예배 의식을 유지할 권리를 인정했다. 실제로 제국은 영방마다 하나의 종교만 허용하는 단순한 체제가 아니라 영방과 제국도시마다 가톨릭, 루터파, 칼뱅파가 공존하는 복잡한 형태를 취하게 되었다. 물론 영방 군주에게는 신민들에게 망명을 강요할 권리가 있었지만, 실제로 그 권리를 행사하는 경우는 많지 않았다. 종교적 순수성보다는 평화와 국가 발전에 더 신경 써야 했기 때문이다. 이렇듯 복잡한 형태로 제국 내에서는 평화가 유지되었다.

제국 내의 종교 상황은 복잡했다. 대부분의 지역이 하나의 지배 종교를 가졌지만, 그것이 배타적이지는 않았다. 아우크스부르크, 딘켈스불, 라벤스부르크, 비베라흐 같은 제국도시에서는 가톨릭과 루터파

민스터시가 베스트팔렌 평화를 기념하기 위해 주조한 은메달, 1648.

월계수 가지를 입에 문 비둘기는 황제, 프랑스, 스웨덴을 상징한다. 프랑스와 스웨덴은 평화의 보증국이다. 메달 뒷면은 민스터시 전경이다.

가 동등한 권리를 누렸다. 이곳에서는 시의회에서 교회 문지기에 이르기까지 절대적으로 형평성이 보장되었다. 가톨릭이 프로테스탄트 목사를 임명하기도 했다. 베츨라르에서 가톨릭 수석 사제는 프로테스탄트 목사를 임명했고, 그 목사가 프로테스탄트 신앙에 서약하는 것을 엄숙하게 지켜보았다. 농촌 지역에서도 유사한 사례가 많았다. 예를 들면, 브레멘과 민스터 사이에 있는 골덴슈테트에서 가톨릭과 루터파는 수십 년간 마을 교회를 놓고 싸움을 벌였는데, 1650년 이후에는 사실상 합동 예배에 들어갔다. 루터파가 가톨릭 미사에 참여하고, 가톨릭 오르간 연주자가 루터파 성가를 연주하며, 가톨릭도 일부 성가는 부르고, 루터파는 라틴어 답가 부분에서는 침묵을 지키고, 가톨릭 사제는 루터파를 자극 할 만한 교리는 강요하지 않는 식이었다. 할 버슈타트는 루터파 도시인데도 겨우 750명 정도인 가톨릭 소수파를 위해 100명의 수도사와 35명의 수녀를 거느린 여섯 개의 가톨릭 수도 원이 있었다. 빌레펠트 근처의 쉴데슈 수녀원은 여섯 명의 가톨릭, 여 섯 명의 루터파, 여섯 명의 칼뱅파 수녀를 수용했다. 이 공동체는 19 세기까지 완전한 조화 속에 유지되었으며, 세 종파의 의식을 반영하 는 특이한 그리스도교 의식을 따랐다. 이러한 독일의 종교적 구조의 복잡성과 다양성은 유럽에서 유일한 것으로, 예루살렘과 에티오피아 에서만 비슷한 모습을 볼 수 있다.[109]

아마도 가장 기이하고 흥미로운 사례는 공유교회Simultankirche일 것 이다. 공유교회는 가톨릭과 프로테스탄트가 교회를 함께 사용하는 것 이다. 비베라흐의 성마르틴 교회는 '공유교회' 가운데 가장 오래된 곳 이다. 성마르틴 교회는 슈말칼덴전쟁에서 승리한 카를 5세가 공식적 으로 복음주의를 받아들인 비베라흐에 가톨릭 예배의 재개를 명령한 1548년 이후로 계속 그 형태를 유지했다. 1553년부터 프로테스탄트 와 가톨릭은 교회에서 자기네 성직자의 주도 아래 자기네의 의식에 따라 정식으로 예배를 드렸다. 일요일과 축일에는 가톨릭과 프로테스 탄트가 교대로 예배를 드렸다. 1649년, 제국위원회는 가톨릭이 성마 르틴 교회를 오전 5시부터 6시까지, 루터파는 6시부터 8시까지, 가톨 릭은 8시부터 11시까지, 루터파는 11시부터 12시까지, 가톨릭은 12 시부터 오후 1시까지 사용할 수 있다고 규정했다. 오후도 비슷하게 나뉘었는데, 정확한 시간은 계절에 따라 달랐다. 성마르틴 교회의 종 은 두 가지 예배를 알리기 위해 울렸다. 가톨릭은 교회를 자유롭게 이 용했으나 루터파는 대체로 회중석으로 제한되었으며, 목사가 성찬식

아우크스부르크의 두 교회

을 거행할 때에만 성가대석으로 들어갈 수 있었다. 이렇게 프로테스탄트와 가톨릭은 상징으로 가득한 건물을 함께 사용해야 했다. 그들은 서로 다른 방식이기는 하지만 성스럽다고 여기는 공간에서, 사악하며 심지어는 악마적이라고 생각하는 상대 집단의 믿음과 예배 의식이 거행되는 것을 허용했다.[110]

한 도시 안에 여러 종교가 공존할 경우, 종교 간 갈등과 분쟁을 조정하고 사전에 예방하는 것이 중요했다. 이를 위해 종교 간의 형평성을 유지하는 극단적인 방법이 사용되었다. 가장 뚜렷한 사례가 아우크스부르크다. 아우크스부르크에서는 루터파와 가톨릭만 법적으로 허용되었고, 모든 주민은 둘 중 하나에 속했다. 두 신앙 사이에 교류는 드물었으며, 둘 다로부터 멀어지는 것은 범법 행위였다. 각각의 종파는 자체적으로 행정관이 있었고, 공동체와 관련된 문제가 있을 때는 별도로 회의를 열었다. 민사적인 문제에서는 정부가 합동으로 운영되었지만, 종교적인 문제에서는 각각의 공동체가 자율적으로 움직였다. 가톨릭과 루터파는 별도의 기구들을 두고, 학교, 병원, 고아원, 감옥, 묘지 등을 운영했다. 18세기에 이곳을 방문한 철학자가 경멸적으로 말했듯이, 아우크스부르크에는 루터파 돼지와 가톨릭 돼지를 위한 두 개의 돼지우리가 있었다.

문화적으로, 아우크스부르크는 가톨릭과 루터파가 서로를 타자화하는 데 "광기"를 보여줄 정도로 그 어떤 도시보다 양극화되어 있었다. 그들은 집의 정면을 다르게 장식했다. 가톨릭은 성체현시대와 성체 등 대단히 종교적인 모티브의 이미지들을 사용했다. 특히 여자들은 서로 다르게 옷을 입었는데, 가톨릭은 볼트 모자를 썼고, 프로테스탄트는 윙 모자를 썼다. 이름도 다르게 지었다. 아이의 이름을 지을 때도, 가톨릭은 존경하는 성인이나 그 밖의 다른 인물의 이름을 따서 프란츠 요세프나 요제프 이그나츠라고 지었고, 루터파는 프로이센의 위대한 선제후인 프리드리히 빌헬름 같은 영웅의 이름을 따서 지었다. 그들은 또한 하인리히 같은 전통적인 독일 이름을 많이 사용했으나, 가톨릭은 점점 이러한 이름을 피했다. 아우크스부르크에 있던 두 종교 공동체의 집단성과 관행을 뚜렷이 나타내는 이러한 "문화투쟁"에서 중립적인 부분은 거의 없었다. 그들은 "보이지 않는 장벽"으로 나뉜 별개의 "국민"인 셈이었다.[111]

30년전쟁이 종교전쟁이었던 만큼 베스트팔렌 평화조약은 종교적인 평화조약이었다.[112] 베스트팔렌 평화조약은 길게는 한 세기가 넘는 종교적 갈등과 전쟁을 종식시켰으며, 다양한 종파들의 평화적인 공존이 가능한 틀을 만들었다. 제도의 차원에서, 베스트팔렌 평화조약은 가톨릭과 프로테스탄트의 형평성을 보장했다. 제국의회에서 종교 문제를 논의할 때에는 신자의 수와 관계없이 양 종파가 동의하여 결정했다. 베스트팔렌 평화조약은 종교전쟁의 재발을 막았으며, 종교적인 박해가 현저하게 줄어든 이유였다.

그러나 1648년 이후로 관용이 정착한 것은 아니다. 30년전쟁의 진원지인 보헤미아 지방에서는 황제 요세프 2세가 관용법을 공포한 1781년까지 종교적 절대주의가 지배했다. 1732년에 잘츠부르크 대주교가 '반란'을 구실로 2만 명의 프로테스탄트를 추방한 것은 이주의 권리가 어떻게 정치적으로 유린될 수 있는지를 보여주었다. 군주가 개종하거나 다른 종교를 가진 지배자가 계승하는 것은 지속적으로 긴장감을 조성했으며 내부적인 갈등을 일으키고 내전으로 비화되기도 했다. 1685년에 칼뱅파의 팔츠를 노이부르크의 가톨릭이 계승한 것은 심각한 폭력으로 비화되어 많은 칼뱅파 목사들과 신자들이 망명을 떠났고, 제국의 평화가 위협받았다. 팔츠에서, 칼뱅파와 가톨릭 사이의 관계는 18세기 말까지 좋지 않았다. 프로테스탄트 군주들은 1688~1697년에 프랑스가 점령했던 지역에서 가톨릭 예배가 공개적으로 계속된다는 라이스베이크 조항의 합법성을 문제삼았다. 종교적이고 민사적인 절대적인 형평성이 베스트팔렌 평화조약으로 보장되었던 아우구스부르크 같은 도시에서, 종교적인 관용이라는 관념이 지지를 받은 것은 아니다. 제국법이 보장한 형평성은 두 개 혹은 세 개의 종교가 현상을 유지하는 데 광적으로 매달리게 만들었고, 그리하여 다른 종파의 사람들에게는 관용을 베풀 꿈도 꾸지 못했다.[113]

베스트팔렌 평화조약은 유럽에서 종교전쟁을 종식시켰고 종교 박해를 줄이는 데 기여했다는 평가를 받을 만하다. 그러나 관용이 모든 종파에 적용된 것은 아니었다. 그것은 가톨릭, 루터파, 칼뱅파에만 국한되었으며, 다른 그리스도교 종파와 비그리스도교도들은 박해의 대상이었다. 그렇지만 그들이 무조건 박해를 받은 것은 아니었다. 또한 실천적인 차원에서 종교 간에 평화를 유지한 사례도 많았다. 중요한 사실은 영방군주에게 결정권이 주어짐으로써 영방군주의 정치적인 판단에 따라 종교 정책이 결정되었다는 점이다.

계몽 절대군주의 관용 정책

베스트팔렌 평화조약의 직접적인 결과로 절대왕정이 수립되었다.[114] 베스트팔렌 평화조약은 종교 문제에 대해서도 군주에게 절대적인 권한을 부여했다. 군주는 신민들에게 자신의 종교를 강요할 수 있었지만, 군주가 실제로 그 권리를 행사하는 경우는 드물었다. 국가 이익이라는 절대적인 목표를 달성하기 위해 종교적인 분쟁을 일으키지 않아야 했기 때문이다. 현실적으로, 30년전쟁으로 인해 심각하게 인구가 감소한 상황에서 인구를 늘려야만 했다. 따라서 군주는 종교적 통일을 이루기 위해 이주를 강요하기보다는 종교를 불문하고 이민을 받아들이는 정책을 취했다. 이러한 실용적인 관용 정책은 독일의 신흥 강국으로 부상하고 있던 브란덴부르크에서 잘 나타났다.

브란덴부르크−프로이센의 "위대한 선제후" 프리드리히 빌헬름(1619~1688), 그의 손자인 프로이센 국왕 프리드리히 빌헬름 1세(1713~1740), 그의 후계자인 프리드리히 2세(1740~1786)는 모두 관용 정책을 취했다.[115] 호엔촐레른가家의 종교 정책은 신민들이 평화롭게 공존하는 것이었다. 1613년에 선제후 지기스문트는 루터파에서 칼뱅파로 개종했지만 자신의 종교를 신민들에게 강요하지 않았다. "첫 번째 관용 칙령"이라고도 일컬어지는 1662년 6월 2일의 명령Mandatum에서, 위대한 선제후는 그리스도교인들이 증오와 비난을 멈추고 "평화로운 조화 속에서 살 것"을 요구했다. 위대한 선제후는 1685년의 낭트칙령 폐기에 대해 포츠담칙령으로 응수하여, 프랑스의 칼뱅파 망명자들이 브란덴부르크−프로이센에 들어와 고유한 신앙 생활과 교회 조직을 유지할 수 있도록 보장해주었다. 대략 10만 명의 망명자 가운데 5만 5,000명이 선제후의 초청을 받아들였고 59개의 프랑스개혁교회공동체를 조직했는데, 전체의 3분의 1은 베를린에 자리 잡았다. 망명자들은 숙련된 기술자와 상인이어서 브란덴부르크−프로이센의 경제 발전에 크게 기여했다.

위대한 선제후는 1660년 5월의 올리바 평화조약으로 폴란드로부터 동부 프로이센에 대한 지배권을 획득했다. 브란덴부르크–프로이센의 일부인 동프로이센은 제국에 속하지 않아서 베스트팔렌 평화조약에 얽매이지 않고 자유롭게 관용 정책을 실시할 수 있었다.

동프로이센에는 종교개혁 초기부터 네덜란드의 망명자들이 들어와 살고 있었다. 메노파는 이미 1572년에 들어왔으며, 새로 소치니파가 들어왔다. 메노파는 종교개혁 시대에 가톨릭과 프로테스탄트 양쪽으로부터 극심한 탄압을 받던 재세례파의 일부다. 재세례파 가운데 극단적인 사람들은 뮌스터 반란 같은 폭력적 광기를 보였으나, 이들은 평화주의를 지향했다. 한편, 소치니파는 이탈리아의 종교개혁가인 파우스토 소치니(1539~1604)를 추종하는 사람들이다. 소치니의 라틴어 이름인 소키누스를 따서 소키누스파라고도 불리는 이들은 삼위일체를 거부한 유니테어리언들이었다. 칼뱅에 의해 죽음을 당한 세르베투스도 소치니파에 속한다고 말할 수 있다. 재세례파와 소치니파는 종교개혁 시대에 가장 의심받고 박해받던 사람들인데, 선제후는 이러한 사람들도 받아들인 것이다.[116] 종교 분쟁을 줄이려는 의지, 양심 때문에 박해받는 사람들에 대한 동정 때문에 위대한 선제후는 "유럽에서 종교적 자유와 관용의 후원자"라고 평가받았다.[117]

프리드리히 빌헬름에게 가장 중요한 일은 프로이센을 재건하는 것이었다. 1712년 봄, 역병이 돌면서 1만여 채의 농가가 폐허가 되자, 새로운 인구 정책이 필요했다. 1717년, 1721년, 1724년의 칙령들은 정착자들을 유인하는 정책이었다. 가장 중요한 1724년의 칙령은 루터파와 칼뱅파 사이에 차별이 없을 것임을 보장했다. 이 칙령은 두 프로테스탄트 종파 사이에 아무 차이가 없다고 생각하는 국왕의 종교적 태도를 반영한 것이다.[118] 프리드리히는 1732년에 잘츠부르크에서 쫓겨난 프로테스탄트들을 받아들였다.

소치니파는 쾨니히스베르크에서 살았다. 그들은 종교를 자유롭게 믿는 것은 허용되었으나, 전교하는 것은 금지당했다. 메노파는 이들보다 훨씬 많았다. 이들은 종교의 자유를 누렸으며 징집을 면제받았다. 수가 많다 보니 징집관들이 이들에게 눈독을 들였다. 강제 징집에 대해 메노파가 항의하자, 1732년에 프리드리히 빌헬름 1세는 징집자들을 돌려보내는 대신 메노파 추방령을 발표했다. 지방 행정관들은 경제에 타격을 줄 것이라는 이유로 추방령의 철회를 요청했다. 국왕은 그들이 직물 생산에 종사하는 조건으로 추방령을 철회했다.

1740년, 가톨릭 신자인 안토니오 루미가 시민권과 상업길드 회원권을 얻어서 상업 활동을 하고 싶다고 요청하자, 프리드리히는 다음과 같은 이유로 신청을 받아들였다. "모든 종교는 그것을 믿는 사람들이 좋은 사람이라면 동등하고 좋은 것이다. 투르크인들과 이교도들도 이 나라에 들어와 살면서 인구를 늘인다면, 과인은 그들을 위해 모스크와 교회를 세워줄 용의가 있다."[119] 1741년의 실레지아 정복과 1772년의 제1차 폴란드 분할로 서프로이센을 획득하자, 영토와 인구가 늘어났다. 그러나 종교적인 차이는 방해가 되지 않았다. 그는 루터파와 가톨릭으로부터 박해받던 급진적 성령주의자인 슈벵크펠더들에게도 종교의 자유를 부여했다. 서프로이센에 거주하던 1만여 명의 메노파도 관용과 징집 면제를 보장받았다.[120] 프리드리히는 유대인들을 포함해서 모든 이민자를 받아들였다. 그에게 있어서 예수는 한 종파의 지도자에 불과했다.[121]

가톨릭 지역에서는 프로테스탄트 지역에 비해 뒤늦게 관용 정책이 실시되었다. 오스트리아에서는 1740년 이전에는 반종교개혁의 분위기가 지배적이었다가, 1740년 이후의 계몽 절대주의 시대에야 비로소 관용 정책이 실시되었다. 마리아 테레지아는 잘츠부르크 대주교와는 달리 프로테스탄트들을 추방하지 않았으며, 최종적으로는 예배의 자유를 인정했다. 요세프는 1781년과 1782년에 관용특허장을 내려 프로테스탄트(루터파와 칼뱅파), 그리스 정교도, 유대인들을 관용했다. 요세프는 "신앙은 신의 선물"이며, 종교는 "강요될 수 없다"고 믿었다. 그렇다고 해서 가톨릭이 "구원을 주는 유일한 신앙"이 아니라는 말은 아니었다. 다만 가톨릭을 비웃는 "불행한 인간들"을 최종적으로는 신의 자비에 맡겨야 한다는 것이었다. "이렇게 하지 않으면 우리는 더 많은 영혼을 구원할 수 없을 것이며, 더 많은 유용하고 중요한 사람들을 잃을 것"이기 때문이었다. 그리스도교의 가르침뿐만 아니라 "국가의 복지"도 관용을 요구한다고 그는 결론지었다.[122] 물론, 종교적인 차원에서 관용은 제한적이었다. 사적 예배만 허용되었으며, 프로테스탄트 교회에는 종탑 설치가 금지되었고, 길 쪽으로는 출입구를 낼 수 없었다. 프로테스탄트가 되려는 사람은 가톨릭 사제로부터 6주 동안 교리 교육을 받아야 했다.[123]

신성로마제국에서 관용은 프로테스탄트 국가이든 가톨릭 국가이든, 민중이나 지적인 엘리트들의 요구에 대한 반응이라기보다는 계몽 절대군주가 국가를 부강하게 만들기 위한 실제적인 목표에 의해 주어졌다.

경건주의와 자연법 사상

계몽 절대군주의 관용 정책을 통해서만 관용이 확산 된 것은 물론 아니었다. 사상적인 차원에서 두 가지 조류가 분위기를 조성하는 데 기여했는데, 하나는 경건주의이고 다른 하나는 자연법 사상이다.

경건주의는 루터파 내에서 형성되었으나 루터파 정통주의보다 더 자유롭고, 개인적이고, 감성적이었다. 경건주의가 루터주의에서 배양된 만큼 루터의 '양심'을 중심 테마로 삼은 것은 당연하다. 그러나 루터의 '양심'이 '나'의 종교적 자유를 주장하는 데에 그친 반면, 경건주의의 '양심'은 '너'의 자유로 확대되었다. 경건주의의 아버지라고 평가받는 필리프 야콥 슈페너는 '양심'에 대해 다음과 같이 말했다. "번영하고 질서 잡힌 국가에서 모든 신민들이 동일한 종교에 속할 필요는 없다. 다른 사람의 양심에 폭력을 가할 필요는 더더욱 없다. 양심은 세속 권력에 종속될 수 없다."[124]

슈페너는 경건주의에 반대하는 루터파 정통주의자들에게 공격받았지만 평신도들의 민주적인 소규모 집회를 통해 경건주의를 확산시켰다. 근면함, 경건함, 겸손함, 복종 등과 같은 경건주의의 가르침은 절대왕정이 요구하는 덕목과 일치했기 때문에 절대왕정의 보호를 받았다.

1723년, 경건주의자들은 국왕의 도움을 받아 할레 대학에서 크리스티안 볼프를 축출하는 등 권력과의 밀착으로 초기의 신앙 운동에서 벗어났지만, 급진적 경건주의는 관용을 위한 투쟁을 계속했다. 요한 콘라트 디펠은 정통 성직자들과 투쟁을 벌이다가 박해받고 구금되었다. 그는 성서의 진실성을 공격했고, 기성 교회의 도그마와 종교 관행을 비판했다. 그는 당시 가장 널리 읽힌 작가 가운데 한 명이었으며, 독일에서 성서 비판을 시작한 헤르만 사무엘 라이마루스에게 영향을 주었다.

독일에서 자연법 사상은 베스트팔렌 평화조약의 제한적인 관용의 범위를 확장하기 위한 새롭고 강력한 논지를 만드는 데 결정적이었다. 푸펜도르프는 흐로티위스의 자연법 이론을 독일에 도입했다. 그는 흐로티위스처럼 자연법을 순수한 이성의 토대 위에 놓았으며, 도덕적인 힘이 인간을 결합시킨다고 보았다. 《시민들의 생활에 대한 그리스도교의 힘에 대하여》(1687)에서 그는 시민사회를 세운 최초의 계약은 종교적인 믿음을 양보하는 조항을 포함하고 있지 않기 때문에 신앙의 방식에 아무런 힘도 발휘할 수 없다고 주장했다.[125] 푸펜도르프는 실용적인 관점에서 관용을 주장했다. 그는 모든 시민이 동일한 그리스도교에 속하는 편이 국가의 통일성을 위해 이익이 된다고 해도, 그러한 통일성이 꼭 필요하지는 않으며 강요될 것도 아니라고 보았다. 교회가 군주에게 충성을 다하는 한, 어떤 종파에 속하건 군주는 양심의 문제를 가지고 그들을 괴롭힐 이유가 없다. 군주는 그들의 교리가 법적으로 문제가 없는 한, 그들을 국가에서 추방할 권리가 없다. 푸펜도르프는 프랑스의 루이 14세가 낭트칙령을 폐기하여 국력을 약화시켰다며 그의 불관용 정책을 비판했다. 당시 푸펜도르프의 관용 사상은 "위대한 선제후"의 종교 정책을 지지했으며, 베를린에 들어온 프랑스 칼뱅파의 지지를 받았다. 푸펜도르프는 교회 문제에 대해 영방군주에게 권한을 부여했는데, 이는 그리스도교 군주는 교회를 보호할 권리와 의무를 가진다는 그의 사상과 일치하는 것이었다.[126]

크리스티안 토마시우스는 자연법으로부터 인도주의적인 실천을 이끌어낸, 독일 계몽주의의 아버지다. 자연법 학자로서 그는 푸펜도르프와 가까웠고, 그의 책을 편집했다. 그는 푸펜도르프의 사회성 개념, 즉 사회가 존재하기 위해서는 자유와 관용이 필요하다는 의견을 지지했다. 독일이 영국이나 네덜란드, 프랑스에 비해 예술과 과학이 뒤처진 것은 자유가 부족하기 때문이다. 인간에게 아이디어와 영감을 주는 것은 자유다. 토마시우스의 책은 이성에 대한 신뢰, 자유에 대한 신뢰, 그리고 권위에 대한 맹목적인 믿음으로부터 해방될 필요성에 대한 진술로 가득하다.

또한 토마시우스는 마녀사냥에 대해 처음에는 전통적인 편견을 가지고 있었으나, 곧 자신의 오류를 인정하고 마녀사냥이 가톨릭의 날조라고 주장했다. 그가 처음 마녀사냥에 대해 비판하기 시작한 것은 아니었으나, 그의 비판은 효력이 있었다. 그가 죽은 해인 1728년 이후로 프로이센에서는 더 이상 마녀 화형이 벌어지지 않았다.

토마시우스의 자유의 철학은 종교적 관용에 대한 관심에서 비롯되었다. 그는 이 문제를 논하면서 푸펜도르프에 의존했으며, 영방국가 내에서 교회의 역할을 제한해야 한다는 데에도 푸펜도르프와 의견을 함께했다. 토마시우스는 영방군주가 관용을 베풀길 기대했다. 그러면서도 양심과 종교의 문제에 있어서 지배자의 권력은 공공의 질서와 안정에 국한되어야 한다고 주장했다. 그는 군주의 교구감독권이 가톨릭의 유물이라고 비판했으며, 군주가 신학적인 문제에서 입법할 권리는 없다고 주장했다.[127] 그러나 가톨릭은 관용의 대상에서 제외했다. 가톨릭은 외국 군주에게 충성을 바친다는 이유 때문이었는데, 로크의 영향이 엿보이는 대목이다.[128]

가톨릭 지역에서도 비슷한 흐름이 있었다. 이미 1648년 이전에 빈의 궁정 설교자인 베카누스 같은 신학자는 가톨릭 군주들이 프로테스탄트를 관용할 수 있다고 주장했다. 그러한 견해는 1648년 이후로 지속적으로 기반을 다져갔다. 1670년대에, 오스트리아의 베네딕트 수도회 수도자인 루트비히 엥겔은 가톨릭교회가 제국 내에서 베스트팔렌 평화조약을 인정해야 한다고 주장했다. 교황청에서는 결코 베스트팔렌 평화조약을 인정하지 않았는데도 말이다. 18세기 중반, 교회법 변호사인 요한 카스파르 바르텔은 제국법을 교회법과 대등한 것으로 인정했고, 자연법의 기초 위에서 관용을 정당화하는 논리를 발전시켰다.[129]

종교 통합이라는 고귀한 이념은 라이프니츠에 의해 한 단계 발전했다. 그는 루터파와 칼뱅파를 통합하고, 프로테스탄트와 가톨릭을 통합하기 위해 노력했다. 라이프니츠 역시 결정적인 지원은 영방군주로부터 얻어야 한다고 생각했다. 그는 도그마에 젖은 성직자들보다는 영방군주들을 더욱 신뢰하고 기대했다. 라이프니츠의 꿈은 실현되지 않았지만, 그것은 종교분쟁의 시대에 통합교회적인ecumenical 전망을 제시한 것이었다. 그는 낭트칙령의 폐기를 비그리스도교적 행위라고 비난했다. 그는 보쉬에와의 대화에 큰 희망을 걸었으나, 곧 절망했다.[130]

독일에서 계몽 절대군주에 의해 위로부터의 개혁이 시행되고 관용이 베풀어지는 가운데, 아래로부터는 지식인들이 경건주의와 자연법 사상을 확산시키면서 관용 사회의 분위기를 조성했다. 경건주의와 자연법 사상은 이성에 부여한 역할 면에서 달랐다. 경건주의자들은 이성보다는 그리스도에 대한 복종을 우선한 반면, 자연법 사상가들에게는 이성이 '공인된 지배자'였다.

전쟁의 부산물

독일은 루터의 종교개혁이 시작된 곳이다. 루터는 양심의 자유를 내세우며 가톨릭교회의 권위에 반기를 들었고, 종교개혁에 성공하여 자신의 교회를 세웠다. 그러나 루터가 말한 양심의 자유가 곧바로 관용으로 이어지지는 않았다. 자신의 양심의 자유를 주장했지, 타인의 양심의 자유는 관용하지 않았던 것이다.

종교개혁의 직접적인 결과는 종교전쟁이었고, 관용은 종교전쟁의 부산물이었다.[131] 1555년, 아우크스부르크 평화조약은 가톨릭 이외에 루터파를 공인함으로써 관용의 역사에서 한발을 내디뎠다. 그러나 종교의 자유와 관용 자체를 인정한 것은 아니었다. 칼뱅파와 재세례파 등의 소수 종파는 여전히 박해의 대상이었다. 칼뱅파가 공인된 것은 또 다른 종교전쟁인 30년전쟁이라는 참극을 겪고 나서였다. 1648년의 베스트팔렌 평화조약은 가톨릭, 루터파, 칼뱅파를 공인함으로써 관용의 역사에서 한 단계 진전했다.

전쟁이 제도를 변화시킬 수 있었던 것은 모든 사람들에게 뼈저린 교훈을 주었기 때문이다. 가톨릭과 루터파, 가톨릭과 프로테스탄트가 싸우는 것은 그리스도교의 기본 정신과 양립하기 어려웠다. 1555년 아우크스부르크 평화조약 이후에 평화와 관용의 목소리가 쏟아져 나왔다. 이들의 주장은 프랑스의 종교전쟁 중에 등장한 정치파(폴리티크)의 목소리와 비슷했다. 예컨대, 제국 군사령관인 라자루스 폰 슈벤디는 1550~1552년에 마그데부르크에서 루터파 반군을 잔인하게 진압한 적이 있는데, 1570년대에는 제국의 정치에 종교가 개입해서는 안 된다고 주장했다. 1613년, 제국의 조폐소장인 차하리아스 가이츠

코플러는 인간의 양심을 강제할 수 없으며 종교적 믿음을 강탈하려는 시도는 오히려 종교의 확산과 지배 가문의 몰락을 초래했음을 역사가 증명하기 때문에 관용은 피할 수 없다고 주장했다.[132] 베스트팔렌 평화조약 직후, 가톨릭 정치가인 헤르만 콘링은 "프로테스탄트도 인간이다"라면서 종교 간 평화주의를 호소했다.[133] 경건주의자와 자연법 사상가들 역시 종교전쟁의 모순에서 관용의 필요성을 절감했다.

독일에서 관용을 실천하는 데 큰 기여한 사람은 계몽 절대군주들이었다. 그들은 한편으로는 계몽주의 이념과 다른 한편으로는 국가 발전이라는 절대주의적인 이념에 입각하여 관용 정책을 추진했다. 특히 30년전쟁으로 인구가 격감한 상태에서 국가의 발전을 위해 종교를 가리지 않고 이민자를 받아들였다. 프랑스에서 망명 온 칼뱅파는 프로이센의 경제 발전에 크게 기여했다. 관용이 국가 발전으로 이어진 것이다.

5

프랑스의
종교전쟁과 관용

칼뱅파의 등장

1517년, 루터의 외침으로 가톨릭교회를 개혁하려는 운동이 시작된 것은 아니다. 카타르파, 발도파, 후스파 같은 중세의 종파들은 '이단'이라는 오명을 벗지 못한 채 역사 속으로 사라졌지만, 그들 역시 근본적으로는 가톨릭교회를 개혁하려던 사람들이었다. 근대에 들어서는 에라스뮈스 같은 인문주의자들이 가톨릭교회의 개혁을 요구했다.

네덜란드에 에라스뮈스가 있었다면, 프랑스에는 르페브르 데타플(1450~1537)이 있었다. 인문주의자 르페브르는 소르본 대학에서 바울 서신에 주석을 달고, 《신약성서》를 프랑스어로 옮겼으며, 교회의 개혁을 요구했다. 그를 중심으로 인문주의자들의 모임이 결성되었고, 1516년에 모Meaux의 주교가 된 브리소네도 여기에 가담했다. 미슐레는 "존경하는 르페브르 데타플은 루터보다 6년 앞서서 파리에서 루터주의를 가르쳤다"고 말했다. 그러나 르페브르 데타플은 바울의 서신으로부터 '믿음으로써 의롭게 된다'는 루터의 혁명적인 교리를 끌어내지 않았다. 로마에 충실했던 프랑스의 인문주의 운동은 독일에서 들어온 급진적인 종교개혁에 압도당했다.

1519년, 독일과 인접한 인문주의 도시 스트라스부르의 대성당에 루터의 95개조가 게시되었다. 1523년, 인문주의자 파렐은 남서부 지방의 보르도에서 루터주의를 전파했다. 그러나 순탄하지 않았다. 그해 8월, 발리에르는 혀가 잘리고 산 채로 화형당했다. 프랑스에서 최초로 종교개혁의 순교자가 발생한 것이다. 파리고등법원은 1524년부터 '이단자들'에게 가혹한 조치를 취했다. 그러나 박해는 체계적이지 않았으며, 루터주의는 계속 확산되었다. 국왕이 에라스뮈스주의와 루터주의에 어느 정도 공감했을 뿐만 아니라, 신성로마제국과 대결하기 위해 독일의 루터파 제후들을 지원했기 때문이다. 그러나 1534년 10월 17~18일 밤에 루터파가 앙부아즈 성에 있는 국왕의 침소에까지 가톨릭의 성체성사를 비난하는 벽보를 붙이자, 격노한 프랑수아 1세는 정책을 바꾸었다. 1540년 6월의 퐁텐블로칙령은 이단재판소만 아니라 국왕재판소도 이단 사건을 심리할 수 있게 했다.

1545년, 뤼베롱에서는 엑스 고등법원장이 이끄는 군대가 프로테스탄티즘을 받아들인 3,000여 명의 발도파를 학살하는 참극이 발생했다.[134] 국가(고등법원)가 교회(이단재판소)를 제치고 이단을 처벌하는 데 주도권을 행사한 것이다. 이단은 신에 대한 반역자가 아니라 국가에 대한 반역자로 간주되어 화형이 아니라 교수형에 처해졌다.[135] 국가는 이단재판을 국가 건설의 수단으로 사용했다.[136]

스위스에서 칼뱅주의가 들어오자, 이제까지 루터에게 이끌렸던 프랑스인들은 칼뱅주의를 받아들였다. 프랑스인 칼뱅은 1534년의 박해

귀스타브 도레(1832~1886)가 그린 뤼베롱 학살

를 피해 스위스의 바젤, 제네바, 스트라스부르 등지로 피신하여 칼뱅주의를 다듬었다. 칼뱅은 루터주의에다가 비관주의와 금욕주의의 색을 입혔다. 칼뱅에 의하면 신은 인간의 운명을 예정했기 때문에 어떤 이들은 은총을 받아 구원을 받고 어떤 이들은 버림받는다는 예정설을 주장했다. 또 신의 은총은 절대적이어서 인간의 노력은 신의 결정에 아무런 영향을 미끼지 못한다는 은총설도 주장했다. 이런 점에서 칼뱅은 펠라기우스를 비판했던 아우구스티누스를 닮았다. 칼뱅은 제네바를 "새로운 예루살렘"으로 만들고 '신정정치'를 펼쳤다. 인간적인 것은 금지되었고, 금욕주의가 강요되었다. 칼뱅은 아카데미를 세워 목사를 양성했고, 칼뱅주의 전사들을 전 유럽으로 파견했다.

1541년부터 프랑스에 칼뱅파 집단이 조직되었다. 지리적으로 칼뱅주의는 경제적인 축(리옹, 파리 분지, 센 강과 론 강의 계곡, 대서양 연안의 항구들, 가스코뉴, 랑그도크)을 따라 퍼져나갔다. 사회적으로는 도시의 식자층(장인, 법률가, 의사, 소귀족들) 사이에서 뿌리를 내렸다. 1555~1560년에는 부르봉 공 앙투안, 콩데 공, 콜리니 같은 대귀족들이 칼뱅주의로 개종했다. 도시 주변을 제외하면 농촌은 칼뱅주의의 영향을 거의 받지 않았다. 이 시기에 프랑스 귀족의 반 이상, 부르주아의 3분의 1 등 전체 인구의 20~25퍼센트가 칼뱅주의로 넘어갔다.[137]

1558년, 탄압에도 불구하고 4,000여 명의 칼뱅파가 프레 오 클레르와 파리 등지에서 야간 집회를 열었다. 1559년 5월에는 파리에서 최초로 전국교회회의가 비밀리에 열렸고, 신앙고백서가 작성되었다. 칼뱅주의의 확산을 우려한 앙리 2세는 이단자를 처형하고 이민을 금지하고 출판물을 감시했으며, 파리고등법원에 종교 문제를 전담하는 화형법정을 설치했다. 이단자를 고발하는 사람에게는 재산의 3분의 1을 주었다. 1559년 6월, 파리고등법원 판사인 안 뒤 부르가 "화염 속에서 예수 그리스도의 이름을 부르는 사람들"에 대한 처형에 반대하고 관용을 주장하여 산 채로 화형당했다.

1559년에 앙리 2세가 마상시합에서 사고로 사망하자, 14세 소년인 프랑수아 2세가 왕위에 올랐다. 그러나 병약한 프랑수아 2세는 이듬해에 사망했다. 왕위는 그의 어린 동생들에게 계승되었다. 태후인 카트린 드 메디시스는 어린 아들들을 대신해서 섭정 자격으로 국정에 개입했고, 프랑수아 2세의 왕비인 마리 스튜어트의 삼촌인 기즈가家와 제휴하여 국정을 장악했다. 권좌에서 밀려난 왕족들과 대귀족들은 대부분 칼뱅주의로 개종했다. 1559년 카토 캉브레지조약으로 에스파냐와의 전쟁에서 귀향한 귀족들이 이들을 따라 개종함으로써 칼뱅파의 세력이 강화되었다.[138] 칼뱅파는 국왕에게 복종하고 순교를 받아들이던 수동적인 자세에서 국왕에 맞서는 공격적인 자세로 변했다.

기즈가가 권력을 장악하자, 태후는 기즈가로 대변되는 가톨릭의 영향력을 제어하기 위해 균형책을 모색했다. 그것은 열세에 놓여 있던 칼뱅파의 위상을 높이는 것이었다. 태후의 의지는 앙부아즈칙령(1560년 3월 2일)으로 표현되었다. 이 칙령은 칼뱅파에 대한 박해 정책이 효과가 없음을 인정하고, 모든 '이단 범죄'를 완전히 사면할 것과 반란죄를 짓지 않은 수인囚人들을 '선한 가톨릭'으로 산다는 조건하에 석방할 것을 명령했다. '묵시적으로' 칼뱅파의 양심의 자유를 인정한 셈이었다.

앙부아즈칙령은 칼뱅파의 반란과 가톨릭의 박해가 계속되었기 때문에 실효성이 없었다. 며칠 후, 칼뱅파가 기즈가를 제거하려 한 앙부아즈 음모가 발생했다. 칼뱅파의 목적은 삼신분회를 통해 기즈가를 소추하고, 양심의 자유 및 칼뱅파 의식儀式을 허용하며, 왕족인 콩데 공의 지위를 강화하는 것이었다.[139] 태후는 앙부아즈 음모에 가담한 자들을 가혹하게 처벌했다. 약 1,300명이 도륙당했다. 이때부터 칼뱅파를 지칭하는 '위그노'라는 경멸적인 말이 사용되기 시작했다.[140]

이 무렵 관용의 역사에서 중요한 인물이 미셸 드 로피탈(1503~1573)이다. 미셸 드 로피탈은 에라스뮈스주의를 따른 인문주의자이며 1560년부터 1568년까지 프랑스의 대상서였다. 또한 그는 이단의 근절보다는 국가의 평화를 우선시하는 온건 가톨릭으로 구성된 정치파(폴리티크)의 지도자였다. 그의 이상은 자신의 아들들에게 평화로운 왕국을 물려주려는 태후의 계획과 일치했다. 태후는 미셸 드 로피탈의 자문을 받아 사태를 진정시키기 위한 칙령들을 잇달아 발표했다. 로모랑탱칙령(1560년 5월)으로 이단재판을 국왕재판소에서 분리하여 종교재판소로 이관했으며, 퐁텐블로칙령(1561년 4월)으로 교황파 papiste나 위그노 같은 비방어의 사용을 금지시켰고, 생제르맹칙령(1561년 7월)으로는 앙부아즈 음모의 생존자들을 사면했다. 1561년 9월에는 푸아시에서 회의를 열어 두 종교의 화해를 모색하기도 했다. 관용의 역사에서 획기적인 칙령은 '1월칙령'(1562년 1월)이었다. '관용tolérance'이라는 말이 사용되기 시작한 것도 이 무렵이었다. 1월칙령의 핵심적인 조항 가운데 하나는 칼뱅파가 주간에 시 외곽에서 예배 보는 것을 허용했다는 점이다. 대신, 칼뱅파는 그들이 점유하고 있던 교회를 반환해야 했으며, 새로운 교회를 세울 수 없었고, 무기 소지, 군대 모집, 세금 징수, 순회 설교 등을 금지당했다. 이 칙령은 일시적이었기 때문에 노란색 밀납으로 봉인되었다. 이 칙령은 두 종교를 공식적으로 인정한 것은 아니었으나, 칼뱅파가 제한된 장소에서나

마 예배를 볼 수 있게 해주었다는 의미에서 종전의 은밀한 관용에서 제한적이고 일시적이지만 공개적인 관용으로의 이행이었다.

그렇지만 이 '관용' 칙령은 때 이른 것이었다. 가톨릭교회는 1월칙령에 격렬히 반대했다. 당시 젊은 법관이었던 몽테뉴와 라보에시 같은 인문주의자들도 이 칙령으로 두 개의 종교를 인정하는 것은 아닌가 하고 우려할 정도였다. 시대를 지배하는 철칙은 "하나의 신앙, 하나의 법, 한 명의 왕"이었기 때문이다. 1561년 4월에 가톨릭을 수호하기 위해 결성된 기즈 공작—몽모랑시 도원수—생탕드레 원수의 가톨릭 삼두체제는 칼뱅파에 대한 양보를 철회하라고 요구했다. 양측의 긴장이 고조되는 가운데 1562년 3월 1일, 기즈 공은 왕국의 동부에 있는 바시에서 칼뱅파가 1월칙령에서 허가하지 않은 장소에서 예배를 본다는 이유로 공격하여 70여 명을 학살했다. 바시 학살로 종교전쟁이 시작되었다.

종교전쟁과 평화칙령

종교전쟁은 여덟 차례의 내전(1562~1563년, 1567~1568년, 1568~1570년, 1572~1573년, 1574~1576년, 1577년, 1579~1580년, 그리고 마지막으로 1585~1598년)으로 이루어졌다. 이 혼란스럽고 잔인한 전쟁은 동일한 패턴으로 반복되었다. 우선 습격이나 학살로 전쟁이 시작되면, 왕은 사태를 관망하며 온건파를 규합하려 하지만 어느 한쪽으로 기울고, 그러면 두 세력 간의 정면 대결로 확대된다. 그러나 오래지 않아 돈이 고갈되면 협상과 조정의 시기가 온다. 여기에서 태후가 중요한 역할을 하면서 기존의 어중간한 타협으로 돌아간다. 그러면 또다시 악순환이 재발하는 식이었다. 전쟁이 전국에서 벌어졌던 것은 아니다. 전쟁은 주로 일 드 프랑스, 루아르 강과 론 강의 계곡, 남서 지방에서 일어났다. 30년이 넘도록 양측은 그럭저럭 힘의 균형을 유지했다. 양측은 외국에서 동맹 세력을 구했고, 특히 1585년부터는 내전이 국제화되었다. 칼뱅파는 독일에서 군대를, 잉글랜드에서는 돈을 지원받았고, 가톨릭은 에스파냐와 교황의 지원을 받았다.[141]

내전은 평화칙령으로 종결되지만, 그것은 일시적인 휴전이었다. 어느 한쪽은 불만을 가졌고, 그러면 곧바로 전쟁이 재개되었다. 여덟 차례의 전쟁이 있었으니 여덟 차례의 칙령이 공포된 셈이다. 그 밖에 관련 칙령들이 더 있지만, 여기에서는 전쟁을 종결시킨 칙령들을 중심으로 살펴보자.

● **앙부아즈칙령**(1563년 3월): 제1차 종교전쟁을 종식시킨 평화칙령이다. 전문前文은 "선하고, 신성하고, 자유로운 보편공의회 혹은 국가공의회"가 가져다줄 화해에 대한 희망을 표현하고 있는데, 이것은 당시 진행 중인 트렌토 공의회가 이러한 기대를 저버렸음을 시사하는 것이다. 양심의 자유는 허용되었다. 그러나 예배의 자유는 1월칙령보다 제한적이었다. 예배는 바이아주나 세네쇼세당 하나의 도시에서, 그것도 도시 바깥에서만 허용되었다.[142] 칼뱅파는 점유하고 있는 성당을 반환해야 했다. 귀족들에게는 특권이 부여되었다. 고등사법권을 가진 귀족은 자기 집에서 가족과 신민들과 함께 예배를 볼 수 있었으며, 그 밖의 귀족들은 가족들과만 예배를 볼 수 있었다.

● **롱쥐모칙령**(1568년 3월): 제2차 종교전쟁을 종식시킨 칙령이다. 앙부아즈 칙령을 재확인하고, "앙부아즈칙령 이후 현재까지 가해진 일체의 제한, 수정, 해석들을 제거"하며, "신이 우리의 신민들이 하나의 동일한 종교 안에 재통합되도록 은총을 베풀 때까지" 이 칙령이 유효하다고 선언했다. 이 칙령은 일시적인 성격이었기 때문에 노란색 밀랍으로 봉인되었다. 그러나 칼뱅파와 네덜란드의 '거지들gueux'이 연대하고,[143] 콩데와 콜리니가 라로셸로 도주하여 무기를 잡자 공표된 1568년 9월의 생모르칙령으로 효력을 잃었다. 생모르칙령에서 칼뱅파는 왕국을 위협하는 '치명적인 적'으로 규정되었는데, 처음으로 종교적 통일성의 파괴가 아니라 칼뱅파가 국가에 가하는 정치적인 위협이 문제시되었다. 생모르칙령은 양심의 자유를 없애지는 않았지만 가톨릭 이외의 종교는 예배를 금지시킴으로써 관용을 크게 후퇴시켰다. 이 불관용 칙령은 '영구적이고 폐기불가능함'을 나타내기 위해 녹색 밀랍으로 봉인되었다.

● **생제르맹칙령**(1570년 8월): 제3차 종교전쟁을 종식시킨 칙령이다. 칼뱅파의 예배가 다시 허용되었다. 그러나 종전에는 바이아주나 세네쇼세당 하나의 도시 바깥에서만 허용된 반면, 이번에는 관구gouvernement당 두 개의 도시, 그러니까 총 24개 도시의 바깥에서만 허용되었다.[144] 궁정과 궁정 주위 8킬로미터, 파리와 파리 주위 40킬로미터에서는 예배가 금지되었다. 귀족들은 종전과 같은 특권을 부여받아 집에서 예배를 볼 수 있었다. 칼뱅파는 공직에 오를 수 있었으며, 고등법원에서 재판받는 경우 특정 재판관을 거부할 수 있었다. 처음으로 국왕은 네 개의 도시(라로셸, 몽토방, 코냑, 라샤리테)를 2년 동안 일종의 '안전지대'로 인정했다. 이 칙령은 '영구적이고 폐기불능함'을 뜻하는 녹색 밀랍으로 봉인되었다. 그러나 이 관용 칙령은

1572년 8월에 벌어진 야만적인 성바르텔르미 축일의 학살로 물거품이 되었다. 그해 칼뱅파에 대한 학살이 자행되어 파리에서만 약 3,000명, 전국적으로는 1만여 명이 학살당했다.

● **블로뉴칙령**(1573년 7월): 라로셸 공략 이후에 공표되었다. 이 칙령은 예배의 자유를 크게 제한했다. 라로셸, 몽토방, 님의 주민들만 개인적으로, 비공식적으로 예배의 자유를 부여받았다. 귀족들의 특권도 줄어들었다. 고등사법권자들은 자기 집에서 세례와 결혼을 할 수 있었으나 설교와 성찬은 허용되지 않았으며, 부모, 대부, 대모 외에 열 명 이내로 참석자가 제한되었다.

● **볼리외칙령**(1576년 5월): 제5차 종교전쟁 이후 에티니에서 조인된 것으로, 평화를 확인한 칙령이다. 이 칙령은 '대군의 평화'라고도 불리는데, 그 이유는 왕의 동생인 알랑송 공작 프랑수아, 칼뱅파, '말콩탕' 연합군의 압력하에 앙리 3세가 이전보다 예배의 자유를 훨씬 많이 부여했기 때문이다.[145] 정치파의 대의가 크게 진전되었다. 이 칙령은 왕국의 모든 도시와 모든 장소에서 '자칭 개혁종교la religion prétendue réformée'가 자유롭고 공적이며 전반적으로 예배를 하도록 허용했다.[146] 단, 파리와 궁정 주위 8킬로미터는 제외되었다. 노회(시노드)와 당회 같은 교회 회의도 국왕 관리의 입회하에 열릴 수 있게 되었다. 처음으로 칼뱅파는 교회를 세울 수 있었고, 또한 가톨릭과 칼뱅파 동수로 구성되는 '동수법정'이 고등법원마다 세워졌다. '안전지대'도 여덟 군데로 늘어나고 기간도 명시되지 않았다.[147] 또한 비밀 조항을 두어, 연합군 우두머리들, 팔츠 선제후의 아들인 용병 지휘관 요한 카시미르에게 여러 가지 특혜를 주었다. 성바르텔르미 축일에 학살

성바르텔르미 축일의 학살.

1529년경 프랑스 아미앵에서 태어나 스위스에 정착한 위그노 화가 프랑수아 뒤부아 그림. 1572년 8월 23일, 파리의 가톨릭교도들이 프로테스탄트인 앙리 드 나바르와 공주인 마르그리트 드 발루아의 결혼식에 참석하기 위해 파리에 온 위그노들을 학살하고 있다. 왼쪽 뒤에 검은 옷을 입고 시신을 살펴보고 있는 사람은 국왕의 어머니인 카트린 드 메디시스이다. 건물 2층에서는 위그노 지도자인 가스파르 콜리니의 시신을 창문 밖으로 던지고 있다.

당한 희생자들도 복권되었다. 이 칙령은 '영구적이고 폐지 불가능함'이라고 선언되었지만, 오래가지는 못했다. 가톨릭교회는 칼뱅파에 대한 파격적인 양보를 수용할 수 없었을 뿐만 아니라, 앙리 3세도 말콩탕의 음모로 당한 수모를 잊을 수 없었기 때문이다.

● **푸아티에칙령**(1577년 9월): 제6차 종교전쟁을 종결시킨 베르주라크 평화조약에 뒤이어 공표된 칙령이다. 예배의 자유의 경우, 1563년 앙부아즈칙령으로 돌아가서 바이아주나 세네쇼세당 한 도시의 바깥에서만 허용되었다. '동수법정'은 네 개의 고등법원(보르도, 툴루즈, 그르노블, 엑스)에만 설치되었다. '동수'라는 이름이 무색하게 여덟 명의 가톨릭 재판관과 네 명의 칼뱅파 재판관으로 구성되었지만, 재판장 두 명 가운데 한 명은 칼뱅파였다. 안전지대의 수는 여전히 여덟 군데로 고정되었으며, 기간은 10년으로 제한되었다. 푸아티에칙령은 낭트칙령을 예고하는 타협책이었다.

● **플랙스조약**(1580년 12월 26일 등록): 제7차 종교전쟁을 종식시킨 조약으로, 귀엔 지방과 랑그도크 지방에 15곳의 안전지대를 6년간 허용했다.

7차례의 전쟁과 7차례의 평화조약. 상황은 대체로 칼뱅파에 양심의 자유와 예배의 자유를 부분적으로나마 허용하는 방향으로 진행되었다. 그러나 1584년 6월 10일, 국왕의 동생인 앙주 공작 프랑수아가 사망하자 상황이 급변했다. 앙리 3세는 아들이 없었기 때문에 앙주 공작이 왕위 계승자였으나 그의 죽음으로 왕위가 칼뱅파 지도자인 앙리드 나바르에게 돌아가게 되었기 때문이다. 가톨릭은 칼뱅파가 왕국을 계승하여 왕국 전역에 자기의 종교를 강요할지도 모르는 상황을 방치

할 수 없었다. 기즈가는 에스파냐와 조약을 맺고 앙리 3세의 후계자로 부르봉 추기경을 추대했다.

1585년 봄, 볼리외칙령 이후 결성되었던 가톨릭 신성동맹이 강력하게 재편되어 많은 도시들을 장악했고, 주요 도시에는 일종의 혁명적 민중 정부가 들어섰다. 파리에는 16개 구역의 대표자로 구성된 '16인 정부'가 들어섰다. 이들의 위협 속에 앙리 3세는 신성동맹에 대한 지지를 선언했다. 그는 느무르칙령을 공포하여 이전의 모든 칙령을 폐기하고 칼뱅파 예배뿐만 아니라 양심의 자유마저 금지했다. 칼뱅파는 개종과 망명 중에 선택해야 했고, 칼뱅파 목사들은 추방당했다. 앙리 드 나바르와 콩데 공은 모든 권리를 박탈당했다. 교황 식스투스 5세는 앙리 드 나바르를 이단으로 단죄하며 신성동맹을 지원했다. 왕국 도처에서 전투가 벌어졌다. 승리를 거둔 기즈는 파리 시민의 환호 속에 파리를 장악했다. 파리에는 바리케이드가 쳐지고, 앙리 3세는 수도를 떠났다.

1588년, 위기에 처한 왕은 기즈 공을 암살했다. 신성동맹은 국왕을 가톨릭의 대의를 버린 배신자라고 선언했다. 기즈의 동생인 마옌 공작이 신성동맹의 우두머리가 되었다. 1589년 파리에는 동맹총회가 설치되었고 여러 명의 관구사령관이 합세했다. 파리 대학 신학부는 프랑스 신민들은 국왕에 대한 충성 서약이 면제된다고 선언했다. 앙리 3세는 왕위를 유지하기 위해 앙리 드 나바르와 화해했다. 그러나 1589년 8월 1일, 앙리 3세는 가톨릭 수도자인 자크 클레망의 칼을 맞았다. 발루아 왕조의 마지막 왕은 앙리 드 나바르를 정통 계승자로 인정한 후 개종을 권유하고는 숨을 거두었다. 칼뱅파인 앙리 드 나바르가 가톨릭 국가의 왕이 되었다.

가톨릭 온건파인 정치파와 칼뱅파는 앙리 드 나바르를 왕으로 인정했다. 그러나 신성동맹은 그럴 수 없었다. 1589년 8월, 파리의 신성동맹은 부르봉 추기경을 프랑스 왕으로 선언했으나, 그는 앙리 4세를 프랑스의 합법적인 왕이라고 선언하고 이듬해 사망했다. 신성동맹은 프랑스 북부를 장악했고, 에스파냐의 펠리페 2세에게 의지했다. 에스파냐, 잉글랜드, 독일이 군사적·재정적으로 프랑스에 개입하기 시작했다. 1589년과 1590년, 앙리 4세는 파리를 공략했다. 파리 시민 22만 가운데 4만 5,000명이 기근으로 사망했다. 에스파냐군이 개입하여 파리는 정복되지는 않았지만, 펠리페 2세가 자신의 장녀이자 앙리 2세의 손녀인 이자벨라를, 살리법에도 불구하고 왕위에 앉히려 하자 신성동맹은 분열되었다.[148] 1593년, 파리에서 열린 신성동맹의 삼신분회는 국왕이 가톨릭을 믿을 것을 요구했고, 앙리 4세는 "파리를 얻기 위해서는 미사를 드릴 수 있다"며 가톨릭으로 개종했다. 1594년에 앙리 4세는 파리로 입성했고, 샤르트르 성당에서 대관식을 거행했다. 이듬해, 교황은 그의 승계가 합법적임을 인정했다.

앙리 4세는 왕국의 재정복을 마무리 지어야 했다. 그는 에스파냐와의 전쟁을 공식적으로 선언했고, 신성동맹의 잔여 부대를 격파했다. 마옌 공작과 주아외즈 추기경은 국왕에게 굴복했다. 그러나 브르타뉴의 관구사령관인 메르쾨르 공작은 브르타뉴에 신성동맹 군대를 주둔시켰고, 에스파냐 국왕인 펠리페 2세는 그곳에 군대를 상륙시켰다. 동부 지방을 탈환한 앙리 4세는 에스파냐의 공격을 받던 북부 지방으로 진격했다. 랑에서의 접전은 그에게 유리하게 돌아갔지만, 에스파냐군이 아미앵을 점령하자 상황이 불투명해졌다. 앙리 4세는 국왕한테 배신당했다고 생각한 과거 칼뱅파 동지들이 협조하지 않아서 어려움을 겪었지만, 아미앵을 되찾았다. 1598년 프랑스와 에스파냐는 베르뱅 평화조약을 체결했다. 그해, 앙리 4세는 메르쾨르 공작을 굴복시킨 후 낭트칙령을 공표하여 1562년에 시작된 종교전쟁을 종식시켰다.

낭트칙령

낭트칙령은 앙리 3세가 죽은 이후 무정부 상태를 수습한 칙령이다. 1589년 8월 4일 생클루선언은 칼뱅파 예배를 거행하던 도시들과 장소들에서 다시금 칼뱅파 예배를 허용했다. 1591년 망트칙령은 1577년의 푸아티에칙령을 부활시켰다. 1593년의 생제르맹선언은 앙리 4세가 가톨릭으로 개종했을 때 지지한 도시들에서 칼뱅파 예배를 보장했고, 목사들의 생계를 책임졌으며, 칼뱅파의 콜레주 설립을 허가했다. 그러나 이러한 약속이 프랑스개혁교회총회를 만족시키지는 못했다. 이들은 왕국 전역에서 공적인 예배의 자유를 보장할 것을 요구했지만, 왕은 거부했다. 1597년 7월 말, 국왕의 사절인 숌베르는 예배의 자유 보장, 모든 공직에 오를 수 있는 권리를 포함한 공적인 평등, 연합법정 창설, 안전지대 허용, 목사들에게 보조금 지급 등을 제안하면서 상황을 타개하려 했다. 앙리 4세가 망설이자 칼뱅파는 반발했다. 앙리 4세는 새로운 칙령을 약속하면서 타협을 시도했다.

1597년 말, 샤텔로 개혁교회총회는 '폭력과 불의에 대한 프랑스개혁교회의 불만'이라는 보고서를 작성했다. "폐하, 폐하의 선의와 권위로 우리의 불행을 살펴주십시오. 오로지 신의 영광, 양심의 자유, 국

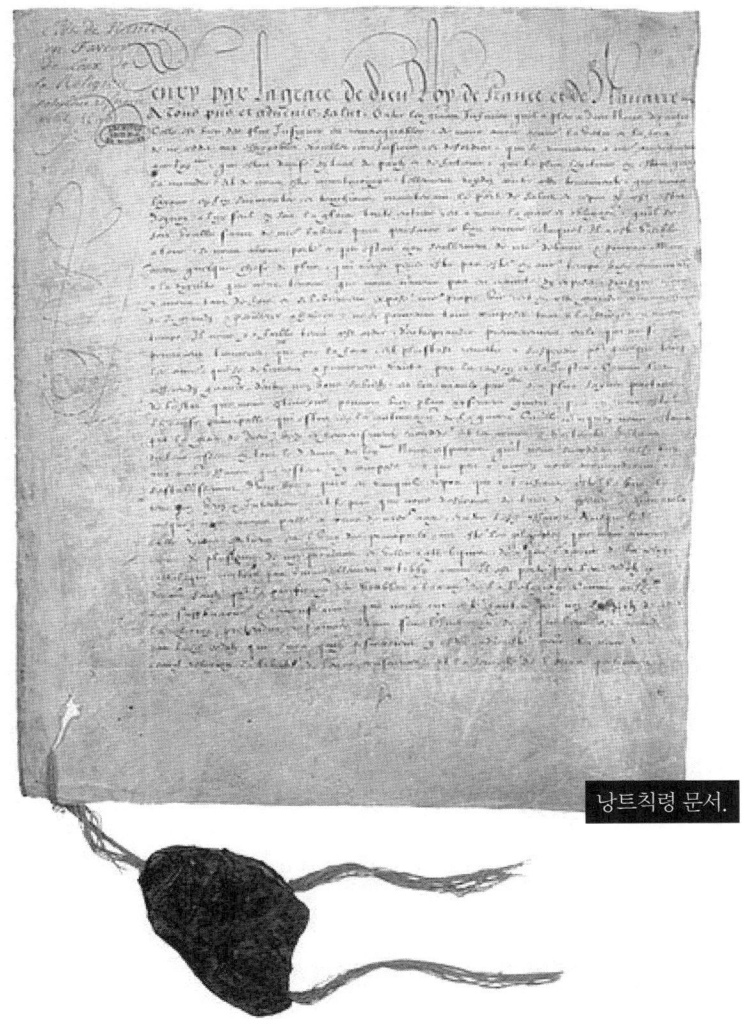

낭트칙령 문서.

가의 평안, 재산과 생명의 안전, 이것이 우리가 바라고 요구하는 것입니다." 이와 동시에, 개혁교회는 잉글랜드의 엘리자베스와 네덜란드의 의회에도 사절을 파견했다. 칼뱅파는 왕국으로부터 분리하겠다고 궁정에 압력을 가했다. 국왕은 전권을 가진 칼뱅파 대표를 보내라며 선수를 쳤다. 1598년 1~2월, 협상이 시작되었다. 협약의 기초는 비교적 쉽게 마련되었다. 두 사건이 국왕의 입지를 강화시켰는데, 하나는 에스파냐와의 전쟁이 종결되었고, 다른 하나는 마지막 신성동맹파 귀족인 메르쾨르 공작이 굴복함으로써 최후의 협상이 벌어지고 있던 낭트에 군주가 입성할 수 있게 되었다는 것이다. 칼뱅파는 고립당하거나 칙령을 일방적으로 조인당하는 위험성을 고려하지 않을 수 없었다. 그들은 낭트칙령에 동의했다.

　낭트칙령은 상이한 성격을 가진 네 개의 문서로 구성되어 있다. 먼저, 1598년 4월 13일 낭트에서 서명된 92개 일반 조항으로 구성된 '엄숙하고 공개적인' 칙령이 있다. 여기에 4월 30일에 서명된 56개의 특별 비밀 조항이 추가된다. 특별 비밀 조항은 일반 조항을 적용할 세부적인 내용을 규정한 것이다. 특별 비밀 조항도 칙령과 같은 것이어서 고등법원에 등록되어야 효력이 발생했다. 그 밖에 4월 13일과 4월 30일에 서명된 두 개의 보장서brevet가 있다. 보장서는 군주의 은총에만 의지하는 것으로, 즉시 효력을 발휘하는 일시적인 약속이었다. 칙령과 특별 비밀 조항은 두 개의 사본을 작성하여, 하나는 국왕 상서가 보관하고, 하나는 칼뱅파 총회 문서보관소에 보관했다. 국왕이 이렇게 세 종류의 문서를 작성해야 했던 것은 그만큼 여러 가지 요구를 고려해야 했기 때문이다. 낭트칙령은 관용의 역사에서 획기적인 칙령이므로, 전문前文을 살펴보자.

A. 전문

신의 은총에 의해 프랑스와 나바르의 왕인 앙리가 현재와 미래의 모든 사람에게 신의 구원을 간구한다.

신이 과인에게 기꺼이 베풀어주신 무한한 은총 가운데 가장 각별하고 두드러진 은총은 과인이 왕위에 올랐을 때의 그 끔찍한 소요와 혼란과 무질서에 굴하지 않을 덕과 힘을 주신 것이다. 왕국은 여러 분파로 분열되었고, 가장 합법적인 부분이 가장 약했다. 그렇지만 과인은 신의 은총으로 고난에 강하게 맞서서 결국에는 극복했으며, 이제 구원의 항구와 국가의 평안에 도달하게 되었다. 그것만으로도 더없는 영광이니, 과인은 그 은총에 대한 의무로서 그 훌륭한 과업을 다하기 위해 노력할 것이다. 과인이 과인의 의무와 힘에 속하는 것뿐만 아니라 다른 시대라면 과인의 위엄에 어울리지 않을 그 무엇을 더 가지고 있는지는 만인이 볼 수 있다. 국가의 평안을 위해 과인은 참으로 자주, 그리고 기꺼이 과인의 삶을 헌신했기 때문에 더이상 두렵지 않노라.

그토록 크고 위험한 일들이 마구 벌어지고 한꺼번에 해결될 수는 없기 때문에 순서를 정해서 해결해야 했는데, 과인이 우선적으로 해야 할 일은 힘을 동원하지 않으면 끝낼 수 없는 사안을 처리하는 것이었다. 그 밖에, 이성과 정의로 다루어야 하거나 다룰 수 있는 것들은 뒤로 미루어야 했다. 과인의 선량한 신민들 사이의 일반적인 분쟁들, 그리고 내전이 지속되는 가장 중요한 원인만 없어지면 과인이 보기에는 쉽게 치유될 만한 국가의 가장 건강한 부분들에 일어난 특별한 재난이 그러한 것들이다. 과인은 신의 은총으로 이 일을 하는 데 성공했고 왕국 전역에서 무력 충돌과 적대감이 해소되었기 때문에, 과인은 남은 일들도 성공적으로 수행할 것이며 이로써 과인의 모든 염원과 의지의 목표이며 과인이 평생 동안 기울여온 노력과 고통의 대가인 평화와 안녕을 수립할 수 있을 것이노라.

끈기를 요하는 일 가운데 가장 중요한 것은 가톨릭 지방과 도시들이 제기한 불만을 해결하는 일인데, 그것은 가톨릭 종교가 전에 체결된 평화칙령에 담겨 있는 대로 보편적으로 회복되지 않았다는 것이다. 또한 과인의 자칭 개혁종교 신민들은 이 칙령들이 자신들에게 부여한 권리들이 시행되지 않고 있다는 것, 또 그들의 종교의 믿음을 위해 필요하다고 생각하는 것, 양심의 자유, 인신과 재산의 안전 등에 대해 청원과 진정을 올렸다. 그들은 자신들을 파괴하기 위해 벌어지는 최근의 혼란과 움직임 때문에 또다시 더 큰 걱정을 하고 있는 것이다. 과인은 한꺼번에 지나치게 많은 일을 할 수 없고, 또 전쟁의 격노는 아무리 좋은 법이든 법의 제정을 막는 것이기에, 과인은 그동안 대책 마련을 미루어왔다. 그러나 이제 더 나은 평안을 누리는 것이 신을 즐겁게 하는 것이므로, 과인은 그의 신성한 이름과 역사役事의 영광에 관련된 것을 돌보고, 그리하여 신이 모든 신민들의 숭배와 기도를 받도록 하는 데에 나설 수 있다고 생각했다. 아직은 하나의 동일한 형태와 종교가 아니기 때문에 신을 기쁘게 하지는 못한다 해도[149] 적어도 동일한 의도를 가지고는 있기 때문에, 과인의 신민들 사이에 혼란과 싸움이 없어진다면, 그리하여 과인과 이 왕국이 수많은 공덕에 의해 오래전부터 불린 '매우 그리스도교적인'이라는 영광된 호칭을 앞으로도 받을 자격을 누린다면, 그 어느 것보다 위험하고 첨예한 종교 문제에 장차 닥칠 수 있는 고통과 혼란의 원인을 제거할 수 있기를 바라노라.

과인은 이 문제가 매우 중요하며 깊이 숙고할 만한 가치가 있음을 인식하여 가톨릭 신민들의 진정서를 접수했고, 또한 자칭 개혁종교 신민들의 대표들이 모여 진정서를 작성하고 제출하는 것을 허락한 후, 이를 토대로 그들과 여러 차례 논의했고 이전 칙령들을 검토했다. 이제 과인은 모든 신민들에게 일반적이고 분명하며 절대적인 법을 제공할 필요가 있다고 생각한다. 이 법에 의해 그들은 이제까지 그들에게 닥쳤던, 그리고 앞으로 닥칠 분쟁을 해결할 수 있을 것이며, 그들 모두는 만족할 것이다. 이렇게 심사숙고하는 데 있어서 과인은 신에 대해 가지고 있는 열정만을 고려했으니, 과인의 모든 신민들도 신을 위해서 그렇게 할 수 있기를, 그리하여 그들 사이에 항구적인 평화가 수립되기를 바라노라.

과인은 선하신 신께서 이 왕국의 탄생 이후로 변함없이 베풀어주신 보호와 은혜를 간청하며 고대한다. 신이 과인의 신민들에게 은총을 내리시어 그들이 과인의 명령을 준수하는 것은 신에 대한 의무와 과인에 대한 의무 다음으로, 그들의 통합과 일치, 평화와 안녕, 국가의 영광스러움과 풍요로움과 강력함을 회복할 수 있는 방법임을 이해하기 바란다. 과인은 그것이 아무런 문제 없이 잘 준수되도록 할 것임을 약속하노라.

이러한 이유로, 과인의 왕족들, 귀족들, 왕국의 고관들, 과인과 함께 한 국무참사위원들의 의견을 들어 이 모든 문제를 진지하게 검토한 후, 과인은 이 영구적이고 폐기할 수 없는 칙령[150]에 의해 다음과 같이 선언하고 명령하노라.

B. 주요 내용

낭트칙령은 칼뱅파에게 예배의 자유를 부여했다. 교회를 건축할 수 있었고 종을 달 수도 있었다. 그러나 완전한 자유는 아니었다. 여러 가지 제한이 있었다. 예배는 상급 재판 영주의 영지에서 우선적으로 허용되었고, 하급 재판 영주는 사적인 예배의 자유만 부여받았으며 최대 30명의 신자들만 예배 의식에 참여할 수 있었다. 1596년과 1597

년 8월 말까지 공개적으로 예배가 거행되던 도시와 장소들에서는 예배가 허용되었다. 그리고 푸아티에칙령으로 예배가 합법적이던 장소, 즉 바이아주당 하나의 도시의 바깥에서도 예배가 허용되었다. 게다가 여기에 더해 바이아주당 하나의 도시의 바깥에서 추가로 예배가 허용되었다. 그 결과, 예배가 허용된 장소가 늘어났지만 그 밖의 장소에서는 예배가 금지되었다.

일반적인 제한에 특별한 제한이 덧붙여졌다. 기즈가의 영지들, 랭스, 로크루아, 주앵빌, 생디지에에서는 예배가 금지되었다. 국왕이 자신을 지지한 신성동맹파 영주들을 배려해야 했기 때문이다. 또 파리와 파리 주위 20킬로미터 안과 궁정, 군부대(군 지휘관이 개혁종교를 믿을 때를 제외하고), 국왕 거주 장소 등에서는 예배가 금지되었다. 따라서 파리의 칼뱅파는 파리에서 20킬로미터 이상 떨어진 그리니에서 예배를 보았고, 낭트의 칼뱅파는 낭트에서 12킬로미터 떨어진 쉬세에서 예배를 보았다. 이러한 한계 내에서 칼뱅파는 951개의 교회를 두었는데, 그 가운데 694개가 공적인 것이고 257개는 영지에 속한 것이었다.

종교적인 공존을 위한 조치들이 추가되었다. 칼뱅파는 가톨릭의 축일을 존중해야 했다. 기존에 칼뱅파에게 공동묘지가 거부된 지역에서는 칼뱅파를 위한 공동묘지의 신설이 허가되었다. 신부였다가 개종한 칼뱅파의 결혼은 인정되었다. 당회, 콜로크, 지방 시노드, 국가 시노드라는 칼뱅파 교회 조직은 공식적으로 인정되었다. 칼뱅파도 가톨릭 교회에 십일조를 내야 했는데, 국왕은 4월 13일의 보장서에 의해 이에 대한 보상으로 목사 봉급용으로 4만 5,000에퀴의 보조금을 지급했다. 목사들은 경비, 순찰, 군인 숙영, 타유세 등을 면제받았다.

종교적인 권리에 시민적 권리가 부가되었는데, 칼뱅파를 가톨릭교도와 평등하게 하는 것이었다. 그들은 왕국의 모든 공직에 오를 수 있는 권리, 자유롭게 거주할 권리, 물건을 매매할 권리, 유증할 권리, 결혼할 권리(가톨릭의 교회법을 존중하면서), 대학, 콜레주, 학교, 병원 등에 들어갈 권리를 부여받았다. 나아가, 콜레주, 아카데미 같은 자체의 교육기관을 세울 권리도 부여받았다. 칼뱅파의 권리를 보장하기 위해 특별 사법 체계가 세워졌고, 칼뱅파는 동수법정에서 재판받았다. 이를 위해 파리고등법원에 칙령법정이 세워졌는데, 여섯 명의 칼뱅파와 열 명의 가톨릭교도로 구성되었고 관할 영역은 노르망디, 브르타뉴, 부르고뉴 고등법원으로 확대되었다. 그르노블(프로방스의 신자들이 재판받는 도피네 고등법원의 경우), 카스트르(툴루즈 고등법원의 경우), 보르도(귀엔 고등법원의 경우)의 칙령법정은 정확히 동수로 구성되었다.

그러나 칼뱅파는 정치적인 조직을 가질 수 없었다. 제82조는 그들의 총회 해산을 요구했으나, 이 조항은 특별 비밀 조항 제43조에 의해 어느 정도 보상되었다. 종교 비용과 관련된 돈을 징수하기 위해 "국왕 재판관의 입회하에" 집회를 열 수 있도록 허용했기 때문이다. 한편, 4월 30일의 보장서는 칼뱅파에게 8년간 144곳의 안전지대를 허용했다. 이 가운데 67곳의 안전지대는 국왕이 군인들의 급료를 부담했다. 리슐리외는 '국가 안의 국가'가 세워졌다며 불만을 토로했다.

칙령은 가톨릭교회와 칼뱅파 모두로부터 강한 저항을 받았다. 파리고등법원은 1599년 1월 2일에 등록을 거부했다. 국왕은 1월 7일에 고등법원 판사들을 불러 국가 재건을 위해 복종할 것을 요구했다. 국왕은 "나는 당신들보다 더 가톨릭을 사랑하고, 더 가톨릭적이다"라고 말했다. 파리고등법원은 칙령법정의 구성과 칼뱅파의 공직 진입 문제에 대해 완강하게 저항했다. 국왕과 한 차례 회합을 더 가진 후, 칙령 법정에는 한 명의 칼뱅파 법관이 포함되고, 바이아주당 칼뱅파 예배가 허용된 두 번째 도시는 주교나 대주교좌 도시여서는 안 되며 성직자에게 속하는 영지에서는 칼뱅파 예배가 금지된다는 선에서 타협이 이루어졌다. 칙령은 다소 수정된 형태로 1599년 2월 25일에 파리고등법원에 등록되었다. 그르노블(9월 27일), 보르도(1600년 2월 7일), 툴루즈(1600년 1월 19일), 디종(1600년 1월 12일), 엑스(1600년 8월 11일), 렌(1600년 8월 23일)고등법원이 뒤를 이어 등록했으나, 루앙고등법원은 1609년까지 저항했다.

교황 클레멘트 8세는 낭트칙령을 "상상을 초월하는 최악의 칙령"이라고 선언했다. 가톨릭 성직자 총회도 불만이었다. 그들은 동수법정의 폐지, 루아르 강 이북에서 칼뱅파 예배의 금지를 요구했다. 칼뱅파도 망설였다. 그러나 낭트칙령은 가톨릭에게 유리하고 칼뱅파에게는 불리하다는 의견에도 불구하고 받아들여졌다. 전쟁에 지쳤기 때문이었다.

칙령이 잘 시행되도록 하기 위해, 앙리 4세는 1563년의 앙부아즈칙령에서 고안된 특임관 제도를 부활시켰다. 특임관은 고등법원 관할 구역 내에서 일하는 사람들로서, 한 명은 가톨릭교도로 국무참사이거나 청원관이고, 다른 한 명은 칼뱅파로서 군인이거나 공증인이었다. 특임관은 가톨릭 예배와 교회재산이 회복되도록 관할 구역을 순시하는 임무가 있었다. 또 바이아주에서 칼뱅파 예배가 실시되는 장소를 지정하고, 개인적인 예배를 확인하고, 수혜자들의 자격을 확인하고, 모욕, 공동체 간의 자극, 폭력 금지를 선포했으며, 특별 공동묘지의 설립을 예고하는 일을 맡았다.

낭트칙령은 이전의 칙령들을 계승했다. 새로운 부르봉 왕조의 왕으로서 이전의 왕조를 계승한다는 점을 부각시킬 필요가 있었던 것이다. 내용 면에서 볼 때, 낭트칙령은 1555년의 아우크스부르크 평화조약보다 진전된 제도였다. 아우크스부르크 평화조약은 "그의 지역에 그의 종교"라는 원칙에 따라 군주가 가톨릭과 루터파 가운데 선택하고 신민들은 군주의 종교에 따라야 했기 때문에, 군주와 종교가 다른 사람은 자신과 같은 종교를 가진 군주의 지역으로 떠나지 않으면 안 되었다. 원칙적으로, 아우크스부르크 평화조약 체제에서는 한 국가에 하나의 종교만 허용되었다. 1648년 베스트팔렌 평화조약에 의해 칼뱅파도 종교의 자유를 부여받았으나, 여전히 "그의 지역에 그의 종교"라는 형태였다. 그러나 낭트칙령은 하나의 국가에 두 개의 종교를 허용했으므로 그만큼 획기적이고 역사적이었다.

그러나 칙령의 전문에서 암시되어 있듯이, 낭트칙령에서 이상으로 삼았던 것은 "하나의 신앙, 하나의 법, 한 명의 왕"이었다. 이러한 시대정신에 비추어 본다면 낭트칙령은 시대를 앞선 것이었지만, 종교의 자유나 관용의 가치를 인정했다기보다는 국가의 안정이라는 실용적인 목적을 위한 일시적인 조치였다. 앙리 4세는 "영구적이고 폐기할 수 없는 칙령"이라고 선언했지만, 그것은 칙령에 엄정함을 부여하기 위해 이전의 평화칙령에서도 사용되곤 하던 수사였다. 칙령을 공표한 왕의 치세에는 유효하지만 다음 왕의 치세에도 유효하다는 보장은 없었다. 왕이라고 해도 후계자들을 자기 마음대로 구속할 수는 없었기 때문이다.

낭트칙령의 폐기

앙리 4세는 왕국의 평화를 위해 가톨릭으로 개종했고 낭트칙령을 공표했다. 그러나 가톨릭 신성동맹은 개종의 진실성을 의심했고, 앙리 4세가 독일의 칼뱅파 제후들을 지원하는 것을 불안해했다. 1610년, 앙리 4세는 칼뱅파에 우호적인 왕을 살해하라는 신의 명령을 받았다고 주장하는 라바야크라는 기이한 인물에게 암살당했다. 사건의 배후가 철저히 밝혀지지 않은 채 라바야크는 능지처참이라는 끔찍한 형벌을 받았다.

낭트칙령에도 불구하고 칼뱅파의 군사적 위협에 대한 불안감은 완전히 사라지지는 않았다. 루이 13세는 군사적으로 개입하여 성공을 거두었으나 몽토방과 몽플리에서는 실패하여 협상을 벌여야 했다. 1622년에 낭트칙령이 갱신되었고, 칼뱅파는 새롭게 군사적인 이익을 얻었다. 1624년, 리슐리외 추기경이 권력을 잡았을 때에도 상황은 좋지 않았고 로앙 공작이 이끄는 칼뱅파의 위협은 계속되었다. 사람들은 종교전쟁이 재발하는 것은 아닌가 하고 우려했다.

1627년, 추기경은 칼뱅파의 군사력을 꺾고 대서양 항구들에 대한 통제권을 확보하기 위해 잉글랜드가 지원하는 서부의 항구도시 라로셀을 공략했다. 국왕 군대가 도시를 포위했고, 도시는 기근으로 황폐해지며 2만여 명의 사망자를 내었고 1628년에 항복했다. 라로셀의 모든 특권은 폐지되었고 군사 요새가 파괴되었다. 루이 13세는 알레스칙령을 공포했다. 낭트칙령 가운데 군사 조항은 폐기했지만, 종교적·시민적·사법적인 권리는 유지했다. 라로셀 공략 이후 추기경은 칼뱅파를 금지하라는 제안을 받았지만 거부했다. 그는 1609년에 스페인에서 모리스코를 추방한 사건을 인류 역사상 가장 야만적인 사건이라고 단죄했는데, 그러한 짓을 반복하기를 원하지 않았던 것이다. 칼뱅파의 정치적인 조직을 폐기하는 것으로도 충분했다.[151] 절대주의는 귀족의 힘을 현저히 약화시켰고 그것은 곧바로 칼뱅파의 약화로 이어졌다. 1598년에 허가된 951개의 칼뱅파 교회 가운데 4분의 1인 257개가 귀족의 소유일 정도로 귀족의 비중이 컸는데, 귀족이 약화되면서 칼뱅파도 약해진 것이다. 특히 1668년 튀렌이 가톨릭으로 개종하자 칼뱅파의 힘이 크게 약화되었다. 보쉬에는 《그리스도교 신앙 설명》(1671)으로 승리의 나팔을 불었다.[152]

군사적인 자위 수단을 상실한 칼뱅파는 국왕의 자비에 운명을 맡기지 않을 수 없었다. 프롱드난이 일어났을 때에 칼뱅파는 국왕에 충성을 다했다. 스페인과의 전쟁을 위해 가급적 많은 지지 세력을 결집시킬 필요가 있었던 마자랭은 칼뱅파에 대해 관대한 정책을 취했다. 특히 1654~1655년, 잉글랜드의 크롬웰에게서 지원을 얻기 위해 고심하던 중에 크롬웰이 칼뱅파의 처지를 문제삼자 더욱 그러했다. 그러나 1661년에 루이 14세의 친정이 시작되면서 상황이 바뀌었다. 루이 14세는 낭트칙령을 폐기하지는 않았지만 그 조항들을 문자 그대로 엄격하게 적용하는 방식으로, 즉 낭트칙령에 명시되어 있지 않은 것은 금지하는 방식으로 칼뱅파를 옥죄었다. 1656년, 마자랭은 칼뱅파의 권리 남용을 감시할 칙령위임관 제도를 신설했는데, 칙령위임관은 처음에는 가톨릭 한 명, 칼뱅파 한 명으로 구성되었으나, 1665년에는 아예 칼뱅파를 배제해버렸다. 이들은 칼뱅파 교회를 세운 근거 서류를 제출하라고 요구했다. 상당수의 교회는 그러한 문서를 가지고 있지 못했기 때문에 파괴되었다. 1662년, 칙령법정에서 종교 관련 사건을 재판하는 것을 금지시켰으며, 얼마 후에는 법정 자체를 폐지했다. 신성로마제국에 비해 프랑스에서는 동수법정이 제대로 운영되지 못했다.[153]

목사가 거주지 밖이나 분교회나 노천에서 설교하는 것이 금지되었으며, 교회 밖이나 집, 거리에서 찬송가를 부르는 것도 금지되었다. 1664년에는 가톨릭 행렬이 가까이 지나가면 교회 내에서도 찬송가를 부르지 못하게 했다. 칼뱅파의 장례식은 낮에는 금하고 조문객을 30명 이내로 제한했다. 칼뱅파는 특정한 직업을 가질 수 없었으며, 변호사 수가 제한되었다. 1665년에는 가톨릭으로 개종했다가 다시 칼뱅파로 개종하는 것을 금했다. 1669년에는 허가 없이 외국에 나가는 것을 금했다. 칼뱅파 아이들을 외국으로 유학시키는 것도 금지되었다.

1678년 네이메헌조약 이후에는 낭트칙령을 위반하면서까지 노골적으로 칼뱅파 파괴 공작을 진행했다. 칼뱅파로 재개종한 자는 재산을 몰수당하고 추방되었다. 마지막까지 남은 동수법정이 폐지되었고, 시노드를 감시하는 국왕위임관에 가톨릭교도를 임명함으로써 칼뱅파 종교회의는 국왕과 가톨릭의 감시를 받게 되었다. 가톨릭 아버지와 프로테스탄트 어머니 사이에서 태어난 아이들은 가톨릭으로 양육해야 했고, 부모들은 가톨릭으로 개종하려는 의사를 표명한 일곱 살 이상의 아이들의 뜻을 존중해야 한다는 식으로 자식에 대한 부모의 권위를 제한했다. 1680년에는 1598년 당시의 교회 가운데 절반이 파괴되었다. 가톨릭과 칼뱅파의 결혼이 금지되었고, 신생아에게 가톨릭 약식 세례를 줄 수 있도록 칼뱅파 산파를 금지했다. 가톨릭이 칼뱅파로 개종하는 것은 금지되었다. 칼뱅파는 모든 관직에서 배제되었다. 이제 낭트칙령에는 남은 것이 거의 없었다.

낭트칙령에 최후의 타격을 가한 것은 용기병(드라고나드)이었다. 이 방법은 오스트리아에서도 사용된 적이 있었다. 1681년에 푸아투 지방에서, 용기병들은 칼뱅파 마을의 가가호호에 숙박하면서 그들이 가톨릭으로 개종할 때까지 온갖 야만적인 폭력을 행사했다. 이것은 고문이며 현물세 징수에 다름 아니었다. 푸아투에서만 불과 몇 주 사이에 3만 명이 개종했고, 수많은 사람들이 탈출했다. 용기병들의 야만성에 대해서는 교황마저 우려할 정도였다. 1682년 가톨릭 성직자 특별총회는 칼뱅파에 보내는 경고문을 채택했다. 1683년에는 칼뱅파 교회에 가톨릭 지정석을 마련하라고 요구했다. 칼뱅파는 견디는 수밖에 방법이 없었다. 왕국을 떠나는 칼뱅파는 사형에 처했고, 고발자에게는 재산의 절반을 주었다.

1683년 10월, 루이 14세는 맹트농 부인과 비밀 결혼을 올렸다. 국왕의 신앙심은 더욱 깊어졌다. 1684년, 독일과의 라티스본 휴전으로 귀향한 군인들을 다시 용기병으로 파견했다. 1685년에 랑그도크 지방에서 용기병들이 날뛰면서 그해 여름에만 30~40만 명이 개종했다. 1685년, 잉글랜드에서 가톨릭교도인 제임스가 왕위에 오르자 루이 14세는 프로테스탄트가 전반적으로 약해졌다고 생각했다. 1685년 10월 17일, 루이 14세는 낭트칙령을 폐기하는 퐁텐블로칙령에 서명했다.[154]

A. 퐁텐블로칙령의 전문前文과 12조항[155]

왕국에서 자칭 개혁종교의 공개적인 의식을 일절 금하는 국왕의 칙령. 신의 은총에 의해 프랑스와 나바르의 왕인 루이가 현재와 미래의 모든 사람에게 구원을 빈다.

만대의 숭상을 받는 과인의 조부이신 앙리 대왕께서는 선왕들의 치세 동안에 종종 그러했듯이 신민들이 내전과 외전으로 엄청난 손실을 입은 후에 당신께서 부여한 평화가 자칭 개혁종교 때문에 혼란스러워지는 것을 막기 위해, 1598년 4월에 낭트에서 베풀어주신 칙령으로 그 종교를 믿는 사람들과 그들이 의식을 거행할 장소에 대해 지켜야 할 행동을 규정하셨고, 그들의 재판 문제를 다룰 특별 재판관을 임명하셨으며, 왕국의 평안을 유지하고, 두 종교를 믿는 사람들 사이의 적의를 줄여서 교회로부터 멀어졌던 사람들을 다시 교회에 통합시켜 더 잘 일할 수 있도록 할 목적으로, 필요하다고 판단하신 모든 일에 대비하기 위해 특별 조항들을 마련하셨다.

그런데 과인의 조부이신 대왕의 뜻은 그분의 뜻하지 않은 죽음으로 실현될 수 없었고, 그 칙령의 실행은 만대의 숭상을 받는 주군이신 과인의 선친의 미성년자인 동안 자칭 개혁종교를 믿는 자들의 새로운 기도企圖에 의해 중단되었기 때문에, 그 칙령이 그들에게 베풀어준 여러 가지 혜택을 그들에게서 거두어들여야 했노라.

그런데도 과인의 선왕께서는 예의 그 자비심을 발휘하시어 1629년 7월에 님Nîmes에서 그들에게 새로운 칙령을 베풀어주셨다. 이로써 평화가 다시 확립되자, 과인의 선왕께서는 과인의 조부 선대왕과 같은 종교를 위한 헌신과 열정으로 경건한 구상을 실행하기 위해 이 평화를 이용하기로 결심하셨다. 그러나 1635년부터 1684년 사이에 유럽의 제후들과 휴전을 체결할 때까지 전쟁이 잇달아서 왕국에는 혼란이 끊이지 않았기 때문에, 종교를 위해 할 수 있는 일이라고는 칙령들을 집행하는 데 해가 되는 의식들을 금하고, 잠정적으로만 세워졌을 뿐인 동수법정을 폐지함으로써 자칭 개혁종교 의식의 수를 줄이는 것뿐이었다.

신께서는 드디어 과인의 신민들이 완전한 평화를 누리는 것을 허락하셨고, 과인은 적으로부터 그들을 보호해야 한다는 근심에서 벗어났기 때문에, 이 휴전을 이용하여 과인은 즉위한 이래 구상해왔던 과인의 조부와 선친의 계획을 성공시킬 수단을 찾는 데 전념할 수 있게 되었노라.

이제 과인이 신께 바쳐야 할 의무를 제대로 인지하면서 해야 할 일은 자칭 개혁종교를 믿는 과인의 신민들 가운데 최선의 부분과 최대의 부분이 가톨릭을 받아들였기 때문에, 과인이 이루고자 했던 일을 완수하는 것이라고 생각하노라. 그리하여, 낭트칙령과 자칭 개혁종교를 위해 명령된 모든 것들이 불필요해진 바, 이 거짓 종교의 발전이 왕국에 끼친, 그리고 그 칙령과 그 밖의 선행 선언들과 칙령들이 야기한, 그리고 그 결과로 일어났던, 소란, 혼란, 해악의 기억을 완전히 지우기 위해 과인이 할 수 있는 최선의 일은 낭트칙령과 이에 부가된 특별 조항들, 그리고 그 종교를 위해 그 이후에 행해졌던 모든 것들을 완전히 폐기하는 것이라고 판단했노라.

제1조. 이 영구적이고 폐기 불가능한 칙령으로 낭트칙령, 님칙령, 선언들을 완전히 폐기한다.

제2조. 자칭 개혁종교 예배를 일절 금지한다.

제3조. 영주들이 집에서 예배 보는 것을 금지한다.

제4조. 개종을 원하지 않는 자칭 개혁종교 목사들은 이 칙령이 공표되고 15일 이내에 왕국을 떠나야 한다. 떠나기 전에 설교하는 것은 금지한다. 위반 시에는 갤리선으로 보낸다.

제5조. 개종한 목사는 타유세를 면제받고, 병사 숙영을 면하고, 연금을 받을 것이며, 그가 죽은 후에는 부인이 권리를 승계한다.

제6조. 개종한 목사들이 변호사나 법학박사가 되려 할 때 도와준다.

제7조. 자칭 개혁교도의 자녀들을 위한 학교 설립을 금지한다.

제8조. 자칭 개혁교도의 아이들은 가톨릭 영세를 받아야 한다.

제9조. 이 칙령이 공표되기 전에 왕국을 떠났던 자칭 개혁교도들이 4개월 이내에 돌아오면 재산을 회복할 수 있다.

제10조. 왕국에서 도망가다 잡힌 자칭 개혁교도는 남자는 갤리선으로, 여자는 감옥이나 수녀원으로 보낸다.

제11조. 자칭 개혁종교로 재개종한 자는 형태와 내용에 따라 처리한다.

제12조. 자칭 개혁교도들을 교화하기 위해, 그들이 의식을 거행하거나 집회를 하지 않는다면 종교상의 이유로 아무런 불이익을 당하지 않으며, 왕국에 머물며 상업을 하고 재산을 향유하도록 한다.

B. 결과

퐁텐블로칙령은 "하나의 신앙, 하나의 법, 한 명의 왕"이라는 원칙에 따라 프랑스 왕국에 가톨릭 이외의 종교를 금지한 칙령이다. 낭트칙령이 한 국가에 두 개의 종교를 인정한 시대를 앞선 칙령이었다면, 퐁텐블로칙령은 칼뱅파를 가톨릭으로 강제 개종시키려는 시대에 뒤떨어진 칙령이었다. 1555년 아우크스부르크 평화조약과 1648년의 베스트팔렌 평화조약이 군주와 다른 종교를 가진 사람들이 재산상의 피해 없이 망명을 떠나도록 허용한 것과 비교하면, 망명까지도 금지한 퐁텐블로칙령의 야만성이 두드러진다. 만일 퐁텐블로칙령이 아우크스부르크 평화조약처럼 개종과 망명 사이에서 선택권을 주었더라면 칼뱅파는 그것이 불법이라고 생각하지 않았을지도 모른다.[156] 약 70만 명의 칼뱅파가 강제로 가톨릭으로 개종했다. 그러나 20만 명은 위험을 무릅쓰고 탈출을 감행했다. 목사들은 외국으로 내보내는 것이 유리했기 때문에 부양 부모와 7세 이상의 자녀, 전 재산을 남겨놓고 부부만 떠나도록 허용했는데, 목사 가운데 약 5분의 4가 네덜란드, 잉글랜드, 프로이센 등지로 망명을 떠났다. 퐁텐블로칙령의 제12조는 칼뱅파에게 시민적 자유를 부여한다는 내용이었지만, 실제로는 시행되지 않았다. 그것은 프로테스탄트 국가들을 속이기 위한 기만 조항이었다.

프랑스인들은 퐁텐블로칙령에 환호했다. 이미 낭트칙령 전문에 예고되어 있듯이, 그리고 퐁텐블로칙령이 낭트칙령 폐기의 근거로 활용했듯이, 한 국가가 하나의 종교로 통일되는 것은 당연한 일이었기 때문이다. 파리고등법원은 국왕이 서명한 후 단 5일 만에 등록을 마쳤다. 낭트칙령의 등록이 늦어진 것에 비하면 퐁텐블로칙령에 대한 호응이 어떠했는지를 쉽게 알 수 있다. 세늘레나 크루아시 같은 '콜베르파'는 낭트칙령의 폐기에 반대했다. 그러나 그것은 폐기 자체를 반대한 것이 아니라 폐기하지 않더라도 낭트칙령은 이미 존재하지 않는 것과 다름없기 때문에 굳이 폐기할 필요가 없다고 보았기 때문이다.[157] 가톨릭으로 개종한 스웨덴의 크리스티나 여왕은 낭트칙령의 폐기를 "거짓 승리"라고 보았다. 갈리카니슴 때문에 프랑스와 불편한 관계에 있던 교황 인노켄티우스 11세는 내키지는 않지만 퐁텐블로칙령을 승인했다. 그러나 테데움Te Deum을 노래하는 감사 예배는 거부했는데, 용기병을 동원한 강제 개종만큼은 용납할 수 없었기 때문이다. 캉브레의 대주교인 페늘롱은 쾰른 선제후에게 보낸 편지에서 "강제력은 사람을 설득할 수 없다"고 썼다. 하나의 종교로 통일하는 데는 환호했지만 강제력을 사용하는 데에는 부정적이었던 태도에서 미래의 관용 사회에 대한 희망을 엿볼 수 있다.[158]

칼뱅파가 퐁텐블로칙령에 저항한 것은 당연했다. 그러나 그들은 이미 무력화되어 있었기 때문에, 1702년에 프랑스 남부의 세벤 지방에서 수천 명의 가난한 농민들과 장인들이 봉기를 일으킨 것이 고작이었다. 이른바 카미자르의 반란이 그것이다. 세벤전쟁은 16세기 프랑스 종교전쟁 이래 유럽에서 일어난 가장 참혹한 전쟁으로, 민간인이 민간인에게 자행한 극단의 폭력이었다. "카미자르"로 알려진 칼뱅파들은 천년왕국 예언의 영향을 받았다. 이들은 신부들과 가톨릭 교사들을 도살했고, 교회, 성, 구舊가톨릭의 집을 약탈하고 방화했으며, 소름 끼칠 만큼 잔혹한 행위를 범했다. 군대는 절멸 작전으로 대응했다. 그들은 모든 신新가톨릭을 공범으로 간주하고, 1703년 고高세벤의 466개 마을을 초토화시켰으며, 주민들을 도륙했다. 이들의 저항은 정부군의 압도적인 세력에 몰살당했으며, 그로 인해 광적이고 발작적인 히스테리를 보이며 가톨릭을 경악시켰다. 스페인 계승전쟁 때문에 군대를 철수할 필요가 생기자, 정부는 구舊가톨릭으로 구성된 민병대를 소집했다. 이들은 십자군을 상징하는 하얀색 십자가를 달았고(전투적인 가톨릭이 16세기의 전쟁에서 그러했듯이), "하얀 카미자르" 혹은 "십자가의 아들"을 구성했다. 그들은 잔혹 행위를 자행했는데, 그것은 진짜 카미자르인 "검은" 카미자르의 복사판이었다. 1705년 봄이 되면서 반란의 축은 무너졌지만, 산발적인 봉기는 1711년까지 계속되었다. 네덜란드, 영국, 그 밖의 반反프랑스 동맹국들이 그 배후에 있었다.[159] 프랑스의 저명한 군사 기술자인 보방은 국왕에게 보낸 비망문에서 세벤 지방의 반란을 해결하기 위해 낭트칙령을 회복할 것을 탄원했다. 그는 "국왕은 신민들의 목숨과 재산의 주인이지만, 생각의 주인은 아닙니다. 내적인 감정은 국왕의 관할 영역 밖에 있기 때문입니다"라고 썼다.[160]

루이 14세가 낭트칙령을 폐기한 이유는 무엇일까? 칼뱅파는 위협적이지도 않았을 뿐만 아니라 순종적이었고 경제적으로도 유용했는데도 그들의 존재를 용납하지 않은 이유는 무엇일까? 낭트칙령 이후 칼뱅파, 특히 루아르 강 이북의 칼뱅파는 충실한 군주주의자가 되어 있었다. 그들은 루이 13세가 칼뱅파의 요새인 라로셸을 공격할 때 국왕군에 가담할 정도였다. 1629년 알레스칙령 이후로 군사력을 상실한 칼뱅파는 국왕의 자비심에 운명이 맡겨진 상태에서 국왕에게 충성을 다했다. 프롱드난 때에는 국왕을 지지했고, 잉글랜드혁명 때 청교도들이 찰스 1세를 시해했을 때는 공화주의자로 보일까 봐 더더욱 조심했다. 그러나 "하나의 종교, 하나의 법, 한 명의 왕"을 자신의 사명으로 여긴 강력한 국왕 루이 14세에게 칼뱅파는 이질적인 존재이자, 제거의 대상으로 여겨질 뿐이었다. 절대군주는 국가 안의 국가, 국가 안의 두 종교를 받아들일 수 없었던 것이다. 낭트칙령이 폐기된 것이 아니라 오히려 그렇게 늦게 폐기된 것이 놀라운 일이었다.

낭트칙령의 폐기는 당연한 일이었다. 그렇다면 루이 14세는 왜 1685년에 가서야 폐기한 것일까? 전문前文에 언급했듯이, 루이 14세는 유럽 각국과 전쟁을 벌이고 있었기 때문에 국내의 종교 문제에는 관심을 기울일 수 없었기 때문이다. 1678년에 네이메헌조약으로 네덜란드와의 오랜 전쟁에서 벗어나고, 1684년에 라티스본 휴전으로 신성로마제국과의 전쟁에서 한숨을 돌린 후에야 국내 문제에 개입할 수 있었다. 종교적인 차원에서, 1683년 맹트농 부인과의 결혼으로 한층 더 신앙심이 깊어진 루이 14세는 1683년에 빈을 공격한 투르크군을 격퇴하려는 십자군에 동참하지 못하는 바람에 손상된 가톨릭 수호자로서의 위신을 회복하기 위해, 그리고 주교가 공석 중인 주교구에 대한 프랑스 국왕의 권리를 둘러싼 교황과의 갈등을 완화하기 위해 낭트칙령을 폐기할 필요를 느꼈다. 하나의 종교로 통일해도 과거처럼 내전의 나락으로 떨어질 위험이 없어진 상황에서 국왕은 '필요악'을 제거하는 수술에 나선 것이다.

폐기의 상징적인 효과는 컸지만, 경제적인 출혈은 극심했다. 사실, 루이 14세가 개종 거부자들의 망명을 금한 것은 스페인이 유대인과 모리스코를 추방하여 경제적으로 피해를 입은 것을 보았기 때문이기도 했다.[161] 그런데도 약 20만 명의 기술자들이 국외로 탈출했고, 세벤 지방은 초토화되었다. 프랑스가 입는 상처는 스페인이 입은 상처에 비견될 정도였다. 스페인은 쇠퇴했고, 스페인의 콘베르소들을 받아들인 암스테르담은 번성하기 시작했다. 프로이센이 받아들인 프랑스의 칼뱅파는 프로이센의 국가 발전에 이바지했다. 보방의 관용 요구는 이러한 경제적인 고려에서 나온 것이다.

루이 14세의 사촌이 통치한 사부아 지방에서도 비슷한 일이 일어났다. 가톨릭 공국에 거주하던 중세 발도파의 후손들은 인접한 프랑스 지역의 형제들을 따라 개혁파를 받아들였다. 이미 여러 차례 발도파를 박해했던 사부아 공작은 1685년에 발도파의 '최종 해결'에 나섰다. 그는 발도파를 금지하고, 교회를 파괴하고, 목사들을 추방하고, 아이들을 가톨릭으로 개종시킬 것을 요구했다. 이러한 요구는 프랑스의 낭트칙령 폐기 조항들과 비슷했다. 발도파가 요구를 거부하자 남녀노소 9,000명을 체포했고, 이 가운데 3분의 2가 사망했다. 생존자들은 다음해 겨울 스위스로의 강제 행군 중에 대부분 사망했다.[162]

1655년 사부아 지방의 라 토르에서 일어난 발도파 학살 장면.

장대에 찔려 죽은 여자는 지오반니 샤르보니에르의 딸인 안나로 알려져 있다. 이 그림은 1685년
에 런던에서 출판된 새뮤얼 모얼랜드Samuel Moreland의《피에몬테 계곡의 복음교회사》에 수록되
어 있다. 그림의 사실성 여부는 확인할 수 없다. 위그노 화가는 위그노의 피해와 가톨릭의 잔혹성
을 과장하는 경우가 많았기 때문이다.

관용의 요구

　프랑스는 낭트칙령으로 당시 유럽에서 가장 관용적인 국가가 되었지만, 퐁텐블로칙령으로 가장 불관용적인 국가로 전락했다. 1685년 이후, 프랑스에서 칼뱅파는 불법이었다. 강제 개종을 거부하고 신앙을 고수한 사람들은 반란을 일으키기도 하고, 황량한 '사막'에서 예배 의식을 고수하기도 했으나 전반적으로 이들의 저항은 미미했다. 가톨릭으로 개종한 사람도 있지만 개종을 위장한 사람도 있었다. 그런 사람들은 결혼할 적에 가톨릭의 혼배성사를 거부한다거나, 죽음에 임박해서는 가톨릭의 병자성사를 거부함으로써 본래의 신앙으로 돌아갔다. 가톨릭의 혼배성사를 피하기 위해 결혼하지 않고 동거하는 사람들의 수가 늘어났을 정도였다.[163] 칼뱅파의 결혼에 시민적 권리를 부여하는 문제는 18세기 내내 커다란 사회 문제였는데, 1787년에 루이 16세의 관용 칙령으로 해결된다.

　퐁텐블로칙령은 강제 개종을 명했으며 망명을 금했다는 점에서 야만적이었다. 그러나 시대의 원칙은 "하나의 신앙, 하나의 법, 한 명의 왕"이었다는 점에서, 당시에는 관용이 아니라 불관용이 정상이었다. '폐기'의 주역이었던 신학자 보쉬에는 가톨릭이 모든 종교 가운데 가장 덜 관용적인 종교임을 자랑스러워할 정도였다. '관용'을 종교적 무관심이요 범죄라고 보는 것은 가톨릭이나 칼뱅파나 마찬가지였다. 가톨릭이 가톨릭으로의 통일을 정상이라고 여긴 것처럼 칼뱅파도 칼뱅파로의 통일을 정상이라고 생각했다.

　'폐기'를 신학적으로 정당화시켜준 사람은 예의 그 아우구스티누스였다. 교회는 아우구스티누스가 5세기에 황제들에게 주문했던 역할을 왕들이 수행해야 한다고 주장했다. 신은 국왕을 특정 지역을 다스리는 신의 대리인으로 만들었으니, 그 지역을 신의 종교, 즉 하나의 종교로 통일시켜야 한다는 것이다. 루이 14세는 아우구스티누스에 의거하여 퐁텐블로칙령을 공포한 셈이다.

루이 14세의 불관용 정책에 저항하는 관용 사상이 생성되었다. 네덜란드로 망명한 피에르 밸은 《누가복음》 13장 23절에 대한 철학적 논평을 통해 강제 개종은 복음과 양립할 수 없다고 해석했다. 개인의 양심에 강제력을 가하는 것은 소용이 없을 뿐만 아니라, 신의 말씀을 거스르는 범죄라는 것이다. 같은 무렵 네덜란드로 망명한 존 로크 역시 관용 사상을 정립했다. 로크는 잉글랜드의 적인 가톨릭과 도덕의 적인 무신론을 제외한 모든 종교의 관용을 주장한 반면, 피에르 밸은 무신론을 포함한 일체의 사상과 종교를 관용할 것을 주장했다. 가장 야만적인 불관용을 체험한 밸에게서 가장 이상주의적인 관용 사상이 나온 것이다. 역설적으로, 퐁텐블로칙령은 관용 사상을 체계화시키는 데 기여했고 다음 세기에 볼테르 같은 계몽주의자들은 '관용'을 무기로 사회 개혁에 나선다.

6

장 보댕과
관용

종교전쟁의 증인

장 보댕Jean Bodin(1529~1596)이 살았던 16세기 후반은 종교전쟁의
시기다. 보댕은 종교적·정치적으로 현실에 깊숙이 참여했기 때문에,
그의 사상에는 비극적인 종교전쟁을 겪은 참여 지식인의 고뇌와 제안
이 담겨 있다. 언뜻 보면 종교와 무관한 것처럼 여겨지는 《쉬운 역사
인식 방법》(1566)과 《국가론》(1576)을 종교적인 작품인 《마법사의 빙의
망상》(1580)이나 《7현인의 대화》(1588)처럼 종교적으로 읽어야 하는 이
유는 이 때문이다.[164] 보댕의 관용 사상은 《7현인의 대화》에 분명히 나
타나지만, 그 원형은 절대왕정론을 제시한 《국가론》에도 드러난다. 다
시 말하면, 《국가론》을 쓴 보댕은 주권론을 제시한 정치사상가이지만,
'주권'이라는 해법을 통해 종교 문제를 해결하려 한 관용론자이기도
했던 것이다. 이렇듯, 관용은 보댕의 삶을 관통하는 중심 사상이었다.
관용은 종교적 불관용으로부터의 해방을 의미하는 것이었기 때문에,

〈장 보댕〉

보댕의 사상을 이해하기 위해서는 종교에 초점을 맞추어야 한다.

실제로 보댕의 삶과 사상은 종교와 밀착되어 있다.[165] 보댕은 1529년 혹은 1530년에 프랑스의 앙제에서 태어났다. 아버지는 부유한 재단사였고 어머니는 1492년에 스페인에서 이주한 유대계로 의심을 받았다. 《7현인의 대화》에서 유대인인 살로몬이 차지하는 비중, 《구약성서》의 빈번한 인용, 스페인에서 박해받은 유대인에 대한 동정, 보댕이 당시 유대인에게 호의적이었던 카르멜 수도원에서 공부했다는 사실 등은 보댕의 유대인 혈통설을 뒷받침해주지만, 확실하지는 않다.

1548년, 보댕은 이단 혐의를 받고 투르의 카르멜 수도원 부원장인 르네 가르니에와 파리의 브노와 함께 파리고등법원에 소환되었다. 브노는 프로테스탄트인 레오나르 갈리마르와 함께 순교했지만, 보댕은 풀려났다. 보댕은 1552년에 칼뱅이 있던 제네바로 가서 레오나르 갈리마르의 미망인인 티펜과 결혼했다.[166] 이듬해, 칼뱅이 세르베투스를 화형시키자 충격을 받은 보댕은 제네바를 떠났다. 같은 해, 종교평화주의자인 신비철학자 기욤 포스텔 역시 제네바를 떠났다.

그 후 10년간, 보댕은 파리고등법원에서 변호사로 근무했다. 파리고등법원은 전 직원들에게 가톨릭교회에 대한 충성 맹세를 강요했고, 종교전쟁이 발발하던 1562년에 보댕은 367명의 동료들과 함께 충성 맹세를 했다. 그러나 보댕의 종교는 여전히 의심받았다. 1569년, 당시 푸아티에 지역의 검찰총장 대리였던 보댕은 새로운 종교를 받아들인 혐의로 체포되어 1년 반 동안 감옥살이를 하다가 1570년 생제르맹 칙령으로 석방되었다.

1571년, 보댕은 국왕의 동생인 알랑송 공작의 청원자문관으로 임명되었다. 1574년에는 알랑송 공작이 샤를 9세의 뒤를 이어 프랑스

왕이 되려 한 음모에 연루된 혐의로 재판을 받았다. 1581년, 왕위계승에 실패한 알랑송 공작은 잉글랜드의 엘리자베스와 결혼할 목적으로 잉글랜드를 방문했는데, 이때 보댕이 동행했다. 당시 잉글랜드 주재 스페인 대사였던 멘도사는 '이단자'가 왔다고 본국에 보고했다. 보댕은 잉글랜드의 제도를 높이 평가했으나, 종교적인 이유로 가톨릭을 처형하는 것에 대해 항의하는 서한을 여왕에게 보냈다. 군주가 자신의 신앙을 신민들에게 강요해서는 안 된다는 내용이었다. 1년 후, 보댕은 알랑송 공작이 다스리던 안트베르펜으로 갔는데, 이곳에서 칼뱅주의자들이 가톨릭을 박해하는 것을 보고 프로테스탄트 국가에 대한 환상이 다시금 깨졌다.

1584년, 알랑송 공작이 죽자 보댕은 정치계를 떠났다. 가톨릭 왕위계승 후보자의 죽음으로 프로테스탄트인 앙리 드 나바르가 왕위계승자가 되자 가톨릭의 불안감은 고조되었다. 1588년 '바리케이드의 날'에 보댕은 가톨릭 신성동맹원들에게 체포되었다. 당시 신성동맹은 보댕과 같은 정치파(폴리티크)를 칼뱅파보다 더 위험한 배신자로 여겼기 때문에[167] 보댕의 생명이 위태로웠으나, 신성동맹을 지지하던 변호사 친구인 도제의 증언으로 목숨을 건졌다. 그해 말, 국왕이 신성동맹의 지도자인 기즈 공 앙리와 로렌 추기경을 암살하자 폭력이 재연되었고, 국왕파였던 보댕은 상황이 어려워졌다. 생존하기 위해 보댕은 신성동맹을 지지하지 않을 수 없었다. 보댕이 《7현인의 대화》를 완성한 시기가 바로 이 무렵이다.

1589년에 앙리 3세가 암살당하자, 보댕은 기즈 공 앙리의 동생이자 신성동맹 지도자였던 마옌 공작이 왕위를 계승하길 바랐다. 보댕은 알랑송 공작의 사람이었고 또 앙리 드 나바르를 위해서도 일했지만,

칼뱅파인 앙리 드 나바르가 계승하는 것보다는 가톨릭인 마옌 공작이 계승하는 편이 프랑스의 안정과 평화를 위해서 바람직하다고 생각했던 것이다. 이러한 정치파의 입장은 앙리 드 나바르가 1593년에 가톨릭으로 개종하자 그를 지지하는 것으로 드러났다.

이렇듯, 보댕은 종교전쟁의 참화와 고초를 겪으면서《쉬운 역사 인식 방법》,《국가론》,《마법사의 빙의 망상》,《7현인의 대화》 등을 썼다. 이 책들 역시 금서禁書로 지정되고 분서焚書되는 등 고난을 겪었다. 보댕은 유일무이한 '진정한' 종교가 존재한다고 생각하지 않았고, 그렇기 때문에 '관용'이 필요하다고 생각했으나 가톨릭 신앙을 버리지는 않았다. 1596년, 보댕은 희망대로 랑Laon의 프란체스코 수도원 교회에 묻혔다. 1세기 후, 피에르 밸은 보댕이 유대인으로 죽었다고 썼으나, 그것은 보댕에게 붙어다니던 여러 가지 의혹 가운데 하나일 뿐이었다.

종교전쟁과 정치파

프랑스 종교전쟁은 1562년 바시 학살로 시작되어 1598년 낭트칙령으로 종결될 때까지 모두 여덟 차례의 전쟁으로 이루어졌다. 이 가운데 우리의 주제와 밀접한 관련이 있는 것은 보댕의 후견인인 알랑송 공작이 주도한 제5차 종교전쟁이다. 알랑송 공작은 성바르텔르미 축일의 학살 사건 이후로 절대왕정에 반대하여 형성된 '말콩탕Malcontents(불만파)'의 리더였다. 이들은 국왕에 대한 '불만'을 구심점으로 해서 종교를 초월하여 결합했는데, 가톨릭 귀족으로는 알랑송 공작과 당빌의 몽모랑시, 프로테스탄트 귀족으로는 앙리 드 콩데, 앙리 드 나바르(후일의 앙리 4세) 등이 있었다. 1574년, 이들의 음모로 시작된 제5차 종교전쟁은 2년 후인 1576년에 볼리외칙령으로 종결되었다. 알랑송 공작이 승리를 거두었다는 의미에서 '왕제王弟의 평화'로도 불리는 이 칙령은 프로테스탄트들에게 예배의 자유를 부여했다.

같은 해, 가톨릭 강경파들은 볼리외칙령에 반발하여 신성동맹Sainte Ligue을 결성했다. 신성동맹에 있어서 종교와 국가는 밀접하게 결합되어 있기 때문에 종교를 포기하는 것은 곧 국가를 포기한다는 뜻이었다. 하나의 국가는 하나의 종교로 통일되어야 하며, 프랑스는 가톨릭 국가라는 것이 확고한 신념이었다. 모든 수단을 동원하여 프랑스에서 프로테스탄트들을 근절하겠다는 그들의 불관용성은 군주에게도 위협이 되었다. 그들은 가톨릭이 아닌 '이단'을 박멸하지 않는 사람은 국왕이라도 관용하지 않을 태세였기 때문이다. 실제로 1588년 '바리케이드의 날'에 그들은 앙리 3세를 수도에서 쫓아냈다.

이렇게 보댕의 《국가론》이 출판된 1576년은 프랑스 종교전쟁에서 가톨릭과 프로테스탄트의 대립이 격화되던 시기였다. 동시에 성바르텔르미 축일의 학살 사건 이후로 위그노 모나르코마크들의 반국왕주의 이념 투쟁이 강력하게 전개되던 시기였다.[168] 법학자인 프랑수아 오트망은 《프랑코갈리아》(1573)를 출판했고, 칼뱅의 후계자인 테오도르 베즈는 《관리들의 권리》(1574)를 출판했다. 1576년에는 몽테뉴의 동료였던 에티엔 드 라보에시의 《자발적 복종》이 출판되었고, 1579년에는 저자 미상의 《반폭군론》이 출판되었다.[169] 이들은 가톨릭 전제군주에 대한 저항을 정당화시키기 위해 인민주권론을 내세웠다. 보댕이 《국가론》에서 절대왕정론을 주장한 것은 바로 이들에 반대한 것이다.

신성동맹도 군주에 대한 저항을 정당화시키기 위해 인민주권론을 동원했다. 신성동맹은 자발적인 성금으로 전쟁 비용을 마련하고, 삼신분회의 발언권을 높여주며, 군주의 권한은 아래로부터 제한되어야 한다고 주장하는 등 대중의 지지를 얻기 위해 노력했다. 칼뱅파 국왕이 등장할 가능성이 현실화되자, 그들의 불안감은 군주시해론으로 발전했다. 칼뱅파 모나르코마크의 뒤를 이어 가톨릭 모나르코마크가 등장한 것이다. 보댕은 이들이 국가보다 종교를 앞세우는 데 반대하여 종교의 통일성보다는 국가의 안정을 중시했으며, 이들이 인민주권론을 통해 자신들의 입장을 정당화시키는 데에 반대하여 절대왕정론을 주장했다.

보댕의 후견인이었던 알랑송 공작은 말콩탕의 지도자이자 정치파의 지도자였다. 정치파는 에티엔 파스키에가 1560년에 출판한《군주의 협상》에서 권력의 문제를 종교가 아닌 법률적이고 실용적인 관점으로 접근하는 사람으로 나타난다. 정치파는 종교적으로 무관심한 사람, 심지어는 무신론자라는 비난을 받기도 했다. 극단적인 가톨릭주의자들이 강력해진 1568년부터 정치파는 이단의 근절보다는 평화를 우선시하는 온건한 가톨릭을 지칭했다. 라무스, 랑뱅, 튀내브, 포르사델 같은 법률가와 학자들이었는데, 아르노 뒤 페리에와 폴 드 푸아 같은 인문주의 외교관과 유대를 맺고 있었으며, 카트린 드 메디시스, 미셸 드 로피탈, 장 드 몽뤼크 등의 후원을 받았다. 성바르텔르미 축일의 학살 사건 이후, 특히 제5차 종교전쟁 기간 중에 정치파는 대중 앞에 존재를 드러내기 시작했다. 1574년, 프랑수아 오트망은 다음과 같이 정치파의 등장을 확인했다.

파리에서도 수천 명의 귀족, 관리, 상인이 구금되었다. 그들은 '폴리티크'라는 이름으로, 왕제[알랑송 공작]를 지지하기 위해 삼신분회를 소집하여 프랑스의 옛 정치 구조를 회복시킬 것을 주장했다.[170]

사실, 말콩탕은 국왕의 절대권력에 반발하여 혼합군주정을 주장하며 결합한 귀족들이었다는 점에서 종교 문제를 중요시하지는 않았고, 그렇기 때문에 그들은 종교의 장벽을 뛰어넘을 수 있었다. 말콩탕과 정치파의 경계가 불분명한 것은 이러한 이유 때문이다. 정치파는 말콩탕과 달리 주로 법률가와 도시 부르주아들로 구성되었지만, 이 시기에는 시민적 관용을 대중적으로 확산시키는 데 관심을 가졌으며 절대왕정에 대해 비판적이어서 말콩탕과 손을 잡을 수 있었다.

종교 문제에 대해 '정치적'으로 접근하는 정치파의 이념적 원조는 그들의 후견인이었던 미셸 드 로피탈이었다.[171] 카트린 드 메디시스의 대상서는 "하나의 신앙, 하나의 법, 한 명의 왕"이라는 전통적인 원칙을 포기하지 않았다. 당시에 그것은 누구도 포기할 수 없는 신성한 이상이었다. 그러나 종교의 통일성보다는 국가의 평화와 질서가 더 중요했다. 그는 무엇보다도 전쟁을 피하고 싶어 했다. 로피탈은 1561년에 가톨릭과 칼뱅파의 대표들을 푸아시에 소집하여 대화의 장을 열었으며, 1562년 1월에는 생제르맹칙령으로 칼뱅파에 신앙의 자유를 부여했다. '관용'이라는 말이 사용되기 시작한 것도 이 무렵이었다. 그러나 관용 칙령은 몇 개월 가지 못했고 곧바로 종교전쟁이 발발했다. 1년 후, 앙부아즈칙령은 1562년의 관용 칙령을 재확인했으나 다시금 종교전쟁이 일어났고, 1568년의 생모르데포세칙령은 관용 칙령을 폐지했다.

그러나 정치파의 정신이 사라진 것은 아니었다. 정치파의 사상은 로피탈의 《사법개혁론》의 뒤를 이어 보댕의 《국가론》(1576), 바클리의 《왕국과 왕권에 관한 여섯 권의 책》(1600), 세르뱅의 《복수》 같은 정치론 저서에서부터, 앙리 드 나바르의 대의명분을 지지하는 팸플릿 수준의 밸루아의 《가톨릭 변호》(1585), 오트망의 《쓸데없는 벼락》(1586), 신성동맹의 신분회를 풍자한 《메니페 풍자》(1594) 등에 다양한 형태로 표현되었다. 로피탈의 좌절된 이상은 1598년에 앙리 4세의 낭트칙령으로 실현된다.[172]

정치파는 성바르텔르미 축일의 학살 이전에는 삼신분회와 고등법원이 국왕을 경제하는 혼합군주정을 지지했다. 그러나 학살 사건 이후 이들은 에티엔 파스키에가 말하듯이, "내전의 참화보다는 평화 속의 전제군주정"이 더 나은 것으로 판단했다. 기 뒤 포 드 피브라크는 국가 존립이라는 명분으로 성바르텔르미 축일의 학살을 정당화시켰다.[173] 보댕은 중세의 '종주권suzerainty'과 구분되는 '주권Sovereignty' 개념을 정립하여 군주에게 절대적인 권력을 부여했다.[174]

보댕이 국왕에게 인민과 교회로부터 해방된 절대적인 권력을 부여한 이유는 무엇일까? 그것은 물론 종교 간의 갈등이 전쟁으로 비화되어 국가의 안정과 평화를 해치는 것을 막기 위해서였다. 보댕은 미셸 드 로피탈과 마찬가지로 유일무이한 '진정한' 종교의 존재를 인정하지 않았다. 모든 종교는 '진정한' 종교로 관용될 필요가 있었다. 이렇게 관용을 실시하고 유지하기 위해서는 강력한 권력, 즉 절대군주가 필요하다고 보았던 것이다.

주권군주와 관용

《국가론》은 1576년에 프랑스어로 출판된 이래 1629년까지 최소 열네 개의 판본이 나왔으며, 1586년에 라틴어로 번역된 것을 시작으로 이탈리아어, 에스파냐어, 독일어로 번역되었다. 보댕은 케임브리지를 방문했을 때 자신의 책이 라틴어 번역판으로 읽히는 것을 보았다. 이렇게 《국가론》은 당대에 널리 읽혔다는 점에서, 관용 사상의 전파에 있어서는 《7현인의 대화》보다 더 큰 영향을 끼쳤다고 말할 수 있다. 보댕은 '서문'에서 다음과 같이 말한다.

왕국과 제국 그리고 전체 인민을 수호하는 것은 무엇보다도 신의 의지에 달려 있는 일이지만, 훌륭한 군주와 현명한 통치자의 능력에 달려 있는 일이기도 합니다. 바로 이 때문에 사람들은 군주와 통치자가 권력을 유지하고 신성한 법을 집행할 수 있도록, 그들의 말과 글에 기꺼이 복종하는 것입니다. 이는 만인을 위한 공공선이 구현되고 개인의 이익이 실현되도록 하기 위해서입니다.

국가의 목적은 공공선과 개인의 이익을 실현하는 것이고, 이를 위해서 국민들은 지배자에게 복종해야 한다. 국민들이 지배자에게 복종하는 이유는 무엇일까? 그것은 지배자가 주권을 가지고 있기 때문이다. 보댕은 제1권의 첫 구절에서 국가의 목적을 정의하면서 이 점을 다시 강조한다. "국가는 주권을 가지고 다수의 가족들과 그 가족들에 속하는 것들을 올바르게 통치하는 것이다." 《국가론》은 모두 여섯 권으로 구성되어 있는데, 제1권에서는 국가의 기본 목적과 주권, 제2권에서는 국가의 종류, 제3권에서는 국가의 관리들과 단체들, 제4권에서는 국가의 탄생, 성장, 쇠퇴, 제5권에서는 국가의 변화를 막는 방법을 다루었다. 그리고 제6권에서는 세 가지 국가 형태를 비교한 다음 결론적으로 군주국가가 최선의 국가 형태라고 말한다. 이렇듯, 《국가론》은 '국가'와 '주권'을 중점적으로 논한 정치사상사 저술이다. 보댕은 어느 특정 '권'이나 '장'을 잡아서 관용 문제를 상세히 논하고 있지는 않다. 그러나 곳곳에 산재해 있는 그의 관용 사상을 종합하면 꽤 구체적이고 분명하게 윤곽이 그려진다. 이제 보댕의 핵심 사상인 '주권'과 관련하여 관용 사상을 살펴보자.

주권이란 무엇인가? 보댕에 의하면, "주권이란 국가의 절대적이며 영구적인 권력"이다. 절대적이라는 것은 주권자가 그 어느 누구에게도 책임을 지지 않는다는 뜻이며, 영구적이라는 것은 주권자가 영구적으로 권력을 행사하지는 않는다 하더라도 적어도 '평생' 동안은 권력을 행사한다는 말이다.[175] 주권자는 백성의 동의 없이도 법을 제정할 수 있고, 자신이 제정한 법을 지키지 않아도 될 정도로 절대적이다.

국가의 형태로는 크게 군주국가, 귀족국가, 인민국가가 있다. 그러나 주권과 관련해서 볼 때 주권국가라고 불릴 수 있는 것은 군주국뿐이다. 귀족국가와 인민국가는 주권이 분할되기 때문에 절대적이지 않으며 영구적이지도 않을 뿐만 아니라, 보댕에 의하면 고결하지도 않다. 국가의 목적은 "올바르게 통치하는 것"인데, 보댕이 《국가론》 제6권 6장에서 말하듯이 인민국가는 고결함을 몰아낸다. 보댕의 논의에서 분명히 확인할 수 있는 것은 보댕은 군주국가를 최선의 국가 형태로 생각하고 있다는 점이다.

주권군주보다 우위에 있는 것은 없다. 인민의 대의기구인 삼신분회도 주권군주를 넘어서지 않는다. 보댕이 《국가론》을 쓴 1차적인 목적은 인민주권론을 주장하는 모나르코마크에 대항하기 위해서였다. 보댕에 의하면, 인민의 대의기관이 군주보다 우위에 있다고 주장하는 것은 주권군주에 대한 당연한 복종을 거부하고 백성을 반란으로 이끄는 그릇된 주장으로, 무정부 상태를 야기할 뿐이다.

주권군주는 인민에게 책임을 지지 않지만, 신법과 자연법을 침해해서는 안 된다. 그러나 신법과 자연법은 주권의 '행사'를 제한할 수는 있어도, 주권의 '원칙' 자체를 제한하지는 못한다. 군주가 신법과 자연법에만 종속된다는 말은 현실적으로 군주는 인민의 대의기구에 종속되지 않는다는 뜻이다. 군주가 역할을 제대로 수행하지 못하면 신이 벌하리라는 말은 결과적으로는 인민의 제재 권한을 무력화시키는 것이다. 따라서 주권군주가 신법과 자연법에만 종속된다는 말은 군주의 권력을 제한하기는커녕 오히려 강화시킨다. 그 말은 군주의 주권을 강조하는 수사학이었던 것이다.[176] 따라서 보댕의 주권국가는 '세속' 국가다. 주권군주는 교황의 권력에 예속되지 않으며 독립적으로 존재한다. 구체적으로 예를 들어 보댕은 제1권 9장에서, 프랑스의 필립 4세가 노가레를 파견하여 교황을 포로로 잡으려 한 사건은 정당한 주권 행사라고 말한다. 이렇듯, 국왕의 통치권을 제한하는 것은 없다. 16세기에 이미 "통치한다"와 "믿는다"는 말은 별개의 개념이었다. 믿음이 통치를 방해하지는 않는 것이다.[177]

주권은 어디에서 오는가? 보댕은 주권의 기원을 논하는 데에는 별다른 관심을 보이지 않는다. 그는 인민이 주권을 군주에게 양도했다는 식으로 언급하기도 하지만,[178] 인민이 계약을 맺고 군주에게 주권

을 양도했다는 계약론과 본격적인 인민주권론을 체계적으로 전개하
는 것은 홉스와 루소의 몫으로 남겨두었다.[179] 무엇보다도 중요한 점
은 주권은 '신'으로부터 주어진 것이 아니라는 사실이다. 다시 말해
왕권신수설을 거부한 셈이다. 보댕은 《국가론》 제1권 9장에서 "나는
세속적인 주권에 대해서만 말할 것"임을 분명히 한다. 보댕은 마르실
리우스 파두아에서 마키아벨리로 이어지는 세속국가론을 계승했
다.[180]

보댕은 미셸 드 로피탈과 마찬가지로 종교와 정치를 구분한다.[181]
종교가 정치를 지배해서는 안 된다. 이제는 정치가 종교를 지배해야
한다. 마키아벨리가 말했듯이, 종교는 통치의 도구이고 세속권력의
하인이다. 이런 상황에서 종교는, 무신론적인 관점에서 볼 때에도 사
회적으로 유용하다. 공동체의 연대의식을 강화시켜주기 때문이다. 그
러나 종교는 독선과 배타성 때문에 다른 종교와 마찰을 일으키기 쉬
우며, 국가를 분열시킬 가능성이 크다. 그 결과, 보댕의 시대에는 종
교전쟁으로 비화되어 국가의 평화와 안정을 위협했다. 따라서 군주는
'정치적'으로 종교 문제를 다루어야 한다. 여기에서 보댕이 제시하고
있는 해법은 '관용'이다. 보댕은 《국가론》의 제4권 7장에서 이 문제를
집중적으로 논한다. 보댕은 세 가지 방법을 제안하는데,[182] 첫 번째는
'논쟁 중지'다.

종교가 일반적인 동의에 의해 일단 수용되고 정착되면, 다시는 의문이나
논란이 제기되지 말아야 한다. 그러면 소동과 파당이 절대 일어나지 않을
것이고, 통합과 평화의 보장이 강화될 것이다.

사실, 군주가 논쟁을 중지시킨다면 그것은 관용이 아니라 불관용이다. 그러므로 보댕이 하는 말은 자발적으로 논쟁하지 않는 것으로 보아야 한다. 이성의 언어를 통해 '진정한 종교'를 확인하고 증명하는 것은 애당초 불가능하기 때문에, 종교 간의 논쟁은 아무 소용이 없을 뿐만 아니라 자칫하면 종교 자체를 해치는 부정적인 결과를 초래할 수 있기 때문이다. 실제로 보댕의 《7현인의 대화》는 '진정한 종교'를 확인하려는 대화가 무익함을 인정하는 것으로 끝난다. 종교인들이나 일반인들이 종교적인 논쟁을 중지하지 않거나 논쟁이 전쟁 등으로 비화되면 군주가 나설 수도 있다. 이때 군주가 조심할 것은 '중립'을 지키는 것이다.

　군주가 한쪽을 편드는 것보다 위험한 일은 없다. 주권군주가 주권적 심판관의 자리를 견지하지 않고 한쪽 편을 드는 일이 있는데, 그러면 그는 한 당파의 우두머리로 전락하고 말 것이며 목숨을 잃을 위험에 처하기도 한다. 50년 전부터 전 유럽에서 종교 문제 때문에 일어난 전쟁처럼, 소요의 원인이 국가에 있지 않을 때에도 그러하다. 우리는 스웨덴, 스코틀랜드, 덴마크, 잉글랜드, 스위스, 독일제국이 국가와 군주정의 형태를 유지하면서도 종교를 바꾼 것을 보았다. 그것은 많은 지역에서 극단적인 폭력과 피흘림 없이는 이루어지지 않았다.

　보댕은 국가가 새로운 종교로 통일된 것보다 그 과정에서 벌어진 희생에 주목했다. 따라서 군주는 당파의 지도자가 아니라 국가의 지도자로서 중립을 지키며, 자신의 종교와 다른 종교를 관용해야 한다. 보댕은 제3권 7장에서 콘스탄스 황제가 아리우스파를 애정이 있어서가 아니라 국가의 평화를 위해 용인한 것, 테오도시우스 황제가 자신은 가톨릭인데도 아리우스파를 용인한 것 등을 사례로 든다.

보댕이 '논쟁 중지', '중립'에 이어 제안한 방법은 '비폭력'이다. 보댕은 프랑스에서 불관용의 폭력에 희생당했으며, 제네바, 잉글랜드, 안트베르펜 등지에서 폭력적으로 종교를 강요하는 것에 대해 항의했다. 《국가론》 제4권 7장에서 보댕은 다음과 같이 강조한다.

나는 어떤 종교가 가장 좋은 종교인지 말하지 않을 것이다. 비록 신의 입으로 공표된 하나의 종교, 하나의 진리, 하나의 신법이 있을지라도 말이다. 그러나 진정한 종교에 대해 확신을 가진 군주가 분파와 파당으로 나뉜 신민들을 그것으로 이끌려 한다면, 폭력을 사용해서는 안 된다. 사람들의 의지가 강력할수록 더욱 다루기가 힘들기 때문이다. 대신 솔직하게 진정한 종교를 따르면 그는 신민들의 마음과 의지를 아무런 폭력과 고통 없이 자신의 종교로 돌릴 수 있을 것이다. 그렇게 함으로써 그는 소요와 혼란과 전쟁을 피할 수 있을 뿐만 아니라 길 잃은 신민들을 구원의 항구로 데려갈 수 있다.

보댕은 현실적으로 종교전쟁을 겪으면서 종교의 차이 때문에 폭력이 자행되고 있지만 폭력으로는 종교의 문제를 해결할 수 없다는 사실도 목격했다. 따라서 정치가 종교의 압력을 받아 하나의 종교로 통일하려 노력할 것이 아니라, 정치가 종교에서 벗어나 '정치적'인 방법으로 종교 문제를 해결해야 한다. 그것은 국가의 평화를 위해 종교의 다양성을 있는 그대로 인정하는 정치파의 방법이었다. 군주는 개인적으로 선호하는 종교가 있고, 자신의 종교가 아닌 다른 종교에 대해서는 불만을 가질 수 있으나, 국가의 안정과 평화를 위해서는 다른 종교를 '관용'해야 한다. 놀랍게도 보댕은 제4권 7장에서 투르크인들의 왕이 신민들에게 관용을 베풀었으며, 하렘에 네 개의 종교를 두게 한 이야기를 근거로 제시한다.

보댕이 종교를 강제하는 것을 반대한 또 다른 이유는 그것이 무신론자들을 만들어내리라는 것이었다. 보댕은 《국가론》 제4권 7장에서 다음과 같이 반反무신론적 입장을 분명히 한다.

> 자신들의 종교를 실천하는 데 낙심한 사람들, 그리고 다른 사람들의 종교에 대해 혐오감을 느끼는 사람들은 우리가 지금 보고 있듯이 무신론자가 될 것이고, 신에 대한 두려움을 잃어버린 다음에는 법과 행정관을 무시할 것이며, 인간의 법으로는 교정할 수 없는 온갖 형태의 불경스러움과 사악함에 빠져들 것이다. 따라서 가장 강력한 전제정도 군주와 행정관이 없는 무정부 상태보다는 덜 비참하듯이, 세상에서 가장 강력한 미신도 무신론보다는 덜 가증스럽다. 그러니 진정한 종교를 확립하는 것이 불가능할 때에는 가장 큰 악을 피해야 한다.

보댕이 무신론을 거부하는 이유는 종교에서 도덕이 성립한다고 보았기 때문이다. 그것은 피에르 벨 이전까지 로크를 포함한 지식인들의 일반적인 생각이었고, 그런 이유로 무신론을 관용하지 않았다.[183] 따라서 국가의 안정과 평화를 위해서는 무신론자들을 막아야 하고, 그러기 위해서는 관용이 필요하다는 논리다. 관용은 개인의 양심의 자유를 위해서라기보다는 국가 이성을 위해 허용해야 한다는 것이다.[184]

보댕은 《국가론》에서 주권군주가 절대적인 권력을 가져야 한다고 말했는데, 그것은 바로 그러한 군주만이 '관용'을 허용할 수 있기 때문이다. 관용은 군주에게도 이익이 된다. 군주는 길 잃은 신민들을 "구원의 항구"로 데려감으로써 군주의 권력을 강화시킬 수 있기 때문이다. 이러한 점에서 '주권'과 '관용'은 불가분의 요소였다.[185] 보댕은 '신적인 조화'라는 개념으로《국가론》을 끝맺으면서,《7현인의 대화》를 예고한다.

《7현인의 대화》

조셉 르클레르가 16세기 프랑스의 문헌 가운데 종교적 자유주의의 노선을 드러낸 저서 중 가장 대범한 책으로 평가한[186]《7현인의 대화》, 정확히 말하면,《숭고한 존재의 비밀에 대한 7현인의 대화》[187]는 1588년경에 완성된 것으로 추정된다. 대화의 기록자인 '나'는 해외여행을 하던 중에 베네치아에서 코로나이우스를 만났고, 그의 집에 머물면서 대화가 시작되기 전에 책을 낭독하는 역할을 맡았다. 대화는 6일 동안 계속되었는데, 매일의 대화가 끝나면 소년들이 들어와 음악을 연주했다. '나'에 의하면, 코로나이우스의 집은 르네상스 분위기가 물씬 풍기는 "뮤즈와 덕德의 사원"이었다. 그곳은 카스틸리오네의 궁정을 연상시키고, 베이컨의 뉴아틀란티스를 예고한다.[188]

대화에 참여한 일곱 명은, 가톨릭인 코로나이우스, 유대인인 살로몬, 자연철학자인 토랄바, 루터파인 프리데리쿠스, 칼뱅파인 쿠르티우스, 회의주의자인 세마누스, 이슬람교도인 옥타비우스다.[189] 대화 형식은 저자의 견해를 숨길 수 있기 때문에 르네상스 시대에 유행하던 장르였다. 일곱 명 가운데 누가 보댕을 대변하는지는 확실하지 않다. 토랄바, 살로몬, 코로나이우스가 보댕의 사상을 가장 잘 반영하는 듯하지만, 그들 모두 조금씩 보댕을 반영한다고 보는 편이 옳을 것 같다.[190] 보댕은 역설적으로 대화라는 방식을 통해 '진정한 종교'에 도달하는 것이 불가능함을 부각시키면서 대화 무용론을 주장한다. 《국가론》에서 피력한 대로 '논쟁 중지'가 이루어지면서, 자연스럽게 각자가 선택한 입장을 존중하는 '관용'의 필요성이 강조되는 것이다.

첫날의 대화는 플라톤의 《파이돈》을 읽은 다음 시작되는데, 대화 주제는 예상대로 '영혼 불멸'이다. 대화 중에는 《티마이오스》가 자주 인용된다. 보댕은 르네상스 지식인답게 플라톤주의자로 플라톤을 아티카의 모세라고 부르며, 피치노와 마찬가지로 그가 고대의 신학 전통을 완전히 반영하고 있다고 본다. 보댕은 르네상스기의 신플라톤주의자들의 영향을 많이 받았는데, 특히 피코 델라 미란돌라의 영향이 두드러진다. 《7현인의 대화》라는 제목 자체가 피코의 《창세創世에 대한 일곱 이야기》를 본뜬 것이다.[191]

르네상스 신플라톤주의의 핵심은 헤르메스의 사상이다. 르네상스 신플라톤주의자들은 고대 세계의 지혜가 이집트의 사제인 헤르메스를 통해 플라톤에게 전해졌다고 믿었기 때문에 헤르메스에 관심이 많았다. 또 그들은 중세 말에 스페인과 남프랑스에서 유행했던 유대 신비철학인 카발라에 대해서도 관심을 기울였다. 그래서 《7현인의 대화》에서도 헤르메스와 카발라가 수없이 인용된다.[192]

처음 3일간의 대화는 신, 우주, 자연, 천사, 정령, 악마, 마녀 등과 같은 등장인물로 가득하다. 신은 우주의 원동자이며 우주를 움직이는 원리다. 신은 무한하고 영원한데, 오직 신만이 그러하다. 신은 자유의

지로 우주를 창조했고, 인간에게 자유의지를 주었다. 인간은 천사보다 조금 낮게 창조되었기 때문에 천사적 성격이나 악마적 성격을 선택하여 따를 수 있다. 유한한 인간은 무한한 신을 알 수 없지만, 자연 속에서 신과 접할 수 있다. 그러므로 자연을 관조하는 것은 매우 중요하다. 신의 존재를 의심하는 사람은 자연을 관조하는 것만으로 신의 존재를 느낄 수 있다. 신의 존재는 인간에게로 퍼져나가며, 인간은 신의 정령들을 통해 신과 조화를 이룬다. 마녀는 어떤 존재인가? 악마의 하수인으로서 신의 과업을 파괴하는 존재다. 따라서 마녀를 처형하는 것은 당연하다. 보댕은 재판관으로서 마녀를 처형한 것을 《마법사의 빙의 망상》에 이어 또다시 정당화시킨다. 마녀에 대해서만큼은 관용적이지 못했다![193]

대화의 주제는 신비적이어서 사실의 토대 위에서 시시비비를 가릴 수 없다. 대화라고는 하지만 실제로는 독백이나 다름없다. 일곱 명은 자신의 생각을 말할 뿐, 다른 사람의 생각을 반박하고 자신의 생각으로 끌어들이거나 결론을 내리려고 애쓰지 않는다. 참고로, 자연철학자인 토랄바는 이렇게 이야기한다.

요컨대, 인간의 영혼이 육신의 부활로 더욱 은총을 입는 것이라면, 천사들은 인간보다 나쁜 상황에 처할 것이다. 천사들의 지위는 그리스도에 의해 인간보다 더 높은 지복의 지위라고 약속받았는데도 말이다. 그렇다면 영원한 영적인 신은 육신을 갖는 피조물보다 열등해지는데, 이것은 가장 위험한 생각이다.[194]

신플라톤주의에서 말하는 인간과 우주의 '조화'로부터 '관용'의 필요성이 도출된다. 그 논리는 간단해서, '조화'하려면 '다수'가 공존해야 한다는 것이다. 토랄바는 한 나라에는 선한 사람과 악한 사람이 섞여 있어야 정의로운 사람, 완전한 사람, 덕 있는 사람이 드러나 보인다고 말한다. 쿠르티우스는 로마도 귀족과 평민이 상호 견제할 때 발전했다고 말한다. 코로나이우스는 중간자가 있어야 두 대립자의 충돌을 막을 수 있다고 말한다. 프리데리쿠스는 두 개의 파벌로 나뉘는 것은 위험하다며, 그들의 시대를 예로 든다. "우리 시대의 수많은 대규모 전쟁과 격변은 두 종교의 그리스도교인들 사이의 불일치 때문에 일어났다."[195] 그렇기 때문에 관용이 필요하다. 옥타비우스는 투르크인들과 페르시아인들의 왕은 한 국가 내의 모든 종교를 관용한다고 말한다. 세나무스는 '조화'에 대해 다음과 같이 역설한다.

종교 지도자들과 고대 그리스인들이 미스타고구스[신비로 안내하는 사람들]라고 부른 사제들은 서로 갈등을 많이 빚었기 때문에 어느 누구도 모든 종교들 가운데 어떤 것이 진정한 종교인지 결정할 수 없었다. 그래서 투르크인들과 페르시아인들의 왕국처럼 한 국가의 모든 사람들이 믿는 종교들을 공적으로 인정하는 것이 배척하는 것보다 낫지 않겠는가? 그리스인들과 라틴인들과 야만인들이 예전에 종교에 대한 갈등을 겪지 않은 이유를 찾는다면, 모든 종교들 사이의 화합과 조화 외에는 다른 이유를 발견하지 못할 것이기 때문이다.[196]

신플라톤주의를 따르면 우주 자체가 영원한 신이기 때문에 어떤 종교를 믿든지 순수한 마음으로 믿기만 하면 된다. 토랄바는 진정한 종교라는 것이 순수한 마음으로 영원한 신을 숭배하는 것이라면, 인간을 구원하는 데는 자연법만으로도 충분하다고 말한다.[197] 그러니, 특정한 종교로 개종시키려 하면 안 된다. 그런 논의조차도 해서는 안 된다.

> 만일 믿음이 자유로운 동의에 의한 것이라면, 신이 아낌없는 선함으로 베푼 가르침을 인간의 논리를 동원하여 어떤 사람으로부터 떼어내려 하는 것은 가장 큰 불경이다. 따라서 우리는 종교에 대한 논의 자체를 완전히 삼가야 한다.[198]

대화에 참여한 일곱 명이 '관용', '진정한 종교' 등의 논제에 대해 합의에 도달한 것은 아니다. 그들은 그런 노력을 기울이지 않는다. 그들은 자신의 종교의 입장에서 이야기할 뿐인데, 그러한 과정에서 남의 종교의 민감한 문제를 건드리기도 한다. 코로나이우스는 무신론자보다는 우상숭배자가 낫다고 말하고, 살로몬은 무신론자보다는 엉터리 신자가 더 나쁘다고 말한다. 토랄바는 욥을 격찬하면서, 욥은 예수나 마호메트가 태어날 것을 기대하지 않았다고 말하며, 예수의 신성을 부정한다. 살로몬도 어떻게 예수가 신인 동시에 신이 아닐 수 있느냐며 신성을 부정한다. 살로몬은 예수의 죽음은 지난 원죄에만 효력이 있지, 예수 이후에 태어난 사람에게는 효력이 없다고 말한다.[199] 살로몬은 《신약성서》가 불확실하고 의심스럽다고 말하며, 신이 아니라 사제들에게 죄를 사할 권리가 있다는 그리스도교의 교리가 가증스럽다고 말한다. 쿠르티우스는 사제들이 이미 지은 죄뿐만 아니라 앞으로 지을 죄도 용서한다고 조롱하며, 면벌부는 돈벌이 수단에 불과하다고 말한다. 연옥의 존재에 대해서도 일곱 명은 각자 다르게 이야기한다.

'관용'에 대해서, 코로나이우스는 관용이 필요하지만 신앙이 공공의 유용성보다 더 중요하다고 말한다. 그는 《누가복음》14장에 있는 "그들을 억지로라도 데려와라"라는 구절을 인용하면서 강제 개종을 역설한다. 이 대목에서의 코로나이우스는 신성동맹을 대변하는 듯하다. 이에 대해 다른 사람들은 스페인에서의 유대인 박해 같은 역사적인 사례들을 언급하며 강제 개종에 반대한다. 마지막으로, 프리데리쿠스는 고트족의 왕인 테오도리쿠스가 아리우스파를 강제로 개종시키기를 거부한 것을 이야기하고, 쿠르티우스는 로마 황제인 요비아누스가 이교도, 그리스도교도, 아리우스파, 마니교도, 유대인들이 '조화' 속에서 살도록 한 '통합칙령'에 대해 이야기한다. 7인의 대화가 모두 끝나자, '나'는 다음과 같이 그 후의 이야기를 전해준다.

모든 사람들이 이 점에 동의했기 때문에, 코로나이우스는 나에게 소년들을 불러 노래를 부르게 하라고 시켰다. 그는 다음과 같은 노래를 제안했다. "보라, 형제들이 공통의 온음계나 반음계가 아니라 좀 더 신적인 조음을 가진 이명동음 속에서 조화를 이루며 사는 것이 얼마나 좋은 일인가." 모든 사람들이 이 노래를 듣고 참으로 기뻐했다. 그들은 포옹한 다음 헤어졌다. 그 후, 그들은 놀라운 조화 속에서 신앙을 키워나갔고, 공통의 목적과 친밀감 속에서 삶의 완전성을 더했다. 그러나 그들은 그 후로는 종교에 대해 대화하지 않았다. 각자 최고의 성스러움으로 자신의 종교를 지켜나갔지만 말이다.[200]

평화와 조화

보댕의 관용 사상은 종교전쟁의 체험 속에서 형성되었다. 《7현인의 대화》에서 보댕은 모든 종교를 동등한 것으로 취급하며, 종교에 관한 논쟁은 불필요하다고 주장했다. 종교의 우월성을 논하는 것보다 종교에 관계없이 평화롭게 사는 것이 중요했다. 이러한 결론이 당시 벌어지던 종교전쟁의 무의미한 살육에 대한 반응임은 두말할 필요도 없다.[201]

종교가 종교전쟁을 일으키므로, 종교전쟁에서 벗어나기 위해서는 전쟁의 주범인 교회로부터 벗어나야 한다. 군주가 절대적인 권력을 가져야 한다. 보댕의 표현을 빌면, 군주가 주권을 가져야 한다. 보댕의 이러한 사상은 1555년 아우크스부르크 평화조약에서 "그의 지역에 그의 종교"라는 원칙 아래 군주에게 절대적인 권력을 부여한 것과 같은 맥락이다.

그러나 보댕은 군주가 신민들에게 자신의 종교를 강요하는 것에는 반대했다. 모든 종교는 신에게서 나온 것이기 때문에, 어느 종교에도 배타적인 우월성과 진정성을 부여할 수 없었다. 모든 종교가 다 '진정한' 종교였다. 따라서 종교 간에 우월성과 진정성을 놓고 싸우는 것은 무의미하며, 논의할 필요조차 없다. 각자 자신의 종교를 숭배하고, 남의 종교는 용인하면서 살면 되는 것이다. 다시 말해, '관용'할 필요가 있다. 신플라톤주의자인 보댕이 '관용'을 주장하기 위해서 사용한 개념은 '조화'였다. 그는 종교의 자유나 권리라는 개념을 가지고 '관용'을 주장하지 않았다. 이러한 작업은 피에르 벨과 존 로크의 과제로 남는다.

보댕은 국가의 평화라는 정치적인 이유와 '조화'라는 철학적인 이유로 관용의 필요성을 제창했다. 그러나 한계는 있었다. 무신론자와 마녀는 관용의 대상에서 제외되었다. 마녀사냥에 대해서는, 당시가 마녀사냥의 시대였다는 점을 고려한다 하더라도, 마녀사냥에 대해 비판적이었던 몽테뉴와 대조적이다. 또한 종교는 도덕의 원천이기 때문에 종교가 없으면 도덕도 불가능할 것이고 무신론자는 사회의 규범과 법을 파괴하리라는 이유로 무신론자도 제외되었다. 이러한 생각은 로크에게까지 계승되며, 벨에 가서야 부정된다.

7

호로티위스의
자연법 사상

네덜란드공화국의 탄생

프랑스에서 종교전쟁이 벌어지는 동안, 네덜란드(저지대)의 17개주
는 스페인의 지배로부터 벗어나기 위해 독립전쟁을 벌였다. 그러나
네덜란드는 북부와 남부로 분열되어, 홀란트를 중심으로 한 북부의
주들은 1581년에 독립을 선언했지만 플랑드르를 중심으로 한 남부의
주들은 스페인의 지배로 돌아갔다. 네덜란드공화국은 1648년에 공식
적으로 독립을 인정받았다. 휘호 호로티위스는 1583년 네덜란드공화
국의 델프트에서 태어나 1645년에 사망했으니, 그가 살던 시대는 신
생국 네덜란드가 탄생하고 번영하던 시기였다.

네덜란드가 북부와 남부로 분리된 데에는 종교의 영향이 컸다. 프
로테스탄트 종교개혁은 네덜란드의 서부와 북부에 큰 영향을 끼쳤다.
스페인 국왕 펠리페 2세는 가톨릭 통일성을 유지하기 위해 이단재판
을 부활시키고 이단을 사형시키는 등 잔인하게 박해했다. 그런데도

미히엘 얀츠 반 미르벨트Michiel Jansz van Mierevelt(1566~1641)가 그린
흐로티위스 초상화(1631)

프로테스탄트의 세력은 커져갔고, 특히 1540년대부터는 칼뱅파의 세력이 강해졌다. 스페인은 아메리카 대륙에서 들어온 금은을 쏟아 부을 정도로 네덜란드에 집착했다. 당시 네덜란드가 이탈리아와 함께 유럽에서 가장 경제적으로 발전한 지역이었기 때문이다. 네덜란드는 높은 수준의 도시화를 이루었고, 직물 산업, 국제 금융업, 상업의 중심지였다. 특히 남부의 플랑드르와 브라방이 그러했는데, 중심 도시인 안트베르펜에는 유럽의 부가 집중되어서 네덜란드는 "안트베르펜과 나머지 지역으로 구성되어 있다"고 말할 정도였다. 1560년대, 펠리페 2세의 종교 박해와 재정 압박에 대한 반발이 커지면서 네덜란드 사태는 정치적인 위기로 치달았다. 스페인 국왕이 전통적인 자유와 특권을 침해한다고 생각한 도시의 장인, 엘리트, 귀족은 종교에 관계없이 연합하여 스페인 국왕에 저항했다.

반란의 지도자는 오라녜 공인 나사우의 빌렘이었다. 그는 루터파였다가 칼뱅파가 되었으나, 근본적으로는 프랑스식의 '정치파'였다.[202] 즉, 종교적 순수함보다는 국가의 안전을 더 중요하게 여긴 인물이었다. 빌렘으로서는 스페인에 대한 공동 전선을 강화하기 위해 지역적 특수주의와 종교적 차이를 극복할 필요가 있었다. 펠리페 2세는 강경했지만 성공하지 못했다. 처음에는 몇 개 주에서만 스페인에 대한 투쟁이 전개되었으나, 1572년에는 반란군이 북부의 홀란트와 제일란트를 점령하고 항구적인 저항 기지로 삼았다. 1576년, 모든 주는 스페인의 철수를 요구하는 헨트 평화조약에 합의했다. 그러나 연합전선은 오래가지 못했는데, 종교적인 차이가 컸기 때문이다. 1578년, 빌렘은 프로테스탄트와 가톨릭이 자유롭게 자신의 종교를 실천하도록 하는 종교적 평화를 호소했다. 그러나 종교 평화 정책은 가톨릭을 공동의

대의에서 제외하려는 칼뱅파의 불관용 때문에 실패했다.

네덜란드 독립전쟁에서 주도적인 역할을 한 칼뱅파는 1572년에 흘란트와 제일란트를 점령한 후 교회를 접수하고, 가톨릭 예배를 금지했으며, 가톨릭 성직자를 처형하거나 추방했다. 그들은 자유를 요구하면서도 자신들이 통제하는 지역에서 가톨릭교도에게 자유를 부여하기를 거부했던 것이다. 1579년 이후로 스페인의 재정복이 진행되는 가운데 북부는 독립을 선언하고 네덜란드공화국을 세웠지만, 가톨릭의 영향이 강하게 남아 있던 남부 지방은 반란을 포기하고 스페인의 지배 아래로 돌아갔다. 북부는 독립을 지키기 위해 전쟁을 계속했고 1648년 베스트팔렌 평화조약으로 독립을 공식적으로 인정받는다.

네덜란드공화국은 주권적인 주들이 연합한 연방국가였다. 주는 의회를 가진 독립적인 정치체였고, 국가적인 차원에서는 각 주의 대표로 구성된 국회가 있었으며, 군주와 같은 지위를 가진 총독이 행정권을 장악했다. 반란의 지도자인 오라녜 가문이 총독직을 독점했다. 종교적으로 볼 때, 네덜란드공화국의 다수는 여전히 가톨릭교도였다. 그러나 모든 주에서 법적으로 인정한 공적 교회는 칼뱅파 개혁교회였다. 가톨릭교회는 금지되었고, 재산은 몰수되었다. 가톨릭교도들은 육체적으로 박해받거나 강제로 공적 교회의 예배에 참석해야 했던 것은 아니지만, 자신들의 종교를 실천할 자유는 없었다. 오직 비밀 집회에서 비밀리에 예배를 볼 수 있었다. 그렇지만 시간이 지나면서 사적으로 예배를 보는 것이 허용되었고, 루터파, 재세례파, 영성파, 그 밖의 다른 종파들, 심지어는 유대인들도 공적 교회 바깥에서 사실상의 관용을 누렸다.

네덜란드공화국의 지배층은 열광적인 칼뱅파가 아니었다. 그들은 에라스뮈스의 인문주의 전통을 따르고 있었다. 그들은 종교적인 다양성을 지지하지는 않았지만, 박해에는 반대한 온건파였다. 그러나 네덜란드 개혁교회는 국가로부터의 자율과 권력을 요구했다. 목사들의 경우 네덜란드 반란의 목적은 가톨릭과 스페인의 전제에 맞서 순수한 신앙을 지키는 것이었다. 개혁교회는 네덜란드 사회에 신학적인 정통성을 강요하고, 도덕을 규제하고, 정치에 영향력을 행사하려 했다. 이로 인해 긴장과 갈등이 일어났는데, 특히 교회의 독립과 권력을 인정하지 않으려 한 홀란트에서 그러했다. 정치가들은 목사들보다 훨씬 관용적이었다. 그들은 교회가 국가에 예속되어야 한다는 에라스뮈스의 입장을 견지했다. 그들은 칼뱅파 개혁교회가 국가의 유일한 공적 교회임을 인정했지만, 교회에 완전한 자율권을 부여하는 것은 거부했다. 국가는 교회의 재산을 관리하고, 목사들에게 임금을 지급했다. 국가는 사회질서를 위협할 만한 교리 논쟁을 완화시키기 위해 노력했으며, 궁극적으로 교회의 일에 개입했다. 이렇게 국가가 우위를 차지하는 국가와 교회의 관계는 공화국을 관용적인 사회로 만드는 데 기여했다.[203] 네덜란드는 종교적으로 가장 자유로운 나라였다.

네덜란드인들은 양심의 자유를 근본적인 원칙으로 받아들였고, 칼뱅파의 힘은 대단히 제한적이었다. 네덜란드인들은 교회를 선택할 수 있었을 뿐만 아니라, 교회에 갈지 말지 결정할 수도 있었다. 네덜란드 공화국 초기의 가장 두드러진 종교적 특징은 이러한 선택을 한 사람들이 대단히 많았다는 사실이다. 하를렘, 델프트, 하우다, 위트레흐트를 비롯한 중요 도시들에서, 어느 교회에도 나가기를 거부한 사람들의 수는 1620년대까지는 다수를 차지했다. 이들은 근대적인 의미에서의 무신론자는 아니었다. 전부는 아니어도 대다수는 신의 존재를 믿었고 스스로를 그리스도교인이라고 생각했다. 그러나 여러 가지 이유로 예배를 보기 위해 집단에 가입하는 것보다는 신과 개인적이고 순수하게 사적인 관계를 맺는 편을 선호했다. 그들은 신비주의적인 믿음을 가지고 있기도 했고, 에라스뮈스처럼 그리스도교 신앙의 본질은 올바른 도덕적 행동에 있다고 생각하기도 했다.[204]

비밀 교회

위트레흐트 연맹(1579) 제13조에 의해, 모든 네덜란드인들은 양심의 자유를 부여받았다. 사람들은 원하는 대로 믿을 수 있었다. 행정관들은 종교적인 믿음을 심사하거나 재판할 권력이 없었다. 누구도 칼뱅파 예배 의식에 참석하라고 요구받지 않았다.

그러나 개혁교회는 네덜란드에서 공적인 일을 수행하는 유일한 교회였다. 개혁교회는 공화국의 군인과 선원, 공공시설의 고아와 재소자를 종교적으로 돌보았다. 개혁파 교회는 과거의 소교구 교회들을 배타적으로 운용했고, 교육, 자선, 부부 문제에 있어서 중요한 발언권이 있었다. 목사들은 일요일마다 설교단에서 세속적인 고지물을 낭독했고, 위기의 시간에는 참회 기도를 하며 공동체를 이끌었다. 그들은 설교에서 교회 구성원만이 아니라 전 국민의 죄악을 꾸짖었다.

비칼뱅파들이 그러한 독점 행위에 도전하는 것은 금지되었다. 그들은 친구들이나 이웃들과의 일상적인 교류에서 개인적인 신앙을 표현할 수 있었지만, 집단으로서 공적인 모습을 드러낼 수는 없었다. 그들은 교회처럼 보이는 건물에서도, 야외에서도 예배를 볼 수 없었다. 그러나 집 안에서는 개인이나 단일 가족이 원하는 대로 할 수 있었다. 예를 들면, 가톨릭교도들은 기도를 할 수 있었으며, 서적, 그림, 가구 같은 신앙 도구도 사용할 수 있었다. 그러한 물건의 생산, 판매, 구입, 소유는 불법이 아니었다. 양심의 자유는 사적이고 가정적인 예배의 자유를 허용했지만 비국교도들이 단일 가정보다 더 큰 집단으로 모이는 것을, 달리 말하면 교회를 가지는 것을 허용하지 않았다. 그러나 실제로 가정 예배는 훨씬 더 크고 정교한 비밀 교회를 위한 포장이었다. 신부가 미사를 드리기 위해 가까이 방문하면, 그들은 이웃의 가톨릭교도들에게 참석하라고 전했다. 공화국 초기에 그러한 예배 장소는 많았다. 1619년, 헤이그의 가톨릭교도들은 50여 곳의 집에서 모였다. 1641년, 레이던에 있는 3,500명의 가톨릭교도들은 30곳의 집에서 모였다. 17세기에는 예배소의 수를 줄이고 통합하는 것이 추세였다. 특별 기도실과 원룸 예배당은 성직자들이 상주하는 비밀 교회로 대체되었다.

도시의 비밀 교회들은 많은 사람들을 수용할 수 있는 다락방, 여러 층으로 된 갤러리, 예배용 도구 등을 갖추었다. 몇몇은 교회로 만든 건물을 사용했다. 비밀 교회의 공통점은 불가시성이어서, 주요 통행로에서 보면 교회로 보이지 않았다. 외부에는 십자가, 종, 아이콘, 탑, 화려함 등 교회 상징물은 전혀 없었다. 비밀 교회는 시각적이나 청각적인 상징을 통해 존재를 드러내지 않음으로써 물의를 빚거나 소란을 일으키지 않으려 했다. 비밀 교회를 묵인했던 네덜란드 정부 당국도 표면적으로 나타내지 않을 것을 항상 강조했다. 그러나 불가시성은 피상적인 것에 불과했다. 이웃 간의 내밀한 관계를 요구하고 고양시키는 사회에서, 평범하지 않은 왕래는 아무리 감추려 해도 주목을 끌

〈직물상 길드 조합원들〉, 렘브란트, 1662

이 그림은 17세기 네덜란드 미술의 대중적인 아이콘이었다. 조합원들의 임무는 유럽의 상업 중심지인 암스테르담에서 판매되는 직물의 품질을 검사하는 것이다. 검정색 모자를 쓰고, 하얀색 단순컬러의 수수한 검정색 옷을 입은 조합원들은 한몸이 되어 진지하게 일한다. 그런데 이들은 5개의상이한 종파에 속해 있었다. 가운데에 앉아 있는 조합장은 칼뱅파였다. 왼쪽에 반쯤 서 있는 사람은 올드 프리지안 언어를 사용하는 메노파 회중의 대표였다. 다른 두 사람은 자기 집에 비밀 교회를 가지고 있는 가톨릭이었다. 다른 한 사람은 청원파였다(Benjamin J. Kaplan, *Divided by Faith. Religious Conflict and the Practice of Toleration in Early Modern Europe*, Harvard UP, 2007, p. 238 참고).

게 마련이었다. 많은 회중은 지나치게 조심하지 않아도 충분히 안전하다고 느꼈다. 거리를 지나는 사람들은 간혹 내부 집회에서 흘러나오는 음악 소리를 들을 수도 있었다. 세속 당국에 진정하기 위해 정보를 모으던 칼뱅파 목사들은 비밀 교회가 어디에 있는지 정확히 알고 있었다. 누구나 그들이 어디에 있는지 알고 있었고, 쉽게 찾을 수 있었다. 필립 폰 제센의 《암스테르담》(1664) 같은 안내서에는 관광객들을 위해 비밀 교회의 위치가 나와 있다.

비밀 교회가 사생활과 가족생활을 가장한 것은 종교적 다양성이 야기한 딜레마를 해결하는 데 효과적이었다. 비국교도들을 시야에서 멀리하고, 상징적인 것들을 모두 없앰으로써, 공적인 종교 생활에 대한 개혁교회의 독점을 지켜주었던 것이다.[205]

아르미니우스파

17세기 초, 네덜란드 개혁교회는 칼뱅의 예정설을 둘러싸고 엄격한 예정설을 고수하는 정통 칼뱅파와 이에 반대하는 아르미니우스파로 분열되었다. 1588년에 아르미니우스는 암스테르담 개혁교회의 목사가 되어 쿠른헤르트의 이단적인 사상을 비판하는 임무를 맡았다가 도리어 그의 사상에 설득당하고 말았다. 아르미니우스는 예정설에 반대하는 입장을 표명했고, 이단이라는 비난을 받았다. 그런데도 그가 레이던 대학의 신학 교수로 임명되자 논란이 일어났다. 정통 칼뱅파이자 레이던 대학의 동료였던 프란시스 호마루스가 아르미니우스를 비판하고 나서면서 논쟁이 시작되었다. 아르미니우스파와 호마루스파 사이의 갈등은 대학에만 국한되지 않고 사회 전반으로 확산되었다.

아르미니우스는 정통 칼뱅파의 예정설을 비판했을 뿐만 아니라, 불관용을 비난했다. 또한 국가와 교회의 관계에서, 아르미니우스파는 정통 칼뱅파가 교회의 독립과 자율을 요구하는 것과 달리 국가가 교회에 개입할 권리가 있다고 인정했다. 1609년에 아르미니우스가 사망한 후, 위텐보게트와 에피스코피우스가 아르미니우스를 계승했다. 1610년, 아르미니우스파는 청원서를 제출했다. 청원파는 올덴바르네밸트가 이끌고 있던 홀란트 의회의 지지와 보호를 받았고, 의회는 청원파의 견해를 관용할 것을 교회에 지시했다. 그 후, 청원파는 개혁교회의 교리를 수정하기 위한 전국 종교 회의 소집을 의회에 요청했다. 반청원파는 수정을 전혀 원하지 않았으며, 국가가 아르미니우스파에 대한 관용을 강요하고 국가 종교 회의의 안건을 정하는 것은 전제적인 개입이라며 비난했다.

청원파와 반청원파의 대립은 전국으로 확산되었다. 도시의 부유한 부르주아는 청원파를 지지했고, 도시의 장인들과 농민들 그리고 오라녜 가문은 반청원파를 지지했다. 1618년, 공화국의 종교적·정치적 갈등은 올덴바르네밸트와 총독 마우리츠 공의 대립으로 절정에 달했다. 청원파는 종교적인 관용을 확보하기 위해서는 총독에게 군사적인 공격을 가하는 것 말고는 다른 방법이 없다고 생각했다. 그러나 이들의 시도는 실패로 끝났다. 1618년 도르드레흐트에서 열린 종교 회의는 예정설을 재확인하고 청원파를 이단이라고 단죄했다. 올덴바르네밸트는 사형당했고, 에피스코피우스와 위텐보게트는 나라를 떠났으며, 도르드레흐트 종교 회의의 결정에 서명하기를 거부한 200여 명의 청원파 목사들은 교회에서 추방당했다. 이 사건에 연루되었던 흐로티위스는 종신형을 언도받고, 남부의 루베슈타인 성에 수감되었으나, 3년 후에 탈출하여 파리에 정착했다.[206]

《전쟁과 평화의 법》

흐로티위스는 델프트의 부유한 지배 가문에서 태어났다. 일찍이 그의 집안은 네덜란드 북부 주들이 스페인의 지배로부터 벗어나기 위해 벌인 투쟁에 참가했다. 흐로티위스는 어려서부터 놀라운 지적 재능을 보여주었다. 15세 때 올덴바르네밸트를 따라 프랑스를 방문했을 때, 프랑스 국왕 앙리 4세는 그를 "홀란트의 기적"이라고 불렀다. 1601년 에는 홀란트의 공식 라틴어 역사가로 임명되었다. 또한 그는 변호사 였는데, 올덴바르네밸트, 동인도회사, 나사우의 마우리츠 공 등이 그의 주요 고객이었다. 흐로티위스는 1602년에 사촌인 헤임스커르크가 일본에서 구리를, 중국에서 비단과 자기를, 멕시코와 페루에서 금은 을 싣고 오던 포르투갈의 대형 선박을 나포한 사건을 담당했다.[207] 1613년에는 잉글랜드 선박이 그린란드 부근을 항해하던 네덜란드 선 박을 나포하자, 항의단을 이끌고 런던을 방문했다.

흐로티위스에게 근대 자연법의 아버지이자 국제법의 창시자라는 명성을 안겨준 《전쟁과 평화의 법》은 이러한 경험을 토대로 기술된 것이다. 흐로티위스는 올덴바르네밸트 사건에 연루되어 감옥에 수감 되어 있을 때 과거 동인도회사의 의뢰로 작성한 필사본[208]을 토대로 《전쟁과 평화의 법》을 쓰기 시작했고, 프랑스로 탈출한 후 1625년에 파리에서 출판했다. 이 책은 17세기에만 26가지 라틴어 판본이 출판되었고, 네덜란드어, 영어, 프랑스어 등으로 번역되는 등 좋은 반응을 얻었다. 1661년에 팔츠 선제후는 이 책의 주석서를 출판하기 위해 하이델베르크 대학에 특별 강좌를 마련했다. 18세기에도 이 책의 인기는 계속되어 라틴어판, 영어판, 프랑스어판, 독일어판, 이탈리아어판이 출판되었다. 그 가운데 18세기 독자들에게 결정적인 판본은 1706년에 사무엘 푸펜도르프의 《자연법과 만민법》을 펴낸 장 바르베라크가 1720년에 낸 라틴어 판이었다. 이 두 권의 책은 계몽주의 시대에 정치사상의 백과사전이 되었다.[209] 어린 루소가 아버지의 서재에서 발견한 고전 역시 《전쟁과 평화의 법》이었다.

흐로티위스가 살던 시대는 그야말로 전쟁의 시대였다. 네덜란드는 1566년부터 1697년까지 무려 27번이나 전쟁을 벌였다.[210] 주요 상대는 스페인, 포르투갈, 잉글랜드였다. 스페인과의 전쟁은 독립전쟁이었고, 포르투갈과의 전쟁은 신생국 네덜란드가 해상 제국에 맞선 전쟁이었으며, 잉글랜드와의 전쟁은 신흥 강국 잉글랜드의 도전을 받아 일어난 전쟁이었다. 유럽 국가에 전쟁은 새삼스러운 사건이 아니었지만, 이 시대의 전쟁은 특히 해상 무역 및 식민지 쟁탈과 관련하여 빈번하게 일어났다.

17세기의 바다는 홉스가 정의한 '자연 상태'와 다르지 않았다. 그곳에서는 "만인의, 만인에 대한 전쟁"이 벌어지고 있었으며, '리바이어던'은 존재하지 않았다. 흐로티위스는 《전쟁과 평화의 법》의 서문에서 당시의 상황을 다음과 같이 묘사한다.

나는 야만인들조차 부끄러워할 정도로 무질서하고 무자비한 전쟁이 그리스도교 세계에서 벌어지고 있음을 본다. 사람들은 하찮은 이유나 있지도 않은 이유 때문에 성급하게 무기를 찾는다. 일단 무기를 잡으면, 신의 법에 대해서건 인간의 법에 대해서건 존중심을 전혀 표현하지 않는다. 마치 그 순간부터는 온갖 종류의 범죄를 저질러도 된다는 허가를 받은 듯이 말이 다.[211]

이렇듯, 국가 이익과 힘이 곧 법인 약육강식의 상태에서 어떻게 할 것인가? 사랑과 용서의 그리스도교 정신에 입각하여 평화를 외칠 것인가? 흐로티위스는 요하네스 페루스와 에라스뮈스 같은 사람들의 평화주의는 극단적이어서 사태 해결에 도움이 안 된다고 말한다.[212] 그는 이상주의자가 아니라 현실주의자였다. 작금의 무질서한 상황에서 필요한 것은 질서였다. 정당한 전쟁과 부당한 전쟁을 구분하고, 정당한 수단과 부당한 수단을 구분하는 것이었다. 한마디로, 전쟁과 평화의 '법'을 정하는 것이었다.

그런데 역사와 관습과 문화가 상이한 나라들에 공통적으로 적용되는 법을 마련하는 것이 가능한가? 그리스도교 세계의 법을 이슬람 세계에 강요하고, 이슬람 세계의 법을 그리스도교 세계에 강요할 수 있을까? 그리스도교 세계의 법을 아메리카 인디언들이나 아시아의 국가들에 강요할 수 있을까? 흐로티위스도 인정하고 있듯이, 당시에는 국가와 국가 사이의 관계에서 '힘'이 정의요 '전쟁'이 유일한 중재자라는 인식이 널리 퍼져 있었다. '전쟁'의 수단에 대해서도 아무런 규범이 없었다. 일찍이 그리스도교 작가인 테르툴리아누스는 "속임수, 야만, 불의가 전쟁의 수단"이라고 말했으며, 카르네아데스는 아예 자연법의 존재를 부정했다.[213] 흐로티위스의 과제는 분명했다. 카르네아데스 같은 회의주의자들에 맞서서 '법'이 존재하며 그것이 '자연'에서 유래함을 밝히는 것이었다. "전시에는 시민법이 침묵한다. 그러나 그렇다고 해서 자연의 명령마저 입을 다무는 것은 아니다."[214]

흐로티위스는 인간은 '이익'만을 좇는 존재가 아니라 '사회성'을 가진 존재이며,[215] 사회성으로부터 법이 기원한다고 말한다. 다른 사람의 소유물에 손대지 않고, 다른 사람의 것과 그로부터 발생한 이익을 돌려주며, 약속을 지키고, 자신의 잘못으로 인한 피해를 보상하거나 처벌받는 것 등이 바로 법이다.[216] 시민법은 시민들의 동의에 의해 제정되며 안전을 지켜준다. 인간이 사회를 구성하는 것은 인간의 본성이기 때문에 시민법은 필요나 이익에 의해서가 아니라 인간의 본성에서 나오는 것이며, 그렇기 때문에 자연법의 일부다. 그리고 신은 자연의 창조주이기 때문에, 결국 모든 법은 신에게서 기원한다.[217] 시민법-자연법-신법의 연결 고리가 이어지는 것이다.

그러므로 회의주의자들의 주장에도 불구하고, 모든 사람들과 모든 나라들에 공통적으로 적용되는 법을 제정하는 것은 가능하고, 필요하기도 하다. 국가 사이의 문제가 전쟁으로만 해결되는 것은 아니다. 전쟁은 법적인 절차가 효력을 상실할 때 일어난다. 나아가 전쟁이 일어나도 법적인 의무가 중단되는 것은 아니다. 전쟁은 정의와 신뢰의 범위 안에서 진행되어야 한다. 그런 만큼 그 이유가 정당해야 하고, 수단 또한 정당해야 한다.[218]

자연법과 전쟁

그리스도교와 전쟁은 양립하기 어렵다. 그리스도교는 본질적으로 평화의 종교이기 때문이다. 그리스도교는 "눈에는 눈, 이에는 이"의 동해보복同害報復 원칙이 아니라 "네 이웃을 사랑하라", "오른뺨을 때리면 왼뺨을 내밀어라", "원수를 사랑하라"라는 식으로 사랑과 용서를 통해서 평화에 도달하는 종교라는 점에서 우월하다. 따라서 그리스도교인들에게 전쟁의 문제는 양심의 갈등을 불러일으키는 문제가 아닐 수 없다. 초기 그리스도교인들 가운데에는 "나는 그리스도교인이다. 따라서 군인이 될 수 없다"는 평화주의에 따라 군대를 떠난 사람도 있다. 그러나 이러한 사람은 소수에 불과했다. 신학자들은 전쟁의 불가피함을 변명하는 차원을 넘어, '정당한 전쟁'이라는 개념을 정립했다. 아우구스티누스는 "방어적이며 불의를 바로잡는 전쟁", "공적인 인물이 수행하는 전쟁", "참된 정의가 구현되는 평화를 세우기 위한 전쟁"을 '정당한 전쟁'으로 규정했다. 그것은 본래는 전쟁을 억제하려는 의도에서 나온 것이지만, 정복 전쟁을 정당화시켜주는 근거로 악용되기도 했다. 특히 이교도들은 정당한 전쟁이라는 특권의 대상이 되었다. 제2차 십자군의 주역인 성 베르나르두스는 "이교도를 없애는 일은 사람을 죽이는 것이 아니라 악을 줄이는 것"이라며 전쟁을 부추길 정도였다.[219] 토머스 아퀴나스도 "필요하다면 가장 성스러운 날에도 전쟁을 할 수 있다"고 말했다.[220] '정당한 전쟁'은 '정의로운 전쟁'으로 진화해나갔다.

  흐로티위스는 그리스도교가 전쟁을 할 수 있는가 하는 문제를 가지고 고민하지는 않았다. 오히려 그리스도교가 전쟁을 금하지 않았음을 온갖 자료와 논리를 동원하여 증명했다. 예컨대, 모세가 "네 이웃을 사랑하라"고 한 것은 동족을 사랑하라고 한 것이지 이민족을 사랑하라고 한 것이 아니며, "오른뺨을 때리면 왼뺨을 내밀어라"하는 말은

얻어맞은 당사자에게 한 말이지 행정관에게 한 말이 아니라는 식이었다.[221]

　흐로티위스는 전쟁 자체를 거부하지 않았다. 인간은 기본적으로 자기 보존권을 가지고 있기 때문에, 자기 보존을 위해서라면 전쟁은 불가피했다. 문제는 전쟁을 없애는 것이 아니라 부당하고 야만적인 전쟁을 없애는 것이었다. 《전쟁과 평화의 법》의 전반부는 '정당한 전쟁'을, 후반부는 '부당한 전쟁'을 다룬다. 1권에서는 '전쟁은 무엇인가, 법은 무엇인가' '전쟁을 하는 것은 합법적인가', '사적인 전쟁과 공적인 전쟁', '신하의 군주에 대한 전쟁' 등을 다룬 다음, 2권의 1장 '전쟁의 원인들'에서, '방어, 회복, 처벌'의 세 가지 정당한 이유를 제시한다. 20장 '처벌'에서는 동시대의 빅토리아, 바스케스, 아조리우스, 몰리나 등이 처벌권을 사법권의 결과로 보는 데 반해, 자연법이나 국제법 위반에 대해서도 처벌할 수 있다고 주장한다. 예컨대, 부모에게 도리를 하지 않는 사람들, 인육을 먹는 사람들, 해적질을 하는 사람들은 자연법에 의거하여 처벌할 수 있다는 것이다.[222]

　사실, 전통적으로 인정된 정당한 전쟁이란 약탈을 위해서건 영광을 위해서건 공격하는 것이 아니라 방어하는 전쟁이며, 상대방의 공격으로부터 피해를 입은 자가 그 피해를 보상받기 위해 벌이는 전쟁이었다. 그런데 상대방이 아무런 피해를 입히지 않았더라도 그의 행위가 자연법에 어긋나면 처벌할 수 있다는 것이다. 자연법을 어긴 사람들, 예컨대, 독재자, 식인종, 해적, 양민 학살자, 반인륜적인 자식들을 처벌하는 것이 정당하다는 말은 어떤 의미에서는 근대 초에 유럽인들이 아메리카나 아시아의 원주민들을 상대로 벌인 전쟁을 정당화시켜주는 셈이다. 이들은 유럽인들에게 아무런 피해도 입히지 않았지만, 유럽인들이 보기에는 자연법에 어긋나는 행동을 했기 때문이다. 자연법이란 막연한 개념이기 때문에 광범위하게 적용될 수 있다. 예컨대, 원주민들이 소유한 땅을 경작하지 않고 놀리는 경우는 어떻게 할 것인가? 흐로티위스는 원주민들의 소유를 인정하기는 해도, 경작하지 않으면, 즉 자연법에 위배되는 행동을 하면 그것을 빼앗을 수 있다고 말한다.[223] 이러한 생각은 흐로티위스가 감옥에 있을 때 작성한 《그리스도교의 진리》(1622)에도 나타난다.

우리의 자연적 욕구를 충족시키는 데는 많은 것이 필요 없다. 많은 노동이나 비용 없이도 쉽게 이룰 수 있다. 신이 우리에게 부가적으로 허용하신 것들을 바다에 던져버리거나 (몇몇 철학자들이 어리석게 주장하듯이) 낭비해서는 안 된다. 대신 그것을 다른 사람들에게 주거나 빌려줌으로써 그들의 욕구를 충족시키는 데 사용해야 한다.[224]

땅을 소유하고 있는 자가 경작하지 않고 놀리면서 다른 사람이 경작하지 못하게 하는 것은 자연법 위반이므로, 이들과 전쟁을 벌이는 것은 정당하다고 흐로티위스는 생각했다. 막스 베버도 지적했듯이, 근대 자연법 사상이 유럽 국가들이 세계 지배를 위해 경쟁을 벌이던 시대에 형성된 것은 우연이 아니었다. 아우구스티누스의 종교적으로 "정당한 전쟁" 개념은 근대에 이르러서는 "합법적인 전쟁"으로 대체되었다. 전쟁의 정당성 여부는 교회의 뜻이 아니라 자연법에 따라 정해졌다.[225] 이렇듯 흐로티위스는 자연법을 근거로 전쟁을 정당화시켰다는 점에서 호전적이었다는 평가를 받기도 한다.[226]

그렇지만, 흐로티위스를 호전주의자라고 단정하는 것은 성급하다.

그것은《전쟁과 평화의 법》의 후반부를 간과한 결과이다. 우선, 책 제목에 들어 있는 '법'이라는 단어가 암시하듯이, 무질서하고 야만적인 전쟁을 바로잡으려는 의도가 있었다. 뿐만 아니라 그는 종교의 이름으로 자행되는 전쟁을 반대했다. 종교는 전쟁의 이유가 될 수 없다. 앞에서 흐로티위스는 자연법은 신법에서 기원한다고 말했지만, 사실이 두 법의 관계는 미묘하다. 그는 자연법이 신법보다 우위에 있다("자연법은 영원하고 불변적이기 때문에 결코 부당할 수 없는 신은 자연법에 어긋나는 것을 명령할 수 없다")[227]고 말하기도 하고, 자연법과 신법이 배치된다("그리스도교는 우리가 서로를 위해 목숨을 버릴 것을 명령한다. 그러나 자연법에 의해 이렇게 해야 한다고 누가 주장할 것인가? 순교자 유스틴은 오직 자연법에 따라서만 사는 것은 이교도처럼 사는 것이라고 말했다")[228]고도 말한다. 결국 그가 말하는 자연법은 이성의 명령이다.

흐로티위스가 자연법을 강조하는 것은 그만큼 신법, 즉 종교의 힘을 약화시키는 것이다. 그에게 있어서, 신이 하나인지 여럿인지는 중요하지 않다.[229] 어떤 종교든 자연법을 지키는 한 관용되어야 하며, 이교도들에게 그리스도교를 강요하는 것은 안 된다.[230] 이는 인토켄티우스 4세의 이교도 정벌론과 분명히 다르다.[231] 또한 자연법과 신법이 배치될 때에는 자연법이 우선이다. "자연법은 너무 불변적이어서 신도 변화시킬 수 없다"[232]는 말은 유명하다.

2권의 22장 "전쟁의 부당한 이유에 대하여"와 23장 "전쟁의 의심스러운 이유에 대하여"에서, 흐로티위스는 평화주의자의 모습을 하고 있다. 흐로티위스는 오로지 이익을 얻기 위해 벌이는 전쟁, 구체적인 피해를 입지 않았으면서도 두려움 때문에 벌이는 예방 전쟁이나 선제 타격 등은 정당하지 않다고 말한다. 또 새로운 땅을 발견했더라도 이미 사람이 살고 있다면 그들이 악하다거나 잘못된 신을 섬긴다거나 어리석다거나 하는 이유로 전쟁을 벌이고 땅에 대한 권리를 주장하는 것은 정당하지 못하다고 이야기한다. 비슷한 맥락에서, 너그러움, 보은, 동정심, 자비심 등이 없다는 이유로 전쟁하는 것도 부당하다. 그리고 전쟁의 이유와 함께 수단을 고려해야 한다. 24장에서는 "정당한 이유가 있더라도 성급하게 전쟁에 뛰어들지 말 것"을 권한다. 전쟁에서 허용되는 수단과 허용되지 않는 수단의 기준 역시 자연법과 국제법으로 정해진다.

3권에서는 구체적인 사항을 정하여 '절제' 할 것을 권한다. 11장 "정당한 전쟁에서 사람을 죽이는 권리의 절제"에서는, 여성, 어린이, 비무장인, 농민, 상인, 포로 등을 보호하라고 말한다. 12장 "적의 국가를 파괴하는 데 있어서의 절제"에서는, 특히 그리스도교인들은 무자비하게 파괴해서는 안 된다고 말한다. 13장 "전쟁에서 탈취한 물건에 대한 절제"에서는 정당한 전쟁이라 해도 물건을 빼앗는 것은 죄라고 말하는데, 자비의 규칙은 법의 규칙보다 더 포괄적이기 때문이다. 항복한 도시는 약탈하지 말고, 농민의 목숨과 재산은 보호해야 하며, 상인들의 상거래 자유는 보호되어야 한다. 14장 "포로에 대한 절제"에서는 포로를 노예로 삼는 것은 허용되지만 제한되어야 하며, 노예에게도 공평함과 자비를 보여주어야 한다고 주장한다. 15장 "제국을 획득하는 데 절제"에서는 전쟁으로 모든 나라를 복속시키기보다는 평화로운 이웃을 가지는 편이 더 낫다고 말한다.

흐로티위스는 정당한 전쟁이라 하더라도 사람과 재산에 대해 무자비한 폭력을 가하는 것을 금한다. 그런데 그의 주장 가운데 신하의 군주에 대한 저항을 금하고 있다는 점은 주목할 만하다. 만일 군주가 자연법이나 신의 법에 위배되는 것을 명령하면 복종하지 말아야 한다. 그러나 그로 인해 군주로부터 피해를 입어도 군주에게 무력으로 저항해서는 안 된다. "부모가 정당하면 사랑하고, 정당하지 않으면 참아라"라는 성서의 말씀처럼, 군주의 행위를 참아야 한다.[233] 정당한 이유가 있어도 군주에게 무력으로 저항해서는 안 된다.[234]

무엇보다 중요한 것은, 그리스도교인으로서 용서하는 것이다. 흐로티위스는 그리스의 그리스도교인들 사이에서는 적을 죽이는 사람은 누구나 3년 동안 파문당했다고 이야기한다.[235] 평화를 위해서가 아니라 힘을 과시하기 위해 전쟁하는 것은 그리스도교인의 의무와 휴머니즘에 위배된다.[236] 싸우는 것이 합법적이라 해도 전쟁을 하지 않는 것이 신성하다.[237] 결론적으로, "신의를 유지하고 평화를 모색할 것을 권함"은 완전히 평화의 메시지다. 폭력은 인간의 본성이 아니라 동물의 본성이기 때문에 "우리가 인간임을 잊지 않기 위해서는" "자비와 휴머니즘"으로 무장해야 한다. 결국, 평화는 승리보다 낫다!

자연법과 관용

《전쟁과 평화의 법》은 전쟁을 정당한 전쟁과 부당한 전쟁으로 구분하여, 전쟁의 법을 정하려는 의도였다. 현실적으로, 흐로티위스는 전쟁 자체를 부당한 것으로 보지는 않았다. 그는 자연법을 근거로 전쟁을 인정하기도 했다. 그렇지만 근본적으로는 "평화는 승리보다 낫다"고 결론 내린 에라스뮈스주의자였다. 에라스뮈스는 "악한 평화도 선한 전쟁보다 낫다"고 말한 적이 있다.

그리스도교 인문주의자로서 흐로티위스는 종교 문제에 관심이 깊었다. 그가 기술한《그리스도교의 진리》는《신약성서》의 단순한 가르침에 토대를 둔 그리스도교 신앙을 설명한 것으로, 그리스도교가 다른 종교보다 우월한 점을 보여주었다. 흐로티위스가 제시한 그리스도교는 바로 에라스뮈스가 제시한 그리스도 철학이었다.[238]

종교적으로, 흐로티위스는 칼뱅의 엄격한 예정설에 반대한 아르미니우스의 지지자들로 구성된 '청원파'에 속해 있었다. '청원파'의 대표자는 위텐보게트와 에피스코피우스였다. 위텐보게트는 진리에 대한 정확한 이해보다는 개인적인 신앙과 사랑에서 참된 종교를 발견했으며, 사랑과 경건함이 분열된 그리스도 공동체를 통합시킬 수 있다고 생각했다. 에피스코피우스는 '상호적 관용'을 제창했다. 국가가 교회에 대해 권력을 가지고 있음을 부인하지는 않았지만, 국가가 개인의 양심을 침해하거나 예배의 자유를 금지하는 것은 인정하지 않았다. 그는 "종교개혁가들은 이단 살해를 마치 종교개혁의 수호신이고 진정한 종교의 도피처이기나 한 것처럼 경쟁적으로 지지했다"며 칼뱅과 베즈의 주장을 가차 없이 반박했다.[239]

흐로티위스는 1614년과 1617년 사이에《신성한 것에 대한 국가의 권력》을 썼다. 이 책은 그의 사후에 출판되었는데, 치밀하고 명료한 논리로 에라스투스적인 군주교권주의를 제창했다. 흐로티위스는 고대 철학, 성서, 교회사를 많이 인용했지만, 기본적인 토대는 이성과 자연권이다. 가정에서 가장의 권위가 유일하듯이, 국가에서도 군주의 권력이 유일하다. 국가권력의 일체성은 절실한 것이어서 분열을 용납하지 않는다. 국가 내에서는 어떠한 종교도 자율적인 사법권을 누리지 못한다. 군주는 국가의 이익을 위해서라면 신학적인 논쟁을 금할 수 있으며, 섹트의 관용도 고려할 수 있다. 흐로티위스는 인문주의자들처럼 그리스도교 일체성에 대한 향수를 느꼈지만, 국가 내에서 복수複數의 예배를 허용하는 것을 조심스럽게 찬성했다.

흐로티위스는 종교에 폭력을 행사하는 것을 반대했다. 그는 《마태오복음》에 나오는 가라지의 비유를 박해에 대한 반대로 해석했으며, 《누가복음》에 나오는 "억지로라도 데려와라"는 비유를 자의적으로 해석하는 데 반대했다. 그는 "예수 그리스도의 법을 참된 것으로 인정하지만, 몇몇 항목을 의심하고 잘못을 범하는 사람들을 박해하는 것은 최고의 불의"라고 말하면서, 이들을 되돌아오게 하는 것은 참으로 어려운 일이기 때문에 그들을 개종시키는 것은 힘이 아니라 인내와 자비라고 말했다. 《전쟁과 평화의 법》에서 그리스도교를 강요하려는 전쟁을 반대한 것도 같은 차원에서 이해할 수 있다.[240]

흐로티위스의 관용은 아르미니우스파 목사들의 관용보다 훨씬 광범위했다. 에피스코피우스의 '상호적 관용'은 칼뱅주의자들 사이에서 그쳤지만, 흐로티위스는 그 범위를 넘어섰다. 흐로티위스는 프랑스에서 칼뱅파가 누리고 있는 종교의 자유를 높이 평가했다. 그는 독일과 스웨덴에서 루터파와 접촉했으며, 소치니파와도 우정을 맺었다. 또 칼뱅파를 넘어 전 그리스도교인들에게 관용을 확대했으며, 유대인에 대해서도 제한적이기는 하지만 관용을 주장했다.

그러나 그에게도 관용은 일시적인 해결책이었다. 그의 궁극적인 바람은 그리스도교의 통일성을 회복하는 것이었다. 그는 1641년에 위덴보게트에게, "전 생애 동안, 나는 그리스도교 세계를 다시 화해시키려는 바람으로 불탔다"고 썼다. 생애 말년에 흐로티위스는 교회 통합이라는 거대한 계획을 마음에 품었다. 1642년, 흐로티위스는 카산더가 가톨릭과 프로테스탄트 사이의 논쟁에 대해 1565년에 펴낸《가톨릭과 프로테스탄트 사이의 논쟁에 대한 논의》에 주석을 첨부하여《종교적 평화로의 길》을 출판했다. 이 책을 둘러싸고 논쟁이 벌어졌다. 앙드레 리베라는 프랑스 칼뱅파 목사가 엄격한 반론을 제기했다. 흐로티위스가 죽을 때까지 전개된 두 사람의 논쟁에 흐로티위스의 사상이 잘 나타난다. 개인적으로 흐로티위스는 가톨릭에 대해 호감을 느끼면서도 언제나 프로테스탄티즘 편이었다. 그러나 그는 어떤 교회에서도 편안함을 느끼지 못했다. 종교개혁에 가한 가장 큰 비난은 그리스도교 인문주의자들이 되풀이 말했던 것, 즉 종교개혁이 그리스도교 세계를 분열시킨다는 것이었다. 분열의 원인은 어디에 있는가? 무엇보다도 칼뱅주의의 불관용에 있다고 생각했다. "칼뱅의 제자들은 어디에서나 모든 것을 혼란스럽게 한다." 흐로티위스가 생각하기로는, 칼뱅은《요한복음》(8장 44절)에 나오는 "처음부터 살인자였고 진리 쪽에 서본 적이 없는 악마"를 닮았다.

흐로티위스가 생을 마감할 무렵, 네덜란드는 오랜 종교적 대립에서 벗어났다. 여러 프로테스탄트 교회들이 별다른 충돌 없이 공존했다. 가톨릭은 낭트칙령 이후 프랑스의 프로테스탄트들이 누리던 것과 같은 법적인 관용을 얻지는 못했지만, 오랜 침체기에서 벗어났다. 모든 진영에서 종교에 의한 강제력과 구속력은 약해졌다. 많은 갈등과 논쟁 이후, 사람들은 관용의 원리를 더 잘 이해하게 되었다. 네덜란드의 미래를 위해 긍정적이고 지속적인 성과였다.

흐로티위스의 시대는 종교가 지배력을 상실하고 세속화되던 때였다. 그리스도교인들 사이의 야만적인 종교전쟁에 실망한 지식인들은 그리스도교에 대해 회의적으로 생각하기 시작했다. 흐로티위스도 그런 사람들 가운데 한 명이었다. 그는 "신이 존재하지 않는다면"이라는 위험한 가정을 세운 사람이며, 신이라도 자연법을 어길 수는 없다고 수차례 주장했다.[241] 흐로티위스가 정당한 전쟁의 근거를 종교가 아니라 자연법에서 구한 것은 시대의 세속화를 보여준다고 평가할 수 있다. 흐로티위스는 종교전쟁으로 야기된 그리스도교 세계의 분열을 안타까워하면서 그리스도교 세계의 통합을 위해 노력했다. 이러한 점에서 그는 에라스뮈스의 인문주의 전통을 잇고 있는 셈이다. 분열된 그리스도교 세계가 통합하는 길은 강제력을 사용하여 개종시키려 하는 대신 서로 관용하는 것이었다.

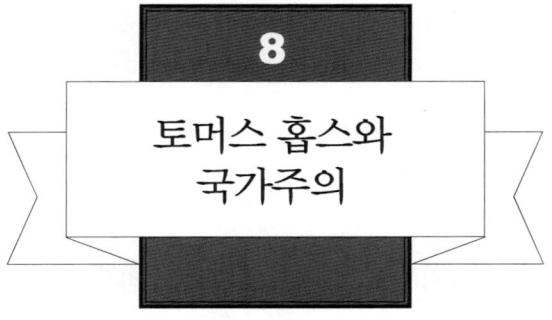

8

토머스 홉스와 국가주의

청교도혁명의 증인

토머스 홉스Thomas Hobbes의 긴 생애(1588~1679)에는 '공포'가 짙게 깔려 있다. 1588년에 스페인의 무적함대가 쳐들어온다는 소식에 놀라 그의 어머니가 홉스를 조산했다는 유명한 출생 일화[242]에서부터 시작하여, 그의 생애는 청교도혁명, 파리 망명, 귀국, 왕정복고 등과 같은 긴박한 정치적 사건들로 굴곡졌다. 홉스는 격변하는 시대의 한복판에서 뚜렷하게 입장을 개진했던 만큼, 그의 삶은 학자로서 초연히 산 것이 아니라 참여 지식인으로서 치열하게 살았다.

홉스의 정치적인 삶은 청교도혁명에서부터 시작하므로, 청교도혁명에 대해 살펴볼 필요가 있다. 헨리 8세의 종교개혁 이후 잉글랜드는 1559년에 수장법과 통일법을 제정하여 프로테스탄트 국가 교회 체제를 정비했다. 수장법은 잉글랜드교회를 가톨릭교회로부터 분리시키고 잉글랜드 국왕이 교회의 수장임을 천명한 것이며, 통일법은

홉스의 《리바이어던》 표지 그림.

홉스와의 오랜 논의 후에 파리의 아브라함 보세Abraham Bosse가 그린 것이다. 그림은 상부와 하부로 구성되어 있다. 상부는 왕관을 쓴 거인이 칼과 주교장을 손에 들고 땅에서 솟아오르는 모습이다. 왕관 위에는 《욥기》의 글귀가 있다: "Non est potestas Super Terram quae Comparetur ei. Iob. 41 . 24" ("땅 위에는 그와 견줄 만한 권력이 없다"). 거인의 몸과 팔은 300여 명의 사람으로 구성되어 있다. 아래 부분의 가운데는 책의 제목이 쓰여 있다. 아래 부분의 왼쪽은 세속 권력을, 오른 쪽은 교회 권력을 나타낸다. 아래 부분의 성과 교회, 왕관과 주교관, 대포와 파문, 무기와 논리, 전장과 종교재판소는 각각 상응하는 권력을 나타낸다. 거인은 양쪽의 상징물들을 모두 장악하고 있다. 세속의 권력과 정신적 권력이 주권 군주에게 통합되어 있는 것이다. 거인의 몸의 구성은 그가 곧 국가임을 말하는 것이다.

모든 교구에서 '공동 기도서'를 사용하도록 한 것이다. 잉글랜드 프로테스탄트 국가 체제는 에라스투스적이었다. 다시 말하면 교회와 종교는 국왕의 통제를 받았다. 잉글랜드교회(성공회)는 법적으로 허용된 유일한 교회였으며, 국왕이 임명한 주교들이 관리했다. 가톨릭은 금지되었고, 여러 가지 불이익을 받았다. 가톨릭에 대한 박해는 1570년에 교황이 엘리자베스 여왕을 파문하고 신민들에게 그녀를 폐위시킬 수 있는 권리를 인정함으로써 더욱 악화되었다. 엘리자베스의 정부는 189명의 가톨릭을 반역죄로 처형했다.[243] 가톨릭교도는 엘리자베스가 즉위할 때만 해도 다수였으나, 17세기 초가 되면 소수로 전락했다. 잉글랜드 정부는 프로테스탄트 비국교도들도 박해했다. 이들은 성공회가 그리스도의 참된 교회임을 부인했고, 국왕의 수장권을 거부했다. 엘리자베스 치세에 여섯 명의 재세례파와 반삼위일체주의자가 이단으로 화형되었으며, 여덟 명의 분리주의자들이 반란 혐의로 교수형에 처해졌다. 그녀의 후계자인 제임스 1세도 1612년에 두 명의 반삼위일체주의자를 처형했다. 일부 분리주의자들은 박해를 피해 네덜란드나 아메리카로 이주했다.[244]

1640년 이전에 잉글랜드에서 지배적인 프로테스탄트 비국교도는 청교도였다. 이들은 잉글랜드교회의 개혁이 미흡하다고 보고 철저하게 개혁할 것을 요구했다. 이들은 강제적인 국가 교회에 반대하지는 않았지만, 잉글랜드교회의 교리와 의식에 남아 있는 가톨릭 요소를 씻어내어 정화purify해야 한다고 주장했다. 청교도(퓨리턴)라는 이름은 여기에서 나온 것이다. 또한 주교직을 폐지하거나 권한을 축소하고, 주교 대신에 성직자들과 평신도 장로들로 구성된 장로회가 관리하는 자율적인 장로교회를 세울 것을 요구했다. 그들은 제네바의 칼뱅파

교회를 닮은 이러한 교회 형태가 성서에 나오는 유일한 교회라고 주장했다. 1570년대부터 1630년대까지 엘리자베스, 제임스 1세, 찰스 1세 등은 조직적인 청교도 운동을 분쇄하기 위해 다양한 조치를 취했다. 그러나 청교도는 더욱 강력해졌다. 청교도 운동은 메리 여왕 시절의 유혈 박해를 피해 대륙으로 망명했던 프로테스탄트들이 칼뱅주의 개혁가가 되어 돌아오면서 결속력을 갖추었다. 청교도주의는 시골 지주인 젠트리, 런던 같은 도시의 상인들과 장인들 사이로 퍼져나갔다. 그들 가운데 일부는 자신들이야말로 신이 구원하기로 예정한 선민들이라고 생각했다. 그들은 교회와 종교의 철저한 개혁을 꿈꾸었다.[245]

1640년, 잉글랜드는 혁명의 시대로 들어섰다. 엘리자베스를 계승한 제임스 1세와 그의 아들 찰스 1세는 스코틀랜드 출신이었다. 잉글랜드의 정치적·종교적 전통에 둔감했던 제임스와 찰스는 왕권신수설을 주장하며 의회와 대립했다. 전쟁 비용을 조달하기 위해 왕이 의회를 소집하자, 의회는 "의회의 승인 없이 과세 없다", "자유민은 이유 없이 구속할 수 없다" 등의 내용을 담은 권리청원을 제출했다. 그러자 찰스 1세는 의회를 해산하고 의회 없는 통치에 들어갔다. 찰스 1세는 재정 지출을 줄이기 위해 전쟁을 포기했으며, 선박세 등의 새로운 세원을 발굴하여 재정을 꾸려나갔다. 의회 없이 통치하려면 전쟁이 일어나지 않아야 했다. 그러나 잉글랜드 국교회의 기도서를 스코틀랜드 교회에 강요하자 스코틀랜드인들이 반발하여 폭동을 일으켰다. 의회를 소집하지 않을 수 없게 되었다. 1640년에 소집된 '장기 의회'는 찰스 1세의 측근들을 사형시키고 국왕의 의회 해산권을 제약하는 법을 통과시키는 등 왕권 규제에 나섰다. 아일랜드에서 대규모 반란이 일어나 수천 명의 프로테스탄트 정착민들을 학살하자, 아일랜드 원정군의 지휘권을 둘러싸고 왕과 의회가 대립했다. 찰스 1세를 의심한 의회는 의회에서 사령관을 임명하려 했다. 1642년 1월, 찰스 1세는 주도적인 의원들을 체포하기 위해 직접 무장 호위병들을 이끌고 의회로 진입했다. 런던의 민병대가 소집되자 찰스는 런던을 떠나 국왕을 지지하는 북쪽으로 갔다. 왕당파와 의회파 사이의 내전, 달리 말하면 청교도혁명 혹은 잉글랜드혁명이 일어난 것이다.

당시 홉스는 왕당파로 의회에 있었다. 그는 선박세 논쟁에서 국왕의 입장을 옹호하기 위해 저술한 《법의 제요소》 때문에 의회의 박해를 받을지 모른다고 불안해하며 1640년 말에 파리로 피신했다. 파리 망명 시절(1640~1651)에 왕당파 서클에서 활동했지만, 왕당파 귀족들, 성직자들, 특히 프랑스의 가톨릭 성직자들과 원만하게 지내지 못했다. 이 시기에 홉스는 프랑스의 메르센과 가상디 같은 자유사상가들과 교류하면서 새로운 과학을 공부했다. 1649년, 승리한 크롬웰의 의회파가 찰스 1세를 처형시킨 데 반발한 스코틀랜드는 파리에 망명가 있던 장남 찰스가 장로교를 받아들인다면 스코틀랜드의 왕으로 맞이하겠다고 제안했다. 왕당파 내에서 클래런던 백작은 반대했으나 홉스의 후견인이었던 뉴캐슬 백작은 찬성했다. 찰스는 스코틀랜드가 요구한 '국민맹약'에 선서한 후 스코틀랜드의 국왕이 되어 크롬웰과 싸웠으나 패배하고 파리로 돌아왔다. 홉스가 《리바이어던》을 쓴 것은 이러한 상황에서였다. 홉스는 잉글랜드의 끝없는 내란은 종교적인 내분에서 비롯되었기 때문에 국가의 질서와 평화를 회복하기 위해서는 군주가 절대적인 권력을 가져야 한다고 역설했다. 다른 한편, 그는 정복자들의 실제적인 권리를 인정함으로써 현실적으로는 크롬웰 정권을 받아들인 것이 아니냐는 의심을 받았다. 그러던 중 크롬웰에 대한 복종이 정당하다고 주장하던 앤서니 애스컴이 왕당파에게 암살당하자 생명의 위협을 느끼고 1652년 초에 런던으로 도주했다.[246]

'제2 망명지'에서의 삶은 비교적 순탄했다. 그러나 1660년 왕정복고와 함께 다시 공포가 찾아왔다. 찰스 2세는 홉스를 사면했으나, 과거의 왕당파 동지들은 홉스를 처벌하려 했다. 그들에게 홉스는 배신자요 반역자였을 뿐만 아니라 《리바이어던》으로 그리스도교를 모독한 무신론자였기 때문이다. 1665년의 전염병과 1666년의 런던 대화재는 종교적 속죄양을 필요로 했다. 1666년 클래런던 백작은 이단을 범죄로 규정한 법안을 하원에 제출했고, 하원의 법안 심의위원회는 《리바이어던》에 내포된 무신론적인 내용을 심사하기 시작했다. 설상가상으로, 1668년에는 케임브리지 대학 교수인 대니얼 스카길이 "나는 홉스주의자이며 무신론자임을 자랑스럽게 생각한다"고 공언했다는 이유로 직위를 박탈당했다.[247] 홉스에게는 다행스럽게도 이단 처벌 법안은 상원을 통과하지 못했지만 1674년, 1675년, 1680년에 계속해서 재상정되며 홉스를 불안에 떨게 했다.

이러한 상황에서 홉스가 할 수 있는 일은 자신을 방어하는 글을 쓰는 것이었다. 1668년, 홉스는 《리바이어던》의 라틴어 번역판과[248] '이단'을 주제로 한 글들을 발표했다.[249] 1668년에 나온 《베헤못 또는 장기 의회》는 일종의 청교도혁명사인데, 홉스는 장로교 목사들, 교황파, 독립파를 "불의와 광기"가 극치를 이루던 시대의 주범으로 단죄함으로써 반의회파적인 입장을 분명히 했다. 홉스는 이 책을 클래런던 백작의 정적이며 카발Cabal[250]의 일원인 알링턴 백작 헨리 베닛에게 헌정했다. 카발 정권이 1674년에 국교회파의 공세에 밀려 붕괴되자 종교적인 불관용이 또다시 홉스를 압박했으나, 고령의 홉스에게는 더

이상 신변의 위협은 없었다.[251]

홉스는 런던을 떠나 하드윅에 있는 시골에서 여생을 보냈다. 그는 교회에 나가고 성체 의식에 참여했으나 설교 때에는 언제나 고개를 돌렸다. 또 임종 시에는 병자성사를 하지 않았으며, "91년 동안 세상에서 빠져나갈 구멍을 찾고 있었는데, 마침내 그것을 찾았다"라고 담담하게 말했다고 한다.[252]

이렇게 홉스에게는 정치와 종교가 복잡하게 얽혀 있다. 그러나 홉스에 대한 연구는 절대왕정론을 체계화시킨 자연법 사상가 홉스에만 집중되어 있다. 《리바이어던》 가운데에서도 1부('인간에 대하여')와 2부('코먼웰스에 대하여')에만 집중되어 있는 것이다. 그러나 홉스가 동시대인들에게 경각심을 불러일으키게 된 주요 이유가 무신론적인 사상 때문이라는 사실을 고려하면,[253] "아무도 읽지 않는"《리바이어던》의 3부('기독교 코먼웰스에 대하여')와 4부('어둠의 나라에 대하여')에도 관심을 기울여야 한다. 17세기에도 여전히 종교가 지배했으며, 청교도혁명과 명예혁명을 촉발시킨 이유가 의회와 국왕의 정치적 대립만이 아니라 종교적인 대립이었다는 점에서, 홉스를 둘러싸고 전개된 종교적 공방에 대한 무관심은 옳지 않다.

홉스는 무신론자라는 비판을 받았다.[254] 그러나 과연 무신론자였을까? 무신론자의 의미를 '신의 존재를 부정하는 사람'이라고 정의한다면 홉스는 무신론자가 아니다. 홉스는 신의 존재를 천명했기 때문이다. 그러나 홉스가 살던 시대의 기준으로는, 다시 말해 그가 믿는 신이 교회가 말하는 신과 일치하는지 살펴본다면, 그는 무신론자라고도 말할 수 있다. 교회가 인정하는 신과는 다른 신을 믿고 있으니 결국에는 신을 믿지 않는 것과 다름없다는 논리가 성립하기 때문이다. 무엇보다 그 시대에 무신론자라는 말은 종교적으로 엄밀하게 정의된 말이 아니라 반대파에게 가하는 일반적인 비난이었다는 점을 고려해야 한다.[255] 따라서 홉스가 무신론자인가 아닌가 하는 논쟁은 필요가 없다. 이단과 무신론이 처벌받던 시대에 홉스가 신의 존재를 인정한 것이 본심인지, 아니면 《리바이어던》에서 말했듯이 "자기보존"을 위한 '자연권'의 행사인지 따지게 되면, 문제는 한없이 복잡해지고 어려워진다.[256] 중요한 것은 홉스가 당시의 정통적인 그리스도교와는 다른 그리스도교를 믿었다는 점이다.

자연종교

근대의 문헌에 유난히 자주 등장하는 단어가 있다면 자연, 자연권, 자연법, 자연철학, 자연종교 등 '자연'과 관련된 것이다. 《리바이어던》도 '자연'으로부터 시작한다.

자연은 하느님이 세계를 창조하여 다스리는 기예다. 다른 많은 일과 마찬가지로 자연을 인간의 '기예'로 모방하면, 여기에서 보는 바와 같이 인공 동물을 만들어낼 수도 있다.[257]

하느님이 '자연'이라는 기예를 통해 세상을 창조하고 다스리듯이, 인간은 자연을 모방하여 리바이어던을 만들 수 있다는 것이다. 여기에서 주목할 만한 점은 하느님은 자연을 가지고 세상을 창조하고 다스린다는 내용이다. 하느님이 세상을 창조하기 이전에 이미 자연이라는 것이 존재한다는 뜻인가? 이 스피노자적인 문제에 대한 홉스의 생각은 다소 혼란스럽다. 어쨌든 여기에서 중요한 것은, 하느님이 존재하고, 세상을 창조했으며, '자연'을 통해 세상을 다스린다는 사실이다. 당연히 '섭리'가 등장해야 될 곳에 '자연'을 등장시킨 셈이다. 홉스에게 있어서 '자연'이란 무엇이며, 자연과 섭리는 어떠한 차이가 있는가?

자연과 대비되는 것은 초자연이다. 홉스에 의하면, "자연은 인간에게 진리를 가르쳐주곤 한다. 하지만 인간은 자연을 초월한 진리를 추구하면서 자연이 가르쳐준 진리에 발목을 잡힌다."[258] 홉스는 《리바이어던》의 전편에 걸쳐, 천사, 정령精靈, 사자死者의 망령, 마녀, 거짓 예언, 해몽, 기적 등과 같은 초자연적인 현상은 '환각'일 뿐이며, 스콜라 철학자들이나 교회가 이익을 도모하기 위해 꾸며낸 '거짓'에 불과하다고 단언한다.[259] 그런데 하느님이 존재하고 당연히 전지전능한 존재라면, 하느님이 '자연'의 제약을 받아 초자연적인 현상을 만들어낼 능력이 없다는 것은 하느님에 대한 정의定義에 어긋나는 것이 아닌가? 홉스는 다음과 같이 말한다.

하느님에게 초자연적인 환영을 만들어낼 힘이 있다는 데는 의심의 여지가 없다. 그러므로 인간들은 하느님이 자연의 진행을 정지시키거나 변화를 일으키는 것에 대해 두려움을 느끼고 있는데, 현재 인간들이 느끼고 있는 이상으로 공포심을 느끼게 할 작정으로 더욱 빈번하게 그런 일을 하느님이 행한다는 것은 결코 그리스도교 신앙의 주지가 아니다.[260]

초자연적인 현상을 일으켜서 인간의 공포심을 유발하고 신앙심을 고취시키는 것은 교회의 하느님이지, 홉스의 하느님이 아니며, 초자연적인 현상을 강조하는 것은 교회의 그리스도교이지, 홉스의 그리스도교가 아니다. 홉스의 그리스도교는 "이성적인 판단을 내리고 신뢰할 만한 범위를 넘어선 것은 거부"한다.[261] 자연과 이성을 기준으로, 홉스는 성체변화설, 영혼불멸설, 영원한 고통에 관한 교리, 연옥 교리, 죽은 자의 유령이 배회한다는 교리, 귀신 물리기, 유령에게 주문 걸기, 사자의 영혼을 부르는 초사, 면벌부, 성자들의 생애와 관련된 기적 이야기, 귀신을 물리친 이야기 등과 같은 교회의 이야기를 거부한다. 특히 성체변화설에 대한 비판은 수차례 되풀이된다.

> 오늘날 주교들이 거룩한 말을 주문으로 삼아 바로 그런 짓을 하고 있다. 감각상 아무런 변화가 없는데도 이로써 떡이 사람으로 변했다고, 아니 하느님으로 변했다고 윽박지르면서 하느님이자 사람인 우리 구주가 마치 그 자리에 있기라도 한 것처럼 그것을 섬기라고 요구하고 있으니, 이런 터무니없는 우상숭배가 어디 있겠는가?[262]

그리스도교의 이러한 모습은 성서나 본래의 모습이 아니라 교회와 스콜라 철학자들이 꾸며낸 것에 불과하다는 것이다. 그러면 홉스가 그리스도교에서 인정하는 것은 무엇인가? 교회의 거짓과 오염을 제거하고 남는 본래적인 그리스도교의 모습은 무엇인가? 그리스도교에서 초자연적인 것을 배제하면 남는 것이 무엇인가? 홉스는 최소주의 입장을 취하는데, 하느님은 존재하며,[263] 하느님은 세상의 창조주이고, 피조물인 세상은 영원하지 않고,[264] 하느님은 섭리를 통해 인간사에 관여하며,[265] 하느님은 무한하고,[266] 하느님은 한 분만 존재하며,[267]

하느님은 완전한 분이기 때문에 정념을 가지지 않는다는 것이다.[268] 이렇게 성서에서 본질적인 부분과 비본질적인 부분을 나누는 것은 에라스뮈스주의자들이 관용을 주장하기 위한 예비 동작이었음을 기억할 필요가 있다.

홉스는 이성적인 추론을 통해 신이 "제1원인"과 "최초의 기동자"로서 존재한다고 말한다.[269] 이러한 신은 본성상 전지전능하고 무한하며 영원하다. 유한한 존재인 인간은 무한한 존재인 신을 이해할 수 없다. 따라서 교회가 신에 대해 늘어놓는 복잡한 이야기들은 모두 근거 없고 황당한 이야기일 뿐이다. 하느님은 전능한 존재이기 때문에 인간이 이해하지 못하는 신비스러운 계시를 통해 세상을 다스릴 수는 있다. 그러나 하느님의 왕국은 현세가 아니라 내세에 있다.[270] 현세의 왕국을 지배하는 것은 영원불멸의 신이 아니라 군주로, 군주는 신과 같은 존재다. 다만 신은 신이되 "죽는 신Mortal God"이다.

그렇다면, '성서'란 무엇인가? 하느님의 말씀을 기록한 것인가? 성서에는 인간의 이성으로 이해할 수 없는 초자연적인 말들이 많지만, "자연적인 이성에 어긋나는 것은 아무것도 없다".[271] 성서는 하느님의 말씀이지만, 성서 가운데에는 인간이 기록한 것도 있기 때문에 이러한 것들을 성서에서 배제해야 한다고 홉스는 주장한다. 예를 들면, 홉스는 '모세 5경'이 모세가 기록한 것이 아니라 모세 이후에 기록된 것임을 밝혀냈다.[272] 홉스가 시작한 성서 비판은 리샤르 시몽, 이사크 라페레르, 스피노자의 본격적인 성서 비판으로 이어진다.[273] 이렇게 성서에서 인간적인 불순물을 제거하고 나면, 성서는 자연법과 다르지 않게 된다.

성경은 자연법과 다르지 않은 한 의심할 여지 없이 하느님의 법이며, 자연적 이성을 갖춘 사람이라면 누구나 인정할 수 있는 권위를 지니고 있다. 그러나 이러한 권위는 자연적 이성에 합치하는 다른 도덕률과 다를 바 없다.[274]

자연법이란 무엇인가? 어원적으로, 그것은 자연이 인간에게 가르쳐준 법이다. 홉스에 의하면, 그것은 인간의 이성이 찾아낸 계율이나 일반적인 원칙을 말한다.[275] 자연법은 불변하고 영원하며,[276] 영원하고 보편적인 것이기 때문에 신이 주신 것이다.[277] 하느님에 대한 맹세라도 자연법에 반한다면 그 맹세는 헛되다.[278] 이 대목은 흐로티위스와 다르지 않다.

이렇듯, 홉스는 하느님의 존재를 인정하고, 섭리를 인정하고, 하느님이 전지전능함을 인정한다. 그러나 그의 하느님은 스콜라 철학자들이나 교회의 하느님과는 다르다. 홉스의 하느님은 비인격적인 신이며,[279] 자연의 법칙이나 도덕률로 존재한다. 섭리를 통해 세상을 다스리지만, 그 섭리는 자의적이고 변덕스러운 기적이나 이적이 아니라 자연법칙이다. 세상은 하느님의 법칙에 의해 규칙적으로 움직인다. 홉스의 그리스도교는 이신론자인 톨런드가 말하는 "신비스럽지 않은 그리스도교"이며, '자연종교'에 다름 아니다.[280] 후일, 루소는 홉스의 '이성적인' 자연종교를 '감성적으로' 표현했다고 말할 수 있다.[281]

시민 종교

'시민 종교civil religion'라는 용어를 처음 사용한 사람은 루소인 만큼 루소에서부터 논의를 시작하는 것도 좋을 것 같다. 루소는 《사회계약론》에서 "인간은 본래 자유인으로 태어났지만 어디에서나 쇠사슬에 얽매여 있다"고 전제한 후, "모든 공공의 힘으로부터 각 구성원의 신체와 재산을 방어하고 보호해주는 연합의 형태, 그리고 이것에 의해 각 개인은 전체와 결합돼 자기 자신에게만 복종하고 이전과 마찬가지로 자유로울 수 있는 그런 연합의 형태를 발견"하기 위해 논의를 전개한다.[282] 사람들은 사회계약을 맺고 '전체 의사'의 감독하에 의탁함으로써 법률적인 평등뿐만 아니라 자유와 안전을 얻는다. 전체 의사란 다른 말로 하면 주권이다. 전체 의사는 절대적이고 신성불가침하며, 구성원을 지배하는 절대적인 권한을 가진다. 군주는 주권자가 아니라 지배권을 위임받은 관리에 불과하기 때문에 해임할 수 있다.[283]

루소의 사회계약은 일반적인 계약의 한계를 벗어나지 못하며,[284] 공적인 차원에 국한된다.[285] 따라서 국가로서는 시민들이 '자발적으로' 국가에 대한 의무를 다하도록 할 필요가 있다. 이에 루소는 논의의 마지막에서 '시민 종교'를 등장시키며, 다음과 같이 정의한다.

시민 종교의 교리는 단순해야 하고, 그 수가 적어야 하며, 설명도, 해설도 없이 명확하게 표현되어야 한다. 힘 있고 지혜롭고 은혜롭고 앞을 내다보고 대비하는 신의 존재, 내세의 삶, 의로운 자들의 행복, 악인의 징벌, 사회계약과 법의 신성성, 이러한 것들이 긍정적인 교리다. 부정적인 교리로는 단 하나, 즉 불관용으로 한정시키겠다. 불관용은 우리가 배제한 종교들에 속한다.[286]

루소의 '시민 종교'를 홉스에게서도 찾아볼 수 있는가? 먼저 홉스와 루소의 지적 관계부터 살펴보자. 루소의 《사회계약론》과 《에밀》에는 홉스와 홉스의 사상적 모태라고 할 수 있는 흐로티위스에 대한 언급이 몇 차례 나온다.[287] 루소는 홉스의 자연법 사상을 자기 식으로 전유하여 사회계약론과 시민 종교 개념을 만들지 않았을까 하는 생각이 들 정도로 두 사상가의 사상은 비슷하다. 루소의 시민 종교는 계약의 당사자로서 의무보다는 권리를 먼저 생각하기 쉬운 시민들에게 국가에 대한 의무감을 부과하기 위해 '종교적'으로 맹세(신앙고백)하도록 하는 것이다. 그러니 시민 종교는 '신'의 존재를 전제로 삼아야 한다. '신의 존재'는 시민들에게 의무감을 고취시키기 위한 도구다. 루소와 홉스는 모두 신이 존재하며, 인간사에 규칙적으로 개입한다는 점을 인정하지만 그들의 '신'은 그리스도교에서 말하는 하느님과는 다르다.

신의 말씀은 인간의 이성으로 이해할 수 있을 정도로 분명해야 하며, 단순해야 한다. 구원을 얻기 위해 교회가 명령하는 것을 전부 실천할 필요는 없다. "예수가 그리스도임을 믿는 것"으로 충분하다.[288] 자연법에 위배되지 않는 것, 자연법에 위반되지 않는다고 국가가 인정한 것만 믿고 실천하면 된다는 뜻이다.[289]

시민 종교에서도 신은 존재한다. 루소의 경우에는 '자연'에 편재되어 있고, 홉스의 경우에는 자연법으로 존재한다. "영원불멸의 하느님"은 존재하지만, 종말 이후에 세워질 왕국을 지배하기 위해 기다리고 있다. 지상을 지배하고 지상의 평화와 안전을 보장하는 것은 군주이다. 그러므로 홉스의 신은 지상의 사람들에게는 사실상 없는 셈이다. 다른 말로 하면, "숨은 신"이다.[290]

시민 종교의 가장 중요한 특징은 '관용'이다. 루소의 시민 종교에서는 오직 불관용만을 불관용한다. 그런데 군주의 절대권과 관용은 양립하기 어렵지 않을까? 루소의 '시민 종교'에서도 이러한 어려움을 엿볼 수 있다. 루소는 '시민 종교'를 따르지 않는 사람을 추방하거나 심지어 사형에 처한다. 루소는 종교적인 폭력은 아니라도 국가적이나 이념적인 폭력을 용인한다.[291] 루소의 사상에 편재되어 있는 이율배반은 여기에서도 예외가 아니다.

홉스의 경우도 마찬가지이다. 홉스가 계약론을 통해 군주의 절대권력을 옹호하고 있다는 점에는 이론의 여지가 없다. 국가의 권력은 교회와 공유할 수 없으며, 교회는 국가의 절대적인 지배 아래에 놓여 있다. 오로지 국가만이 법을 만들며, 그 법은 신의 법과 다르지 않다. 홉스는 성서를 해석하는 최종 권한도 군주에게 부여한다.[292] 군주는 자기가 만든 법을 지키지 않아도 될 만큼 절대적이다. 홉스가 《리바이어던》에서 크롬웰에 대한 충성을 정당하다고 인정한 것은 국왕 찰스에 대한 배신으로 여겨져서 그 자신을 괴롭혔지만, 찬탈한 권력도 정당하기 때문에 복종해야 한다는 일관된 생각을 표명한 것이었다.[293]

홉스는 국가가 교회에 대해서는 절대적인 지배권을 가진다고 강조하면서도, 개인의 양심에 대해서는 모호한 입장을 취한다. 홉스는 겉으로 드러나는 종교 행동은 국가의 지배를 받아야 하지만, 겉으로 드러나지 않는 내면적인 신앙이나 양심은 개인의 의지에 속한다고 주장한다. 그러나 현실적으로, 신앙과 예배 의식을 구분할 수는 없다. 개인이 군주와 다른 종교를 가지고 있으면서 군주가 규정한 대로 신앙고백을 하기는 어렵다. 그것은 양심과 신앙에 위배되기 때문이다. 홉스는 신앙을 지키기 위한 순교를 어리석은 행동으로 평가절하하는데, 그렇게 본다면 홉스의 사회는 오로지 생존을 위해 절대자에게 복종하는 거짓 위선자들로만 구성된 사회가 아닌가? 위선은 홉스가 말한 자연법을 어기는 것이 아닌가?[294] 홉스 연구자들 가운데에는 홉스가 절대왕정을 주장했지만 동시에 자유와 관용을 설파했다는 모순된 주장을 펼치는 사람도 있지만,[295] 홉스에게 있어서 자유와 관용은 작은 비중을 차지한다는 사실을 부정할 수 없다.

홉스는 교회에게서 영적인 지배권과 성서해석권 등을 빼앗아버림으로써 그리스도교를 시민 종교로 만들어버렸다. 그리스도교는 시민 정신과 애국심을 고취하여 군주의 지배를 탄탄하게 하는 도구일 뿐이었다.

유물론

자연종교와 시민 종교는 교회의 의심을 살 만한 요소가 많다. 신의 존재와 창조, 섭리를 인정하지만, 그 신이 인격을 지녔음을 부정하고, 신이 기적과 같은 초자연적인 현상을 통해 세상을 다스린다는 통념을 부정하며, 하느님의 왕국은 존재하되 현세가 아니라 내세에 찾아온다고 말하는 것은 그리스도교를 부정하는 듯한 인상을 주기 때문이다. 현세의 유일한 절대 지배자는 군주라는 생각은 수장법 이후의 잉글랜드 정치 전통과 에라스투스주의에 부합하기는 하지만, 대단히 과격한 사상이었다.

국왕이 홉스를 정치적으로 사면한 상황에서, 홉스의 적들이 홉스를 처벌할 수 있는 방법은 홉스의 신앙을 문제삼는 것이었다. 그들은《법의 제요소》와《시민론》에 대해서는 긍정적이었지만,《리바이어던》에 대해서는 불쾌감을 감추지 못했다. "유물론 철학에 맞추기 위해 고안된 가장 기이한 그리스도교 신학"으로 비춰졌기 때문이다.[296] 홉스가 성체변화설을 거부할 때의 논리로 짐작할 수 있듯이, 또한 《리바이어던》 38장에서 확인할 수 있듯이, 홉스가 유물론자인 것은 분명하다. 일례로, '천사'에 대한 논의를 살펴보자. 유물론 철학에 의하면, 존재하는 것은 형태를 가지므로 천사가 존재한다면 형태를 가질 수밖에 없다. 그러므로 홉스는 천사가 '무형의 존재'라는 교회의 주장을 받아들이지 않는다. "천사가 무형의 존재라는 주장은 천사의 존재가 없다는 말이고, 이것은 곧 아무 데도 없다는 뜻이므로 천사는 아무 것도 아니라는 주장"이 되기 때문이다.[297]

홉스는 같은 맥락에서, 영혼이 비물질적이라는 주장, 영혼이 육신으로부터 분리된 후 영원히 산다는 주장, 아픔을 느낄 수도 없는 무형의 영혼이 불태워진다는 주장을 받아들이지 않는다.[298] 그런데 이러한 유물론을 '신의 존재'에까지 확대할 수 있을까? 그는 신도 물질이라고 말한다.[299] 오히려 신은 '비물질적인 정신'이라고 주장하는 사람이 있다면 다음과 같은 삼단논법에 의해 무신론자가 된다. 비물질적인 것은 존재하지 않는다. 신은 비물질적이다. 그러므로 신은 존재하지 않는다.[300] 또한 '물질적으로' '존재'하는 신과 '무한'한 신은 양립하기 어렵다. 신이 무한하다면 물질적으로 존재할 수 없으며, 물질적으로 존재한다면 무한할 수 없기 때문이다. 홉스가 성체변화설을 "사제들의 사기詐欺"라고 본 것은 이러한 유물론적 근거에서였다.

만들어진 종교

홉스가 무신론자인지, 아닌지 따지기 위해서는 그가 계시종교에 대해 어떤 생각을 가지고 있는지 살펴볼 필요가 있다. 우선, 홉스는 종교는 '만들어진 것'이라고 주장한다.

사물의 자연적 원인에 대한 탐구를 거의, 또는 전혀 하지 않는 사람들은 자신들을 이롭게, 혹은 해롭게 하는 힘이 무엇인지 모른다. 이러한 무지로 인한 공포심으로 여러 가지 보이지 않는 힘을 상정하고 이를 원인으로 여긴다. 그리고 자신들이 상상한 힘을 경외하고 고민거리가 있을 때는 그 힘에게 빌며, 기대한 대로 성공했을 때에는 감사를 드리는 등 상상력으로 신을 만들어냈다. 그리하여 무수히 다양한 상상으로부터 인간은 이 세상에 무수한 종류의 신을 창조했다.[301]

종교는 인간이 무지와 공포에서 벗어나기 위해 '창조'한 것이다. 그렇다고 창조된 것이 모두 종교는 아니다. 창조된 것들 가운데 군주가 인정한public 것만이 종교이고, 그렇지 않은 것은 미신이다.[302] 이러한 일반적인 종교론은 그리스도교에게도 적용되는가? 홉스는 일단은 그렇지 않다고 말한다.

이러한 언급은 (이방인들의 신에 관한 한) 진실이다. 그러나 영원하고 무한하며 전능한 유일신의 존재를 인정하는 것은 다른 문제다. 이것은 장래에 그들에게 일어날 일에 대한 공포심보다는 오히려 자연적 물체와 여러 가지 힘이나 작용의 원인을 알고자 하는 인간의 지적 욕구에서 생긴다고 할 수 있다. 어떤 결과가 생기는 것을 보고 그로부터 가장 가까운 직접적 원인을 추론하고, 또한 그 원인의 원인을 추론하고 계속 이어지는 원인을 추적하다 보면, 끝에 가서 '최초의 기동자'에 이르게 된다. 이것은 이교도 철학자들까지도 인정하고 있다. 즉, 모든 사물에는 최초의, 영원한 하나의 원인이 반드시 존재한다는 결론에 이르게 된다. 이것이 바로 사람들이 '하느님'이라고 부르는 존재의 본질이다.[303]

그리스도교의 하느님은 제1원인, 최초의 기동자로서의 하느님이다. 이는 철학자들이 말하는 철학적 하느님으로, 인간이 이성적으로 추론하여 발견할 수 있는 하느님이다. 이는 성서에 나와 있는 신비스러운 하느님이 아니며, 초자연적인 힘으로 자연의 질서를 교란시키기보다는 자연을 창조하고 자연의 질서를 유지하는 하느님이다. 이렇듯 홉스의 자연종교는 그리스도교의 계시종교를 부정한다.

그렇다면 교회란 무엇인가? 홉스는 교회를 "한 명의 주권자에 의해 통일되어 있는, 그리스도교 신앙을 고백하는 사람들의 집단"이라고 정의한 후, 보편 교회의 존재를 부정한다.

모든 코먼웰스에서 정치적 주권자의 허가가 없는 집회는 불법이므로, 코먼웰스가 모임을 금지한 경우 교회 또한 불법 집회가 된다. 따라서 지상에는 모든 그리스도교도가 복종해야 하는 보편 교회는 존재하지 않는다. 지상에는 모든 코먼웰스들이 복종해야 하는 권력이 존재하지 않기 때문이다. 각각의 군주와 국가에 의해 통치받는 그리스도교도들이 있을 뿐이다.[304]

보편 교회는 없다. 수장법이 지배하는 잉글랜드에서 볼 수 있듯 '국가 교회'가 있을 뿐이다. 교회에서는 당연히 《성경》의 말씀을 듣겠지만, 그것은 군주가 인정한 것이고 군주가 해석한 것이기 때문에 결국은 군주의 말이다. 교회에서는 군주에 대한 충성심, 국가에 대한 애국심을 다진다.

무신론과 관용

홉스는 무신론자라는 비판을 받았다. 순전히 신학적인 이유에서 이렇게 비판받은 것은 아니었다. 그것은 홉스의 배신에 분노한 왕당파 동료들이 홉스를 비판할 때 선택한 효과적인 용어였으며,[305] 왕정복고 이후 지배적인 위치를 차지하고 있던 아르미니우스주의자들이 적들을 비판할 때 사용하던 용어였다. 실제로 홉스를 비판한 클래런던 백작이나 브램홀 주교 등은 모두 아르미니우스파였다.[306]

홉스는 자연법 사상가로서 "신이라도 자연법을 위반할 수 없다"고 말한 흐로티위스와 마찬가지로 그리스도교를 체계적으로 비판했다. 특히 그는 유물론자였다는 점에서 동시대의 어느 학자보다도 그리스도교에서 동떨어져 있었다. 그의 신은 그리스도교 교회에서 말하는 신과 다르며 자연법은 그리스도교에서 말하는 섭리가 아니라는 점에서 홉스는 '이단'이었지만 신이 존재하며 섭리를 통해 세상을 다스린다고 보았다는 점에서 무신론자는 아니었다.

홉스의 종교는 어느 종파에 가까웠을까? 그는 세속의 군주가 국가와 교회의 유일한 절대 지배자라고 주장했으며, 가톨릭교회와 스코틀랜드 장로교회는 국가 내의 국가요 내란을 일으키는 요소라고 배격했다는 점에서, 그의 종교는 잉글랜드 국교회에 가까운 것으로 생각할 수 있다.[307] 혹은, 교회란 단순히 "그리스도교 신앙을 고백하는 사람들의 집단"이라고 여겼으므로 청교도혁명기의 '독립파'와 가까운 것으로도 보인다.[308]

홉스의 시대에 폭넓은 관용을 주장한 사람들은 독립파였다. 독립파란 청교도 중에 중앙집권적인 교회 조직을 주장하는 장로파에 맞서서 개별 교회의 독립과 자율을 주장한 사람들을 말한다. 의회는 왕당파에 승리를 거둔 후에 장로교적인 국가 교회를 세우려 했지만, 독립파의 반대에 직면했다. 독립파의 지도자였던 올리버 크롬웰은 가톨릭을 제외한 모든 종교에 대해 관용을 선언했다. 유대인도 잉글랜드에 거주할 수 있게 하고 자유로운 신앙을 허용했다. 이단들에게 관용을 베푼다는 이유로 의회가 통치헌장에 반대하자, 크롬웰은 의회를 해산시킬 정도였다. 그러나 크롬웰은 1649년에 아일랜드의 가톨릭교도들을 집단 학살했다는 원죄에서 벗어나지 못한다.

관용을 둘러싸고 독립파와 장로파 사이에서 논쟁이 벌어졌는데, 독립파에서는 헨리 로빈슨, 존 굿윈, 존 밀턴 등이 두드러졌다. 밀턴은 양심은 침해할 수 없는 것이라고 말했고, 프로테스탄트들이 프로테스탄트들에게 가하는 박해를 비난하기도 했다. 그러나 그는 가톨릭에 대한 박해는 이상한 논리를 동원하여 정당화했다. 가톨릭교도들의 양심은 성서에 토대를 두고 있지 않기 때문에 가톨릭의 "우상숭배"를 금지시키는 것은 가톨릭교도들의 양심을 침해하는 일이 아니라는 것이다.[309] 독립파 가운데 존 릴번, 리처드 오버튼, 윌리엄 웨일린 같은 수평파는 가톨릭과 반삼위일체파를 포함한 완전한 관용을 주장했

다.[310]

홉스에 의하면, 교회는 이단은 물론이고 무신론자들도 처벌할 권리가 없다. "다른 의견을 가지고 있다고 처벌하는 것은 자연법에 어긋나기 때문이다."[311] 그러나 국가는 그들을 처벌할 권리를 가지고 있다. 단, 그들이 국가의 안전을 위협할 때에만 그러하다. 이단이나 무신론자들을 관용하되 국가의 안전을 해치지 않을 경우에만 관용한다는 것은 루소와 같은 관용론자에게도 나타나는 한계이므로 특별할 것은 없다. 홉스는 무신론이 '죄'라고 말한 적이 있지만, 그 경우에도 그것은 '무지'의 죄이지, 신성모독은 아니었다.[312] 홉스에게서 주목할 만한 점은 무신론자에 대한 관용이다. 홉스는 무신론자라고 해서 그리스도교도들보다 특별히 악하지는 않다고 말한다.[313] 따라서 무신론자라는 사실만 가지고 그를 부도덕한 사람으로 단죄할 수는 없다. 어떤 사람이 신이 존재하지 않는다고 "말이나 글로" 분명히 말했고 그에 대한 고발이 있다면 처벌할 수 있지만, 이 경우에도 '추방'할 수 있어도 '처형'은 할 수 없다. 추방하는 이유는 그가 완고한 사람이어서가 아니라 국가에 해를 주기 때문이다. 홉스에게 있어서 신성한 기준은 시종일관 국가의 안전이었다.[314]

홉스는 무신론자는 아니었지만 무신론자를 옹호했으며 후대의 무신론자들에게 영향을 미쳤다. 홉스의 '자연'은 신의 피조물이었다는 점에서 스피노자의 "신 즉 자연"이라는 범신론과 구분된다. 그러나 신은 물질이며, 섭리는 자연법칙으로 존재한다는 자연종교는 신마저도 자연으로 존재한다는 범신론으로 진화할 가능성을 지니고 있었다.[315] 실제로 스피노자는 홉스와 동일한 논의를 전개하면서 범신론을 제창했다. 계몽주의 시대에 무신론을 천명한 올바크는 홉스의《인

간본성론》을 번역했다.[316]

홉스는 청교도혁명의 증인이자 피해자로서 국가 분열의 책임이 교회에 있다고 보았다. 따라서 그의 처방은 간단했다. 국가의 모든 권력은 한 사람의 군주에게 집중되어 하고, 군주는 결코 교회와 권력을 나누지 않는 것이다. 이러한 점에서 홉스가 구상한 정치 체제는 잉글랜드의 전통이었던 에라스투스적인 체제였다. 절대군주는 교회의 일에 개입할 수 있다는 점에서 근본적으로 종교의 자유를 해칠 소지가 있었다. 또한 홉스는 모든 악의 근원인 무정부 상태를 일소하기 위해는 무엇보다도 일체성이 필요하다고 말했다는 점에서도 자유에 대해 적대적이었다.[317] 그러나 관용의 역사에서, 홉스는 체계적인 자연법과 유물론을 통해 그리스도교를 무력화시키며 그리스도교의 독단과 독선을 파괴함으로써 관용으로의 문을 여는 데 기여했다고 평가할 수 있다.

III
회의주의의 부활

회의주의에는 두 개의 계보가 있다. 하나는 아카데미 회의주의로, 기원전 3세기에 플라톤 아카데미에서 형성되어 소크라테스의 "내가 아는 것은 나는 아무것도 모른다는 사실이다"라는 말에서 비롯되었다. 아카데미 회의주의는 키케로와 디오게네스 라에르티우스를 거쳐 계승되었으며, 스토아 철학자들과 아우구스티누스의 반대를 통해 알려졌다. 또 하나의 계보는 기원전 4세기의 피론Pyrrhon of Elis(360~275)에게서 기원한 피론주의다. 피론은 알렉산드로스 대왕의 병사로 인도 원정에 참여하여 여러 나라와 민족들을 살펴보면서, 사람마다 다양한 의견을 가지고 있다는 사실에 강한 인상을 받았다. 이곳에서는 어떤 것을 믿을 때, 다른 곳에서는 그 반대를 믿기도 했다. 그럼에도 어느 쪽이든 모두 똑같은 수준의 타당성을 지니고 있었다. 이러한 상황에서, 피론이 제안한 태도는 '판단을 보류하는 것'이었다.

피론의 사상은 기원 후 200년경의 섹스투스 엠피리쿠스의 시대까지 주로 의학계에서 전해졌다. 이들은 현상을 넘어선 실체에 대해서는 관심을 기울이지 않았다. 피론의 회의주의는 독단론이 지배하던 중세에는 잊혀졌다가 16세기에 부활했다. 1562년, 섹스투스 엠피리쿠스의 책이 라틴어로 번역되었고, 피에르 밸은 섹스투스 엠피리쿠스의 사상이 도입됨으로써 근대 철학이 시작되었다고 말했다.[318] 베즈로부터 "새로운 아카데미 회의주의자"라는 비난을 받은 카스텔리옹은 회의주의자들을 "최고의 철학자 집단"이라고 찬양했다.

16세기에 회의주의자로 꼽을 만한 사람은 프랑스의 몽테뉴와 스페인의 산체스다. 몽테뉴는 "나는 무엇을 아는가?"라며 회의했고, 산체스는 "나는 모른다는 것조차 모른다"라며 한술 더 떴다. 17세기 프랑스의 자유사상가들은 모두 몽테뉴의 후예들이다. 데카르트는 방법론적 회의를 통해 "나는 생각한다, 그러므로 존재한다"는 확신에 도달하여 회의주의를 정복했지만, 그 역시 근본적으로는 "본의 아닌 회의주의자"였다.[319] 17세기의 대★회의주의자는 《역사적 비판적 사전》을 쓴 피에르 밸이다.

회의주의자들 가운데 유스투스 립시우스 같은 사람은 종교적 박해를 지지하기도 했지만,[320] 회의주의의 부활은 그리스도교의 도그마를 무너뜨리고 관용 사상이 형성되는 데 기여했다. 이 문제에 있어서만큼은 '판단 보류'를 불허한다.

9

몽테뉴의
회의주의

종교전쟁의 증인

16세기 프랑스의 대표적인 인문주의자인 몽테뉴Michel Eyquem de Montaigne는 1533년에 태어나 1592년에 사망했다. 1533년은《세네카의 관용론 주석》을 펴낸 칼뱅이 인문주의자에서 종교개혁가로 변신한 해이며, 1534년은 격문 사건으로 인해 프랑스에서 종교 탄압이 본격화된 해다. 1592년은 가톨릭 신성동맹 측 수도자인 클레망이 1589년에 앙리 3세를 암살한 후 앙리 4세가 파리의 신성동맹군을 상대로 공세를 벌이던 시기였다. 1593년에 가톨릭으로 개종한 앙리 4세는 1598년에 낭트칙령을 발표하여 1562년부터 시작된 종교전쟁을 종식시킨다.

이렇게 몽테뉴가 살았던 시기는 르네상스 휴머니즘이 쇠하고 종교개혁이 성했으며, 특히 프랑스에서는 불관용적인 가톨릭과 칼뱅파가 전쟁을 벌인 시기였다. 몽테뉴의 고향이자 그가 생의 대부분을 보낸

아키텐 지방은 칼뱅파의 본거지였던 베아른 지방에서 멀지 않은 곳으로, 칼뱅파의 세력이 강했다. 1585년에는 몽테뉴 성이 칼뱅파에 약탈 당한 적도 있었다. 중심 도시인 보르도는 몽테뉴의 아버지가 시장을 역임했고, 몽테뉴도 4년간(1581~1585) 시장을 역임한 도시로, 당시 인구 약 5만 명 가운데 7,000명이 칼뱅파였다.[321] 1572년 여름, 파리에서 성바르텔르미 축일의 학살이 벌어져 약 3,000명의 칼뱅파가 죽었고, 그해 10월 보르도에서도 250여 명이 죽었다.

이러한 종교적인 분열상은 몽테뉴의 집안에서도 일어났다. 에켐 Eyquem 집안은 보르도에서 포도주, 절인 생선, 파스텔 염료 등을 판매하여 부유해진 상인 가문이었다. 몽테뉴의 증조부 라몽은 백년전쟁 중에 파산한 귀족의 영지와 성을 사들여 귀족의 대열에 올랐다. 귀족으로의 신분상승은 몽테뉴의 아버지가 프랑수아 1세를 따라 이탈리아 전쟁에 종군함으써 완성되었다. 몽테뉴는 영지인 몽테뉴의 이름을 따서 미셸 드 몽테뉴가 되었다. 몽테뉴의 아버지는 독실한 가톨릭이었고, 몽테뉴의 세 삼촌은 성직자였다. 몽테뉴는 가톨릭 세례를 받았으며, 가톨릭을 믿었고, 가톨릭 신자로서 죽음을 맞이했다. 반면, 몽테뉴의 어머니는 스페인에서 이주한 마라노(가톨릭으로 개종한 유대인)였으며, 다시 프로테스탄티즘으로 개종했다.[322] 몽테뉴의 네 남동생 가운데 한 명[Thomas de Beauregard]과 세 여동생 가운데 한 명[Jeanne Eyquem]도 프로테스탄티즘으로 개종했다. 그렇지만 그 여동생의 딸인 잔[Jeanne de Lestonnac]은 다시 가톨릭으로 개종했으며, 1949년에 가톨릭 성인이 되었다.

시대적으로, 국가적으로, 그리고 가정적으로도 종교 분열이 심했지만, 몽테뉴의 종교는 시종일관 가톨릭이었다. 가톨릭과 칼뱅파의 대

몽테뉴 성에 있는 몽테뉴의 서재 천장.

몽테뉴는 고대 작가들의 글을 많이 인용했으며, 그것을 서재 천장에 적어 놓았다. 예컨대 소포클 레스의 글: "인생에서 가장 즐거운 일은 아무 것도 생각하지 않는 것이다. 왜냐하면 생각하지 않 는 것은 상처를 주지 않기 때문이다."

립 속에서 몽테뉴는 칼뱅주의를 비판하고 가톨릭을 지지했다. 1580년 6월부터 17개월 동안 독일, 스위스, 이탈리아 등지를 여행할 때에도 가톨릭 신자로서의 의무를 거르지 않았다. 그러나 어떤 가톨릭이었을까? 당시에는 가톨릭이라고 다 같은 가톨릭이 아니었다. 종교전쟁의 상황에서 칼뱅파에 대한 입장에 따라 극단적인 가톨릭 신성동맹에서 온건한 가톨릭에 이르기까지 여러 종류의 가톨릭이 존재했다. 동시에 그는 회의주의자였다. 그렇기 때문에, 몽테뉴는 외면적으로는 가톨릭을 믿고 있었지만 불가지론, 이교주의, 심지어는 무신론까지 마음속에 감추고 있지는 않을까 하는 의심을 받았다. 16세기에 '가톨릭 신자'가 의미하는 것은 무엇이었을까? 가톨릭교도로 태어나서 출생 시의 종교를 습관적으로 고수하는 것인가? 아니면 엄밀한 신학적 검토와 판단을 통해 선택하는 것인가? 몽테뉴가 가톨릭 신자로 남은 것은 신학적 선택의 결과인가? 아니면 불가지론의 입장에서 전통을 고수한 것인가? 그것도 아니면 현실적인, 혹은 기회주의적인 정치 행보인가? 종교를 위해 목숨을 바치면서도 개종과 재개종을 쉽게 반복하던 시대에 종교가 의미하는 것은 무엇이었을까?

《수상록》

몽테뉴는 인문주의 교육을 받고 자랐다. 아버지 피에르는 이탈리아에서 이탈리아의 인문학을 익히고 돌아왔다. 그는 에라스뮈스의 아동 조기교육론에 입각하여 라틴어 조기 교육을 실시했다. 라틴어 가정교사를 특별히 불렀고, 교육적으로 잠을 깨우기 위해 피아노를 연주하는 악사를 고용할 정도였다. 집안사람들은 몽테뉴 앞에서는 라틴어로 말을 해야 했기 때문에 고생이 많았다. 그래서 몽테뉴에게는 라틴어가 모국어였다. 몽테뉴가 프랑스어를 배운 것은 여섯 살 때 보르도에 있는 학교에 입학하면서부터였다. 학교의 교장은 포르투갈 출신의 유명한 인문주의자인 안드레아 구베아였다. 몽테뉴는 툴루즈 대학에서도 공부했는데, 미카엘 세르베투스와 무신론자로 몰려 화형당한 에티엔 돌레와 동창이었다.[323] 18세에는 파리로 올라가 왕립 콜레주(콜레주 드 프랑스)에서 인문주의를 공부했다. 그 후 몽테뉴는 주로 보르도 고등법원에서 일하다가 1570년에 고등법원 관직을 팔고 몽테뉴 성으로 귀향하여 《수상록》 집필에 몰두한다.

몽테뉴는 무슨 책을 읽었을까? 그가 독서에 흥미를 느끼기 시작한 것은 오비디우스의 《변신 이야기》에 재미를 느끼면서부터였다. 그는 베르길리우스의 《아이네이스》, 로마의 희극 작가인 테렌티우스와 플라우투스를 읽고, 이탈리아의 희극까지 읽었다. 테렌티우스는 "나는 인간이다. 모든 인간적인 것은 나와 무관하지 않다"는 인간주의적인 명언을 남긴 사람인데, 몽테뉴는 이 글귀를 몽테뉴 성에 있는 서재의 들보에 새겨놓았다. 당시 몽테뉴는 또래의 소년들이 즐겨 읽던 《원탁의 기사》나 《아서 왕 이야기》 같은 중세 기사들의 모험담 대신 이교 문학에 빠졌다.

《수상록》에 인용된 사람들의 면모로도 그의 인문주의적 취향을 살펴볼 수 있다. 플라톤, 플루타르코스, 세네카 외에도, 이솝, 헤로도토스, 베르길리우스, 루크레티우스, 카툴루스, 호라티우스, 카이사르, 살루스티우스, 타키투스, 플리니우스, 페트라르카, 보카치오, 구이치아르디니 등이 자주 등장한다. 특히 루크레티우스의 《사물의 본성에 관하여》는 사물의 본성을 이해하고 '행복'과 함께하는 삶을 살며 존엄 속에서 죽음을 맞이하도록 이끌어 준 가장 확실한 지침서였다.[324] 성아우구스티누스는 열 번 정도 인용되었으며, 성서 인용은 드물다. 이러한 독서는 그리스도교 세계관에서 벗어나 인문주의자로 성장하는 데 도움을 주었던 듯하다.

　몽테뉴의 사상은 《수상록》에 담겨 있다. 이 책은 1580년에 1권과 2권이 출판되었으며, 1588년에 1권과 2권의 수정 증보판과 3권이 출판되었다. 이 책은 '수상록'이라는 제목이 주는 무거운 느낌과는 달리, 분명하고 치밀한 논리로 짜여진 철학서가 아니다. 이 책은 "슬픔", "우정", "엄지손가락", "외모", "옷 입는 관습" 같은 잡다한 주제에서부터 "기도", "레몽 세봉을 위한 변호"와 같은 신학적인 주제에 이르는 총 100여 가지의 주제에 대한 단상을 완곡하고 에두른 표현으로 기술한 책이다.[325] 그렇지만 이 방대한 책에서 몽테뉴의 종교 사상을 추출해내는 일은 힘들지 않다. 그의 반反프로테스탄트적인 입장은 여러 차례 천명되고 있어서 오해의 여지가 없으며, 가톨릭적인 입장과 실천도 분명히 나타나 있다. 그러나 자유사상가와 무신론자로서의 모습을 암시해주는 구절 또한 적지 않다. 이렇듯 《수상록》에는 여러 모습의 몽테뉴가 나타난다. 그런데 어떻게 가톨릭이면서 반反가톨릭일 수 있으며, 가톨릭이면서 무신론자일 수 있겠는가? 이 문제를 해결하기 위해서는 몽테뉴를 종교전쟁이라는 시대 상황 속에서 살펴보아야 한다. 그리고 당시의 종교 심성에 대한 시대착오적인 평가에서 벗어나기 위해서는 《수상록》을 16세기의 시각으로 읽어야 한다. 예를 들어 몽테뉴의 책에 나타난 일부 무신론적인 언급이 신학적인 분석에 따르면 무신론으로 보일 수 있겠지만, 16세기에는 그러한 언급이 허용되었을 가능성도 있다. 몽테뉴가 로마를 여행하던 중, 교황청 검열관들은 《수상록》의 내용 가운데 일부 반反가톨릭적인 내용을 지적하는 정도로 넘어간 반면, 1676년에는 이 책을 금서로 지정했다는 사실은 몽테뉴의 종교가 16세기에는 문제가 없었으나 17세기에는 문제가 되었다는 사실을 시사해준다.

자연주의

《수상록》은 잡다하고 통일성 없는 잡문집처럼 보이지만, 어떤 의미에서는 그러한 이유로 책이 가치가 있다고 할 수 있다. 이 책은 추상적인 개념에 대한 철학적인 논증이 아니라 인간의 자연스러운 모습, 특히 저자 자신의 모습을 해부한 책이다. 이러한 저술 의도는 머리말에 분명히 나타나 있다.

나는 생긴 그대로의 나 자신을, 자연스럽고 일상적이고 아무것도 꾸미지 않은 나 자신을 보여주고 싶다. 내가 그리는 대상이 바로 나 자신이기 때문이다. 세간에 실례가 되지 않는 한, 내 결점들도, 타고난 내 모습도 있는 그대로 그릴 것이다.

몽테뉴는 자화상을 그리듯이, 자신의 조각상을 제작하듯이, 고백에 가까울 정도로 있는 그대로의 모습을 솔직하게 보여준다. 흔히 르네상스를 개인의 발견이라는 개념으로 설명하는데, 이러한 면에서 몽테뉴는 전형적인 르네상스인이었다. 몽테뉴에게 소중한 것은 인간의 생명과 삶이었다. 그는 인간의 생명과 삶을 경시하는 것을 거부한다. 자신을 미워하고 경멸하는 것은 "오직 인간에게만 있는 질병"이었다. 몽테뉴가 스토아주의를 거부하고 에피쿠로스주의로 나아간 이유도 스토아주의자들은 "삶과 작별하는 것이 자연에 부합하여 사는 것"이라고 보기 때문이었다."[326] 종교전쟁 당시 칼뱅파가 순교를 마다하지 않은 것은 스토아주의적인 덕성이겠지만, 몽테뉴가 보기에는 자연에 위배되는 행위요, 비인간적인 행위였다.

　그의 자연주의는 중세인들을 짓눌렀던 인노켄티우스 3세의 "인간 존재의 비참함"과 대조된다.[327] 인노켄티우스가 보기에 인간은 죽음을 위해 태어났지만, 몽테뉴에게 있어서 인간은 삶을 위해 태어났다. "죽는 법을 모른다고 걱정하지 마라. 자연이 잘 알아서 가르쳐줄 것이다."[328] 그리고 나서 몽테뉴는 이보다 더 대범하게 말한다. "비록 그리스도를 모르는 사람도 자연의 법칙을 충실히 따른다면 자신을 완전하게 만들 수 있다. 그는 드러나지는 않지만 예수 그리스도의 사도다. 그는 그리스도를 모르는 그리스도인이다." 이러한 자연주의 사상은 기성 종교와 교회에 대한 회의주의적인 무관심을 담고 있다. 자연주의는 기적, 불멸성, 마술 같은 개념들을 무너뜨리며 계시종교의 진실성에 의문을 제기한다. 궁극적으로 '자연'은 '신'을 대체한다.[329]

회의주의

　몽테뉴는 르네상스 인문주의의 선언서로 평가받던 피코 델라 미란돌라의 "인간의 존엄성"에 귀를 기울였다. 두 인문주의자는 인간이 존엄한 존재라는 점에 공감했다. 그러나 몽테뉴가 보기에 인간이 자유의지에 따라 신적인 존재로까지 높아질 수 있다는 생각은 오만이었다.[330] 칼뱅파처럼 자신의 종교만 옳다고 주장하는 것도 오만이었다. 어떻게 인간이 하느님의 뜻을 알 수 있을까? 어떻게 이성의 힘으로 종교를 설명할 수 있을까? 몽테뉴는 《수상록》의 〈레몽 세봉을 위한 변호〉에서 이성의 한계를 지적하려 시도했다.[331] 인간의 이성은 자연 현상을 설명할 수 있을 뿐 초자연적인 현상 앞에서는 무력하다. 몽테뉴는 기적이나 마술 같은 초자연적인 현상에 대해 의문을 품었지만 그렇다고 이성적으로 거부할 수도 없었다. 그것은 인간의 능력을 넘어선 것이었기 때문이다. "나는 무엇을 아는가?Que sais-je?" 독단과 불관용이 싸우던 시대에, 몽테뉴는 피론의 회의주의를 받아들였다. 1576년, 생일을 맞아 몽테뉴는 구리 메달에 회의주의자들의 언어인 "에포케(판단 보류)"라고 새겼다. 회의주의는 독단과 독선을 거부한다. 모르는 것은 모르는 상태로 남겨두는 것이다. 그리고 자신의 지식을 확신하지 못하기 때문에 남에게 강요하지 않을 뿐만 아니라 남의 지식이 자신과 다르다는 이유로 거부하지도 않는다.

어떤 주장이나 신념도, 설사 나 자신의 주장이나 신념과 반대되더라도 나를 놀라게 하거나 화나게 하지 않는다. 아무리 경박하고 허황된 생각일지라도 인간 정신의 산물로 어울리지 않는 것은 없다고 생각하기 때문이다. 인간의 판단력에 결론을 내릴 권한을 거부하는 우리는 자신의 생각과 다른 생각을 부드러운 눈으로 바라본다.[332]

여기에서 "우리"는 회의주의자를 말한다. 회의주의자는 우유부단

하거나 행동하지 못하는 나약하고 비겁한 지식인이 아니다. 지식의 세계에 깊숙이 들어갈수록 무지가 늘어난다. 사실, 지식인이란 본질적으로 회의하는 사람이지, 행동하는 사람이 아니다. 그러므로 "신은 죽었다"라고 외치는 사람이나 "인간의 구원은 예정되어 있다"라고 외치는 사람은 지식인이 아니다. 몽테뉴의 회의주의는 이러한 구호가 독단에 불과하다며 고발한다.

회의주의는 인간의 지식이 제한적이고 상대적이며 오류로 가득 차 있음을 자각하는 것이다. 또한 다름과 차이를 인정하게 하여 종교전쟁 시대의 불관용과 광신으로부터 인간을 해방시켜주는 "가장 현명한 철학"이었다.[333] "인간의 창조물 가운데 피론주의만큼 진실되고 유용한 것은 없다."[334] 몽테뉴는 시대의 광신으로부터 해방되어 광신의 허구를 고발하고, 두 종교가 서로 관용할 수 있는 사회를 제시한다. 종교의 관용과 자유에 대한 몽테뉴의 열린 생각은 회의주의에서 나온 것이다. 몽테뉴의 회의주의는 제멋대로의 삶이나 세상으로부터의 도피와 은둔을 정당화해주는 철학이 아니었다. 그것은 엄격함, 용기, 불굴의 의지 등과 같은 스토아주의에 젖어 있는 사람들에게 용서와 관용이라는 새로운 도덕을 제시하여 종교전쟁의 비극으로부터 나라를 구하려는 적극적인 현실주의 철학이었다.

회의주의는 칼뱅파와 가톨릭 신성동맹의 독단과 폭력성을 고발하는 도구였던 셈이다. 몽테뉴는 목적보다는 방법을, 의도보다는 결과를 중시했으며, 폭력을 수반하는 방법과 결과를 거부했다. 그에게 있어서 종교전쟁은 독단이 빚어낸 폭력에 불과했다. 이러한 참극의 1차적인 책임은 칼뱅파에게 있지만 가톨릭 신성동맹도 그 책임에서 벗어나지 못했다.

1676년, 《수상록》은 금서로 지정되었다.[335] 죄목은 회의주의였다. 16세기에만 해도 교회의 적은 이성주의자, 무신론자, 프로테스탄트들이었지, 회의주의가 아니었다. 성 프랑수아 드 살은 칼뱅파를 설득하는 글에서 몽테뉴를 여러 차례 인용할 정도였다. 그런데 17세기에 들어서며 다른 기류가 흐르기 시작했다. 자유사상가들이 몽테뉴를 끌어들이기 시작한 것이다. 자유사상가들의 대부인 가상디는 존경하는 인물에 몽테뉴를 포함시켰으며, 샤를 다수시는 몽테뉴를 이신론자로 보았다. 얀센주의자들은 회의주의가 신앙의 보루가 아니라 무신앙의 방법이라고 보았다. 오라토리오 수도회와 예수회도 몽테뉴의 회의주의가 비그리스도교적이라고 비판하는 데에서는 얀센주의자들과 의견을 같이했다. 보쉬에는 몽테뉴야말로 명실상부한 자유사상가라며 비판했다.[336] 몽테뉴의 회의주의는 새로운 것 앞에서 전통을 고수하는 보수주의로 표현되었고, 가톨릭을 지키고 프로테스탄티즘을 거부하는 수단이기도 했으나, 몽테뉴의 후예들이 주장한 회의주의는 가톨릭과 종교의 토대를 위협하는 자유사상으로 심화되었다. 17세기에 들어 몽테뉴의 회의주의가 비난받은 것은 이러한 맥락에서다.

보수주의

몽테뉴의 자연주의는 자유주의다. 《수상록》은 "자유로움"에 대한 예찬과 구속에 대한 거부감으로 가득하다. 따라서 몽테뉴가 종교의 자유를 지지한 것은 자연스러운 일이다. 두 개의 종교 가운데 어느 종교가 옳은지 판단하는 것이 과연 가능할까? 회의주의는 현실적으로 벌어지고 있는 종교 탄압에 동의할 수 없었다. 몽테뉴가 보기에 가톨릭교회가 칼뱅파를 탄압하는 것도 오만이요 독단이지만, 칼뱅파가 개혁을 표방하는 것 역시 오만이요 독단이었다.

그러나 현실적으로 선택하지 않는 것은 불가능했다. 회의주의는 불가지론적인 입장에서 새로운 것을 거부하며 전통을 고수하기 쉬운데, 몽테뉴의 경우에도 그러했다. 몽테뉴는 전통에 따라 가톨릭으로 남았으며, 칼뱅파의 '비개혁성'과 극단성을 고발했다. 이런 식으로, 회의주의는 반종교개혁의 이데올로기가 되었다.[337] 몽테뉴는 가톨릭의 타락과 부패에 항의하는 칼뱅파의 명분과 정당성을 인정하면서도, 극단적으로 나아가 전통적인 이름을 바꾸거나 《시편》을 찬송가로 불러대는 것은 반대했다.[338] 성서를 읽고 연구하는 것은 아무나 하는 일이 아니며, 하느님의 소명을 받은 사람만이 할 수 있는 일이다. 대중들이 직접 성서를 읽고 해석하는 것은 '독단과 만용'을 낳을 뿐이었다. 몽테뉴의 논리는 가톨릭교회의 전형적인 논리다.

몽테뉴는 신학적으로 가톨릭을 선택한 것이 아니었다. 그는 "우리는 페리고르 사람이나 독일 사람인 것과 같은 자격으로 그리스도교도인 것에 불과하다"고 말했다.[339] 이 유명한 구절은 의미심장하다. 몽테뉴가 가톨릭인 것은 가톨릭 국가에서 태어났기 때문이다. 그러므로 그가 이슬람 지역에서 태어났다면 이슬람교도가 되었을 것이라는 말이다. 그리스도교의 절대성을 부정하는 것이다. 몽테뉴는 태어날 때의 종교를 끝까지 간직하는 것이 미덕이라고 말한다.

나는 혁신을 매우 싫어한다. 아무리 그럴듯하게 보여도 말이다. 그것의 매우 유해한 결과를 보아왔기 때문이다. 오랫동안 우리를 괴롭혀온 그것이 우리를 힘들게 하는 유일한 이유는 아니다. 그러나 그것은 모든 것을, 심지어는 그것 없이도, 그리고 그것에 반대하여 그동안 일어났던 소란과 파괴를 일으켰다고 말하는 것이 틀린 말은 아니다.[340]

여기에서 '그것'은 칼뱅파를 가리킨다. 물론 칼뱅파만이 현실의 비극에 책임이 있는 것은 아니다. 가톨릭 역시 책임이 있다. 그러나 몽테뉴는 1차적이고 가장 커다란 책임은 칼뱅파에 있다고 말한다. 몽테뉴는 신학적인 이유가 아니라 칼뱅파가 가져온 '유해한 결과'로 비판한다.

기존의 종교를 거부하고 새로운 종교를 제시하는 것은 어떠한 근거에 의해서인가? 어떤 근거에서 전통을 거부하며 '혁신'을 말할 수 있는가? 회의주의자 몽테뉴가 보기에 그것은 결국 독단이었다. '개혁종교'는 개혁을 빙자한 독단에 지나지 않았다. 몽테뉴에게 있어서 종교의 기본 덕성은 복종이기 때문이다. 복종에서 덕성이 생겨나고, 독단에서 악이 생겨난다.[341] 그러므로 복종하지 않는 칼뱅파를 비판한다. '개혁종교'를 칭할 때는 "소위"라는 수식어를 덧붙임으로써 그 '개혁성'에 동의하지 않는다. 그가 칼뱅파를 거부한 이유도 그것이 초래한 비극적인 결과 때문이었다. 몽테뉴는 그들이 "극악한 방법으로 종교개혁으로 나아가고 있다"고 비난했다.[342] 당시 프랑스에서 자행되던 비인간적인 행위들은 브라질의 식인종들이 저지르는 야만 행위보다 더한 것이었다.[343] 왜 그리스도교 사회가 야만인들의 사회보다 더 악한 사회가 되었을까? 사랑과 평화를 표방하는 두 종교의 싸움을 목격하면서 몽테뉴가 종교 자체에 대해 회의를 품게 된 것은 어찌 보면 당연했다.

반反가톨릭 신성동맹과 폴리티크

몽테뉴가 칼뱅파에 반대한 것은 칼뱅파가 야기한 혼란과 폭력 때문이었다. 자기들의 믿음에 대한 지나친 확신, 그것을 실천하는 극단적인 방법 등이 몽테뉴의 취향에는 맞지 않았다.

오늘날 프랑스를 내란에 빠뜨린 논쟁에 있어서 훌륭하고 건전한 쪽은 의심할 여지 없이 옛 종교와 옛 정부를 지지하는 쪽이다. 그렇지만 그 쪽을 따르는 선량한 사람들 가운데 …… 많은 사람이 이성의 한계를 넘는 과도한 열정 때문에 정의롭지 못하고, 폭력적이며 심지어는 무모하기까지 한 길을 택하는 경우가 있다.[344]

"옛 종교"란 가톨릭을 말한다. 그런데 "옛 정부"란 어떤 정부를 말하는 것일까? 몽테뉴는 가톨릭 가운데 과격한 집단을 비판한다. 이들이 칼뱅파보다 악하다고까지 말한다. "발명자들이 더 많은 해를 끼쳤다면, 모방자들은 자신들이 겪었고 응징했던 공포와 악을 범했던 사람들을 모델로 삼아 성심껏 추종하고 있다는 점에서 더욱 사악하다."[345] 여기에서 "발명자"란 칼뱅파를, "모방자"란 가톨릭 신성동맹을 지칭한다. 가톨릭 신성동맹은 1576년에 체결된 "왕제王弟의 평화"의 시행을 저지하기 위해 더욱 강력하게 개편되었다. 이들이 천명한 목표는 가톨릭 신앙을 보호하고, 스페인 국왕 펠리페 2세의 재정 지원하에 앙리 3세를 몰아낸 후 앙리 드 기즈를 왕으로 옹립하는 것이었다. 이들은 인민이 국왕보다 우월하기 때문에 전제군주에게 저항하거나 죽이는 것은 정당하다고 선언했다. 이렇듯, 상황은 한층 복잡해졌다. 기본적으로 가톨릭과 칼뱅파의 싸움이었는데, 가톨릭 내부의 국왕파와 반국왕파의 정치적 싸움이 가미되고, 여기에 스페인이라는 외세가 개입한 것이다. 이러한 상황에서 몽테뉴가 "옛 정부를 지지한다"고 선언한 것은 가톨릭 신성동맹에 대한 반대 입장을 천명한 것이다.

몽테뉴는 칼뱅파와 극단적 가톨릭 사이에 끼여 있었다.[346] 그 무렵 프랑스에는 칼뱅파와 가톨릭 신성동맹에 만족하지 못하고 정치적으로 제3의 길을 모색하는 '정치파'라는 온건한 당파가 형성되었다. 에티엔 파스키에가 1560년에 출판한 《제후의 협상》에는 네 명의 인물이 권력의 속성에 대해 대화를 나누는데, 그 가운데 한 명이 '정치파'라고 불렸다. 법률적이고 실용적인 측면에서 문제에 접근했기 때문이었다. 당시에 이미 사물을 실용적으로 바라보는 방식은 종교적인 것과는 매우 다른 방식으로 여겨졌다. 그들은 종교적으로 무관심하다는 의심을 받았으며, 심지어는 무신론자라는 비난을 받기도 했다. 정치파는 평화주의를 표방했으며, 일시적이나마 칼뱅파와 평화 공존으로 나아가려 했다. 가톨릭 불관용주의자들이 국왕의 측근에서 강력한 세력을 구축한 1568년부터, 정치파라는 용어는 이단 박멸보다는 평화를 선호한다고 비난받던 온건한 가톨릭 집단을 가리키는 용어가 되었다.[347] 신성동맹 측에서는 가톨릭이면서도 칼뱅파와 손을 잡고 있던 정치파를 이단보다 더 악하고 위험하다고 여겼다.[348]

1572년 성바르텔르미 축일의 학살 이후,[349] 특히 제5차 종교전쟁 기간 중(1574~1576) 모나르코마크들의 공화주의적 주장과 말콩탕(불만파)의 반反국왕적인 선전 이후, 정치파는 공적인 시계視界를 확보했다. 정치파는 모나르코마크나 말콩탕과 노선을 달리했다. 이들은 갈리칸적이고 민족주의적인 기조 위에서 불가분적인 국왕 주권, 종교와 국가의 분리, 평화와 공공질서 확립 등을 주장했다. 마지막 종교전쟁기에 이르러 정치파는 정당 형태를 취했으며, 가톨릭 신성동맹에 반대했다. 파리에서 정치파는 신성동맹의 주요 표적이 되었다. 그러나 사회적 무질서가 심각해지자 강력한 권력이라는 이상이 힘을 얻었다. 앙리 4세의 승리는 정치파의 노력에 힘입은 바 크다.

정치파의 중심인물 가운데에는 몽테뉴와 가까운 사람들이 많았다. 몽테뉴는 미셸 드 로피탈, 몽뤼크, 푸아, 피브락 등 주요 인물들과 친분을 유지하고 있었다. 정치파의 정치 사상을 평화주의와 군주주의라고 단순화시킨다면, 몽테뉴의《수상록》에서 쉽게 찾아볼 수 있다. 에라스뮈스를 존경한 인문주의자 몽테뉴가 평화주의자였음은 새삼 강조할 필요도 없다. 모나르코마크나 가톨릭 신성동맹이 프랑스의 전통적인 군주정을 공격하자, 몽테뉴는 다음과 같이 자신의 군주론을 천명했다. "그리스도교는 가장 높은 정의와 유용성을 지니고 있지만, 군주에 대한 복종과 정부의 유지에 대한 권고보다 분명한 것은 없다."[350] 이렇듯, 몽테뉴가 군주에 대한 복종을 강조한 것은 왕국의 평화를 유지하기 위해서였다.[351] 모나르코마크의 공화주의론은 진보적인 정치 사상처럼 보이지만, 사실은 반反군주론을 정당화하려는 것이었다. 처음에는 칼뱅파가 제창했지만, 앙리 4세가 왕위를 계승한 후에는 가톨릭이 제창할 정도로 당파적이고 편의적인 이론이었다. 모나르코마크들의 정치 사상은 봉건제로의 회귀를 꿈꾸는 귀족주의 이론이었다. 여기에서 몽테뉴의 군주주의 사상의 근대성을 엿볼 수 있다.[352]

종교의 자유

낭트칙령과 더불어 종교의 자유에 신기원을 연 것으로 평가받는 1562년 1월의 생제르맹칙령에 대해 몽테뉴는 어떠한 입장을 취했을까?《수상록》의 한 구절은 당시의 심정을 가늠하게 해준다.

우리는 종교의 권위에 전적으로 복종하든지 아니면 전적으로 포기하든지 해야 한다. 우리가 바쳐야 하는 복종의 정도를 정하는 것은 우리의 일이 아니다. 게다가 내가 이야기하고 있는 것은 개인적인 경험에 기초한 것이다. 전에 나는 자유로운 선택과 개인적인 선별을 거쳐, 우리 교회의 신앙 가운데 몇몇 요소들은 근거가 확실하지 않거나 이상하기 때문에 중요하지 않다고 결론 내린 적이 있다. 그러나 내가 이 문제를 학자들과 토론했을 때, 그러한 요소들은 확고한 기반 위에 서 있으며 따라서 우리가 그것들을 신앙의 나머지 요소들보다 덜 존중하는 것은 어리석음과 무지 때문이라는 점을 알게 되었다.[353]

여기에서 몽테뉴가 소개하고 있는 사례는 칼뱅파에 예배의 자유를 인정한 1562년 1월칙령에 반대하여 몽테뉴의 친구인 라보에시가 작성한 〈평화를 위한 비망록〉과 관계된 것이다.[354] 몽테뉴는 이 비망록을 작성하고 유포하는 데 직접 개입했기 때문에 이 비망록을 통해 그의 입장을 알 수 있다. 라보에시는 그동안의 박해가 실패했고 개인의 양심은 존중되어야 하지만, 그렇다고 해서 경쟁적이고 분열적인 사회 제도를 도입하게 될 새로운 교회, 국가 안의 국가이자 국왕의 권위를 잠식하게 될 새로운 교회를 허용하는 것은 안 된다고 말했다.[355] 이는 몽테뉴가 칼뱅파와 가톨릭 신성동맹에 반대한 이유이기도 하다. 1562년 1월칙령을 주도한 미셸 드 로피탈이 제시한 두 종교의 평화 공존, 즉 관용에 반대하며 라보에시가 제안한 방안은 두 종교를 하나의 종교로 결합하는 것이었다. 이를 위해 가톨릭은 칼뱅파와의 대화를 통해 그들의 요구를 가톨릭 교리에 수용해야 한다는 것이었다. 앞의 인용문에서 몽테뉴가 과거를 회고하면서 잘못을 인정한 것은 바로 이 대목이다. 따라서 이 시기의 몽테뉴는 라보에시와 마찬가지로 종교의 관용이나 자유에 반대하고, 하나의 종교, 새로운 가톨릭을 주장했다.[356]

그러나 몽테뉴의 불관용적인 생각은 오래가지 않았다. 종교전쟁의 와중에 몽테뉴는 두 종교를 하나의 종교(가톨릭)로 통합하는 것이 이상적이지만, 그것이 불가능할 경우에는 두 종교를 인정하는 편이 바람직하다고 생각했다. 몽테뉴는 《수상록》 1권 23장 "기존의 법을 쉽사리 바꾸지 못하는 관습에 대하여"에서 다음과 같이 말한다.

옥타비우스와 카토는 참으로 위대한 사람들이지만 오늘날 비난 받고 있는데, 그들이 술라와 카이사르가 일으킨 내전기 동안 법을 개정하기보다는 나라에 커다란 재난을 초래했기 때문이다. 극단적인 상황에 직면했을 때, 그리고 다른 어떤 방법도 남아 있지 않을 때에는, 이제 더 이상 가능하지도 않고, 폭력이 모든 것을 파괴해버렸는데도 양보하기를 완강하게 거부하기보다는, 필요에 굴복하고 불가피한 것을 받아들이는 편이 현명할 것이기 때문이다.

이 글은 구체적으로 1562년 1월칙령에 대한 것이다. 몽테뉴는 1562

년에는 이 칙령에 반대했으나 그 후에는 지지하는 쪽으로 생각이 바뀌었다. 종교전쟁이 벌어진 상황에서는 양보가 불가피하다는 것을 깨달았기 때문이다. 같은 맥락에서, 몽테뉴는 국왕들이 "하려는 일"을 할 수 없게 되자 "할 수 있는 일"을 했다는 식으로 국왕들의 현실적인 조치를 이해했다.[357]

그런데 주목할 만한 점은 몽테뉴가 관용이라는 소극적인 의미 대신 "양심의 자유"라는 적극적이고 긍정적인 의미의 단어를 사용한다는 것이다.[358] 프랑스에서 '관용'이라는 말은 1562년에 장 드 뢰크가 1월 칙령에 대한 답변에서 처음 사용했다.[359] 16세기에는 관용이 이단적이어서 탄압받아 마땅한 종교를 묵시적으로 용인한다는 뜻이었기 때문에 칼뱅파를 관용한다는 것은 칼뱅파를 여전히 이단으로 여긴다는 말인 반면, 칼뱅파의 '종교의 자유'를 인정한다는 것은 더 이상 이단으로 보지 않는다는 뜻이었다. 이렇게 볼 때, 몽테뉴에게 두 종교의 공존은 하나의 종교로 합의가 이루어질 때까지 잠정적이고 일시적인 용인이 아니라 그 자체로 인간 자유의 실현이었다.[360] 당대인 가운데 몽테뉴만큼 열정적으로 자유를 옹호한 사람은 드물었다.[361] 《수상록》에 자주 나오는 이단 화형에 반대하는 글은 동시대 르네상스 작가들에게서는 볼 수 없었다.[362]

종교전쟁이 종식되고 종교의 자유가 선포되는 것은 1598년 낭트칙령에 의해서다. 몽테뉴는 어떤 역할을 했을까? 몽테뉴는 왕국의 평화 회복을 위해 중재에 나섰다. 그는 국왕뿐만 아니라 앙리 드 나바르로부터도 신뢰받고 있었다. 몽테뉴는 1571년에는 샤를 9세의 시종무관이 되었으며, 1577년에는 앙리 드 나바르의 시종무관이 되었다. 몽테뉴는 1574년 샤를 9세의 장례식에 참석하기 위해 파리에 있었는데,

앙리 드 나바르와 기즈 공작 사이를 중재한 적이 있다. 1581년에 그가 보르도 시장이 된 것은 국왕과 앙리 드 나바르의 신뢰 덕분이었다.[363] 1584년, 앙리 드 나바르는 지방을 순회하는 길에 몽테뉴 성을 방문했다. "나바르 공은 몽테뉴까지 친히 오셔서 이틀 동안 하인도 부르시지 않고 우리 집 사람들을 부리셨다. 음식에 독이 들었는지 미리 맛보게 하지도 않고, 식기도 우리 집 것을 쓰시고, 밤에는 내 침대에서 주무셨다." 1587년, 앙리 드 나바르가 쿠트라에서 신성동맹군을 격파할 때 몽테뉴는 모종의 역할을 했던 것으로 보이며, 그 해에도 앙리 드 나바르는 몽테뉴 성을 방문했다.

1584년, 앙리 3세의 동생인 앙주 공작이 죽자, 앙리 드 나바르는 프랑스의 합법적인 왕위 계승자가 되었다. 이제 앙리 드 나바르의 가톨릭 개종이 절박한 문제가 되었다. 비단 왕실만의 문제가 아니었다. 잉글랜드의 사례를 통해, 국왕과 국민의 종교가 다를 경우에 국민들이 입을 피해를 우려하던 몽테뉴에게는 자신의 문제이기도 했다. 몽테뉴의 중재 노력은 바로 개종 문제와 관련이 있다.[364] 1589년 앙리 드 나바르는 프랑스 국왕이 되었다. 1590년, 몽테뉴는 앙리 4세에게 편지를 보내 관용을 호소했다. "폐하께서 뜻하신 일을 하시는 데에는 비범한 방법을 사용할 필요가 있습니다. 게다가 정복은 언제나 위대하고 지난한 것이기 때문에 무기와 무력에 의해서는 완전히 달성될 수 없음을 역사는 보여주고 있습니다. 그것은 자비와 도량으로 완성됩니다. 그것은 사람들을 정의와 합법의 편으로 끌어당기는 뛰어난 매력을 가지고 있습니다."[365] 앙리 4세는 1593년에 가톨릭으로 개종했으며, 1598년에는 낭트칙령을 발표하여 종교의 자유를 인정했다.

요컨대, 두 종교가 대립하던 상황에서 몽테뉴의 처음 생각은 가톨릭을 개혁하고 칼뱅파의 요구 사항을 수용하여 하나의 가톨릭을 유지하자는 것이었다. 그러나 이런 생각은 종교전쟁이 가열됨에 따라 비현실적이라는 사실이 드러났고, 결국 몽테뉴는 종교의 자유를 인정해야 한다는 결론에 도달했다. 몽테뉴는 독일-스위스-이탈리아 여행을 통해 종교의 자유가 불가능한 것이 아니라 "도달할 수 있는 것"임을 확인했다. 여행은 신장결석을 치료하기 위해 온천을 찾는 의학적인 목적이었지만, 종교적으로는 둘 이상의 종교가 공존하는 도시들을 방문하여 그 실태를 확인하는 것이었다. 몽테뉴는 새로운 도시를 방문할 때면, "습관적으로" 곧장 그곳의 신학자를 만나 종교적인 대화를 나누었다. 유대인 신학자와도 만났으며, 유대인의 할례 의식을 참관하기도 했다. 가톨릭 신자로서 가톨릭 미사에 빠지지 않았지만, 프로테스탄트 예배 의식을 구경하는 것도 마다하지 않았다. 그렇게 아우크스부르크 평화조약이 불완전하기는 해도 제대로 기능하여 여러 종교가 평화롭게 공존하는 것을 확인했다.

종교와 정치

'종교의 자유'라는 개념에 도달한 것은 현실적으로 가능한 것을 추구했기 때문이며, 또 그러한 점에서 최선을 선택한 것이다. 그런데 당시의 종교 현실이 어떠했길래 두 종교의 평화 공존이 가능하다고 생각했을까? 만일 종교와 종교의 차이가 신학적인 교리에 의해 결정되었다면, 종교의 배타적인 속성상 평화 공존은 불가능했을 것이다. 이단을 박해하는 것은 의무였기 때문이다. 그러나 16세기의 종교는 특히 지배층에게 있어서 정치적 이해관계와 굳게 밀착되어 있었다.

종교와 정치가 분리되는 세속화 현상으로 종교다원주의가 가능해지지만, 당시에 세속화를 기대하는 것은 시기상조였다. 따라서 문제는 종교가 정치를 지배하는가, 아니면 정치가 종교를 지배하는가였다. 종교가 정치를 지배하는 사회(극단적인 경우가 신정정치 사회일 것이다)에서는 관용과 종교적 자유를 기대할 수 없다. 반대로 정치가 종교를 지배하는 사회에서는 관용과 종교적 자유를 기대할 수 있다. 당시 사회는 후자의 사회로 진입하고 있었다. 아우크스부르크 평화조약은 이러한 이행을 확인해준다.

지배층에게 종교전쟁은 정치적인 전쟁이었다. 그것은 실제로는 나약해진 왕권을 둘러싸고 전개된 경쟁적인 당파 사이의 전쟁이었으며, 동시에 군주와 봉건 귀족 사이의 정치적인 내전이었다.[366] 몽테뉴는 앙리 드 나바르와 기즈 공작 사이를 중재하고는 다음과 같이 토로했다. "그들 둘이 겉으로 표방하는 종교는 자기 당파의 지지를 확보하기 위한 구실에 불과하다. 프로테스탄트로부터 버림받지 않을까 하는 두려움 때문에 나바르 왕은 조상들의 종교로 돌아가지 않는다. 그리고 공작(기즈)은 아우크스부르크 신앙고백을 받아들여도 불이익이 없다면 그렇게 할 것이다."[367]

몽테뉴가 가톨릭 신성동맹에 반대한 이유는 극단적이고 과격하기도 했지만 발루아 왕조를 위협한다는 정치적인 이유 때문이었다. 이들이 스페인 왕조와 손잡고 프랑스 왕조를 위협하고 교황이 앙리 드 나바르를 파문한 것(1585년과 1591년 두 차례) 등은 당시 프랑스인들의 애국심을 자극하는 일이었다. 이러한 민족감정은 카트린 드 메디시스의 측근이었던 이탈리아인들에 대한 반감으로 인해 결성된 말콩탕에게서도 확인할 수 있다.

앞에서 몽테뉴 집안의 종교적 분열상을 살펴보았는데, 이는 다른 가문에서도 마찬가지였다. 신성동맹의 우두머리였던 기즈 가문과 경쟁하던 몽모랑시 가문도 그러했다. 칼뱅파의 우두머리인 콜리니 제독은 몽모랑시 가문의 제1대 공작인 안Anne의 조카로, 안은 가톨릭 동맹의 삼두체제를 결성한 인물이다. 그러나 그의 아들 프랑수아는 온건한 가톨릭으로서 관용을 주장했고, 파리 사령관으로 재직하면서 파리의 가톨릭 폭동을 진압했으며, 성바르텔르미 축일의 학살 사건 때에는 살생부에 이름이 올랐던 인물이다. 둘째 아들 앙리는 기즈 공작 가문과 손을 잡았으나, 프랑스 원수 직을 얻지 못하자 기즈 가문과 멀어졌다. 그는 성바르텔르미 축일의 학살 사건이 국왕 주위의 이탈리아인들이 국가를 전복시키기 위해 꾸민 것이라고 비판하여 국왕으로부터 해임당했다. 그러자 그는 반란을 일으켰으며, 칼뱅파와 손을 잡았다. 그는 칼뱅파와 정치파의 리더로 인정받았으나, 가톨릭 신앙을 유지했다. 그가 칼뱅파와 손을 잡은 것은 현실적으로 칼뱅파를 근절하기가 불가능하다고 생각했기 때문이었다. 그는 앙리 4세의 측근이되어 파리 입성을 도왔다.

몽모랑시 가문의 사례에서도 엿볼 수 있듯이, 당시에는 종교적인 경계가 단단하지 않았으며 정치적인 이해관계에 따라 개종과 재개종이 빈번했다. 국왕 샤를 9세는 가톨릭이었지만, 칼뱅파인 콜리니를 아버지처럼 따랐으며 칼뱅파 여인을 좋아했다. 콜리니 제독의 형인 샤티용 추기경Odet은 다른 두 형제들보다 늦게 칼뱅파가 되었으나, 가톨릭 성직록을 포기하지 않았다. 앙리 드 나바르의 아버지인 앙투안은 칼뱅파의 우두머리인 잔 달브레의 남편이었지만, 가톨릭으로 개종하여 동생인 콩데 공 루이가 지휘하는 칼뱅파 군대와 싸우다가 부상당한 후, 죽기 전에 다시 칼뱅파로 개종했다. 앙투안의 또 다른 동생인 샤를은 추기경이 되었으며, 신성동맹으로부터 샤를 10세라는 국왕 칭호를 부여받았다. 극단적인 사례로, 앙리 4세는 가톨릭으로 출생하여 세례를 받았으나 1560년에 부모를 따라 칼뱅파로 개종했다. 그는 왕궁에서 교육을 받으며 가톨릭으로 개종했다가, 1562년에 부친이 사망한 후 다시 칼뱅파로 개종했다. 그 후, 성바르텔르미 축일의 학살 사건이 일어나고 강제로 가톨릭으로 개종했으나, 다시 칼뱅파로 개종했다가 프랑스 왕위를 이어받은 다음에 다시 가톨릭으로 개종했다. 모두 여섯 번이나 개종했던 것이다!

16세기의 종교적인 심성이 이러했기에, 종교적 참극을 종식시키고 국내의 평화를 회복하기 위해 휴전하고, 타협하고, 화해하지 못할 이유가 없었다. 일시적이나마 다른 종교를 받아들이자는 정치적인 생각은 불가능한 것이 아니었다. 당시 정치파의 생각이 그러했고 몽테뉴의 생각도 그러했다.

10

프랑스의
자유사상가들

'자유'의 의미

'자유사상가'란 말 그대로 자유롭게 생각하는 사람이다. '자유롭게'
라는 말은 당대의 억압적인 사상으로부터 벗어나 자유롭게 생각한다
는 뜻이므로, 서양사의 경우에는 그리스도교 교회와 다르게 해석하는
것을 말한다. 일반적으로 자유사상가는 근대 초에 나타났다고 하지만,
가톨릭교회와 '다르게' 해석한다는 이유로 이단 선고를 받은 중세의
카타르파나 발도파도 넓은 의미에서는 자유사상가라고 할 수 있다.

실제로 중세 말에 '자유'라는 단어가 붙은 이단들이 북유럽 지역에
나타났는데, '자유영혼형제들'이었다. 이들은 지도자, 중심 교리, 조직
등을 갖추지 못한 산만한 운동이었지만, 신은 만물에 내재한다는 범신
론적 사상, 역사는 성부·성자·성령의 시대로 나뉜다는 역사 인식, 신
과의 직접적인 합일이라는 신비주의 사상을 공유하고 있었다. 신을 직
접 체험함으로써 영혼 안에 성령이 퍼지고, 신과의 합일을 통해 인간

은 선악을 초월하게 되어 더 이상 죄를 짓지 않으니 영혼이 '자유'를 얻는다는 것이다. 이렇게 인간이 '이 세상'에서 신을 만날 수 있고 모든 죄로부터 자유로울 수 있다는 생각은 교회의 존재를 불필요하게 만들었다. 교회가 이들을 단죄하는 것은 당연했다. 1312년, 교황 클레멘스 5세는 비엔 공의회에서 이들을 이단으로 공식 단죄했다.

이렇게 '자유'를 표방한 사람들은 종교개혁 시대에 대거 등장한다. 종교개혁의 기수인 마르틴 루터는 '믿음'으로써 그리스도인의 '자유'를 획득했지만, 루터와는 다른 방식으로 '자유'를 얻으려는 사람들이 등장한 것은 이상한 일이 아니었다. 이들은 중세 말에 '자유영혼형제들'이 퍼져 있던 북유럽 지역에 다시 나타났는데, 마르그리트 드 나바르의 궁정에서 환대를 받았던 캉텡과 포크, 1535년에 뮌스터에서 프로테스탄트와 가톨릭 연합군에게 궤멸당한 재세례파 가운데 기와공 로이 프롸이스팅크가 주도한 안트베르펜의 재세례파 집단이 바로 그들이었다. 1545년에 칼뱅은 "자칭 영혼이 자유로운 사람들libertin이라는 공상적이고 격노한 섹트에 대하여"라는 비방문을 작성하여 이들을 비난했다. libertin이라는 단어는 고대에 '해방된 노예'를 가리키던 libertinus의 프랑스어였다. 칼뱅에 의하면, 이들은 영혼의 자유를 빙자하여 인간을 야수와 같은 존재로 만들려는 광적이고 몰상식한 사람들이었다. 칼뱅은 이들의 '자유'를 성적인 방종으로 고발하는 중세 이단재판관의 논고를 그대로 차용했다.[368] 칼뱅은 또한 네덜란드의 에라스뮈스주의자이며 영성주의자인 코른헤르트도 자유사상가라고 비난했다.[369] 칼뱅도 '자유'라는 말에 대해 경기를 일으키기는 가톨릭교회와 마찬가지였다.

영어 단어 freethinker는 17세기 말에 처음 나타난다. 1697년에 몰리뉴가 로크에게 보낸 편지에서, 이신론자인 톨런드는 "순진한 freethinker"로 묘사된다. 자유사상가라는 말은 esprit fort('강한 정신'이라는 뜻이다)와 libertino라는 대륙의 단어와 결합되었고, 1708년이 되면 '무신론자, 리베르탱, 종교경멸자'를 지칭하게 된다.[370] 1790년, 에드먼드 버크는 《프랑스혁명에 관한 성찰》에서 콜린스, 톨런드, 틴들 같은 17세기 영국의 이신론자들을 '자유사상가'라고 불렀다.[371]

모든 종교적, 사회적 도그마에서 벗어나 자유롭게 사고하고 행동했던 '자유인'(리베르탱)에는 종교적으로 '자유 영혼'을 추구했던 중세 말의 '이단'에서부터 사상적으로 자유를 추구했던 회의주의자, 이신론자, 무신론자들이 모두 포함된다. 이 책에서는 범위를 좁혀서, 몽테뉴의 제자들인 피에르 샤롱, 라 모트 르 바예르, 생 테브르몽, 피에르 가상디, 시라노 드 베르주라크 같은 17세기 프랑스의 자유사상가들을 조명해보려 한다.[372] 이들 '바로크의 자유사상가들'은 종교전쟁의 참화를 겪었으며, 성바르텔르미 축일의 야만적인 학살에 충격을 받았다. 이들은 신대륙의 발견으로 존재가 드러난 다양한 문명들, 그리스도교의 세례를 받지 않은 순수한 자연인들을 만나며 상대주의를 체득했고, 아리스토텔레스주의를 거부하고 피론과 섹스투스 엠피리쿠스의 회의주의, 에피쿠로스의 자연주의 철학을 받아들였다. 때마침 동시대의 '과학혁명'은 이들의 회의주의에 조심스러운 확신을 더해주었다.

몽테뉴의 후계자들

피에르 샤롱Pierre Charron(1541~1603)은 신학자이고 철학자이자 변호사였다. 그는 성직을 수임받고 설교로 유명해진 후, 마르그리트 드 나바르의 전속 설교자가 되었고, 몽테뉴를 만나 제자이자 양자가 되었다. 몽테뉴는 그에게 급진적인 종교개혁가인 오키노의 교리문답서를 선물로 주었다.[373]

샤롱은 1593년에 무신론자, 이단자, 유대인, 프로테스탄트에 맞서 신의 존재를 주장하고 그리스도교와 가톨릭의 진리성을 주장하는 《세 가지 진실》을 썼다. 그런데 그가 가톨릭의 우월성을 주장한 근거는 간단하다. 가톨릭은 나라의 종교이며, 잔인하고 고통스러운 종교 전쟁에서 막 벗어난 프랑스는 평화를 절실히 원하기 때문이다. 몽테뉴 식으로 말하면, 프랑스인으로 태어났기 때문이다.

샤롱의 신은 그리스도교의 신과 닮지 않았다. 그에게 신은 이성이고, 이성은 자연이며, 자연은 필연이다. 신은 인간과 직접적이고 개인적이며 특별한 관계를 맺고 있지 않다. 신으로부터 기대할 것도, 두려워하거나 무서워할 것도 없다. 스피노자의 "신 즉 자연"이라는 유명한 공식은 샤롱이 1601년에 쓴 《지혜론》에도 나온다. 지혜로운 삶은 자연에 따르는 삶이다.[374] 샤롱은 신을 믿었지만, 그가 믿은 신은 철학자의 신이었다.

샤롱은 '인간'을 위한 '지혜'를 책으로 썼다. 무엇보다도 인간은 육체를 가졌으며, 영혼과 육체는 분리되어 있지 않고, 영혼은 육체 안에 있다. 그는 에피쿠로스의 제자로서, 괴로움, 고통 같은 것들을 유일하고 절대적인 죄악으로 여겼으며, 이것을 피함으로써 '행복'을 얻을 수 있다고 생각했다. 이성이 인간의 훌륭한 조언자이며, 이성의 목표는 미덕 중의 미덕인 지혜에 이르는 것이다. 지혜는 인간이 자연에 적응하는 기술을 알려주어, 각자의 본성에 충실한 삶을 위한 최선의 방식

SEXTUS EMPYRICUS

Ex numismate æreo.

섹스투스 엠피리쿠스

Is God willing to prevent evil, but not able?
Then he is not omnipotent.
Is he able, but not willing?
Then he is malevolent.
Is he both able, and willing?
Then whence cometh evil?
Is he neither able nor willing?
Then why call him God.

~Epicurus

에피쿠로스가 했다고 전해지는 신의 부재증명이다. 신은 정의상 전지全知 전능全能 전선全善이다. 그런데 현실적으로 악이 존재한다. 왜 악이 존재하는가? "신은 악을 막으려 하는가? 그러나 막을 수 없는가? 그렇다면 그는 전지전능하지 않다. 그는 막을 수 있지만 막으려 하지 않는가? 그렇다면 그는 악하다. 그는 막을 수 있고 또 막으려 하는가? 그러면 왜 악이 존재하는가? 그는 막을 수도 없고 막으려는 생각도 없는가? 그러면 왜 그를 신이라고 부르는가?"

을 선택하고 욕망을 제어할 수 있게 한다. 샤롱은 에피쿠로스의 엄격함과 도덕성을 찬양했다. 그는 무신론자이면서도 도덕적일 수 있다는 사상을 피에르 벨보다 먼저 표현한 것이다.[375] 샤롱을 위시한 17세기의 에피쿠로스주의자들이 권한 것은 '쾌락'을 극대화하는 것이 아니라, 자연의 리듬에 따라 '행복'을 얻는 것이었다. 에피쿠로스의 철학을 이야기할 때에는 '쾌락'이라는 편향적이고 경멸적인 말보다 '행복'이라는 표현이 정확하다.

프랑수아 드 라 모트 르 바예르François de La Mothe Le Vayer(1588~1672)는 회의주의 철학자로서, 가브리엘 노데, 피에르 가상디, 기 파탱과 함께 '테트라드'(사총사)를 구성했다. 그는 고등법원 검사였던 아버지의 뒤를 이어 검사 생활을 하기도 했으나, 몽테뉴의 수양딸인 마리 드 구르네의 소개로 '문필 공화국'에 입문했으며, 마리 드 구르네의 서재를 물려받았다. 아카데미 프랑세즈 회원이었고, 《세자 교육서》(1640)를 출판한 후 왕실의 교육을 담당했으며, 지리학, 수사학, 도덕학, 경제학, 정치학, 논리학, 군주신체학 등 다양한 분야의 글을 썼다.

그의 책은 철학적이다. 그는 '그리스도교 회의주의자'의 자세를 가르치는데, "독단론자들이 학문의 모든 분야에서 확립해놓은 모든 것에 대해" 의심하는 것이고, "그 의심에 대해서도 의심하는 것"이다. 근본적으로 그의 목표는 그가 종종 인용하는 회의주의자 섹스투스 엠피리쿠스의 가르침을 따라, 무관심 속에서 휴식과 평정을 얻는 것이다.

그의 작품 중에서 가장 유명한 것은 《고대인들을 모방한 다섯 가지 대화》다. 첫 번째 대화에서 견해, 관습, 풍습의 다양성과 모순성을 강조한다. 두 번째 대화에서는 풍습과 관습의 차이를 묘사한다. 세 번째 대화에서는 고독의 매력을 찬양한다. 네 번째 대화에서는 "그의 시대의 당나귀들의 뛰어난 품질"을 찬양한다. 다섯 번째 대화에서는 종교의 차이에 대해 이야기한다. 그런 다음, "가장 확실한 것들 가운데 가장 확실한 것은 의심이다"라고 결론 내린다. 몽테뉴와 샤롱의 뒤를 잇는 회의주의 담론이다. 회의주의는 '판단 보류'와 함께 국가의 법과 관습을 존중하고 따를 것을 가르친다.

그는 이교도들의 덕성을 찬양하는 《이교도들의 덕성》을 썼다. 신의 빛을 받지는 못했지만 인간 지혜의 회의주의적 정점에 도달했던 소크라테스는 그 어떤 그리스도교인보다 덕이 높은 인물로 등장한다. 이는 소크라테스를 "성 소크라테스"라 부른 에라스뮈스를 계승하고, 에피쿠로스의 도덕성을 찬양한 샤롱을 되풀이하며, 무신론자들의 사회가 그리스도교인들의 사회보다 고결할 수 있다고 주장한 피에르 벨을 예고하는 것이다. 에피쿠로스의 정원은 환락과 쾌락의 장소가 아니라, 소박하고 지적이며 우정이 넘치는 연회의 장소다. 그는 에피쿠로스에 열광한 루크레티우스의 《사물의 본성에 관하여》를 인용하며, 신들은 인간에게서 나왔고, 인간은 신을 창조해서 두려움을 쫓는다고 썼다. 그러므로 18세기의 반철학자들이 그를 17세기 무신론의 아버지라고 부른 것도 무리는 아니다.[376] 그의 극단적인 회의주의는 궤즈 드 발자크, 앙투안 아르노, 르네 데카르트 같은 사람들의 분노를 샀다.

생테브르몽의 영주인 샤를 드 마르크텔 드 생 드니Charles Le Marquetel de Saint-Denis(1614~1703)는 예수회에서 교육을 받았다. 법을 공부한 후에는 콩데 공 휘하에서 군사 경력을 쌓았고, 독일과 플랑드르 원정 등에 참여했다. 그는 "매너 좋고 정직한 사람"으로 알려졌고, 뛰어난 재치와 해학으로 살롱을 사로잡았다. 그 역시 다른 자유사상가들과 마찬가지로 당대의 유력 인사들에게 후견을 받았다. 그러다가 1661년에 마자랭을 비난하는 편지가 발각되어 국왕의 총애를 잃자 네덜란드와 잉글랜드로 망명을 떠났고, 그곳의 궁정과 도시에서 환대를 받았다. 잉글랜드 국왕 찰스 2세는 그에게 연금을 주었다. 1688년에 루이 14세가 그에게 프랑스 입국을 허락했으나, 국왕의 은총을 받아들이지 않고 잉글랜드에서 사망했다. 임종 시에는 신부들과 목사들의 방문을 거절했지만, 웨스트민스터 수도원의 시인들의 묘지에 묻히는 영광을 누렸다.

그는 스스로를 "미신과 불경으로부터 멀리 있는 철학자, 쾌락만큼이나 방탕을 혐오하는 향락주의자"라고 정의했다. 그의 목표는 인생을 아는 것이라기보다 인생을 사는 것이었다.[377] 그는 데카르트를 패러디하여, "나는 사랑한다. 고로 존재한다"고 썼다. 이 에피쿠로스주의자에게 신과 종교는 큰 비중을 차지하지 않았다. 〈크레키 원수에게 보내는 편지〉에서는 신을 "최고로 다정다감한 최초의 존재"라고 말했다. 그의 신은 존재하기는 하되, 인간의 운명에는 관심이 없다. 따라서 죄도, 과오도, 천벌도, 하늘도, 지옥도, 천국도 없다. 당연히 그는 영혼 불멸에 대해 확신하지 못했다. 그는 몽테뉴와 피에르 샤롱의 계보 위에서, "진정한 가톨릭 정신"을 옹호한다. 그 역시 그리스도교 국가에 살기 때문에 그리스도교인이었다.[378]

종교는 평화를 주고 사회적 유대를 강화시키는 것이다. 따라서 종교끼리 싸우고 반목할 이유가 전혀 없다. 생테브르몽은 가톨릭과 프로테스탄트 두 종교의 접점을 강조하면서 연합하기를 바랐다. 두 종교는 성찬식의 빵과 포도주가 예수의 피와 살이라는 것을 다르게 설명하지만, 모두 성찬식을 실천한다. 그러므로 종교끼리 싸우지 말아

야 한다. 아무도 다른 종교로 개종하기를 원하지 않는 만큼 관용해야 한다. 공공선을 위해서다.[379]

17세기의 천재 가운데 한 명인 가상디Pierre Gassendi(혹은 Gassend, 1592~1655)는 수학자, 철학자, 신학자, 천문학자다. 그는 몽테뉴가 죽은 해에 출생했다. 엑상프로방스 대학에서 철학을 공부했고, 아비뇽에서 신학 박사 학위를 받았다. 그 이듬해에 성직을 수임했으며, 고향인 디뉴 콜레주의 수사학 교수로 임명되었고, 엑스 대학에서 철학을 강의했다. 1622년, 예수회 신부들에게 밀려 자리에서 물러난 후에는 철학과 과학 연구에 매진했다. 가상디는 특히 과학적 회의주의자로, 1623년에 월식을 관찰하고 1630년에는 파리에서 일식을 관찰하는 등 많은 일식과 월식을 관찰했으며, 1631년 11월 7일 아침에 수성이 태양의 시표면 위로 지나가는 것을 처음으로 관찰했다. 그는 갈릴레이, 케플러, 라 모트 르 바예르, 홉스, 데카르트, 파스칼, 메르센 같은 당대의 뛰어난 지성들과 교류했으며, 스웨덴의 크리스티나 여왕, 프랑스의 콩데 공, 리슐리외 추기경, 에스트레 추기경, 레츠 추기경의 후원을 받았다. 1645년에 콜레주 드 프랑스에서 수학과 에피쿠로스와 루크레티우스의 원자론을 강의했는데, 몰리에르, 시라노 드 베르주라크, 바쇼몽 등이 그의 강의를 들었다. 그는 에피쿠로스의 물리학과 그리스도교가 양립할 수 있다고 생각했다. 1648년에는 질병으로 교단을 떠나 남부로 내려가 있다가 1653년에 파리로 돌아온 후 사망했다.

가상디는 초기부터 회의주의자인 섹스투스 엠피리쿠스의 제자임을 선언했고, 아리스토텔레스를 강력하게 비판했다. 인간이 얻을 수 있는 유일한 자연적 지식은 오직 경험을 통해서만 가능하다. 그 밖의 모든 것은 형이상학적이든 수학적이든 모두 쓸모없는 억측일 뿐이다.

그가 보기에 아리스토텔레스주의자들은 경험적인 토대를 도외시한 채 언어 문제만 가지고 논쟁하는 경박한 논객들이었다. 가상디는 아리스토텔레스에 대한 공격으로 시작하여, 르네상스 자연주의자, 플라톤주의자, 그리고 사물의 진정한 본성을 안다고 주장하는 철학자들 모두를 비판했다.

그는 데카르트와 오랫동안 논쟁을 벌였다. 특히 데카르트의 본유관념론을 공격하면서, 인간의 관념은 모두 감각에서 나온다고 주장했다. 그는 데카르트의 동물기계론에 대해, 동물은 "인간의 영혼만큼 크지 않은" 작은 영혼을 가지고 있다고 반박했다. 가상디는 데카르트를 '정신 선생'이라고 불렀고, 데카르트는 '육체 선생'이라고 응수했다.[380]

가상디는 에피쿠로스의 삶과 사상에 대해 종합적인 연구서를 출판했다. 1647년의 《에피쿠로스의 삶과 도덕성》, 1649년의 《에피쿠로스 철학개론》에서 가상디는 에피쿠로스의 복권을 시도한다. 그의 삶, 작품, 저작이 부당한 오명을 썼다는 것이다. 무신론자, 불경한 자, 이교도와 동의어였던 에피쿠로스를 복권시키는 것은 위험한 모험이었다. 가상디는 에피쿠로스에 대한 자료를 하나하나 분석했다. '불경한' 사람인가? 아니다. 그는 신앙심을 가지고 있었으며 종교적 의무를 다할 것을 권했다. 그러나 기도하면 들어준다고 믿는 미신은 반대했다. 호색한인가? 아마 에피쿠로스의 제자들은 그럴지 모르지만 에피쿠로스는 그렇지 않았다. 식도락가인가? 에피쿠로스만큼 소식하는 사람도 없었다. 한마디로, 에피쿠로스는 소박하고, 건전하며, 가난하게 살았다. 그는 쾌락주의자가 아니라 금욕주의자였으며, 세속적인 삶을 산 성인이었다.[381] 그의 천국은 이승에 존재했다.[382] 가상디의 동시대인들은 그가 경건하며, 양심적으로 사제의 의무를 수행한 '성스러운 사제'라고 불렀다.

마지막으로 살펴볼 인물은 가상디의 제자인 시라노 드 베르주라크 Cyrano de Bergerac(1619~1655)다. 그가 쓴 《아그리핀의 죽음》에는 신에 대한 불경한 표현들이 많이 들어 있다. 가장 유명한 작품은 《다른 세계: 달의 국가들과 제국들의 우스운 이야기》(1657)다. 이 창의적이고 기발한 공상과학소설은 유물론 철학을 반영하며, 아리스토텔레스에게 영향을 받은 전통적인 물리학, 특히 지구중심설, 창조에서의 인간 중심설, 17세기의 사회적 불의를 비판한다.

동성애자였던 것으로 알려진 베르주라크는 작가이자 음악가인 다수시와 가까이 지내다가 절교한 후, 아르파종 공작의 후견을 받았으나 아르파종 공작으로부터 버림받은 후 사망했다. 그 역시 다른 자유사상가들과 마찬가지로 교회에 묻혔다.

위에서 살펴본 피에르 샤롱, 라 모트 르 바예르, 생테브르몽, 시라노 드 베르주라크 외에도, 가브리엘 노데(리슐리외와 마자랭의 사서이자 바니 추기경의 비서), 기 파탱(파리 대학 의학부 학장이었던 박식한 의학 박사), 레오나르 마랑데(리슐리외의 비서), 사뮈엘 소비에르(가상디의 책을 출판한 가상디의 제자), 이사크 라페레르(콩데 공의 비서로서 성서회의주의자) 등도 모두 공인된 믿음을 잠식한 자유사상가였다. 이들 '박학한 자유사상가들libertins érudits'은 몽테뉴의 직계 제자였으며, 섹스투스 엠피리쿠스의 후손이었다. 대부분은 리슐리외와 마자랭이 제공해준 직책 덕분에 궁정 안팎에서 지적인 서클을 형성했으며, 프랑스의 황금시대를 준비한 인문주의 학자였고, 전통과 단절하고 새로운 전통을 시작할 준비가 된 리베르탱이었다.

회의주의

위에서 살펴본 자유사상가들, 다시 말해 몽테뉴의 제자들은 모두 회의주의자들이다. 이들이 아리스토텔레스의 철학과 그리스도교 신학으로부터 '자유'를 획득하게 된 것은 고대 그리스의 회의주의자인 피론과 섹스투스 엠피리쿠스로부터 힘입은 바가 크다.

17세기의 자유사상가들은 회의주의로 무장하여 모든 독단주의를 공격했다. 스콜라철학자들의 철 지난 도그마주의, 점성술사와 연금술사의 새로운 도그마주의, 수학자들과 과학자들의 영광스러운 주장들, 칼뱅주의자들의 광신적 열광 등이 공격 대상이었다.[383] 그런데 종교를 하나의 전통과 관습으로 격하시키며, 신을 자연과 일치시키고, 구원의 신보다는 이신론적인 신을 믿고, 저승에서의 구원보다는 이승에서의 행복을 예찬한 자유사상가들과 그리스도교가 양립할 수 있었을까? 자유사상가들은 과연 그리스도교로부터 완전히 '해방'되어 자유를 얻은 사람들일까? 신으로부터 완전히 해방된 무신론자일까? 이들은 무신론자가 아니었다. 적어도 겉으로는 그러했다. 이들에게 회의주의는 의심의 수단이었지, 파괴의 수단은 아니었다. 회의주의는 수단이었지 최종결론이 아니었다. 이들은 믿음이나 지식의 근거를 의심하고 회의했을 뿐, 부정하지 않았다. 그들은 이성적으로는 아니지만 믿음으로는 그리스도교를 받아들인 신앙주의자fideist였다.

그런데 겉으로는 신앙을 가장했지만 내면적으로는 신앙을 부정하지 않았을까? 종교전쟁과 박해의 시대에, 부르노와 바니니의 화형이 생생히 기억에 남아 있던 시대에, 무신론적인 생각을 드러내는 것은 위험한 일이었기 때문이다. 은폐의 방법을 소개한 책이 존재할 정도로, 은폐는 당시의 일반적인 관행이었다. 종교전쟁과 갈등 때문에 프로테스탄트 국가에 살고 있던 가톨릭과 가톨릭 국가에 살고 있던 프로테스탄트들, 그리고 그리스도교를 부정하는 무신론자들은 자신들의 사상을 감추는 방법을 배워야 했다. 레오 스트라우스가 《박해와 글쓰기 기술》에서 강조하듯, 박해의 두려움이 사람들의 글에 영향을 주었음은 부인할 수 없다. 따라서 자유사상가들의 글을 곧이곧대로 받아들이는 것은 순진한 일이다. 그들은 행간에 글을 쓰고 암호화하여 소통했으며, 비슷한 태도를 가진 사람들이라면 진정한 메시지를 깨닫게 했다. 자유사상가들이 강력한 후원자의 보호를 구했던 것은 이러한 불안한 심리를 반영하는지도 모른다.

그러나 심증일 뿐 증거는 없다. 이 경우에 필요한 것은 회의주의자들처럼 '판단 보류'를 하는 것이다. 주목할 만한 것은 17세기의 자유사상가들이 교회와 교리를 비판하고 풍자하기는 했지만 교회로부터 직접적인 제재를 받지는 않았다는 사실이다. 따라서 이들의 사상은 당시 교회에서 허용할 만한 내용이었다고 볼 수 있다. 나아가 라페레르 같은 회의주의자는 회의주의적인 성서 비판을 통해 프로테스탄티즘의 성서주의를 반박했다는 점에서 가톨릭교회에 도움이 되기도 했다. 이들은 반종교적이라기보다는 반프로테스탄티즘적이었고, 종교적이라기보다는 윤리적이었으며, 급진적이라기보다는 보수주의적이었다.[384] 이들은 무신론자는 아니었지만, 회의주의는 무신론이 성장하는 데 밑거름이 되었으며 다음 세기에 무신론자들이 등장하는 데 기여했다는 사실을 부인하기는 어렵다.

에피쿠로스의 부활

앞에서 살펴본 자유사상가들은 모두 에피쿠로스의 철학을 받아들였다. 그들은 인간의 육체를 소중히 여겼고, 이승에서의 행복을 추구했다. 특히 가상디는 《에피쿠로스의 삶과 도덕성》, 《에피쿠로스 철학 개론》을 써서 에피쿠로스를 복권시켰을 뿐만 아니라, 에피쿠로스의 도덕적인 삶을 실천했다.

에피쿠로스 철학은 스토아 철학과 함께 헬레니즘 시대에 떠오른 영향력 있는 철학 사조로서 죽음에 대한 두려움뿐만 아니라 삶의 불안으로부터 사람들을 해방시키는 것이 목적이었다. 수많은 정치 체제가 난립하는 어지러운 시대에 에피쿠로스 철학은 사람들에게 자신의 삶에서 행복을 찾도록 가르쳤다. "초야에 묻혀 살아라"라는 명제는 에피쿠로스주의의 주요한 지침이었다. 이것은 명예와 영광을 추구하거나 높은 의식주 수준이 유지되기를 바라던 예전의 생각들과는 매우 달랐다.

에피쿠로스는 데모크리토스의 원자론을 받아들였다. 그는 물질적인 우주를 채우고 있는 것은 원자와 공간이고 그 밖에 다른 것은 없다고 생각했다. 원자는 무에서 나올 수 없고 또 무로 될 수도 없기 때문에 영원불멸하다. 원자의 운동은 예측할 수 없으며, 원자의 결합이 영원히 유지되는 것은 아니다. 따라서 원자의 결합으로 이루어진 사물은 덧없이 변화한다. 사물은 원자들이 이합집산을 되풀이하면서 변화하고 결국은 해체되고 만다. 인간도 이런 방식으로 정신과 육체가 형성되고 해체된다. 해체는 두려움의 대상이 아니며, 존재함을 그치는 것일 뿐이다. 어느 누구도 죽음을 경험할 수 없다. 존재하는 한 죽음은 없고, 죽음이 있으면 존재하지 않기 때문이다. 그래서 에피쿠로스는 "죽음은 우리에게 아무것도 아니다"라고 말한다.

에피쿠로스는 신은 너무 멀리 있으며, 신도 인간사의 끝없는 진탕과 혼란에 말려들고 싶지 않을 것이라고 말한다. 그는 신의 존재를 부정하지는 않지만, 중요하게 다루지도 않는다. 신은 존재하지만 인간사에 관심을 가지지 않기 때문에 존재하지 않는 것과 마찬가지다. 그러므로 "우리는 신을 희망할 것도, 두려워할 것도 없다"고 말한다. 에피쿠로스는 전지전능한 신의 존재와 악의 존재가 양립하는 것에 대해 회의를 품었다. 18세기에 흄은 다음과 같이 말했다. "에피쿠로스의 물음들은 아직까지도 제대로 답변되고 있지 않다. 신은 악이 나타나려 하는데 막을 능력이 없는가? 그렇다면 신은 무능하다. 신은 악이 나타나지 않도록 하지 않는가? 그렇다면 신은 선하지 않다. 신은 악이 나타나지 않도록 할 수 있고, 그럴 의사가 있는가? 그렇다면 악은 왜 있는가?" 에피쿠로스의 회의주의는 17세기의 회의주의자인 피에르 밸에게서 다시금 확인된다.

그렇다면 인간은 어떻게 해야 하는가? 죽음, 즉 존재하지 않는 것은 존재의 피할 수 없는 운명이기 때문에 죽음을 두려워할 필요는 없다. 중요한 것은 현재의 삶을 잘 가꾸어나가는 것이며, 이 세상에서의 행복이 삶의 목적이 되어야 한다. 에피쿠로스학파 사람들은 죽어야 할 운명의 상징으로 해골을 사용했다. 그래서 해골은 "살아 있을 때 즐겨라"는 의미가 된다.[385] 에피쿠로스학파가 추구했던 것은 행복, 철학적 행복이었다. 누가 그들을 쾌락주의자로 매도했는가? 당대에는 에피쿠로스와 논쟁을 벌이던 크리시푸스, 제논, 클레안테스 같은 스토아 철학자들이 그랬고, 그다음으로는 스토아학파의 주장을 여과 없이 받아들인 교회의 사제들이 그러했다.[386]

라 모트 르 바예르, 가브리엘 노데, 피에르 가상디와 함께 테트라드(사총사)를 구성했던 기 파탱은 다음과 같이 그들의 '피론주의적 방탕'에 대해 말한다.

　　마자랭 추기경의 사서이고, 가상디의 가까운 친구이며 나의 친구이기도 한 노데는 다음 일요일에 장터위에 있는 자기 집에 가서 먹고 마시고 자자고 제안했다. 단, 우리 셋만 가며, 거기에서 방탕하게 지낸다는 조건으로 말이다. 그러나 얼마나 방탕한지는 신만이 알 것이다! 노데는 물밖에 마시지 않으며, 술을 마신 적이 없다. 가상디는 몸이 너무 약해서 술을 마시려 하지 않으며, 만일 마신다면 몸이 타오른다고 생각한다. 이것이 내가 이들에 대해 '그는 술을 피한다. 그 절대 금주주의자는 술 없는 물을 찬양한다'라는 오비디우스의 시구를 이야기할 수 있는 이유다. 나로 말할 것 같으면, 나는 이들 위대한 사람들의 글에 술 한 잔을 따를 수 있을 정도로 거의 마시지 않는다. 그렇지만 모임은 방탕, 철학적 방탕, 아마도 그 이상이 될 것이다. 우리 셋은 미신으로부터 치유되었고 양심의 독재자인 도덕관념의 죄로부터 벗어났지만, 아마도 성스러운 곳으로 갈 것이다.[387]

　　파탱의 편지는 17세기의 자유사상가들이 그리스도교의 멍에로부터 벗어나 자유를 획득한 사람으로서 그들의 '방탕'은 철학적인 것이지 세속적인 방탕이 아님을 시사하고 있다. 사실, 에피쿠로스를 복권시킨 대표적인 17세기의 에피쿠로스주의자인 가상디는 세속 세계에서 수도원의 규칙에 따라, 혹은 에피쿠로스의 가르침에 따라 산 은자였다. 데카르트는 가상디를 에피쿠로스를 닮은 육욕적인 철학자라고 비난했지만, 그것은 논쟁에서 나온 격한 언사일 뿐이다. 그가 에피쿠로스를 닮은 것은 사실이지만, 육욕적인 철학자는 아니었다.

자유사상과 관용

몽테뉴에게서 시작하여, 피에르 샤롱, 라 모트 르 바예르, 생테브르몽, 피에르 가상디, 시라노 드 베르주라크 등을 거쳐 숙성된 자유사상은 옹프레에 의하면 네덜란드의 유대인 철학자인 스피노자에 이르러 완성된다.[388] 스피노자가 성서를 체계적으로 비판하고, 신과 자연을 동일시함으로써 그리스도교로부터 벗어났다는 점에서 스피노자를 자유사상의 완성으로 보는 것은 옳다.

자유사상가들은 그리스도교를 비판했지만, 그렇다고 그리스도교로부터 완전히 해방된 무신론자는 아니었다. 그런 면에서 그들은 절충적이었다. 가상디는 에피쿠로스를 부활시켰지만 어디까지나 그리스도교의 테두리 내에서였다. 그렇지만 그들이 그리스도교를 유일무이한 종교로 여긴 것은 아니었다. 그들은 가톨릭 국가인 프랑스에서 태어났기 때문에 가톨릭을 믿는다는 몽테뉴의 사상을 받아들였다. 가톨릭은 여러 종교들 가운데 하나일 뿐이었고 다른 종교들에 비해 우월하지 않았다. 종교전쟁이나 종교 박해는 평화를 깨고 사람들을 불안하게 만들었는데, 불안에서 벗어나는 것이 바로 에피쿠로스의 제자들이 추구한 행복이었다. 행복하기 위해 관용해야 하는 것이다.

11

스피노자의
무신론과 자유

무신론의 의미

'무신론無神論'은 혼란스러운 용어다. 글자 그대로의 무신론자, 즉 신의 존재를 믿지 않는 무신론자들이 없지는 않다. 그러나 역사적으로 등장한 무신론자들은 대부분 신의 존재를 인정했다. 신을 믿는 무신론자들이 많았던 것이다. 이 문제에 관해 가장 유명한 사례는 소크라테스의 죽음일 것이다. 멜레투스는 소크라테스가 젊은이들에게 도시가 믿는 신이 아니라 다이모니아를 믿도록 가르친다는 이유로 고소했다. 그는 처음에는 다이모니아를 새로운 '신'이라고 했지만, 곧바로 그것이 신임을 부정했다. 다시 말하면, 그는 소크라테스의 '신'을 진정한 신으로 인정하지 않은 것이다. 그 결과, 소크라테스는 태양은 돌덩어리요, 달은 흙에 불과하다고 말한 아낙사고라스와 마찬가지로 무신론자가 되고 말았다. 그러나 소크라테스는 자신이 무신론자라는 고소를 인정할 수 없었다. 그는 델포이의 신탁에 따라, 그리고 "자기 내부에 있는 신의 지시에 따라" 살았기 때문이다.[389] 소크라테스는 신을 믿었지만, 그의 신은 진정한 신으로 인정받지 못해서 무신론자로 여겨졌던 것이다. 그리스도교도 공인되기 전에는 비슷한 운명을 벗어나지 못했다. 2세기 중엽, 그리스도교의 한 순교자는 다음과 같이 말했다. "우리는 무신론자라고도 불렸다. 우리는 당신들이 신이라고 부르는 것 앞에서는 무신론자임을 고백하지만, 진정한 신과 관련해서는 아니다."[390] 그리스도교도들도 자신들을 무신론자라고 부르는 사람들을 무신론자라고 불렀다.

무신론자라고 비난받은 사람들은 신을 믿지 않아서라기보다는 '다른 신'을 믿었기 때문에 비난받았다. 중세 그리스도교 사회에서, 그리스도교를 믿지 않는 '이교도들'은 '다른 신'을 믿었지만, '다른 신'은 그리스도교의 입장에서 보면 신이 아니었기 때문에 무신론자와 다르지 않았다. 그리스도교 내부의 '이단들', 다시 말해 교회를 비판하면서 진정한 그리스도교인이라고 자처했던 불쌍한 이단들도 정통 교회의 입장에서 보면 진정한 신을 믿지 않는 셈이기 때문에 박해받았다. 그들이 무신론자가 아니라 '이단'이나 '불경한 자' 등으로 불린 것은 그 시대에는 아직 '무신론자'라는 단어가 존재하지 않았기 때문이다.[391] '이단'까지는 아니더라도 교회의 가르침이나 권위 있는 해석에 대해 비판적인 토를 다는 사람들도 무신론자라는 비난을 받기 십상이었다. 에라스뮈스, 홉스, 흐로티위스, 몽테뉴, 데카르트 같은 지식인들은 신앙고백을 하고도 무신론자라는 의심에서 벗어나지 못했다. 믿음을 원하던 시대에, '무신론자'라는 말은 종교적이든 아니든 자신의 '적'을 공격하는 일상적인 도구로 사용되었다.[392]

신의 존재를 인정하는 여부가 무신론자인지를 판별하는 결정적인 기준은 아니었다. 역사적으로, 무신론자들의 공통점은 신의 존재가 아니라 섭리의 개입을 부정한 데에 있다. 다시 말하면, 무신론자들은 신이 인간의 역사와 자연의 운행에 '자의적으로' 관여한다는 생각을 인정하지 않았다.[393] 신이 존재하고 천지를 창조했더라도, 인간사에 관심이 없거나 '자연의 법칙'이라는 것을 만들어놓았기 때문에 더 이상 인간 세계에 관여하지 않는다고 생각한 것이다. 그러니 흐로티위스처럼 신이라도 자연법이나 자연의 법칙을 어길 수 없다고 말하는 것은 다분히 무신론적인 발상이었다.

무신론자들은 고대 이래로 존재했지만, 뤼시앵 페브르에 의하면 체계적인 '무신론'이 등장한 것은 데카르트 이후다. 철학이나 과학과 같은 '심성적 도구'를 구비한 근대인들은 무신론을 체계화시키는데, 18세기 계몽주의 시대에 이르면 스스로 무신론자임을 당당하게 인정하는 사람이 등장한다. 그동안 무신론자라는 말은 비판과 비난의 도구였거나 '욕설'로 사용되었지만, 이제는 '서명과 자랑'이 된 것이다.[394] 1686년에 장 르클레르는 지난 시대의 무신론자들은 도덕적인 차원에서 교회를 비판했지만, 이제는 철학과 역사적 비판의 무기를 가지고 교회를 공격한다고 말했다.[395] 유럽인들은 17세기 후반에 '의식의 위기'를 겪었다.[396] 스피노자는 이러한 '위기'를 존재 자체로 겪은 사람이었다. 스피노자는 당대에 이미 "가장 체계적인 무신론자"라는 평을 받았다.

이성주의 성서 비판

스피노자는 1632년에 암스테르담에서 태어났다. 그의 아버지는 1492년에 이베리아 반도가 그리스도교화된 후 극렬해진 종교재판의 박해를 피해 네덜란드로 피난 온 유대계 포르투갈인이었다. 스피노자는 아버지의 사업을 계승하여 상업에 종사하기도 했으나, 상인으로서의 경력은 오래가지 못했다. 24세 때 스피노자는 성서를 비판적으로 해석하고 일종의 이신론理神論을 견지했다는 이유로 유대인 공동체에서 추방되었다. 프랑스 자유사상가들의 영향을 받아, 신은 자연 세계에 개입하지 않고 자연의 법칙으로만 나타난다고 보았기 때문이다.[397] 그 이후, 스피노자는 벤투Bento라는 포르투갈어 이름과 히브리어 이름인 바뤼흐Baruch를 사용하지 않고 대신 라틴어 이름인 베네딕투스Benedictus를 사용했다. 유대인들과의 교류가 끊기고 나서는 콜레지아파Collegiants와 메노파Mennonites[398] 같은 평화주의적인 그리스도교인들과 교류했다. 특히 데카르트 철학에 대한 관심을 공유했는데, 데카르트 철학의 영향은 평생의 대작인《에티카》가 '기하학적인 순서'에 따라 논증된 데카르트주의적인 철학서라는 점에서도 확인할 수 있다.[399]

스피노자는 친구인 러우더바익 메이에르가 1666년에 출판한《철학, 성서 해석자》때문에 무신론자로 몰리자, 한편으로는 메이에르의 책에 대한 분노에 대응하기 위해, 다른 한편으로는 자기방어책의 일환으로《에티카》의 집필을 중단하고는 대신 신학자들의 편견을 고발하고 무신론이라는 비판으로부터 스스로를 방어하며 학문과 표현의 자유를 수호한다는 계획을 세웠다. 그의 새로운 구상은 친구인 아드리안 쿠르바흐가 "어두운 곳을 비추는 빛"이라는 제목으로 스피노자

2008년에 암스테르담에 세워진 스피노자의 동상

온몸을 덥고 있는 외투는 마치 감옥처럼 느껴진다. 옷에 붙어 있는 새는 자유의 갈망을 상징하는 것 같다. 아래에는 "국가는 자유다"라고 쓰여 있다.

의 자연주의를 옹호하고 그리스도교를 공격하는 글을 발표한 후 유죄 판결을 받고 감옥에서 사망하자 구체화되었다.[400] 1670년, 스피노자는 비판적 성서 해석을 담은 《신학-정치론》을 익명으로 출판했다.

그 후, 스피노자는 《신학-정치론》을 쓰기 위해 잠시 중단했던 《에티카》의 집필을 계속했다. 1672년에 공화파 지도자인 얀 더 빗이 암살당하고 오라녜 공 빌렘이 칼뱅주의자들에게 경도되자, 스피노자는 책의 출판을 연기하지 않을 수 없었다. 《에티카》는 스피노자가 세상을 떠난 직후인 1677년에 출판되었다. 18세기 계몽시대에는 "유물론적 합리주의의 성전"이었으며, 19세기 초 독일 관념론자들에게는 "자연철학의 성전"이기도 했던 "인류사상 가장 위대한 지적 봉우리들 가운데 하나"는 이렇게 탄생했다.[401]

스피노자의 철학을 어떻게 읽을 것인가? 이 글은 스피노자 철학에 대한 철학적 분석이 아니라, 그의 '체계적인 무신론'에 초점을 맞추어 17세기 무신론의 양태를 살펴보는 것이다. 이렇게 종교적인 토대 위에서 철학을 분석하는 이유는 17세기가 여전히 종교와 드잡이하던 시대이며, 종교적인 문제의 해결이 그 밖의 모든 문제를 해결하는 열쇠였기 때문이다. 카시러는 17세기가 신학적인 논쟁의 시대였다고 증언한다.

17세기 형이상학의 체계적인 개념들은 독창성과 독립성에도 불구하고 여전히 신학적 사유에 굳게 뿌리박고 있다. 데카르트와 말브랑슈, 스피노자와 라이프니츠에게는 신의 문제와 독립해서 진리의 문제를 해결할 방도가 아직 마련되어 있지 않았다. 신적 존재의 인식은 다른 모든 지적 확실성을 보장해주는 인식의 최고 원리이기 때문이다.[402]

《신학–정치론》의 주제는 책의 부제에 잘 나타나 있다. 이 책은 "철학하는 자유는 신앙과 공화국의 평화를 유지하게 할 뿐만 아니라 그러한 자유는 공화국의 평화와 신앙이 동반될 때가 아니고는 견지될 수 없음"을 보여주기 위한 것이었다. 이 책은 '신학'에 관련된 글과 '공화국'에 관련된 글로 구성되어 있는데, 1장 ("예언에 대하여")부터 15장까지는 '신학론'이고, 16장부터 20장까지는 '정치론'이다.[403] 스피노자에 의하면, 당시는 이성의 빛이 경멸받을 뿐만 아니라 불신앙의 원천으로 단죄되던 시대였으며, 인간의 상상력이 신의 가르침으로, 경신輕信이 믿음으로 간주되던 시대였다.[404] 스피노자의 과제는 '이성'의 지위를 회복시키는 것이었다.

스피노자는 두 단계로 이성의 지위를 회복시킨다. 첫 번째 단계는 이성을 "신학의 시녀"에서 해방시키는 것이다. 이를 위해 스피노자는 "성서는 이성을 방해하지 않으며, 철학과 관계가 없다"며[405] 철학과 성서, 이성과 신학의 영역을 구분한다. 이성의 영역은 진실이고, 신학의 영역은 복종이다. 신학은 인간이 복종을 통해서만 구원을 얻을 수 있다고 말하는데, 이러한 신학의 원리를 이성적으로 증명할 수는 없으며 오로지 믿음을 통해서만 가능하다. 그런데 이성과 신학의 영역을 구분하는 것은 이성의 한계를 인정하는 것인가? 그렇지는 않다. 두 번째 단계에서, 해방된 이성이 신학의 영역을 심사한다. 스피노자에 의하면, 신학의 원리를 이성 없이, 맹목적으로 받아들인다면, 판단력 없이 어리석게 행동하는 셈이다. 이성이 마비된 대중들은 그럴 수 있지만 철학자들은 그렇게 행동하지 않는다. 성서의 의미는 일차적으로는 성서를 통해 해독되어야 하지만, 그것의 진정한 의미는 판단력과 이성에 의해 이해된다.[406] 이성은 신의 가장 위대한 선물이고, "신의 빛"이다.[407] 이성의 판단이 최종심인 것이다.

스피노자는 이성을 통해 성서를 해석하고 비판한다. 이제 성서는 지식의 원천이 아니라 지식의 대상이 된다.[408] 이성의 빛으로 읽을 때 성서에는 이해할 수 없는 것들이 많으며, 모호할 뿐만 아니라 불완전하고 상호모순적이기도 하다. 그럴 수밖에 없는 것이, 성서는 오랜 시간에 걸쳐 수많은 사람들이 민중적 상상력을 동원하여, 혹은 민중적 상상력을 자극하기 위해 만든 일종의 모자이크이기 때문이다. 성서 기록자들은 성서상의 사건들을 자연적인 원인으로 설명하지 않고 대중적인 놀라움을 불러일으키기 위해 각색했다. 그러므로 성서에 기록되어 있는 것을 보편적이고 절대적인 가르침이라고 믿는 것은 대중의 믿음을 신의 가르침이라고 혼동하고, 인간이 만든 것을 신의 가르침이라고 선언하는 것이다.[409] 대중들은 경이로운 것을 좋아하며, 그 속에서 신의 존재를 확인한다. 대중들은 자연이 정상적으로 움직이면 신이 없다고 생각하고, 자연의 법칙에 어긋나는 일이 발생하면 신이 있다고 생각한다.

스피노자는 기적의 존재를 부정한다. 기적이란 과학적 원리로는 원인이 설명되지 않는 사건이다. 기적 역시 자연적인 현상이나, 아직은 과학적 설명이 미흡할 뿐이다. 또한 신은 기적을 일으킬 리가 없는데, 스스로 만든 법칙을 깨는 셈이기 때문이다. 신의 본질, 존재, 섭리 등은 기적으로부터 알 수 있는 것이 아니라 자연의 고정적이고 불변적인 질서를 통해 알 수 있다. '자연의 법칙'이 신의 영원함과 불변함을 증명해준다. 섭리라는 것이 있다면, 자연의 법칙이 바로 섭리이다.[410]

성서는 민중의 기대와 기호에 맞게 씌어진 것이기 때문에 성서의 '글자' 하나하나에 얽매일 필요가 없다. 스피노자에 의하면, "죽어 있는 글자들"이고, 신의 말씀의 그림자에 불과하다.[411] 신의 말씀의 진정한 '글자'는 정신이기 때문에, 성서의 정신을 파악해야 한다. 그리고 오직 "이성과 철학만이" 성서의 정신을 파악할 수 있도록 해준다. 그렇다면 이성으로 파악된 성서의 근본 정신은 무엇인가? 이 중요한 문제에 있어서도 성서는 상이한 이야기를 한다. 바울은 구원이 전적으로 신의 은총에 달려 있음을 강조하기 위해 '선업'이 아니라 '믿음'이 근본이라고 가르친 반면, 야고보는 '선업'이 근본이라고 가르쳤다. 종교개혁 당시 루터를 괴롭혔던 '선업'과 '믿음'의 문제에 대해, 스피노자는 야고보의 손을 들어 성서의 근본 정신은 '선업'이라고 주장한다. 야고보가 말한 대로, 선업 없는 믿음은 죽은 것과 마찬가지라는 것이다.[412] 나아가, 바울도 성령의 증거는 오직 선업과 관계 있기 때문에 선업을 "성령의 결실"이라고 말했다고 덧붙인다.[413] 그러면 구체적으로 어떠한 것이 선한 행동인가? 그것은 도덕적으로 고결한 삶을 사는 것이다. 철학적으로 볼 때, 성서의 신은 도덕적으로 고결한 사람들을 돌보고 그렇지 않은 사람에게는 벌을 준다.[414] 자연의 빛으로 신이 있음을 알고 참된 삶을 사는 사람들은 성서를 몰라도 성서를 맹신하는 대중보다 더 많은 복을 받는다.[415] 도덕적인 삶의 본질은 사랑이다. 성서의 본질은 신에게 복종하는 것으로 신을 사랑하는 일이며, 신을 사랑하는 것은 이웃을 사랑하는 것이다. 그렇기 때문에 성서의 근본 정신은 이웃을 사랑하는 것이다.[416] 성서는 이리하여 신학서라기보다 도덕서가 된다. 에라스뮈스 이래의 그리스도교 인문주의자들의 견해를 스피노자도 되풀이하고 있는 것이다.

스피노자의 성서 비판은 데카르트의 방법론을 적용시킨 것이다. 스피노자는 "성서를 해석하는 방법은 자연을 해석하는 방법과 다르지 않다"고 말한다. 데카르트를 반대하던 사람들, 특히 예수회원과 칼뱅파는 데카르트의 방법론에서 잠재적으로 위험한 반종교적인 함의를 발견했다. 그러나 데카르트와 데카르트주의자들은 그들의 방법론을 종교에 적용하지 않았고, 정통적인 신앙을 견지하고 있다고 주장했다. 스피노자는 데카르트주의를 신학과 성서에 적용함으로써 급진적인 발걸음을 뗀 사람이다.[417]

스피노자는 홉스와 라페레르의 성서 비판과 데카르트의 자연주의를 결합하여 그리스도교의 토대를 허물었다. 당시 유럽에서 가장 자유로운 나라였던 네덜란드에서도 이처럼 과격한 성서 비판은 관용되지 못했다. 1674년, 홀란트 의회는 홉스의《리바이어던》을 포함한 "소치니파의 불경한 책들"과 함께 스피노자의 책을 판매 금지시켰다. 그러나《신학−정치론》은 프랑스어와 영어로 번역되었고 널리 읽혔다. 익명으로 출판되었지만 스피노자가 저자임은 분명히 알려졌다. 그러나 스피노자는 아무런 육체적 피해를 입지 않았다.

"신 즉 자연"

《에티카》는《신학−정치론》의 주장을 체계적으로 재구성한 것이다. 스피노자에게 있어서 '윤리'는 '신학'의 토대이기 때문에, 《에티카》는 신학적인 문제부터 시작된다. 1부 "신에 대하여"에서 스피노자는 신의 존재, 본질, 속성들을 "기하학적인 방식"으로 증명한 다음, "부기"에서 비기하학적인 방식으로 정리한다. 스피노자는 다음과 같이 신의 존재를 증명한다.

명제 11. 신(다른 말로 하면, 무수히 많은 속성들로 구성된 유일한 실체이며, 각각의 속성은 영원하고 무한한 존재를 표현한다)은 필연적으로 존재한다.

증명. 만일 당신이 이것을 부정하면 (만일 이것이 가능하다고 하면) 신이 존재하지 않는다고 생각하라. 그러면 (공리 7에 의해) 그의 본질은 존재를 포함하지 않는다. 그러나 이것은 (명제 7에 의해) 불합리하다. 그러므로 신은 필연적으로 존재한다.[418]

신은 실체이고 실체는 존재하는 것이기 때문에 신은 존재한다는 삼단논법이다. 스피노자는 신의 존재를 증명했는가? 그 나름대로의 논리이기는 하겠지만, 결국 동어반복 내지 말장난에 불과하다.[419] 어쨌든 스피노자는 신의 존재를 증명했다. 그런데 그가 말하는 신은 어떤 신인가? 그가 증명한 신의 본질과 속성은 무엇인가? 스피노자는 "부기"에서 다음과 같이 말한다.

이상에서 나는 신의 본성과 성질을 설명했다. 신은 필연적으로 존재한다는 것, 신은 유일하다는 것, 신은 오로지 스스로의 본성의 필연성에 의해서만 존재하고 작용한다는 것, 신은 만물의 자유 원인이며 또한 어떤 의미에서 그러한가 하는 것, 만물은 신 안에 존재하며 신에 의존하기 때문에 신 없이는 존재할 수도, 생각할 수도 없다는 것, 그리고 마지막으로 만물은 신에 의해 예정되어 있다는 것, 그것은 신의 의지의 자유나 절대적이고 선한 기쁨에 의해서가 아니라 신의 절대적 본성, 즉 신의 무한한 힘에 의해서 그렇다는 것 등이다.

신은 만물의 원인이며 만물은 신 '안'에 존재한다는 것이다. 신은 만물을 창조했다고 말할 수 있지만, 그 의미는 그리스도교의 '창조'와는 사뭇 다르다. 스피노자에게 있어서 만물은 신으로부터 발현한다. 신은 만물의 '외부'에 별도로 존재하지 않는다. 신은 자연을 창조하고 자연 '밖'에서 자연을 움직이는 초자연적인 존재가 아니라, 자연 안에 들어 있고 자연은 신 안에 들어 있다. 신이 자연이요, 자연이 신인 것이다. 이러한 '범신론'은 그리스도교의 창조론을 부정하는 것이다.[420]

스피노자의 신은 본성에 의해서 행하지, 목적을 위해 행하지 않는다. 신이 어떤 목적을 위해 행한다면 무엇인가를 결핍하고 있기 때문인데, 그것은 완전한 존재라는 신의 정의에 어긋난다.[421] 마찬가지로, 완전한 신은 '감정'이 없다. 신은 인간을 사랑하는가? 스피노자는 5부의 명제 17("신은 정열이 없으며, 기쁨이나 고통의 감정으로부터 영향을 받지 않는다")을 증명한 후, 다음과 같이 추론한다.

엄격히 말해서, 신은 누구를 사랑하거나 미워하지 않는다. 신은 (앞의 명제에 의해서) 기쁨이나 고통의 감정에 의해 영향을 받지 않기 때문이다. 따라서 (감정의 정의 6과 7에 의해) 신은 누구를 사랑하지도, 미워하지도 않는다.

스피노자는 이렇게 자기 나름대로의 논리를 가지고 신의 존재와 속성을 증명했다. 증명의 타당성 여부는 중요하지 않다. 주목할 점은 17세기의 한 철학자의 증명 방식이며, 그의 신은 그리스도교의 신과 다르다는 사실이다. 스피노자의 신은 자연과 별도로 존재하지 않고 자연과 동일하다. "신 즉 자연"인 것이다.[422] 자연은 신의 피조물, 즉 '소산적 자연'이 아니라 신처럼 창조하는 '능산적 자연'이다. 완전한 존재인 신은 '감정'을 가지고 있지 않다. 따라서 그리스도교의 신과는 달리 인간을 사랑하지 않는다. 미워하지도, 질투하지도, 변덕을 부리지도 않는다. 스피노자의 신은 무심하다. 스피노자의 신은 인격을 지닌 신이 아니다. 신은 자연이며, 섭리는 자연의 법칙으로 존재한다. 사랑이니, 기적이니 하는 것이 파고들어갈 틈 없이 자연은 필연적인 사슬로 묶여 있다.

스피노자가 아무리 신의 존재를 증명하고 "신에 미쳐 있었다"고 해도,[423] 무신론자가 아니라도 항변해도, 무신론자라는 비판을 받는 것은 당연했다. 《에티카》와 《신학-정치론》은 인간의 경험에 대해 새로운 통찰력을 갖게 해주었다. 파스칼은 성서적인 신이 없는 인간의 비참함에 대해 묘사했지만, 스피노자는 공포와 미신의 굴레로부터 해방된 인간의 정신에 대해 묘사했다. 성서적 세계에 대한 스피노자의 회의주의, 그리고 그것이 어떻게 이성적인 인간에 의해 대체되는가에 대한 견해는 17세기의 사상가들이 수용할 만한 한계를 뛰어넘은 것이었다.[424] 스피노자는 사후에 거센 비판을 받았다. 1679년 레이던 개혁교회 회의는 그의 책을 "세상의 역사 이래, 그 어떤 책보다 무신론적이고, 반종교적이며, 불경건한 책"이라고 비난했다. 얼마 후, 홀란트 의회는 그의 책의 출판, 요약, 발췌, 언급을 금하는 명령을 내렸다. 17세기 후반의 철학과 종교에서 반스피노자주의는 지배적인 흐름이었다. 정통 신학자와 성직자들뿐만 아니라 자유주의적인 성향을 가진 사람들도 그를 불경건하고 무종교적이며 무신론적 철학자라고 비판했다.[425] 한 세기가 지나서야 사람들은 두려움 없이 스피노자주의자라고 나설 수 있었다. 스피노자를 지지한 독일 계몽주의자들 가운데 일부는 여전히 곤경에 처했다.

피에르 밸의 자연주의

"신 즉 자연"이라는 자연주의 명제가 스피노자에게서 처음 나온 것은 아니다. 그것은 르네상스 자연철학의 근본 원리였다.[426] 앞에서 살펴보았듯이, 몽테뉴의 제자인 피에르 샤롱뿐만 아니라 동시대의 회의주의자인 피에르 밸에게서도 찾아볼 수 있다. 특히 피에르 밸은 스피노자의 사상을 소개하여 스피노자의 이미지를 바꾸는 데 결정적인 역할을 한 인물이기 때문에 피에르 밸을 통해 동시대인들에게 비친 스피노자의 모습을 살펴보는 것도 의미가 있다.

피에르 밸은 1647년에 피레네 산맥 기슭에 있는 푸아 지방의 카를라에서 칼뱅파 목사의 아들로 태어났다. 가톨릭으로 개종했다가 다시 칼뱅파로 개종했는데, 당시 프랑스에서 재개종은 불법이었기 때문에 제네바로 도피해 철학 공부를 계속했다. 그 후 스당에서 잠시 철학 교수를 한 후, 1681년에 로테르담의 '명문 학교'의 역사와 철학 교수로 초빙되어 줄곧 이곳에서 철학자로 살다가 1707년에 세상을 떠났다.[427]

밸은 논쟁적인 삶을 살았다. 그는 무엇보다도 가톨릭의 광신주의를 비판했다. 그러나 신학적인 논쟁을 벌이는 가운데 가톨릭과 칼뱅파 양쪽으로부터 무신론자라는 비난을 받았고, 결국에는 로테르담의 '명문 학교'에서 쫓겨나고 말았다. 밸의 경이로운 대작인 《역사적 비판적 사전》(1695)은 이러한 고난의 시기에 작성되었다. 밸은 생의 마지막 순간까지도 자기에게 가해지는 '무신론자'라는 비판에 대해 반박문을 썼다. 무신론에 대한 밸의 논의가 집중되어 있는 책은 《혜성에 대한 다양한 생각들》, 《다양한 생각들의 보충》, 《다양한 생각들의 계

속》 그리고 《한 시골 사람의 질문에 대한 답변》이다.[428]

　자연주의 논의의 실마리를 제공한 것은 1680년에 출현한 혜성이었다. 무지한 대중은 혜성을 신의 경고라고 해석했고, 신의 진노를 달래기 위해 서로 용서하고 사랑하기보다는 희생제를 지내는 등 우상숭배적인 이교의 관습을 재현했다. 가톨릭교회는 민중의 미신을 바로잡지 않고 오히려 방조했다. 미신적 관행이기는 하지만 어쨌든 신앙의 열기를 고조시키는 데 이바지했기 때문이다. 벨의 '이성'에 의하면, 혜성은 신이 인간에게 경고하기 위해 보낸 사자使者가 아니었다. 혜성이 출현하면 대중은 신이 가장 싫어하는 행위인 우상숭배에 빠지는데, 예언자를 보내 우상숭배를 금했던 신이 혜성을 보내 우상숭배를 부추겼을 리가 없다는 것이다.[429] 그러면 혜성의 정체는 무엇인가? 그것은 신이 일으킨 '기적'이 아니라 "자연의 일반적인 법칙을 따르는 물체"일 뿐이다.[430] 자연의 법칙을 따르지 않는 것은 없다. 이러한 자연의 법칙 속에서 신의 존재를 발견하는 것이지, 자연의 법칙에 어긋나는 기적에서 신의 존재를 발견하는 것이 아니다. 벨은 스피노자와 똑같은 생각을 한다.

　나아가, 벨은 우상을 숭배하거나 미신을 믿기보다는 신을 믿지 않는 편이 낫다며 무신론을 옹호한다. 이 대목에서 벨의 획기적인 논거는 무신론과 도덕은 무관하다는 것이다. 그때까지는 무신론자들은 사후 세계와 심판을 믿지 않기 때문에 현세에서 부도덕한 생활을 한다고 생각했다. 벨의 동시대인인 로크도 이러한 한계에서 벗어나지 못했다. 벨에 의하면, 도덕은 종교에서 나오지 않으며 종교보다 오래된 것으로, 자연에서 나온다. 벨은 자연을 "일반적인 섭리"라고 부른다.[431] 벨은 무신론을 다음과 같이 '자연적으로' 정의한다.

무신론은 다음과 같은 일반적인 도그마로 압축될 수 있다. 자연은 만물의 원인이다. 자연은 영원히 존재하며 스스로 존재한다. 자연은 언제나 그 힘이 미치는 모든 범위에서, 그리고 자연이 알지 못하는 불변의 법칙에 따라 행동한다. 그러므로 자연이 행한 것 이외에는 어떤 것도 가능하지 않다. 인간의 노력으로는 어떤 것도 바꿀 수 없으며, 결과에 어떠한 영향도 미칠 수 없다. 모든 것은 불가피한 필연성에 의해 일어난다.[432]

스피노자의 "신 즉 자연"을 연상시킨다. 밸은 스피노자와 같은 자연주의자로, 자연의 질서가 바로 섭리였다. 어쩌면 만물을 창조한 신, 초월적인 신, 전지전능하고 자유로운 신, 자연의 법칙을 마음대로 바꾸며 그 법칙에 지배받지 않는 신이 존재할지도 모른다. 그러나 혜성의 예에서 보았듯이, 신은 더 이상 기적을 일으키지 않는다. 신은 자신이 만든 법칙을 어길 수도 있지만, 어기지 않는다. 신은 인간의 기도를 들어줄 수 있지만, 들어주지 않는다. 스피노자와 밸의 신은 무관심한 신이요, "게으른 신"이다.[433] 신은 인간 사회에 개입하지 않는다. 자연의 법칙만이 존재할 뿐이다. 스피노자와 밸에게는 자연이 신이요, 자연의 법칙이 섭리이다.

밸의 스피노자 비판

"신 즉 자연"과 '자연주의'는 결국 같은 이야기다. 두 철학자에 의하면, 신은 만물과 동떨어져 초월적으로 존재하지 않는다. 자연은 신에게서 발현된 것으로, 신에 내재적으로 존재한다. 신은 자의적으로 자연에 개입하여 자연의 운행을 좌지우지하지 않는다. 자연은 자연의 법칙에 따라 규칙적으로 움직인다. 자연의 법칙이 바로 섭리다. 또한 두 철학자가 생각하는 종교는 도덕적이다. 믿음과 선업의 문제에 대해 스피노자는 선업을 종교의 근본으로 보며, 벨은 종교와 도덕은 별개의 것으로 보기 때문에 무신론자도 도덕적일 수 있다고 여겼다. 벨은 동시대의 고결한 무신론자로 스피노자를 꼽았다.

그러나 벨은 스피노자의 무신론에 대해 비판적이었다. 1677년에 형에게 보낸 편지에서, 스피노자의 《신학-정치론》이 종교를 "참으로 무례하게" 다루었다고 썼다.[434] 《역사적 비판적 사전》에서는 장문의 "스피노자" 항목을 별도로 마련하여 스피노자의 종교와 철학을 체계적으로 분석했다.[435] 벨에 의하면, 스피노자는 "스스로도 무신론을 확신한" "체계적인 무신론자"였다. 《신학-정치론》은 "그의 사후에 나온 책[《에티카》]에서 완전히 발아한 무신론의 모든 씨앗이 들어 있는 유해하고 가증스러운 책"이었다. "무신론의 모든 가설들 가운데 스피노자의 것이 사람들을 가장 덜 오도할 것인데, 그의 가설은 인간 정신의 가장 명백한 개념에 반대하기 때문이다." "그의 독약은 해독제를 지니고 있"기 때문이다. 이러한 독설에도, 벨은 스피노자가 하느님을 믿는 그 누구보다도 고결한 도덕성을 지닌 사람이었다고 인정한다. 철학적인 차원에서, 로테르담의 철학자는 암스테르담의 철학자의 일원론을 받아들이지 않았다. 이 세상에는 하나의 실체가 있으며, 그 실체는 신이고, 물질적이거나 정신적인 만물은 신의 양태라는 것은 넌센스이기 때문에 "이 철학자의 글을 읽는 것보다 쓸모없는 일은 없다"고 말한다. 터키인들도 신의 양태이고 헝가리인들도 신의 양태라면,

터키인과 헝가리인이 싸우는 것은 똑같은 신과 신이 싸우는 셈이지 않느냐는 말이다. 철학자 카시러는 "밸의 설명과 비판은 스피노자주의에 대한 논의를 일면적이고 잘못된 관점으로 이끌고 가는 데 큰 역할을 했다"고 평가한다.[436]

밸이 이렇듯 가혹하게 스피노자의 종교와 철학을 비판한 이유는 무엇일까? 우선 밸의 '저항' 기질을 생각해볼 수 있다. 동시대인인 라이프니츠에 의하면, 어떤 사람이 하나의 주장을 하면 밸은 그 주장을 분석한 다음 질문을 던졌고, 상대가 그 주장을 철회하고 정반대의 주장을 하면 다시 이 주장을 분석하고 질문을 던졌으며, 비판적인 분석은 상대방이 있는 한 끝없이 계속되었다.[437] 팝킨에 의하면, 밸은 극단적인 회의주의자여서, 그의 비판을 벗어난 것은 하나도 없었다.

다음으로는 스피노자의 이성주의다. 스피노자는 신의 존재와 속성은 오로지 이성으로만 알 수 있다고 말한 이성주의 철학자다. 스피노자는 이사크 라페레르의 비판적 성서 해석과 데카르트의 방법적 회의를 종교에 적용한 최초의 인물이다.[438] 그는 종교적 지식에 대해서는 철저하게 회의주의적이었으나, 형이상학이나 수학과 같은 이성적 지식에 대해서는 철저하게 반反회의주의적이었다. 그는 계시 종교를 '의심'하는 차원을 넘어서 '부정'했다. 스피노자는 자신의 철학이 참된 철학이라고 확신했다. 그는 회의주의는 신에 대한 분명한 관념을 가지고 있지 못할 때나 가능하고 필요한 것이라고 생각했으며, 회의주의자를 정신적인 맹인으로 보았다. 그에게 있어서 회의주의는 무지의 결실이었다. 스피노자의 "인식론적 도그마주의"는 17세기 철학자들의 회의주의로부터 가장 동떨어진 것이다.[439] 밸은 《역사적 비판적 사전》에서 스피노자의 과도한 이성주의를 비판한다.[440] 물론 밸은 이성을 무시하지는 않았다. "자연의 빛은 우리 지식의 일반 원칙이며, 성서 해석에 있어서 모태적이고 근원적인 기준이다. 특히 도덕성과 관련해서 그러하다"며 스피노자처럼 말한다. "자연의 빛"은 "이성의 빛"이다. 이성이 모든 지식의 원천이요, 원칙이며, 기준이다. 그러므로 성서도 이성에 비추어 해석해야 한다. "성서도, 교회도, 기적도, 이성의 명백한 빛을 거역할 수 없다"고까지 말한다.[441] 스피노자와 마찬가지로, 성서는 지식의 원천이 아니라 대상이다. 벨은 이성이 철학자의 무기임을 부정하지 않는다. 그러나 이성이 모든 것을 해결해주지는 않는다. 이성의 한계에 대한 고심, 이성주의와 신앙주의의 갈등은 《역사적 비판적 사전》에 반복적으로 나타난다. "피에르 뷔넬Pierre Bunel" 항목에서는 다음과 같이 이성에 대해 회의한다.

우리의 이성은 모든 것을 혼란스럽게 하고 모든 것에 대해 의심을 불러일으키는 데에만 적합할 뿐이다. 그것은 무엇인가를 만들면 즉시 부수는 수단을 제공한다. 이성은 낮에 짰던 것을 밤에 풀어버리는 페넬로페와 같다. 따라서 철학 연구를 가장 잘 이용하려면 철학이 인간을 오도하는 길이기 때문에 다른 안내자의 도움을 받아야 한다는 것을 인식해야 한다. 다른 안내자란 계시의 빛이다.[442]

이성의 공격에 대해서는 "침묵과 신앙의 방패"를 내세울 수밖에 없다고 말한다.[443] 그렇다면 그는 진정한 신앙주의자인가, 아니면 무신론을 감추고 있는 신앙주의자인가? 엘리자베스 라부르스와 지안루카 모리 같은 벨 연구자들에 의하면, 그가 신앙주의를 권하는 표현이 부자연스럽고 인위적이며, 동시대인들은 그것이 진실이라고 믿지 않았다고 한다.[444] 밸의 후견인이었다가 숙적이 된 피에르 쥐리외가 보기에도 신앙의 모든 원칙이 이성과 모순된다고 말한 프로테스탄트는 일찍이 없었다.[445] 쥐리외는 신앙주의의 화신이었지만 그마저도 밸의 패배주의적 신앙주의를 받아들일 수 없었던 것이다. 쥐리외는 밸의《역사적 비판적 사전》에는 이단적인 내용이 담겨 있고, 무신론이 은폐되어 있으며, 건전한 도덕에 위배되는 쓰레기와 오물로 범벅되어 있다고 고발했다. 다른 한편에서는, 장 르클레르, 자크 베르나르, 이사크 뒤클로 같은 이성주의 신학자들이 밸의 신앙주의를 의심하며 쥐리외와 합세했다. 이들은 밸이 이성과 신앙의 조화를 위협하는 신앙주의에 빠져 있으며, 이를 통해 자기의 불신앙을 감추고 있다고 비난했다.[446]

밸의 신앙주의는 이성주의를 포기한 다음에 가능하기 때문에, 진실성을 인정받기 어렵다. 그러한 신앙주의는 그의 종교를 박해하던 광신적인 가톨릭교도나 프로테스탄트들의 신앙주의와 다르지 않기 때문이다. 또 비이성적인 신앙은 밸이나 스피노자가 경멸한 대중의 신앙이었다. 밸의 신앙주의는 그리스도교가 이성의 힘으로는 이해할 수 없다는 공격의 양태라고 이해하는 편이 옳지 않을까 싶다. 그는 이성주의로 인한 회의주의의 늪에서 벗어나 신앙주의에서 희망을 찾은 것이 아니라, 그리스도교에 대한 절망에서 나온 비관주의를 표현한 것으로 보인다.[447]

사상의 자유

스피노자는 무신론자임을 인정하지 않았다. 그는 신이 존재한다고 말했다. 그러나 "신은 철학적으로만 존재한다"고 토를 달았다.[448] 밸도 유언과 같은 편지에서 자신을 "그리스도교 철학자"라고 규정했다. 그리스도교를 믿는 철학자라기 보다 그리스도교를 연구하는 철학자라는 의미일 것이다. 여기에서도 에라스뮈스의 '그리스도 철학'을 엿볼 수 있다.

이 시대에 '철학'이 의미하는 바는 무엇이었을까? 1694년의《아카데미 프랑세즈 사전》은 '철학자'의 의미를 세 가지로 정의했다. 첫째로 "과학을 연구하고 원인과 원칙을 토대로 과학적 결과를 규명하는 사람"이고, 둘째로 "복잡한 세상사를 떠나 조용한 삶을 영위하는 지혜로운 사람"이며, 셋째로는 "일상적 삶의 책임과 의무를 무시하는 자유사상가"다.[449] '철학자'의 세 가지 의미는 스피노자와 밸에게 고스란히 해당된다. 그들은 자연주의적인 학자였으며, 고결한 인문학자였고, 무신론적인 자유사상가였기 때문이다. 17세기에 철학과 계시종교는 적대적인 관계에 있었기 때문에, "철학자로 살다가 철학자로 죽었다면 그는 무신론자로 죽었다고 봐도 틀림없었다."[450] 17세기에 프랑스에서 비밀리에 나돌던 필사본인《부활한 테오프라스투스》의 저자는 모든 철학자들은 무신론자라고 주장했다.[451]

철학자는 본질적으로 회의주의자이기 때문이다. 밸에 의하면, 근대 철학은 회의주의자인 섹스투스 엠피리쿠스의 저작이 소개되면서 시작되었다.[452] 회의주의는 이성이라는 도구를 사용하여 비합리적인 종교의 토대를 심사하며 무너뜨리므로, 철학자는 무신론자가 되기 쉽다. 이렇듯 철학과 신앙은 양립하기 어렵다. 밸은《해명》에서 다음과 같이 말한다.

철학과 복음 가운데 선택하지 않으면 안 된다. 만일 확실한 것, 공통의 개념에 부합하는 것만을 믿으려 한다면 철학을 취하고 그리스도교를 버려라. 만일 종교의 불가해한 신비를 믿으려 한다면, 그리스도교를 취하고 철학을 버려라. 확실한 것과 불가해한 것을 함께 누리는 것은 불가능하기 때문이다.

스피노자와 밸은 '철학자'였다. 철학자로서 그들은 종교의 근본을 비판했으며, 무신론으로 나아갔다. 스피노자는 신이 철학적으로 존재한다고 말했고 밸은 "그리스도교 철학자"임을 내세웠으나, 무신론적 사상을 감추기 위한 위장이었다고 볼 수 있다. 동시대인들은 그들을 무신론자로 의심했으며, 18세기 계몽사상가들은 그들을 무신론자의 계보에 올려놓았다. 두 철학자는 신학의 아성을 부수기 위해 철학을 했다. 스피노자는 기하학적인 방법을 동원하여 신의 존재와 속성을 증명했고, 밸은 《역사적 비판적 사전》에서 '정확성'을 추구했다. 카시러에 의하면, 밸은 "역사적 정확성의 창시자"였다.[453] 그에게는 사실이 인간 지식의 유일한 원천이며 대상이었다.

무신론은 종교로부터 인간을 해방시키는 것으로, 인간은 무지하고 몽매한 종교의 지배로부터 벗어나 자유를 획득한다. 이성의 빛을 비추면 성서는 비이성적이고 오류투성이다. 성서는 더 이상 지식의 원천이 아니라 대상이기에 비판적으로 읽어야 한다. 비판적 성서 읽기는 바로 인간 해방이고 자유다. 에라스뮈스에게서 발원한 이러한 인문주의 정신은 스피노자에게서 만개한다. 스피노자의 시대에 그만큼이나 '자유'를 외친 사람은 없다.

스피노자는 《신학-정치론》에서 개인의 자유가 국가의 토대라고 말한다. 따라서 국가의 목적은 시민들의 자유를 증진시키는 것이다. 그러므로 자유를 파괴하는 것은 국가를 파괴하는 셈이다. 종교적인 문제에 대해 개인은 양심의 자유를 가진다. 종교를 해석하고 판단하는 것은 인간의 고유한 권리다. 진리는 개인적으로, 철학적으로 포착되는 것이지, 신학적으로 얻는 것이 아니다. 따라서 스피노자에게는 양심과 예배의 자유를 넘어 사상의 자유가 관용의 핵심이다.[454]

그렇지만 완전한 자유는 없다. 국가 안에 있는 모든 것은 국가의 통제를 받기 때문이다. 종교가 국가의 토대를 위협하면 종교는 국가의 간섭을 받는다. 그렇지만 종교가 국가의 토대를 위협하지 않는다면 국가는 종교를 금하지 말아야 한다. 국가는 한 종파를 다른 종파보다 우대하지 않아야 하는데, 이는 국가 내의 평화를 해칠 수 있기 때문이다. 국가 종교라는 것이 있더라도 내적인 신앙의 문제는 개인에게 맡겨야 한다. 국가는 시민들에게 자유를 주어야 한다. 스피노자는 네덜란드에서의 청원파와 반청원파 사이의 갈등을 예로 들면서, 국가는 중립을 지켜야 한다고 강조한다.[455]

스피노자는 《신학-정치론》에서 모든 사람은 자신의 신앙을 표현할 자유가 있다고 말한다. 스피노자는 소규모 교회들을 지지하며, 대규모 회중은 국가 종교에만 허용한다. 그런데 그가 말하는 국가 종교란 무엇인가? 그것은 "매우 단순한 보편 신앙"으로, 그리스도는 아무런 역할을 하지 못한다. 국가 종교에서 신에 대한 숭배와 복종은 이웃에 대한 정의와 자비와 사랑을 뜻한다. 즉, 스피노자가 말하는 국가 종교는 도덕이며, 루소의 시민 종교와 마찬가지로 이상화된 철학적인 종교다.[456] 따라서 국가 종교는 시민들의 자유로운 종교 활동을 제한하지 않는다.

스피노자는 반교권주의자로, 교회가 아니라 국가에 희망을 걸었다. 그에게 중요한 것은 구원이 아니라 자유였다.[457] 국가의 궁극적인 목표는 자유로, 관용의 유일한 제한이 있다면 정부가 교회와 국가에서 최고의 권위를 가진다는 사실을 부정하는 성직자들을 관용하지 않는 것이다.[458] 루소도 시민 종교를 제시하면서 똑같이 이야기한다.

스피노자주의는 영국의 이신론자들과 프랑스 계몽사상가들에게 영향을 미쳤다. 이들은 스피노자주의를 실천에 옮겨서 전통적인 종교를 파괴하는 작업에 나섰다. 돌바크는 자연주의적인 형이상학의 도그마를 제창했으며, 1792년 이후에 프랑스 혁명정부는 실제로 그리스도교를 파괴했다.[459]

12

존 로크와
피에르 밸

관용의 의미

프랑스에서 '관용'이라는 말이 사용되기 시작한 것은 1562년 1월 17일에 생제르맹칙령이 공포될 무렵이다.[460] 이 칙령은 '관용'이라는 단어를 사용하지는 않았지만, 내용상으로는 '관용'을 담고 있기 때문에 '관용 칙령Edit de tolérance'이라고도 불린다. 《프티 로베르》 사전에 의하면, '관용'은 "막을 권리나 가능성이 있는 것을 막지 않고 일어나게 하거나 존속하게 하는 것"이다. 다시 말하면, 관용이란 동의하지 않아도 용인하는 것이다. 이러한 정의는 관용이라는 단어가 처음 등장했던 1560년대나 지금이나 변함없이 통용되고 있다.

관용의 정의는 변함이 없지만, 이유는 변했다. 동의하지 않는데도 왜 관용하는가? 오늘날 나와 사상이나 종교가 다른 사람을 관용하는 이유는 다른 사상이나 종교를 가질 권리가 있으며, 그 사람의 사상과 종교에 개입할 권리가 없음을 인정하기 때문이다. 오늘날에는 절대적으로 옳은 유일무이한 사상이나 종교가 있다고 보지 않는다. 내가 용인하거나 허락하는 것이 아니라, 그 사람의 당당한 권리임을 인정한다. 그 사람의 자연권인 것이다. 그러나 국왕이 칙령을 통해 '관용'을 베풀던 시대에는 그렇지 않았다. 1562년의 '관용 칙령'은 1561년의 '금지' 칙령이 효력을 발휘하지 못해서 종교 분열과 사회 혼란이 극심해지자, 칼뱅주의를 가톨릭과 대등한 종교로 인정한 것이 아니라 왕국의 '일체성과 조화'를 유지하려는 조치들이 제대로 돌아가지 않아서 세운 임시방편이었다. 다시 말하면, 1562년의 관용 칙령은 가톨릭이 '일체성과 조화'를 회복할 만한 충분한 힘을 갖추게 되면 언제든지 폐지될 한시적인 '베풀기'였다. 이런 점에서는 1598년의 낭트칙령도 마찬가지였다. 그러므로 낭트칙령을 폐기한 1685년의 퐁텐블로칙령은 충분히 예견되었던 것이다.

1694년 아카데미 프랑세즈는 '관용'을 "막을 수 없는 것을 용인하는 것"이라는 전통적인 의미로 정의했다. 그러나 계몽주의 시대의 《백과전서》의 정의는 "인간이 도덕적이나 지적인 확실성에 도달할 수 없음을, 그리고 어떤 사람의 믿음 때문에 처벌한다는 것이 불공정함을 인정하는"것으로 변했다.[461] 사상이나 종교에 절대적인 기준이 있음을 부정하고, 그리하여 개인이 사상이나 종교를 선택할 자유와 권리를 인정하는 방향으로 바뀐 것이다. 관용의 역사에 변화가 생긴 것인데, 이러한 변화의 모습을 잘 보여주는 인물이 로크와 밸이다.

존 로크

피에르 밸

두 철학자의 조우

존 로크John Locke(1632~1704)와 피에르 밸Pierre Bayle(1647~1706)은 17세기 말의 "의식의 위기"를 겪은 인물이다.[462] 로크는 후견인인 섀프츠베리 백작이 찰스 2세가 루이 14세의 프랑스를 비롯한 가톨릭 국가들과 가깝다는 이유로 암살하려 한 라이하우스 음모에 연루되었다는 의혹을 받자 1683년에 네덜란드로 망명했고, 그곳에서 1685년 겨울에 《관용에 관한 편지》를 작성했다. 이 편지는 로크가 망명 초기부터 가깝게 지내던 아르미니우스파 신학자인 림보르치에게 보낸 것이다. 1688년 명예혁명이 성공하자 로크는 이듬해에 잉글랜드로 돌아갔고, 그해 5월에 림보르치가 이 서신을 익명으로 출판했다. 책의 표지에는 저자 이름이 P.A.P.O.I.L.A.로 표기되었다. 로크가 사망한 후 이름의 비밀이 풀렸다. 마지막 세 글자는 Ioanne Lockio Anglo로, 영국인 존 로크를 뜻하고 처음 네 글자 Pacis Amante, Persecutionis Osore(평화를 사랑하는 자, 박해를 저주하는 자라는 뜻이다)에는 로크의 계획이 담겨 있다. 원래 라틴어로 작성된 《관용에 관한 편지》은 여러 언어로 번역되었는데, 잉글랜드에서는 포플이 같은 해 11월에 영어로 번역하여 출판했다. 《관용에 관한 편지》의 출판 이후, 로크는 종교적 관용에 반대하는 고파 국교회 성직자이자 옥스퍼드 대학 교수인 프루스트의 비판에 대한 반박문의 형식으로 세 통의 편지를 더 썼다.

로크가 림보르치에게 편지를 보낼 무렵, 밸도 네덜란드에 망명 가 있었다. 밸은 1685년 10월 18일 퐁텐블로칙령으로 낭트칙령이 폐기되고 종교 박해가 심해지자, 1년 후인 1686년 10월 28일에 강제 개종의 부당함을 비판하는 《"억지로라도 데려와라"라는 예수 그리스도의 말씀에 대한 철학적 논평》을 발표했다. 《철학적 논평》은 세 부분으로 구성되었다. 1부("관용의 직접적인 증거들과 '억지로라도 데려와라' 라는 말의 문자적 의미에 대한 논박")와 2부("반론들에 대한 답변")는 1686년에 나왔고, 3부("성 아우구스티누스의 두 편지에 대한 철학적 논평")는 1687년, 그리고 1688년에는 《철학적 논평의 보충문》이 나왔다. 밸은 《철학적 논평》이 영어책의 번역판인 척 가장하기 위해 의도적으로 고어체와 고문법을 사용했다. 가상 저자인 장 폭스 드 브뤼크스Jean Fox de Bruggs는 잉글랜드의 비국교도이며 열렬한 관용 제창자인 퀘이커교도 조지 폭스Georges Fox와 네덜란드의 재세례파이며 종교적 박해를 피해 바젤로 망명해서 장 드 브뤼크스Jean de Brugs라는 이름으로 지내던 데이비드 조리스David Joris를 가리킨다. 조리스Joris는 조지George의 아들이라는 뜻이다.[463] 세바스티앵 카스텔리옹의 친구였던 조리스 말이다.

관용의 역사에서 찬란히 빛나는 두 기념비적인 책은 이렇게 비슷한 무렵에 비슷한 장소에서 잉태되었다. 당시 네덜란드는 유럽에서 가장 관용적인 나라로 수많은 정치적, 종교적 망명자들을 끌어들였다. 로크와 밸이 그러한 사람들이었다. 게다가 이 두 관용론자는 같은 도시에서 살았다. 로크는 1687년부터 2년 동안 로테르담의 퀘이커교도인 벤자민 펄리의 집에서 지냈다. 펄리의 집에는 퀘이커교도들을 중심으로 '랜턴lantern'이라는 서클이 형성되었는데, 로크와 림보르치도 여기에 참여했다. 1681년부터 죽을 때까지 로테르담에서 살았던 밸도 펄리의 집에서 열리는 랜턴에 참여했으며, 펄리의 서재를 가득 채운 수천 권의 책을 읽으며 책을 썼다. 로크와 밸은 서로 만났으며 서로의 사상을 알고 있었다.[464] 로크와 가까이 지냈고 밸과 논쟁을 벌였으며 역시 랜턴에 참여했던 이성주의 신학자 장 르클레르에 의하면 당시

1677년 가을 로테르담에 있는 벤자민 펄리의 집에서 열린 퀘이커교도 집회.

로크는 벤자민 펄리의 친구였으며, 밸은 벤자민 펄리의 서재에 있는 책을 이용하여 글을 썼다. 로크와 밸은 아마도 이 집에서 만났을 것이다.

네덜란드에서는 "관용 이야기만 했다."[465] 그러니 로크와 밸의 관용 사상은 개인적인 박해의 체험과 네덜란드의 관용적인 분위기 속에서 형성되었다고 보아도 무방할 것이다.

로크의 관용론

관용에 대한 로크의 초기 사상을 엿볼 수 있는 책은 1660~1661년에 작성된 《정부론》이다. 두 편으로 구성된 이 책의 첫 번째 소론은 예배나 종교 의식 같은 것은 개인의 양심에 맡겨야 한다고 주장한 옥스퍼드의 청교도 동료인 배그쇼의 주장을 반박했고, 두 번째 소론은 종교와 국가권력의 관계에 대한 일반론이다. 로크는 "독자에게 보내는 서문"에서, "모든 나라의 최고 주권자는 어떤 경로로 주권자가 되었든 필히 백성의 모든 비본질적 행위에 대해 절대적이고 자의적인 권력을 가져야 한다"는 점을 보여주는 것이 책의 목적이라고 밝히고 있다. "비본질적인 행위"란 예배 의식처럼 구원에 필수적이지 않은 외형적인 종교 행위를 말한다. 로크의 입장은 이러한 비본질적인 부분에도 주권자는 절대적인 권력을 가진다는 것이니, 이 무렵의 로크는 인문주의자 에라스뮈스는 물론이고 《관용에 관한 편지》의 로크와도 대조적인 전형적인 불관용론자다. 로크가 이렇게 예상 밖의 모습을 보여준 이유는 무엇일까? 《정부론》이 씌어진 1660년은 찰스 2세가 망명에서 돌아와 왕좌에 복귀한 해였다. 20년 동안의 '혁명' 기간 동안 논쟁과 전쟁에 지친 국민들은 평화와 안정을 열망했으므로, 로크의 불관용론은 이러한 열망을 반영하는 그 나름대로의 처방이라고 볼

수 있다.[466] 이 무렵 로크의 사상은 홉스의 절대주의 사상과 다르지 않다.[467]

그러나 1667년 이후 로크의 입장은 크게 바뀐다. 이 해에 작성된 《관용논고》에서, 로크는 이제까지의 불관용론자의 모습에서 벗어난다. 우선 '비본질적인 행위'에 대한 입장이 변했다. 로크는 더 이상 '모든' 비본질적인 부분에 대한 주권자의 권력을 강조하지 않고, 대신 주권자가 관여할 수 있는 것과 그렇지 않은 것을 구분한다. 주권자는 오로지 공동체의 이익에만 관계할 뿐이므로, 공동체의 이익에 영향을 미치지 않는 사변적인 견해나 비본질적인 행위는 주권자의 권한을 넘어선다는 것이다. 로크는 성체성사, 그리스도의 지상 지배, 삼위일체의 교리 등을 이러한 사변적인 견해에 포함시켰다. 물론 완전한 관용을 주장한 것은 아니었다. "공동체의 이익"이라는 조건이 관용을 제한하는 근거로 작용할 수 있기 때문이다. 로크는 무신론은 도덕의 기초인 신에 대한 믿음이 없기 때문에 공동체의 도덕성을 위협하고, 가톨릭은 외국의 주권자에게 충성을 바침으로써 공동체를 위협한다는 이유로 관용의 대상에서 배제했다. 이렇게 무신론자와 가톨릭을 배제하는 것은 《관용에 관한 편지》에서도 계속된다.[471]

로크의 입장이 이렇게 바뀐 이유는 무엇일까? 로크의 개인적인 체험에서 계기를 찾을 수 있을 것이다. 로크는 1665년 11월에서 이듬해 2월 사이에 브란덴부르크 선제후에게 파견된 외교 사절의 일원으로 클레베에 머물렀다. 이곳에서 그는 가톨릭, 칼뱅파, 루터파 등 그리스도교 종파들이 아무런 문제 없이 잘 지내고 있는 모습을 보았다. 관용이 아니라 불관용이 사회의 안정과 평화를 해친다는 사실을 확인한 것이다. 또 하나의 체험은 섀프츠베리 백작과의 만남이다. 섀프츠베리 백작은 휘그파의 거두였고 종교적 관용과 제한군주정을 제창한 인물로, 잉글랜드는 종교적 박해가 아니라 관용 정책을 펼쳐 프로테스탄트 난민들을 받아들여 경제 발전을 도모해야 한다고 주장했다.[469] 섀프츠베리가 모델로 삼았던 나라는 네덜란드였다.

로크는 1683년부터 1689년까지 네덜란드에 망명하면서 '관용'의 가치를 체득했다. 그 결실이 바로 《관용에 관한 편지》이다. 《관용에 관한 편지》은 모두 네 편의 서신으로 구성되어 있는데, 제1서신에 로크의 관용론의 핵심이 담겨 있다.[470] 로크가 제시한 관용의 근거는 정부의 기능과 종교의 기능이 명확히 구분된다는 점이다.

> 나는 시민 정부의 영역을 종교의 영역과 분명히 구분하고, 이 두 영역 사이에 정확한 경계를 세우는 것이 무엇보다도 필요하다고 생각한다.[471]

국가의 권력은 시민들의 생명, 자유, 건강, 신체, 소유권 같은 시민적 이익을 지키는 데에만 한정된다. 영혼의 구원은 종교의 고유 영역에 속한다. 교회는 시민들이 자신의 영혼을 구원하기 위해 자발적으로 결성한 사회이므로, 어떠한 강제력도 미칠 수 없다. 어느 누구도 특정 종교의 교인으로 태어나지 않으며, 자신의 구원을 위해 스스로 종교를 선택한다. 국가는 특정한 종교를 강요할 수 없고, 교회도 마찬가지다. 교인들이 교회의 가르침에서 벗어날 경우, 교회가 할 수 있는 유일한 수단은 '권고, 훈계, 충고'이며, 교회법을 위반한 사람에 대한 유일한 처벌은 교회에서 쫓아내는 것뿐이다.[472] 가톨릭교회의 이단재판, 아우크스부르크 평화조약의 원칙("그의 지역에, 그의 종교"), 루이 14세의 퐁텐블로칙령 등은 모두 로크의 관용 원칙에 위배된다. 국가의 권력이 오직 시민적 관심사에만 미치고 개인의 영혼의 구원에는 미치지 못한다는 주장을 뒷받침하기 위해 로크가 주장하는 중요한 논거는 '양심의 자유'이다.

> 내 양심의 명령을 거스르고 걷는 길은 어떤 것이라도 나를 축복받은 사람들의 저택으로 데려가지 못할 것이다. 내가 즐겨 하지 않는 기술로 부유해질 수도 있을 것이고, 내가 믿지 않는 치료법으로 질병을 고칠 수도 있을 것이다. 그렇지만 내가 믿지 않는 종교로, 내가 혐오하는 예배로 구원받을 수는 없다. 비신자가 다른 사람의 신앙을 겉으로만 흉내 내는 것은 부질없는 짓이다. 믿음만이, 그리고 내적 진실성이 신의 영접을 가능하게 한다.[473]

오직 개인의 양심에서 우러나온 진실된 믿음만이 구원으로 이끈다는 말이다. 그러므로 종교의 선택은 전적으로 개인의 양심에 맡겨야 한다. "모든 사람은 스스로 판단하는 최고의 절대적인 권위를 가지고 있"기 때문이다.[474] 로크에 의하면, 양심의 자유는 '자연권'이다.[475]

사람은 누구나 양심의 자유를 가지며 자신의 종교를 선택할 권리가 있다. 어느 누구도 자신의 종교를 남에게 강요할 권리는 없다. 물론 자신의 종교를 참된 종교라고 생각할 수 있지만, 그렇다고 해서 남의 종교를 거짓 종교라고 말할 수는 없다. "모든 사람은 자기 자신에게 정통"이기 때문이다. 로크는 이러한 회의주의적인 표현을 여러 차례 되풀이한다. 로크에게는 이단과 정통의 구분 자체가 거짓이다. 하나의 종교가 정통을 자처하고 다른 종교를 이단으로 몰아붙여 박해한다면, 이와 마찬가지 논리로 박해받는 그 종교도 정통을 자처하며 그들을 박해하는 종교를 이단으로 몰아 박해할 수 있다. 결국 모든 종교가 정통이므로 모든 종교를 관용해야 한다. 로크는 국교도로 남았지만, 다른 그리스도교도들은 물론이고 "이교도, 마호메트교도, 유대인도 종교 때문에 국가의 시민권에서 배제되어서는 안 된다"고 주장했다.[476]

로크는 '정치와 종교의 분리'에 의거하여 관용론을 제창했다. 국가는 교회의 영역에 개입하여 특정 종교를 강요할 권리가 없다는 것이다. 그런데 이러한 근거는 관용론의 한계로 작용할 소지가 있다. 정치가 종교에 개입하지 못한다면 종교 역시 정치에 개입하지 못하는 셈인데, 만일 종교가 고유의 영역인 개인의 구원을 넘어 사회의 안녕과 질서를 위협한다면 종교가 정치의 영역에 개입한 것이다. 종교가 정치의 영역을 침범하면, 종교는 정치적 강제력의 대상이 된다. 로크는 관용에서 제외되는 경우를 세 가지 들고 있다.[477] 첫째, 시민사회를 해치는 의견은 관용될 수 없다. 예를 들면, 다른 종교를 이단으로 모는 것은 관용될 수 없다. 파문된 왕은 왕위를 잃는다고 말하는 것도 관용될 수 없다. 둘째, 다른 군주에게 충성을 바치는 종교는 관용될 수 없다. 예컨대, 종교적으로는 이슬람교도이지만 정치적으로는 그리스도교 군주에게 충성을 바친다는 것은 어불성설이다. 로크는 가톨릭을 명시적으로 지목하지는 않지만, 가톨릭교도들은 프랑스의 사례에서 보듯이 다른 종교인들을 박해하고 외국 군주에게 충성하여 잉글랜드를 위협한다는 점에서 관용의 대상에서 제외된다는 것을 어렵지 않게 알 수 있다. 앞에서, "이교도, 마호메트교도, 유대인"을 관용해야 한다고 말했지만, 그들이 국가를 위협하지 않을 때에만 그러하다는 것이 로크의 생각이었다. 셋째, 무신론자들은 관용될 수 없다. 약속,

계약, 맹세 같은 인간 사회의 유대 관계는 신을 믿지 않는 사람들에게는 구속력이 없기 때문에 무신론자들은 인간 사회를 해치며, 또 종교를 파괴하기 때문에 관용을 요구할 권리가 없다는 것이다.

1689년, 잉글랜드의 새로운 지배자가 된 윌리엄과 메리는 프로테스탄트 비국교도들에게 종교의 자유를 부여하되 가톨릭과 반삼위일체파인 소치니파에게는 자유를 부여하지 않는 관용법을 공포했다. 이 법은 로크의 사상을 실천한 것으로 볼 수 있지만 내용과 어조에 있어서 동시대의 이상理想에는 미치지 못했다.[478] 우선 이 법은 2년 전 가톨릭 국왕이 가톨릭을 포함한 일체의 비국교도들에게 종교의 자유를 부여한 '관용 선언'에 비해 한발 물러섰다.[479] 로크에게도 이 법이 만족스럽지는 않았다. 이 법이 공포될 때 잉글랜드에 없었던 로크는 림보르치에게 보낸 편지에서 다음과 같이 심정을 토로했다.

이제 드디어 우리나라에도 관용이 법으로 확립되었다. 진정한 그리스도인들이 원했던 만큼 폭이 넓은 것은 아니지만, 이제까지 많이 진전되어온 결과다. 나는 이것을 시작으로 장차 그리스도의 교회가 설 수 있는 자유와 평화의 토대가 세워지기를 희망한다.[480]

로크가 가톨릭을 관용에서 배제한 것은 이해할 만하다. 종교와 종교가 전쟁을 벌이던 시대에 적대적인 종교를 관용할 수 없다는 생각은 현실적이었다. 종교와 정치가 분리되어 있지 않던 시대에 '다른' 종교는 적이었다. 청교도혁명기의 독립파 가운데 관용의 수호자였던 크롬웰과 밀턴도 관용의 대상에서 가톨릭을 배제한 것은 이러한 시대적 한계를 보여준다.[481] 그렇기는 하지만, 잉글랜드에서 가톨릭을 박해하는 것이 정당하다면, 마찬가지 이유로 프랑스에서 칼뱅파를 박해하는 것도 정당하다고 보는 것이 공평하다. 로크는 루이 14세의 퐁텐블로칙령에 대해 어떻게 생각했을까? 프랑스의 위그노가 프랑스의 치안과 안전에 위협이 된다고 판단했다면, 루이 14세의 불관용 자체에 대해서 비판하지 못했을 것이다. 단지 불관용의 야만성만 비판할 수 있었을 것이다.[482] 그러나 무신론자들을 관용의 대상에서 제외한 것은 로크의 심각한 한계라고 지적하지 않을 수 없다. 무신론자들이 사회의 도덕성을 해친다고 보는 것은 중세적인 낡은 생각이기 때문이다. 그것은 동시대인인 피에르 뱉과의 비교에서 분명하게 드러난다.

이러한 한계에도 불구하고, 로크는 양심의 자유가 지배자의 관용, 즉 시혜의 대상이 아니라 자연권임을 주장함으로써 관용에 대한 논의를 획기적으로 진전시켰다. 그는 당대 최고 학자로서의 권위와 명석한 논리로 관용의 필요성을 천명했고, 관용의 확산에 기여했다.[483]

뱉의 관용론

피에르 뱉 역시 종교적 박해의 희생자였다. 종교적으로 박해받는 사람이 관용을 요구하는 것은 당연하다. 관용의 역사에서 뱉은 무신론자를 포함한 모든 사람을 관용해야 한다고 주장한 인물이다. 이러한 점에서 그는 로크보다 급진적이었다. 뱉은 1682년의 《혜성에 대한 다양한 생각들》에서 혜성은 "신이 인간에게 전쟁을 선전포고하기 위해 보낸 무장한 사자使者"가 아니라 "자연의 일반적인 법칙을 따르는 물체"라고 주장했다.[484] 《혜성에 대한 다양한 생각들》에서 관심을 끄는 것은 무신론에 대한 생각이다. 철학자 뱰은 신의 존재 여부에 대해서는 이야기하지 않는다. 철학적 검증에서 벗어난 문제이기 때문이다. 섭리에 대해서도 많은 이야기는 하지 않는다. 그러나 신이, 섭리가 존재한다고 해도, 신은 자의적으로 세상사에 개입하여 자신이 세운 자연의 법칙과 질서를 깨뜨리지 않는다고 말한다. 뱰은 무신론을 옹호하지는 않는다. 종교는 종교전쟁 같은 폐해를 일으키기는 했지만, 그래도 종교가 있는 편이 없는 것보다는 낫다고 주장한다. 그런데 우상숭배와 무신론을 비교하면 우상숭배가 더 나쁘다고 말한다. 우상숭배는 무신론보다도 진정한 신앙에 위배되며, 잘못된 신앙을 가지고 있는 사람보다는 신앙이 없는 사람이 진정한 신앙에 속할 가능성이 높기 때문이라는 것이다. 뱰은 종교와 도덕을 구분한다.

> 우리는 천국과 지옥을 아는 사람들이 모든 종류의 죄를 저지를 수 있다는 것을 경험적에 의해 알고 있기 때문에, 악을 행하는 성향이 신의 존재를 모르기 때문은 아니라는 것, 그리고 그러한 성향은 벌을 주고 보상을 해주는 신을 안다고 해서 교정되지 않는다는 것이 명백하기 때문이다.[485]

무신론자라고 해서 반드시 도덕적으로 타락한 것은 아니다. 자비심, 검소함, 순수함 등은 신을 믿기 때문이 아니라, 뱰에 의하면 성격, 교육, 개인적인 관심, 욕망, 이성 등에서 오기 때문이다. 선을 행하는 성향과 악을 행하는 성향은 인간의 본성에서 나오는 것이지, 종교로 인해서가 아니다. 뱰은 "무신론이 필연적으로 도덕의 타락으로 이끄는 것은 아니다"라고 말한다.[486] 무신론자도 도덕적일 수 있다. 무신론자는 육신의 죽음과 함께 영혼도 죽는다고 생각하기 때문에 굳이 도덕적인 일을 하지 않을 것 같지만, 그렇지 않다. 벨은 무신론자들의 도덕성은 징벌이나 보상과는 무관하기 때문에 그리스도교인들의 도덕성보다 우월하다고까지 말한다. 벨은《역사적 비판적 사전》에서 고결한 무신론자들을 소개한다. 예컨대 에피쿠로스와 디아고라스는 무신론자이기는 했지만 모범적인 도덕성을 가진 고대의 철학자들이었다. 벨은 동시대인인 스피노자의 '체계적인 무신론'에 대해서는 장문의 비판적인 주석을 붙였지만, 그의 도덕성에는 존경을 표했다. 로크가 종교와 도덕의 일체성이라는 이유로 무신론자들을 관용의 대상에서 배제하던 무렵, 이렇게 종교와 도덕을 구분하고 무신론자들을 긍정적으로 평가한 것은 당시로서는 드문 일이었다.[487] 벨은 무신론자, 소치니파, 유대인, 이슬람교도 등 모든 사람들을 관용의 대상에 포함시켰다.

　벨은 로테르담에 망명해 있었지만, 박해를 면한 것은 아니었다. 《혜성에 대한 다양한 생각들》과 같은 해에 출판된 예수회 수도자 루이 맹부르그의《칼뱅주의의 역사》에 대한 신랄한 비평문은 프랑스에서 판금되었고 일부는 그레브 광장에서 소각되었을 뿐만 아니라 벨의 형인 자콥 목사가 목숨을 잃었다. 1685년 10월에 낭트칙령이 폐지되자, 벨은《"억지로라도 데려와라"라는 예수 그리스도의 말씀에 대한 철학적 논평》을 발표하여 강제 개종의 부당함을 논박했다. 강제 개종 옹호자들이 성서에서 찾아낸 구절은《누가복음》14장에 있는 잔치 이야기다. 어떤 사람이 잔치를 준비하고 사람들을 초대했으나 초대받은 사람들이 오지 않자 하인을 보내 동네를 다니며 가난한 사람, 불구자, 소경을 데려오게 시켰다. 그리고도 자리가 남자 "그러면 어서 나가서 길거리나 울타리 곁에 서 있는 사람들을 억지로라도 데려다가 내 집을 채우도록 하여라"라고 말했다. 아우구스티누스는 이 우화를 인용하여 도나투스파에 대한 박해를 정당화시켰다. 이 구절은 강제 개종을 정당화시키는 복음일까? 밸은 이 구절을 문자 그대로 해석해서는 안 된다고 말한다. 성서에 "억지로라도"라고 씌어 있지만 "억지로라도"라고 문자 그대로 해석해서는 안 된다는 것이다. 이는 프로테스탄티즘의 '성서주의'를 비판하던 가톨릭 신학자들의 성서비판학을 연상시킨다.[488] 1부 1장의 제목부터 도전적이다.

자연의 빛은 우리 지식의 일반 원칙이며, 성서 해석의 모태적이고 근원적인 기준이다. 특히 도덕성과 관련해서 그러하다.

"자연의 빛"은 "이성의 빛"이다. 밸에게 있어서, 이성은 모든 지식의 원천이요, 원칙이며, 기준이다. 성서도 이성의 빛에 비추어 해석해야 한다. 예컨대, 예수 그리스도가 사람은 '사람의 아들'의 살을 먹어야 구원받는다고 말했다고 해서 사람의 살을 먹는 것은 범죄이므로 이 구절을 문자 그대로 해석해서는 안 되며, 이성에 비추어 판단하고 해석해야 한다. "성서도, 교회도, 기적도 이성의 명백한 빛을 거역할 수 없다."[489] 성서도 다른 책과 마찬가지로 비판적 해석의 대상이 된 것이다.

성서를 이성의 빛으로 판단해야 하듯이, 국왕의 칙령도 이성의 빛으로 판단해야 한다. 루이 14세가 용기병을 동원하여 개종을 강요하고 어린이 유괴를 명령한 것은 이성에 토대를 둔 행동이 아니다. "이성의 빛과 복음의 정신에 위배"될 뿐만 아니라 그 자체로 "범죄"다. 게다가 그것은 현실적으로도 부정적인 결과를 초래한다. 그리스도교를 선교할 때 자발적으로 개종하지 않으면 강제로 개종시키겠다고 한다면, 어떤 이교도도 그리스도교의 선교를 허용하지 않을 것이기 때문이다.[490]

국왕이라도 개인의 양심을 강제할 권한을 가지고 있지 못하다.[491] 종교는 개인이 양심에 따라 자발적으로 선택하는 것이다. 로크에게 양심은 자연권이었지만, 벨에게 양심은 "신의 목소리요 신의 법"이었다.[492] 사람들은 주권자에게 양심에 대한 권리를 양도할 권리가 없다. 주권자도 개인의 양심을 좌우할 수 없다. 심지어는 "잘못된 양심"이라 할지라도 강제할 수 없다.[493] 이 유명한 말은 카스텔리옹도 말한 적이 있다.[494] 사실, 이 말은 오해의 소지가 없지 않다. 세속적인 문제에서는 '잘못된 양심'의 자유를 주장할 수 없다. 예를 들어 '양심'에 의거해서 도둑질을 하거나 살인을 하면 그것은 명백한 범죄다. 그러나 종교적인 문제에서는 잘잘못을 구분할 수 있는 기준이 없기 때문에 '잘못된 양심'은 없다. 삼위일체를 부정하거나 인정해도 '잘못된 양심'은 아니다. 이 경우에, 어떤 사람이 나를 '잘못된 양심'이라고 비판한다면 나도 그를 '잘못된 양심'이라고 비판할 수 있다.

벨은 이렇게 종교와 정치, 종교와 철학, 종교와 도덕을 구분하면서, 완전한 관용을 주장했다. 세속의 군주는 종교 문제에 개입할 권리가 없고, 성서의 구절은 이성적으로 해석해야 하며, '잘못된 양심'이라도 존중해야 한다는 것이 벨의 핵심적인 논거였다. 그는 무신론자를 포함한 모든 사람들의 관용을 주장했으며, '양심'에 신성을 부여했다. 비록 '공공의 안정'이라는 현실적인 한계가 있었지만, 벨이 제시한 관용의 폭은 동시대인 로크보다 넓었다. 벨의 《철학적 논평》은 양심의 권리에 기초하여 종교적 자유와 종교다원주의를 철학적으로 주장

하는 데 있어서 동시대의 관용론을 능가했다.[495]

양심의 자유와 관용

그리스도교의 역사는 박해의 역사이기도 하다. 그리스도교는 박해받은 종교였지만 313년 콘스탄티누스 황제의 공인 이후에는 박해하는 종교로 바뀌었다. 그리스도교는 다른 신을 믿는 이교도들을 박해했을 뿐만 아니라 내부적으로도 수많은 '이단들'을 만들어내어 박해했다. 그리스도교의 역사에 관용은 없다. 로크는 관용이 그리스도교의 본질이라고 보았고, 밸은 불관용이 그리스도교의 본질이라고 보았다. 로크의 이상과는 달리, 현실적으로 그리스도교의 역사는 불관용으로 점철되어 있다.

밸이 말했듯이, 불관용은 그리스도교와 함께 태어났다.[496] 그리스도교에 있어 관용, 다시 말해 이교도와 이단들을 용인하는 것은 그들의 구원에 무관심한 행위, 즉 죄악이었다. 아우구스티누스는 말로는 관용을 지지했지만("사람은 그 자신이 원할 때에만 믿을 수 있다"), 도나투스파와 펠라기우스파에 대한 박해처럼 행동으로는 박해를 정당화시킨 인물이었다.[497] 중세의 신학을 지배했던 아우구스티누스는 관용의 측면에서 보면 '박해자들의 제후'였다.[498] 박해받던 종교에서 박해하는 종교로 변한 그리스도교에 맞서 360년에 소위 '배교자 율리아누스' 황제는 종교의 자유를 인정하는 '관용 칙령'을 공포했지만, 순간에 불과했다. 중세의 역사는 지독한 불관용의 역사였다. 역사에 다시 '관용'이라는 단어가 등장하는 것은 종교개혁 이후였다.

종교개혁은 '관용'을 요구하며 시작되었다. 루터는 1523년에《세속의 권위에 대하여》에서 믿음은 양심의 문제이기 때문에 강요의 대상이 아니라면서 종교적 관용에 대해 고전적으로 진술했다. 그러나 루터를 관용론자로 볼 수는 없다. 그는 '남'의 종교의 자유는 인정하지 않았기 때문이다. 이러한 양면성에 대해서는 칼뱅도 마찬가지로, 세바스티앵 카스텔리옹과 싸운 칼뱅은 전형적인 불관용자다.

　관용은 종교개혁에서 태어났다기보다는 종교개혁으로 촉발된 종교전쟁의 혼란 속에서 태어났다고 보아야 할 것이다.[499] 사람들은 종교전쟁을 겪으며 종교 도그마의 독선과 위선에 환멸을 느꼈다.[500] 프랑스의 경우, 종교개혁 이후로 칼뱅파에게 종교의 자유를 인정한 1562년의 1월칙령이 종교전쟁을 불렀고, 그 후 관용과 전쟁을 되풀이하다가 1598년의 낭트칙령으로 칼뱅파에게 종교의 자유를 부여함으로써 일단락되었다. 관용이라는 이름 아래 수립된 일시적인 평화와 동거는 1685년에 낭트칙령을 폐기함으로써 끝났다. 관용은 "하나의 종교, 하나의 법, 한 명의 왕"을 유지할 힘이 없을 때 취한 일시적인 조치로, 국왕이 종교의 자유를 인정해서가 아니라 왕국의 평화를 위해 베푼 시혜였다. 이러한 관용의 역사로 미루어 볼 때, 로크와 벨은 종교의 자유를 지배자의 관용, 즉 '베풀기'가 아니라 개인의 권리로 보았다는 점에서 계몽주의를 예고했다는 평가를 받을 만하다.

　로크는 국교회의 광교파에 속했고, 삼위일체를 부정하는 소치니파라는 의심을 받을 정도로 폭넓은 관용을 주장했다. 벨은 칼뱅파를 견지했지만 무신론자라고 의심받았다. 실제로 계몽시대의 무신론자들은 벨을 무신론자로 분류했다. 벨은 그리스도교와 함께 불관용이 태어났고 그리스도교의 본질은 불관용이라고까지 생각할 정도로 부정적이며 비관적인 인식을 가지고 있었다. 결국 가톨릭과 프로테스탄트 양쪽으로부터 박해를 받았고, 박해지에서 가난한 철학자로 생을 마감했다. 그는 손에 펜을 쥔 채로 숨을 거두었다.

그렇다고 로크와 밸이 완전한 종교의 자유를 주장한 것은 아니었다. 이들의 논거는 종교와 정치의 분리였고, 개인은 양심의 자유를 가지고 있기 때문에 자유롭게 자신의 종교를 선택할 수 있다는 것이다. 그러나 이러한 논거는 그대로 종교의 자유에 대한 한계로 작용한다. 종교가 고유 영역을 넘어 정치의 영역을 침범할 경우, 다시 말해 종교가 사회의 안전을 위협할 경우에는 종교의 자유를 제한할수 있기 때문이다. 구체적으로 로크는 사회의 안전을 이유로 가톨릭과 무신론자들을 관용의 대상에서 배제했다. 밸 역시 사회의 안전을 위해서라면 관용을 제한하는 것이 정당하다고 인정했다.

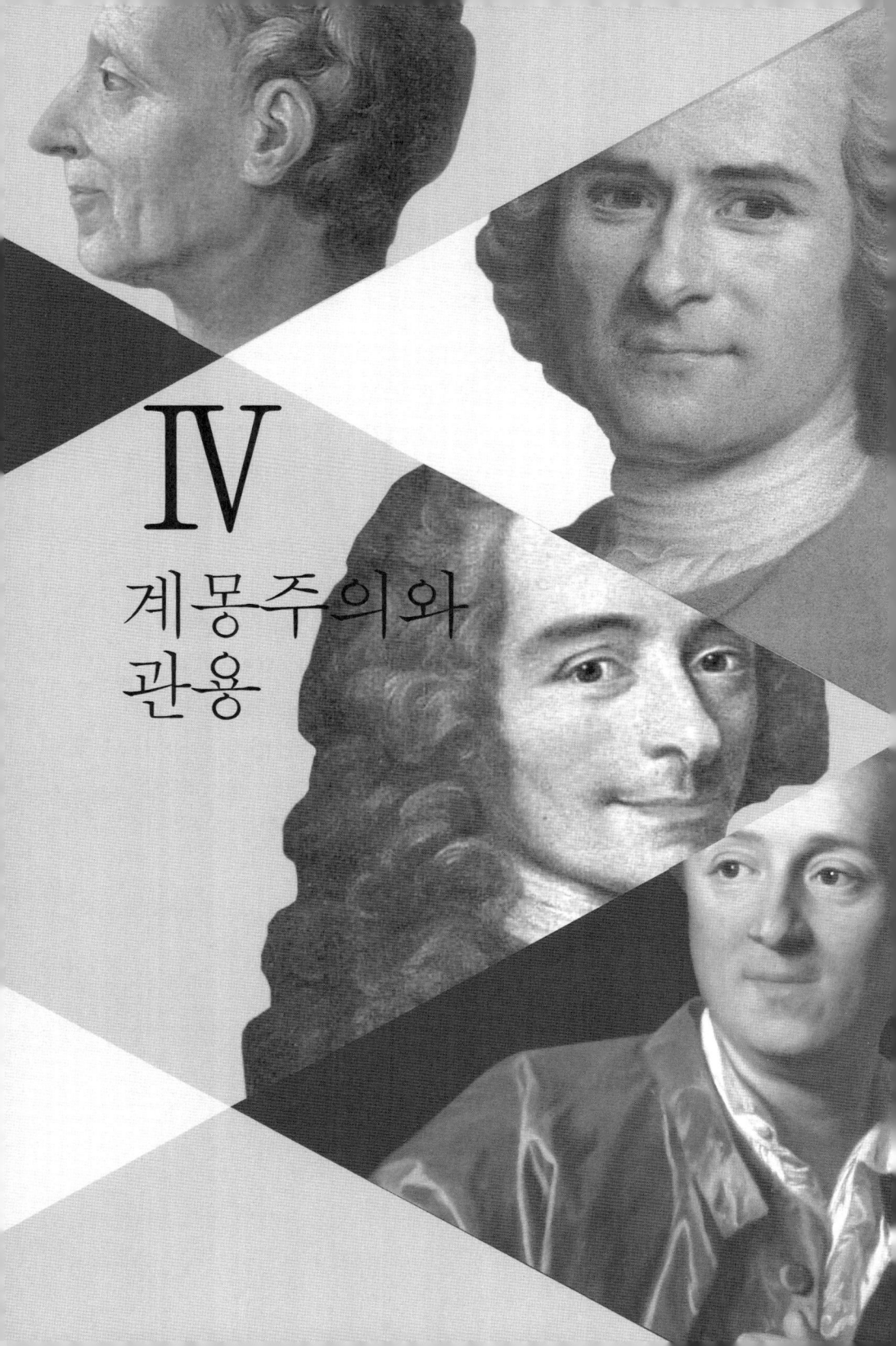

IV

계몽주의와
관용

계몽주의란 영어의 Enlightenment(빛을 비춤, 계몽), 프랑스어의 Lumières (빛)를 우리말로 옮긴 것이다. 18세기를 지칭하는 '계몽의 세기'라는 말은 역사가들이 만들어낸 것이 아니라 18세기 사람들이 빈번하게 사용한 용어였다. 그만큼 스스로 무지, 몽매, 미신 등의 암흑에서 벗어나고 있다고 느꼈던 것이다. 중세인들은 '빛은 하느님'이라고 생각했고, 빛을 많이 받아들이기 위해 성당의 창문을 크게 만들고 채색 유리로 장식했다. 그러나 18세기의 계몽주의자들은 이러한 '계시의 빛'을 더 이상 열망하지 않았다. 계시의 빛은 인간을 내세의 구원으로 이끌지는 모르지만 현세의 삶을 그늘지게 만들었다. 계몽주의자들은 이성의 빛으로 세상을 바라보았다. 계몽주의 시대에 철학자philosophe는 자연적인 이성을 가지고 초자연적인 계시를 거부한 사람들이었는데, 이들이 바로 계몽사상가였다. 그러므로 계몽(빛)은 이성이었고, 계몽주의 시대는 이성의 시대였다. 칸트는 1784년의 〈계몽이란 무엇인가〉에서 이 점을 분명히 했다.

계몽주의는 비판의 시대다. 비판의 1차적인 대상은 종교였다. 계몽주의의 제왕이라 할 수 있는 볼테르의 "미신을 타도하라!"는 대對그리스도교 성전 구호였다. 디드로나 돌바크 같은 계몽주의자들은 무신론을 천명할 정도로 대담했다. 그러나 대부분의 계몽주의자들은 종교를 완전히 거부하지는 않았으며, 인간의 이성으로 이해할 수 있는 신을 받아들인 이신론자였다. 이신론자들은 그리스도교에 의해 변색되지 않은 순수한 자연종교를 추구한다. 칸트는 《순수이성비판》(1781) 서문에서 시대와 시대정신을 정확히 표현하고 있다.

우리 시대는 비판의 시대다. 모든 것이 비판의 대상이다. 종교는 성스러움을 이유로, 법은 위엄을 이유로 비판을 면제받으려 하지만, 그것들은 의심만 불러일으킬 뿐 진실한 존중을 요구할 수 없다. 이성은 자유롭고 개방적인 시험을 견뎌낼 수 있는 것들만 존중한다.

20세기에 들어 계몽주의는 홀로코스트의 원인으로 비판받기도 한다. 그러나 독일이 그러한 야만적인 짓을 벌인 것은 이성적이라서가 아니라 이성적이지 못했기 때문이다. 즉, 덜 비판적이고 덜 계몽되었기 때문이다. 여전히 권위주의적이고 종교적이었기 때문이다. 계몽주의의 기획이 있다면 그것은 자유를 인정하는 것, 다시 말하면 '관용'이다.

13
계몽사상의
반反그리스도교적 기원

계몽사상의 오독

고전이란 한 시대에만 읽히는 책이 아니라 어느 시대, 어느 곳에서나 읽히는 그야말로 '시대를 초월한 걸작'을 뜻한다. 역사가 뤼시앵 페브르는 '고전'에 대해 의미심장한 말을 했다. 그는 어떤 책에 대해 서평하면서, "이 책이 10년쯤 지나서는 더 이상 읽히지 않기를 바란다"고 말했다. 그리고 역사가라면 이 말이 최고의 평가임을 알 것이라고 덧붙였다. 그는 좋은 책은 시대의 고민을 담고 있으므로 시대가 바뀌면 더 이상 필요가 없을 정도로 한 시대에 몰입한 책이 좋다고 말한 것이다. 시대를 초월하여 꾸준히 읽히는 책은 좋은 책이 아니라는 말이다. 그러므로 페브르 식으로 본다면 고전이란 없는 셈이다. 그러나 현실적으로 고전은 있다. 시대가 바뀌어도 인간의 본성은 변하지 않고 인간은 동일한 고민을 되풀이하므로, 과거에 나온 책이라도 과거인들의 고민을 듬뿍 담은 책은 현대인에게 도움을 줄 수 있다.

그렇다고 해서, 페브르의 말에 담겨 있는 교훈의 가치가 없는 것은 아니다. 모든 책은 시대의 고민을 담고 있기 때문에 독자는 저자와 시대의 고민을 우선적으로 파악해야 한다는 교훈을 주기 때문이다. 그러면 계몽시대의 '철학자들'은 무엇을 고민했는가? 우리가 계몽사상가들의 책을 읽는 1차적인 목적은 바로 이 점을 파악하기 위해서다. 그런데 '고전 다시 읽기'가 필요하다면, 계몽사상가들의 책을 잘못 읽었기 때문이거나 계몽사상과 관련해서 다른 해석이 등장했기 때문이다. 우리나라의 경우 계몽사상을 이해하는 데 있어서의 문제는 계몽사상을 지나치게 프랑스혁명과 관련해서 이해한다는 점이다. 즉, 프랑스혁명에 의해서 계몽사상을 평가하는 것이다. 그런데 계몽사상가들은 과연 혁명가였을까? 그들이 혁명가였다면 무엇을 전복시키려 한 것일까? 그들이 진정으로 고민했던 문제는 무엇일까?

우리나라가 계몽사상을 어떻게 이해하는지 가늠할 수 있는 하나의 방법은 고등학교 교과서를 살펴보는 것이다. 주요 교과서의 기술 내용은 다음과 같다.

계몽사상은 인간의 이성을 깊이 신뢰하고 이에 반하는 불합리한 제도나 관습, 무지와 미신을 타파함으로써 인류 사회가 끊임없이 진보할 수 있다고 믿는 혁신적인 사상이다. (교학사)

계몽사상은 이성과 진보를 강조하여 시민혁명의 사상적 배경이 되었다. (금성출판사)

계몽사상은 인간의 이성을 존중하고 무지와 미신, 낡은 제도와 관습을 타

파함으로써 인간 사회가 무한히 진보할 수 있다고 믿어 시민혁명의 사상적 기반이 되었다. (지학사)

마치 계몽사상이 무엇인가에 대해서 학계에 합의된 견해가 있기라도 하듯이 세 교과서의 내용은 대동소이하다. 계몽사상은 이성과 진보를 강조하여 불합리한 제도와 관습, 무지와 미신을 타파하려는 혁신적인 사상으로서 프랑스혁명의 사상적 기반이 되었다는 것이다. 그런데 '이성'이란 무엇인가? 그것은 무엇을 거부하는가? 미신이란 무엇인가? 그리스도교에서 말하는 이단들의 잘못된 믿음을 가리키는가? 회의주의, 이신론, 무신론 등을 가리키는가? 아니면 그리스도교 자체를 가리키는가?

'프랑스혁명'을 기술하는 대목에서는 계몽사상과 프랑스혁명의 연관성이 강조된다.

이러한 사회적 대립과 함께 계몽사상가들의 혁명 사상이 시민들 사이에 큰 영향력을 발휘했고…… (교학사)

프랑스혁명은 봉건적 신분제도의 모순에서 비롯되었다. 성직자와 귀족은 면세 등 특권을 누렸으나 평민은 무거운 세금에 시달리면서도 특권과 정치에서는 제외되었다. 특히, 시민계급은 계몽사상의 영향으로 이에 큰 불만을 품었다. (금성출판사)

시민계급은 계몽사상을 받아들여 낡은 제도를 타파하고, 시민으로서의 자유와 권리를 추구하고자했다. (지학사)

특히, 교학사 교과서는 "계몽사상가들의 혁명 사상"이라는 표현을 사용하여 계몽사상가들과 프랑스혁명의 직접적인 연관성을 강조했다. 그런데 과연 그랬을까?

계몽사상과 프랑스혁명

계몽사상가들은 혁명을 바랐을까? 사실, 이 문제는 더 이상 논란이 되지 않는다. 계몽사상가들은 혁명을 바라지 않았다는 사실에 전문가들의 이견은 없다. 다니엘 모르네는 다음과 같이 결론을 내린다.

> 정치 문제에 있어서 볼테르, 몽테스키외, 루소, 디드로 가운데 그 누구도 혁명가는 아니었고, 대부분의 경우 과감한 개혁가조차 되지 못했다. 대담하거나 과격한 논점은 모두 삼류 또는 아주 저급한 작가들에 의해 개진되었던 것이다.[501]

대표적인 계몽사상가로서 계몽사상의 '왕'이요 '신'이라고까지 불렸던 볼테르는 전제주의를 싫어하기는 했지만 공화주의자는 아니었다. 유물론자이자 무신론자였던 돌바크 같은 급진적인 사람도 자신의 사상을 실천에 옮기려고는 하지 않았다. 돌바크는 정치 문제의 혁명적 해결을 반대하면서, 혁명적 해결이란 그 전의 병폐보다 더 나쁘다고 말했다. 이성의 소리는 선동적이지도, 피에 굶주리지도 않으며, 이성이 제안하는 개혁은 점진적인 것이기 때문에 더욱 효과적이라는 것이다.[502] 그러면 루소는 어떠한가? 루소는 결코 계몽사상을 대표하지 못하는, 계몽사상의 이단자였다. 그러므로 고등학교 교과서(지학사)에서 루소를 계몽사상의 대표자로 소개한 것은 잘못이다. 물론 루소의 열렬한 독자들과 루소의 묘지를 참배하는 사람들이 있었던 것은 사실이다. 그러나 문제의 《사회계약론》은 1789년 이전에는 거의 읽히지 않았으며, 자코뱅주의의 교범이 된 것은 혁명 이후였다.[503] 루소가 인민주권론을 설파하고 공화정을 제창한 것은 사실이지만, 루소의 공화정은 왕정을 부정한 것이 아니라 의회제를 지지한 것이다. 그러므로 프랑스혁명기에 공화주의자들이 국왕을 처형한 것은 루소가 바라던 바가 아니었다.

프랑스혁명의 '기원'과 관련하여 로제 샤르티에의 관점은 흥미롭다. 그러나 그의 주장을 일방적으로 따를 필요는 없다. 샤르티에는 "프랑스혁명의 지적 기원"이라는 모르네의 테제는 "기원이라는 이름의 괴물에 굴복"하는 것이라며, '기원'에 대해 이의를 제기한다. 그러나 우리의 예상과는 달리, '기원'이라는 단어를 폐기하지는 않는다. 대신 그는 "낡은 정치적, 사상적 질서의 근본적이고 신속한 붕괴를 인식하고 받아들이도록 하는 믿음과 감수성의 변화를 인식하는 것이 더 중요"하기 때문에 "지적인 기원에서 문화적인 기원으로의 전환은 가장 강력하고 독창적인 개념상의 혁신이 집단적인 결정으로 이루어졌다는 사실을 확인하는 방편"이라고 말한다. 즉, '지적 기원'에 대해 '문화적 기원'을 제시한 것이다. 그가 소개하는 '문화적 기원'으로는 "공론 영역과 여론", "출판", "책이 혁명을 만들었는가?" "비그리스도 교화와 세속화", "왕의 탈신성화", "새로운 정치문화" 등이다. 그러나 지식이 문화와 전혀 무관하지 않다면, 샤르티에의 구분은 너무 단순하다. 샤르티에가 속죄양으로 삼은 모르네의 《프랑스혁명의 지적 기원》에는 이미 샤르티에의 《프랑스혁명의 문화적 기원》이 들어 있다.[504] 프랑스혁명을 통해 계몽사상을, 샤르티에를 통해서 모르네를 바라보면 《프랑스혁명의 지적 기원》의 사학사적 의의를 제대로 평가하지 못한다.

샤르티에의 종합적인 연구가 프랑스혁명의 문화적 배경에 대한 이해를 심화시킨 것은 부인할 수 없다. 그렇다고 해서, 현재 명성에 밀려 모르네의 연구를 단순히 지성사 연구로 폄하하는 것은 잘못이다. 모르네는 지식의 생산이라는 차원에서는 디드로와 볼테르 같은 위대한 계몽사상가들뿐만 아니라 저급한 작가들도 다루고 있으며, 지식의 확산이라는 차원에서는 파리와 지방을 두루 망라하고 있다는 점에서, 그의 연구는 '사상의 사회사'의 선구적인 업적으로 꼽힐 만하다. 프랑스 사회문화사의 빛나는 업적인 《18세기 프랑스의 책과 사회》(1967, 1970) 같은 사회과학고등연구원의 공동 연구, 다니엘 로슈의 《지방의 계몽주의》 등은 모두 《프랑스혁명의 지적 기원》을 심화·확대·수정했다고 말할 수 있다.[505] 모르네는 "지적 기원"이라는 제목을 붙였고, "프랑스혁명을 결정한 것은 사상이다"라는 강한 표현을 사용하기도 했으나, '결론'에서 다음과 같이 '지성'의 역할을 축소시킨다.

나는 혁명의 기원에 있어서 지성의 영향을 알고 싶었을 뿐이지, 그에 대해 소송을 제기하고 싶지는 않았다. 이 조사의 결과는 제대로 나온 것 같다. 분명히 말해서 앙시앵 레짐을 효과적으로 위협하기 위해서 지성만이 존재했다면, 앙시앵 레짐은 아무런 위협을 겪지 않았을 것이다. 소요를 위해서는 지성을 지지하는 민중의 가난과 정치적 불안이 필요했다.

샤르티에는 '기원'의 우상을 비판하기 위해, "계몽사상이 프랑스혁명을 만들었다"는 모르네의 명제를 전복하여 "프랑스혁명이 계몽사상을 만들었다"는 명제를 제시했다. 이 포스트모던적인 명제는 역사인식론적으로 의미심장하다. 역사가 역사가에 의해 만들어지듯이, '계몽사상'이 무엇인가 하는 것도 사후에 프랑스혁명가들에 의해 만들어졌다는 것이다. 일리가 있는 말이다. 사실, 계몽사상은 얼마나 다양하고 복잡한 사상인가? 또 독자들에게 얼마나 상이한 형태로 전파되었는가? 원래는 무정형적 상태로 존재하던 계몽사상을 '혁명사상'으로 정의한 사람들은 혁명을 일으킨 혁명가들이다. 혁명가들은 자신들이 일으킨 사건에 사상적 뿌리를 붙이기 위해 계몽사상을 혁명적인 사상이라고 규정한 것이다. 혁명가들은 수많은 연설, 저작, 팸플릿, 축제, 교리문답 등을 통해 계몽사상을 정형화하고 유포했다. 예컨대, 혁명력 2년의 한 교리문답에는 다음과 같은 내용이 들어 있다. "자신들의 저작으로 혁명을 준비했던 사람들은 누구인가? 엘베시우스, 마블리, 루소, 볼테르, 프랭클린."

그런데 모르네 역시 "프랑스혁명이 계몽사상을 만들었다"는 명제를 제시하기도 한다. 그는 계몽사상이 혁명사상이었다는 이폴리트 텐의 주장에 대해서 다음과 같이 샤르티에처럼 반박한다.

실제로 텐은 제대로 생각해보지도 않고 훨씬 나중에 로베스피에르와 생쥐스트 같은 사람들이 생각했던 대로 프랑스인들이 1787~1789년에 생각한 것이 어떤지 가정했던 것이다. 그는 자코뱅파의 의견으로부터 이 시기 프랑스인의 의견을 추출해냄으로써 자신의 '앙시앵 레짐'에 대해 서술했다. 그가 확인한 선행 연구와 사실은 추가된 것이라고 말할 수 있다. 다른 사람의 의견은 필요 없었다. 수많은 선행 연구와 사실 중에서 모든 것을 정당화시킬 수 있는 생각을 항상 찾아낼 수 있기 때문이다. 그러나 혁명에 의해 취해진 방향이 반드시 1788~1789년에 프랑스를 개혁하려 한 사람들이 생각했던 방향을 의미하지는 않는다는 사실을 거듭 말해야 할 것이다. 레닌이나 트로츠키는 확실한 혁명을 원했다. 그들은 그것을 준비했고, 실현시켰고, 이끌어갔다. 그러나 프랑스에서는 아무것도 그렇게 되지 않았다.[506]

계몽의 변증법

계몽사상에 대한 교과서의 기술에 공통으로 등장하는 단어는 '진보'다. 역사철학적으로, '진보' 관념이 형성되는 시기가 바로 계몽주의 시대다. Revolution이라는 단어는 코페르니쿠스의 시대만 해도 '회전'이라는 과거 회귀적인 의미로 사용되었으나, 이제는 '새로운 질서'의 탄생이라는 미래 지향적인 뜻을 가지게 되었다. 독일의 개념사가인 라인하르트 코젤렉에 의하면, 18세기 후반에 '역사 그 자체'라는 개념이 등장했다. 이제까지 역사는 '무엇의 역사', '무엇에 대한 역사'라는 식으로 사용되었으나, 이제 이러한 개별 '역사들'을 통합하는 단수로서의 '역사' 개념이 탄생한 것이다. '역사'는 자체의 완성을 향해 주체적으로 움직이는 힘이라고 여겨졌다. 그러므로 더 이상 과거로 회귀하지 않고 미래라는 미지의 세계를 향해 나아간다. 즉, 미래가 역사의 목표이며 추진력이다. 이상적인 미래가 기준이 될수록 현재는 정당성을 상실한다. 미래의 '기대 지평'과 현재의 '경험 공간' 사이의 간극이 벌어지면서 미래의 기대 지평을 현실 사회에 실현하려는 욕망이 생기고, 궁극적으로 혁명이 일어난다. 프랑스혁명은 '진보'가 요구한 최초의 혁명이었다. 그러나 한 번의 혁명으로 유토피아가 실현되는 것은 아니기에 혁명은 지속적으로 다른 혁명을 요구한다. 이렇듯, 진보 관념은 역사를 혁명의 시대로 만들었다.[507]

20세기에 들어 대전大戰과 유대인 인종 학살이라는 전대미문의 참상을 겪은 이후, 독일의 보수주의자들은 모든 악의 원천을 계몽사상에서 찾았다. 그 결과, 계몽사상이야말로 근대성이라는 악을 불러온 장본인으로 피소되었다. 라인하르트 코젤렉은 1959년에 출간한 박사학위 논문 《비판과 위기》에서, 계몽사상이 기정 현실을 전면적으로 비판함으로써 정치적 위기를 초래했다고 비판했으며, 후일 이러한 생각을 '기대 지평'과 '경험 공간'의 간극으로 정식화했다. 보수주의자들은 근대성에 대한 비판을 통해 독일의 죄악을 변호할 수 있는 논리적 기제를 마련한 셈이다.[508]

마찬가지 맥락에서, 비판이론가인 아도르노와 호르크하이머는 현대의 야만의 극치인 홀로코스트의 책임을 계몽사상에 묻는다. 단죄의 근거는 역사적인 것이 아니라 철학적이다. 역사가들은 홀로코스트를 독일의 민족주의, 제1차 세계대전의 충격적 패배, 경제공황, 반유대주의, 권위주의 등을 통해 설명하지만, 아도르노와 호르크하이머는 '계몽의 변증법'을 통해 설명한다. 전통적인 변증법은 '정', '반', '합'으로 이어지는 긍정의 변증법인 반면, 두 비판이론가의 경우에는 이른바 부정의 변증법이다. 그들은 변증법을 '신화'와 '계몽'이라는 두 적대적인 요소의 대립이라고 본다. 이렇게 파악된 역사는 '합'으로 발전하지 못하고, '신화' – '계몽' – '신화' – '계몽'…… 식으로 되풀이된다.[509] "신화는 이미 계몽이었다. 그리고 계몽은 신화로 돌아간다."[510]

심지어는 다음과 같이 말한다. "신화가 이미 계몽을 수행하는 것처럼, 계몽은 매 단계마다 더욱더 깊이 신화 속으로 빠져들어간다."[511] 참으로 이해하기 어려운 설명이다. 혹시 이렇게 이해할 수 있을지도 모르겠다. 살아갈수록 죽음에 근접하기 때문에 사는 것이 곧 죽는 것이다! 아무런 탈출구가 없다. 이러한 역설에 담겨 있는 역사의 의미는 비판적이고 절망적이다.

'계몽의 변증법'은 독일 보수주의 역사가들의 동의를 얻었지만, 상식적으로는 이해하기 어렵다. 독일이 현대의 야만으로 전락한 것은 계몽되어서가 아니라 계몽되지 못했기 때문이다. 지나치게 계몽되어서 신화 속으로 빠진 것이 아니라, 덜 계몽되어 신화의 힘이 강하게 남아 있었다. 프랑스의 계몽주의를 거부하고, 독일의 고유문화라는 '신화' 속으로 침잠하고 말았다. 그래서 계몽주의가 세속화로 완결되지 못하고, 여전히 종교의 힘이 강하게 남아 있었다. 계몽사상의 적이었던 종교의 힘 말이다. 두 철학자는 '계몽=합리성=획일성=순응성=비판 이성의 상실'이라는 도식으로 홀로코스트와 계몽사상을 연결시킨다. 두 철학자에게 계몽은 '동화'이며, 홀로코스트는 동화되지 않은 사람들에게 가해진 처벌이다. 그러나 계몽사상의 핵심은 '비판'이었다. 계몽의 역사가인 피터 게이는 다음과 같이 "모든 것은 비판 정신의 검증 대상"이었다고 말한다.

비판 정신을 반교권주의와 동등하게 취급하는 것이 계몽주의를 과소평가하는 일이라고 주장할 수는 없다. 비판 정신은 어디에서나 활동했기 때문이다. 디드로는 《백과사전》에서 "우리는 모든 사실을 세 가지 등급으로 나눌 수 있다"고 썼다. "첫째로 신의 행위는 신학에 해당되고, 둘째로 자연현

1772년판《백과전서》의 속표지그림.

가운데 위의 인물은 '진리'를 상징한다. '진리'는 '빛'으로 둘러싸여 있다. 계몽주의를 뜻하는
Lumière(Enlightenment)는 바로 '빛'이라는 뜻이다. '진리'의 오른쪽에서 베일을 벗기는 인물은
'철학'과 '이성'이다. 빛, 이성, 철학이야말로 계몽주의를 대표하는 키워드이다.

상은 철학에 해당되며, 마지막으로 인간 행위는 엄밀히 말해서 역사에 해당된다. 그런데 이 모든 사실은 비판 정신의 검증 대상이다." 이것이 그의 논점으로, 계몽사상가들이 모든 곳에 널리 스며들게 만든 호기심과 그들이 만족할 줄 모르고 끊임없이 명확성을 찾아 헤매는 이유를 설명해준다. 그것은 다음과 같은 것들의 핵심을 이루었다. 몽테스키외나 기번이 정부의 비밀에 대해 분석하고, 이신론자들이 합리적이고 명백한 자연종교를 이해관계가 얽힌 수수께끼로 바꾸어놓은 성직자의 일을 해부하고, 루소가 언어의 역사를 자연주의적 관점에서 평가하고, 돌바크와 흄이 종교에 대해 심리학적 연구를 수행하고, 실용주의자들이 허구에 대해 공격한 것 말이다. 모든 것은 비판 정신의 검증 대상이다. 이렇게 말함으로써 미혹에서 벗어나 자유로운 세상으로 당당하게 나아가게 되었다.[512]

독일 사람들이 비판 이성을 상실한 것은 그들이 덜 계몽되었기 때문으로 보는 편이 합리적이다. 볼테르는 루소에게서 계몽주의를 무너뜨리는 비합리주의의 위험성을 간파했는데, 합리주의의 기반이 단단했던 프랑스에서는 그것이 기우로 그친 반면, 계몽주의의 수용이 미흡했던 독일에서 그러한 우려가 현실로 드러났다.[513]

계몽사상과 종교

교과서에서 계몽사상을 설명하는 데 사용한 핵심 단어는 '이성', '무지', '미신', '진보' 등으로 계몽사상을 주로 프랑스혁명과 연관지어 설명하고 그 의의를 찾지만, 사실 계몽사상의 주적主敵은 '미신'이었다. 그런데 교과서에서 '미신'이라고 모호하게 표현하고 있는 것의 실체는 무엇일까? 다름 아니라 그리스도교였다. 계몽사상의 출발은 그리스도교를 비판하는 것으로, 그리스도교의 도그마가 무너짐으로써 양심의 자유와 관용이 자연스럽게 부각된다. 계몽주의의 기획이 있었다면, 그것은 '관용'이었다.[514] 이렇듯 종교적인 구조에 대한 비판에서 시작하여 자연스럽게 사회적이고 정치적인 제도에 대한 비판으로 확산되었다. 하늘에 있는 전제적 지배자에 대한 거부가 지상에 있는 전제적인 왕에 대한 거부로 이어진 것이다.

이렇게 계몽사상의 '영향'이 아니라 '발생'이 어떠했는지에 주목할 때, 계몽사상이 르네상스의 연속이요 완성이라는 본질적인 성격이 드러난다. 르네상스와 계몽주의가 닮은 이유 가운데 하나는 둘 다 고전 고대를 숭상했다는 데 있다. 에른스트 카시러의 《계몽주의 철학》, 그의 뒤를 이은 피터 게이의 《계몽주의의 기원》 특히 이 책의 부제인 '근대 이교주의의 흥기'는 계몽사상의 성격을 잘 보여준다. 계몽사상가들을 사로잡고 있던 문제는 여전히 '신'이었고, 이들은 이 문제를 해결하기 위해 고전고대의 이교도들에게 귀를 기울였다. 카시러는 다음과 같이 단언한다.

17세기 형이상학의 체계적 개념들은 독창성과 독립성에도 불구하고 신학적 사유에 여전히 굳게 뿌리를 박고 있다. 데카르트와 말브랑슈, 그리고 스피노자와 라이프니츠에게는 신의 문제와 독립해서 진리의 문제를 해결할 방도가 아직 마련되어 있지 않았다. 신의 존재의 인식은 다른 지적 확실성을 보장해주는 인식의 최고 원리이기 때문이다.[515]

그러면 계몽사상가들의 '신'이었던 볼테르는 어떠한가? 그가 전투 구호처럼 외쳤던 "파렴치함을 타파하라"의 대상은 무엇이었을까? 그 것은 '무지', '미신', 불합리한 사회제도, 관습 등과 같은 막연한 존재 가 아니었다. 카시러와 게이는 그리스도교회였다고 말한다.

볼테르의 저술이나 편지 속에는 '(가톨릭의) 파렴치함을 타파하라'라는 전 투 구호가 거듭 등장한다. 이때 볼테르는 그의 투쟁 대상이 믿음이 아니라 미신임을, 종교가 아니라 가톨릭교회임을 분명히 말하지만, 볼테르를 정 신적 지도자로 모시던 다음 세대는 이러한 구별을 생각하지 않는다. 프랑 스 백과전서파들은 종교에 대해, 즉 종교의 타당성과 진리성에 대해 공개 적으로 선전포고를 한다. 그들은 종교가 진정한 도덕 및 사회정치적 질서 의 창립자가 될 수 없을 뿐만 아니라 지적 발전의 영원한 방해자일 뿐이라 고 말한다.[516]

계몽시대의 가장 호전적인 구호였던 '수치스러운 것을 짓뭉개버립시다'는 그리스도교 자체와 모든 형태의 그리스도교 교리, 그리스도교 제도와 윤 리, 그리고 그리스도교의 인간관을 직접적으로 공격하는 것이었다.[517]

주명철 교수에 의하면, 계몽사상에 대한 연구 방법은 카시러-게이 노선과 모르네-《18세기 프랑스의 책과 사회》연구 집단으로 구분되 는데, 볼테르에 대한 평가에 관한 한 이 두 노선은 일치한다.[518] 모르 네는 볼테르가 그리스도교에 대한 증오심을 감추고 있던 무신론자였 다고 단언한다.[519] 볼테르는 무신론자인 돌바크에 반대했으며, "만일 신이 존재하지 않는다면 신을 발명할 필요가 있다"고 말했다는 점에서 무신론자가 아니라 이신론자로 구분하는 것이 일반적이다. 그러나 현대적인 관점에서 볼 때 이신론자와 무신론자는 분명하게 구분되지 않는다. 이신론자는 은폐한 무신론자로도 볼 수 있다. 또한, 볼테르가 진정으로 반대한 것은 무신론이라기보다는 유물론이었으며, 그리스 도인으로 가득 찬 세상보다는 돌바크 같은 사람으로 가득 찬 세상이 그래도 살맛 나리라고 생각했다는 점을 고려하면, 볼테르와 돌바크의 차이가 그렇게 크지는 않았다.[520] 철학적인 소설인 《캉디드》는 낙관주의자 라이프니츠를 제물로 삼고 있지만, 사실은 그리스도교에 대해 전쟁을 선포하는 작품이었다.[521]

피터 게이가 강조한 대로, 계몽사상가들은 "근대의 이교도들"이었다.[522] 볼테르는 "새로운 루크레티우스"를 자처하면서 "성스러운 거짓말"의 위험을 고발했다.[523] 파리 고등법원은 돌바크의 《자연체계론》이 "루크레티우스의 체계를 되살리고 확장한다"고 비난했다.[524] 계몽주의의 기획이 대부분 성취되었을 때, 칸트는 사람이 스스로 부과한 보호 체계로부터 탈출하는 것에 계몽주의를 비유하면서, "과감하게 알려고 하라sapere aude"를 계몽주의의 표어로 내세웠다. 이제 인간은 무지와 공포가 강요한 미숙함에서 벗어나 이성을 발휘하여 자율적이고 비판적으로 '앎'을 추구할 수 있다는 것이다. 인간을 이렇게 미성숙하게 만든 것이 종교이므로, 칸트의 표어는 종교, 즉 그리스도교에서 벗어나자는 말이나 마찬가지였다. 칸트는 자신의 표어가 호라티우스의 시 후렴구임을 굳이 밝힐 필요를 느끼지 않았다. 호라티우스는 18세기에 가장 널리 읽힌 로마의 시인이었기 때문이다.[525] "근대의 완전한 이교도"인 흄의 《자연종교에 대한 대화》는 키케로의 《신의 본성론》을 모방한 것이며, 루소 역시 고전을 읽으면서 이신론에 빠져

들었다.[526]

　이렇게 계몽사상가들은 르네상스 인문주의자들을 계승하여 고대의 이교도들에게로 돌아갔으며, 이들의 영향을 받아 그리스도교와 전쟁을 벌였다. 이러한 맥락에서 볼 때, 계몽주의는 르네상스가 시작한 일을 완성시킨 것으로 볼 수 있다.[527] 계몽사상가들의 저항에 대해 국가와 교회의 제재가 없었던 것은 아니다. 계몽사상가들은 목숨을 잃을 수도 있는 상황에서, 완곡하게 말한다거나("파렴치함을 타파하라!), 적어도 '신'의 '존재'만큼은 인정한다거나(이신론, 자연종교), 회의주의 철학에 머문다거나 하는 식으로 대처했다. 그러므로 그들의 본심, 계몽사상의 기저에 놓여 있던 것이 사실은 그리스도교에 대한 증오였다는 점을 충분히 인식할 필요가 있다.

　계몽사상의 근대성

　계몽사상을 바라보는 시점은 두 가지로, 하나는 프랑스혁명이고, 다른 하나는 르네상스다. 프랑스혁명이 바라보는 계몽사상은 '자유', '평등', '형제애'라는 진보적인 이념을 내포하고 있는 사회 사상이다. 계몽사상은 혁명적인 사상은 아니었으나, 프랑스혁명의 발발에 영향을 끼쳤다는 점은 부인할 수 없다. 혁명가들은 계몽사상을 '전유'하여 급진적인 사회 개혁에 착수했는데, 혁명력 2년에 나타난 공화주의나 자코뱅주의는 결코 계몽사상가들이 원한 것이 아니었다. 계몽사상가들은 민중적이고 혁명적인 변화를 원하지 않았다.

　독일의 보수주의자들이 홀로코스트의 책임을 계몽사상에 묻는 것은 계몽사상을 심하게 왜곡하는 셈이다. 계몽사상의 합리성, 과학성, 법칙성은 획일성과 순응성을 낳고, 이것이 비판 이성의 상실을 초래했다는 비판은 계몽사상의 본질이 '이성적 비판'임을 알지 못하기 때문이며, 독일적인 특수성을 일반화시키는 데 불과하다. 독일이 현대적 야만에 떨어지고 만 것은 계몽되었기 때문이 아니라 계몽되지 못했기 때문으로 보아야 옳다.

계몽사상을 프랑스혁명의 시점에서 바라보는 것은 계몽사상이 '그 후에 어떠했는지'를 보고 심판하는 것이다. 계몽사상이 '본래 어떠했는지'를 생각하기 위해서는 계몽사상의 모태인 르네상스의 시점에서 바라보아야 한다. 그러면 계몽사상은 그리스도교가 강요한 무지와 광신과 미신에서 벗어나려는 종교적인 사상이었음이 선명하게 드러난다. 대표적인 계몽사상가인 볼테르는 "새로운 루크레티우스"였으며, "회의주의자" 흄이 회의한 것 역시 그리스도교였음을 인식하는 일은 계몽사상의 진면목을 깨닫는 데 중요하다.

아도르노와 호르크하이머는 카시러나 게이와 마찬가지로 나치즘의 희생자다. 그러나 아도르노와 호르크하이머는 나치즘에 대한 순응주의의 기원을 계몽사상에서 찾은 반면, 카시러는 나치즘에 대한 순응주의를 고발하기 위해 계몽사상을 들여다보았다. 카시러는 다음과 같은 구절로 《계몽주의 철학》을 시작한다.

칸트가 《순수이성 비판》의 마지막 절에서 그렸던 바와 같이 '순수이성의 역사'를 이야기한다면, 언제나 이 계몽기를 우선적으로 언급하지 않을 수 없다. 이 시대야말로 최초로 이성의 자율성을 찾아내고, 이를 위해 정열적으로 싸우며, 이를 모든 지적 영역으로 확대 적용시켰기 때문이다. 철학사를 진정으로 다룬다면 단순히 과거 역사에 머물지 않는다. 철학함의 과거를 돌이켜 본다는 것은 동시에 철학적인 자각과 자기비판의 행위이기 때문이다. 과거의 어느 때보다도 우리의 시대는 자기비판이 필요한 것처럼 보인다. 다시 말해, 우리는 우리의 시대를 계몽기가 만들어낸 밝고 투명한 거울 앞에서 되비추어 볼 필요가 있는 듯하다.

피터 게이도 카시러의 뒤를 이어서, "계몽주의의 인도적인 목적과 비판적인 방법을 절실히 필요로 하는 시대가 있다면 그것은 분명히 우리 시대다"라고 말한다.[528] 이 두 역사가에게 계몽사상의 본질은 '비판'이었다. 이것이 올바른 역사적 해석이다.

14

이신론과
관용

이신론의 탄생

인간의 이성으로 계시종교인 그리스도교를 이해할 수 있을까? 그리스도교의 등장 이후로 많은 사람들이 이 문제에 대해 고민했다. 그리스도교의 예언과 기적, 예수는 신인가, 인간인가, 신이며 동시에 인간인가 하는 문제, 예수의 부활, 동정녀 성모마리아, 성체성사의 신비 등을 순수한 이성의 힘으로 이해할 수 있을까? 기계주의와 물질주의에 찌든 현대인만이 계시종교에 의문을 던지는 것은 아니다. 그리스도교의 지배가 절정을 이루던 중세에도 이미 신학자들은 이러한 문제를 가지고 고민했다. 성 안셀무스(1034~1109)가 "나는 믿는다. 그리하여 나는 이해할 수 있다"라고 선언한 것은 이성과 신앙 사이의 깊은 고민을 보여주는 하나의 예다.

이성과 믿음의 문제에서 중세인들은 믿음을 근대인들은 이성을 우선시했다. 안셀무스의 공식을 "나는 이해한다. 그리하여 나는 믿는다"로 전환시킨 것이다. 이성을 우선시하는 사람들 가운데, 이성적으로 이해하는 것만을 믿는 사람이 이신론자deist이고, 이성적으로 이해할 수 없다고 생각하여 판단을 중지하는 사람이 회의주의자이며, 이성적으로 이해할 수 없기 때문에 할 수 없이 믿는 사람이 신앙주의자fideist다.[529]

'이신론'의 출생 증명서로 꼽히는 것은 피에르 비레가 1563년에 출판한 《그리스도교 교육에 대한 서한체 헌사》다. 여기에서 스위스의 관용적인 종교개혁가는 '이신론자'라는 말을 처음 사용한다.

신이 존재하는 것을 믿는다고 고백하는 사람들은 많다. 투르크인들과 유대인들처럼 말이다. 그러나 그들은 예수 그리스도에 관한 것들, 복음주의자들과 사도들의 교리가 증언하는 것들이 우화이며 몽상이라고 생각한다. …… 투르크인들보다 이들이 더 문제다. 그들은 종교와 관련해서 투르크인들이나 그 밖의 불신자들보다 더 이상한 견해를 가지고 있기 때문이다. 나는 이들 가운데 이신론자라고 불리는 사람들이 있음을 알고 있다. 이 말은 신조어다. 그들은 이 말을 무신론자에 대립하는 의미로 사용하고 있다. 왜냐하면 무신론자는 신이 없는 사람들을 지칭하는 반면 그들은 신이 있다는 것을 믿는다고 말하기 때문이다. 그들은 신이 하늘과 땅의 창조주임을 인정한다. 마치 투르크인들처럼 말이다. 그러나 예수 그리스도에 관해서, 그들은 그분이 누구인지 알지 못하며 그의 가르침은 아무것도 받아들이지 않는다. …… 이신론자들은 그들이 함께 어울려 살지 않을 수 없는 사람들의 종교와 겉으로는 잘 지내지만, 모든 종교를 조롱한다. 그들 가운데 어떤 사람들은 영혼 불멸을 받아들이는가 하면, 어떤 사람들은 에피쿠로스주의자들처럼 생각한다. 신의 섭리에 대해서도 마찬가지로, 신이 인간사에 전혀 개입하지 않는다고, 그리하여 인간사는 우연에 의해, 혹은 인간의 신중함이나 무분별함에 의해 지배된다고 생각한다. 나는 그리스도교인을 자칭하는 사람들 가운데 그러한 괴물들이 있다는 데 두려움을 금치 못한다. 그러나 그보다 더욱 나를 두렵게 하는 것은 인문학적인 교양과 철학을 갖춘 사람들 가운데, 심지어는 가장 예리한 지성을 갖춘 학자들 가운데에도 그처럼 지독한 무신론에 물든 사람이 있을 뿐만 아니라, 그것을 공언하고 일가를 이루며 그것의 독으로 사람들을 중독시키는 사람들이 있다는 사실이다.[530]

피에르 비레가 말하는 이신론자들은 신이 존재하며 세상을 창조했다는 점을 인정한다. 그렇다고 해서 그들을 그리스도교인들과 동일시할 수는 없다. 이신론자들의 특징은 예수 그리스도의 존재와 가르침을 받아들이지 않는다는 점이다. 그들은 에피쿠로스주의자들처럼 영혼 불멸을 부정하며, 섭리가 인간사에 작용함을 부정한다. 당시에 에피쿠로스주의자라는 말은 무신론자라는 말과 동의어였다. 피에르 비레는 그들을 무신론자와 구분하여 이신론자라고 말하지만, 결국 이신론자는 무신론자와 다르지 않다고 결론 내린다. 여기에서 피에르 비레가 이신론자라고 비난하는 사람들은 구체적으로 누구였을까? 그들은 바로 폼포나치를 중심으로 한 파도바의 아리스토텔레스주의자들이었다.[531]

뤼시앵 페브르가 밝혔듯이, 16세기에 무신론자의 결정적인 증거는 신의 존재가 아니라 섭리와 영혼 불멸을 부정하는 것이었다.[532] 당시에 신이 존재하지 않는다고 생각하기는 불가능했다. 그런 사람은 마음으로 인지하는 진실을 감정 때문에 억누르는 바보, 장님, 악인으로 여겨졌다. 1535년 12월 7일, 스트라스부르 시노드에서 규정한 "현세의 삶은 영생으로 이어진다고 생각하지 않는 사람, 또는 현세의 삶 이후에는 심판과 영벌이 없다고 생각하는 사람, 악마도 지옥도 없다고 생각하는 사람"이었다. 논리적으로, 영원한 보상과 징벌은 영혼 불멸과 섭리에 따르는 것이기 때문이다.[533]

피에르 비레는 이신론자들을 경멸적으로 기술했고 이신론자를 무신론자와 동일시함으로써 이신론과 이신론자의 등장을 흐릿하게 만들었지만, 피에르 비레의 관찰에서 이미 이신론의 원형을 찾을 수 있다. 이신론자는 신을 믿지만 예수 그리스도는 믿지 않는 사람이다. 예수 그리스도의 존재와 가르침을 믿지 않는 것은 '계시'를 부정하는 셈이다. 이신론은 무엇보다도 계시종교를 거부한다는 정의가 피에르 비레의 비난 속에 들어 있는 것이다. 이신론자들은 신의 계시 대신 인간의 이성을 소중히 여겼다. 그들의 신은 인간의 이성으로 이해할 수 있는 신이었고, 그들의 종교는 계시종교에 의해 변색되지 않은 원래의 종교, 즉 자연종교였다. 비레는 자연종교라는 단어를 사용하지 않지만, 후대의 이신론자들은 체계적으로 자연종교를 설파한다.

영국의 이신론자들

피터 게이는 《이신론 선집》에서, 이신론의 선구자로 처버리의 허버트와 찰스 블라운트를, 이신론의 주요 작가로는 존 톨런드, 앤서니 콜린스, 매튜 틴들, 토마스 울스턴을 꼽고 있다.[534] 여기에서는 "이신론의 아버지"라는 평을 받고 있는 처버리의 허버트Herbert of Cherbury

(1583~1648), 존 로크와 논쟁한 존 톨런드John Toland(1670~1722), '이 신론의 바이블'로 평가받는 책을 쓴 매튜 틴들Matthew Tindal(1657~ 1733)을 중심으로 영국 이신론의 모습을 살펴보고자 한다.

허버트의 이신론 사상을 볼 수 있는 저서는 1624년에 파리에서 출판된 《계시, 개연성, 가능성 그리고 실수와는 다른 진리에 대하여》다. 이 신론은 당연히 계시종교에 대한 회의에서부터 시작된다. "계시를 선언하는 종교가 모두 나쁜 것은 아니다. 그것의 권위 아래 가르치는 교리가 모두 본질적이거나 가치 있는 것은 아니다. 어떤 교리들은 계시이기 때문에 포기해야 할지도 모른다. 따라서 계시 혹은 종교에서 판별 기준을 세우는 데 필요한 공통 개념의 가르침은 정말 중요하다."[535] 허버트는 보편 종교에 필요한 다섯 가지의 공통 개념을 제시한다. 최고의 신이 존재하고, 최고의 신은 숭배되어야하며, 덕과 경건함의 결합이 가장 중요한 종교 실천이고, 참회를 통해 악함을 속죄해야 하며, 내세에 상벌이 있다는 것이다.

'신'에 대해서는 보편적인 동의가 없지만, 과거의 모든 종교가 신의 존재를 인정했고 미래의 모든 종교도 그러할 것이기 때문에, 신이 존재한다는 것은 공통 개념이다. 신은 성스럽고, 만물의 끝이자 원인이고, 만물의 수단이며, 영원하고, 선하고, 정의롭고, 현명하고, 무한하고, 전능하고, 자유롭다. 허버트가 말하는 신은 이러한 속성을 지닌다. 그러나 반드시 그리스도교의 신을 가리키지는 않는다. 허버트는 '그리스도'라는 단어를 사용하지 않는다. 신이 존재한다는 첫 번째 공통 개념에서 두 번째와 세 번째 공통 개념이 자연스럽게 나온다. 최고의 신은 인간이 자신을 숭배하고 도덕적인 삶을 살도록 명하며, 잘못을 반성하도록 하고, 그 결과에 따라 내세에 상벌을 내린다.

이신론의 아버지로 불리는 처버리의 허버트.

"이신론의 바이블"로 평가받는 책을 쓴 매튜 틴들.

이러한 공통 개념들은 신의 존재에 대한 믿음과 도덕적인 삶과 참회를 실천할 것을 요구할 뿐이라는 점에서 기성 종교와는 달리 소박하고 순수하다. 허버트에 의하면, 다섯 가지 공통 개념은 보편 교회의 토대가 되는 교리로서, 인류가 탐욕스럽고 교활한 사제들의 꼬임에 빠지기 전에 지녔던 순수한 자연종교의 교리다. 어긋나는 교리나 종교적 의례는 사제들이 날조한 거짓이다.[536]

허버트는 '계시'에 대해, 계시의 진리성은 계시를 전하는 사람의 권위에 의존하기 때문에 주의해야 한다고 말한다. 계시는 다른 사람에게 전달해야 하는 경우 전달자의 신뢰성이 문제가 되므로 본인에게 직접 전해야 한다. 계시는 일반적으로 타인의 증언에 의존하므로 이성에 의한 지식과는 달리 개연성을 지닐 수밖에 없다. 따라서 허버트는 계시에 기초한 믿음과 이성에 기초한 지식은 구별되어야 한다고 주장한다. 허버트는 계시를 인정하기는 했으나, 계시의 진위를 판단하는 기준을 이성에 두었을 뿐만 아니라 계시를 믿음의 영역으로 분류했다. 이는 종교의 문제에 있어서 주도권이 계시에서 이성으로 넘어갔음을 의미한다.[537]

톨런드는 로크와 동시대인으로 로크를 비판하면서 이신론 논쟁을 일으켰으므로, 톨런드에 앞서 로크부터 살펴볼 필요가 있다. 로크는 《인간오성론》(1690)에서 이성에 인식론적 토대를 부여하려 노력했다. 4권 17~19장에서, 로크는 인간의 인식을 이성에 부합하는 것, 이성 위에 있는 것, 이성에 반하는 것으로 세분한다. 계시는 인간의 이성에 부합하거나 반하지 않고 이성 '위'에 있는 것으로 인정된다. 일단은 계시를 받아들인 것이다. 그러나 로크는 죽은 자들의 부활 같은 그리스도교의 근본 교리는 이성에 반하는 이야기로 구분한다. 로크는 계

시에 대해 타협적인 태도를 취하지만, 근본적으로는 쓸모없다고 생각한다.[538]

로크의 태도를 이해하는 것은 어렵지 않다. 로크의 시대에 계시를 완전히 거부하는 것은 위험했기 때문이다. 그리스도교인으로서 로크는 계시의 합리성과 필요성을 모색하지 않을 수 없었다. 이 과제는 《성서에 나타난 그리스도교의 합리성》(1695)에서 시도된다. 성서에 나타난 그리스도교는 이성에 부합한다는 이야기인데, 달리 말하면 현실의 그리스도교는 이성에 부합하지 않는다는 뜻이기도 하다.

로크의 이성적인 성서 읽기에 의하면, 성서는 이성에 부합하며 그리스도교는 합리성을 띤다. 성서에는 원죄, 영원한 형벌 같은 스콜라적인 이야기는 없다. 성서는 아담이 신의 명령을 어겼기 때문에 불멸성을 상실하는 벌을 받았다고 되어 있을 뿐이다. 아담 이후 인간이 불멸성을 상실한 것은 원죄 때문이 아니라 인간 모두가 아담처럼 신에게 불복종했기 때문이다. 다시 말하면, 모세가 신과 맺은 '선업의 성약'을 이행하지 않았기 때문이다. 그러나 예수 그리스도의 강생으로 인간은 '믿음의 성약'을 맺었으며, 믿음만으로 생명과 영생을 얻는다. 즉, 《신약성서》의 핵심은 예수 그리스도가 메시아임을 받아들이는 것이다.

그러나 출생의 우연에 의해 예수 그리스도의 말씀을 듣지 못한 사람들은 어떻게 될까? 아무런 잘못도 없는 이들에게 영원한 형벌을 가하는 신, 스콜라적인 신은 부당하며, 따라서 합리적인 숭배의 대상이 될 수 없다. 로크에 의하면 그러한 신은 전제적인 괴물에 불과하다. 신이 무고한 사람들에게 형벌을 내릴 리가 없다면, 그리스도의 계시는 무슨 의미인가? 그리스도교의 합리성을 확립하려는 로크는 이러한 딜레마에 사로잡혔다. 그리스도교는 배타적인 주장을 일삼는 편협한 종교이거나, 아니면 인간은 그리스도교 없이도 구원받을 수 있거나, 둘 중의 하나였다. 로크와 제자들은 두 번째 대안을 지지했는데, 신은 이성의 빛에 의해 모든 인류에게 계시했기 때문이다.[539]

로크에 의하면, 신은 애초에 인간에게 자연종교를 부여했다. 자연종교는 인간의 이성으로 발견할 수 있는 것이다. '성서에 나타난 그리스도교'는 바로 그러한 자연종교를 말한다. 따라서 현실의 그리스도교가 꼭 필요한 것은 아니다. 자연종교와 현실의 그리스도교가 일치하지 않는 것은 인간의 무지와 사제들의 미신 때문이다. 로크는 다음과 같이 현실의 그리스도교를 비판한다.

자연의 일이 모든 면에 있어서 신의 존재를 충분히 증거하고 있기는 하지만, 세상 사람들은 이성을 거의 사용하지 않았기 때문에 이를 보지 못했다. 그것에 대한 인상만으로도 쉽게 발견할 수 있는데 말이다. 어떤 사람들은 감각과 욕망 때문에, 어떤 사람들은 부주의한 태만 때문에 눈이 멀었는데, 대부분은 두려움 때문에(이들은 미지의 우월한 존재들이 존재한다고 믿거나 생각하지 않을 수 없었다) 사제들의 수중에 떨어져, 신에 대한 엉터리 생각으로 머리를 채우고, 어리석은 의식儀式으로 신을 숭배했다. 공포와 간계가 시작한 것을 헌신적인 신앙이 신성하게 만들었다. 종교는 불변이 되었다. 이러한 어둠의 상태와 진정한 신에 대한 무지의 상태에서, 악과 미신이 세계를 장악했다.[540]

따라서 중요한 것은 이성의 눈으로 성서를 읽고, 사제들에 의해 왜곡된 미신적인 그리스도교에서 벗어나 자연종교 상태의 그리스도교로 돌아가는 일이다.

　존 로크가 《성서에 나타난 그리스도교의 합리성》을 출판한 이듬해인 1696년에, 로크의 사도임을 자처한 존 톨런드는 《신비적이지 않은 그리스도교》를 출판했다. 로크는 톨런드와 의견이 불일치한다고 천명했다. 아일랜드 하원은 톨런드를 체포하고 그의 책을 불태울 것을 명령했다. 톨런드는 잉글랜드와 대륙으로 도피하여 여생을 보냈다.

　무엇이 이 둘의 관계를 불편하게 만든 것일까? 문제의 핵심은 '계시'였다. 로크는 계시의 가능성을 부인하지 않았다. 로크는 '이성 위에 있는 것'과 '이성에 반하는 것'을 구분하여, 이성에 반하는 것은 받아들일 수 없으나 이성 위에 있는 것, 즉 참된 계시는 받아들여야 한다고 말했다. 그러면 무엇이 참된 계시인가? 로크는 토마스 아퀴나스가 이성을 초월한 것으로 본 삼위일체, 성육신, 원죄와 같은 교리는 이성에 어긋난다며 참된 계시에 포함시키지 않았다. 로크와 토마스 아퀴나스는 그 나름의 방식으로 이성과 계시가 양립할 수 있음을 보여주려 했지만, 차이가 있다. 토마스 아퀴나스가 신앙과 이성이 양립 가능함을 보여줌으로써 신앙의 시대에도 이성이 있음을 보여주려 했던 것과 달리, 로크는 이성의 시대에도 신앙이 있음을 보여주려 했던 것이다.[541] 로크가 이렇게 타협적인 자세로 이성과 신앙을 양립시킨 데 반해,[542] 《신비적이지 않은 그리스도교》의 저자는 로크의 이성주의를 철저하게 밀고 나가서 로크가 "이성 위에 있는 것"으로 타협한 '계시'의 존재를 공격했다.

　나는 이성이야말로 모든 확실성의 유일한 토대이며, 자연의 일반적인 현상과 마찬가지로 계시된 것의 방식이나 존재도 이성의 논구에서 면제받지 않는다고 생각한다. 따라서 나는 이 글의 제목에 따라 복음에는 이성에 반하는 것과 이성 위에 있는 것이 없으며, 어떠한 그리스도교 교리도 신비라고 불릴 수 없다고 주장한다.[543]

톨런드는 그리스도교가 신비적이지 않다고 단언한 것이다. 그리스도교는 이성에 부합한다고 말하거나, 더 나아가 이성에 부합하지 않는 것은 그리스도교가 아니라고 말하는 것은 그리스도교를 순수한 자연종교라고 정의하는 셈이며, 합리적이지 않은 요소, 즉 신비적인 요소들을 간직하고 있는 현실의 그리스도교가 거짓이라고 천명하는 것이다. 로크는 계시를 받아들여서 그리스도교를 구하려고 애쓴 반면, 톨런드는 계시를 배척하여 그리스도교를 전복시키려 했다.[544] 톨런드는 로크에 반대하는 입장을 취하고는 있지만, 두 사람 모두 현실의 그리스도교가 미신과 신비로 가득 찬 반면 애초의 그리스도교는 신비스럽지 않은 합리적인 자연종교라는 인식을 공유했다.[545]

매튜 틴들의 《창조만큼 오래된 그리스도교》는 1730년에 출판되자마자 이신론 논쟁의 중심에 놓였으며 그 후 수십 년 동안 진행된 논쟁의 자료를 제공했기 때문에 '이신론의 바이블'이라고 불린다. 틴들의 논리는 단순하고 체계적이어서, 에피쿠로스가 전지전능한 신의 존재를 전제한 후 현실적으로 악이 존재한다는 사실을 통해 신의 무존재를 증명하는 방식과 비슷하다. 틴들에게 있어서 신은 '완전'하며, 완전하기 때문에 '불변'이다. 완전한 신이 수행한 '창조'는 완전한 작업이므로 수정이나 보완이 필요 없다. 신이 창조 시에 인간에게 베풀어 준 종교 역시 완전하며, 최초의 종교가 바로 자연종교다. 그것은 수정 보완이 필요 없는 완전한 종교다. 참으로 간단하지만 무서운 논리이지 않은가!

틴들의 자연종교는 추가적인 종교를 필요로 하지 않기 때문에 그리스도교는 존재 이유를 상실한다. 틴들이 책의 제목을 '창조만큼이나 오래된 그리스도교'라고 붙인 것은 변질된 현실의 그리스도교의 존재 이유를 의심했기 때문이다. 창조 시에 만들어진 자연종교와 그리스도교가 동일하다면 완전한 자연종교에서 벗어난 불완전한 현실의 그리스도교는 본래의 그리스도교가 아니라는 비판이다.

틴들은 자연종교와 계시종교 사이에는 본질적으로 차이가 없다고 말한다. 자연종교는 무한히 지혜롭고 선한 존재가 가지고 있는 불변의 의지를 내적으로 계시하고, 계시종교는 그것을 외적으로 계시한다. 자연종교와 계시종교는 단지 전달 방법만 다를 뿐이다. 그런데 현실적으로 두 종교가 차이를 보이는 이유는 신부들이 본래의 계시종교에 인위적인 요소들을 덧붙였기 때문이다. '창조만큼이나 오래된 그리스도교'는 창조 때의 종교인 자연종교와 계시종교가 동일한 그리스도교라고 말하는 동시에, 현실의 그리스도교는 자연종교도, 계시종교도 아닌 미신에 지나지 않는다고 고발하는 것이다.

자연법도 그것을 만든 사람과 마찬가지로 절대적으로 완전하고 영원하고 불변적이다. 그리고 복음은 이 법에 무엇을 더하거나 제하는 것이 아니라, 그것에 가미되었던 미신의 짐으로부터 인간을 해방시키는 것이다. 따라서 진정한 그리스도교는 어제의 종교가 아니라 신이 창조 시에 명령한 것이다.[546]

완전한 신은 창조 시에 인간에게 완전한 자연종교를 부여하면서 인간이 자연종교를 완전하게 이해할 수 있는 수단을 주었는데, 그것이 바로 '이성'이다. 신은 인간을 이성을 가진 존재로 창조했다. 따라서 인간은 이성을 사용해야 한다. 틴들은 신이 인간을 심판한다면 이성을 얼마나 사용했는지 심판하는 것이라고 말한다.[547] 그러므로 성서는 이성의 심사를 받아야 한다. 틴들은 예수가 신이며 인간인 것을 이성은 이해하지 못한다며 삼위일체를 부정한다.[548] 인간의 이성이 이해할 수 없는 기적은 없으며, 나쁜 종교일수록 기적을 필요로 한다.[549] 자연종교는 완전한 신을 믿는 것이고, 이성으로 이해한 신의 완전함에 대한 지식으로부터 깨달은 의무를 이행하는 것이다. 신은 완전하기 때문에 부족함이 없고, 따라서 인간이 무엇을 해줄 것을 기대하지 않는다. 따라서 자연종교를 믿는 인간은 신이 아니라 인간의 이익과 행복을 증진시키도록 노력해야 한다. 내세의 구원을 위해 현세를 포기하는 것이 아니라, 현세의 행복을 증진시키는 것이 신의 창조 목적이다. 인간이 신에게 줄 것은 없으니 인간이 할 수 있는 것은 서로 사랑하는 것이다.[550]

허버트, 톨런드, 틴들이라는 세 명의 대표적인 이신론자를 통해 살펴보았듯이, 영국의 이신론은 신의 존재를 인정한다. 인간의 이성으로 이해할 수 있는 신이며, 이성을 초월하거나 이성에 어긋나는 신비나 계시 등은 거부된다. 현실적으로 존재하는 그리스도교는 자연종교, 즉 '진정한' 그리스도교가 변질된 미신에 불과하므로 역시 거부된다. 이신론의 신이 인간에게 요구하는 것은 선을 행하고 행복을 추구하는 일이다. 이신론은 종교의 형태를 띠고는 있으나 종교라기보다는 도덕에 가깝다.

허버트에게서 시작된 이신론 운동은 18세기 중반에 쇠퇴한다. 이 무렵에 나온 이신론 논리는 기존의 논리에 비해 새롭지 않았고 인상적이지도 못했을 뿐만 아니라 조지프 버틀러 주교 같은 호교론자들의 강력한 공격을 받았다. 결정적인 공격은 데이비드 흄이 퍼부었는데, 흄은 기적은 불가능하다고 회의주의적인 주장을 펼쳤으며 '이교도'를 자처했지만 이신론자는 아니었다. 《자연종교에 관한 대화》의 저자는 이신론자들의 자연종교론을 거부했다. 이신론자들은 보편적인 자연종교가 존재했으며 현재의 종교는 그것이 타락한 형태라고 주장하지만, 흄이 보기에 최초의 인간들은 보편적인 자연종교가 아니라 다신교를 믿었다. 영국에서 이신론 논쟁은 끝났다. 그러나 대륙에서는 상황이 달랐다.[551]

이신론의 확산

대륙의 이신론은 영국 이신론의 수입품이 아니었다. 영국의 이신론이 대륙으로 전해지기 전에 대륙에도 이신론적인 사상이 자라났다. 몽테뉴와 같은 16세기의 회의주의자, 피에르 뱅 같은 17세기의 회의주의자, 그리고 프랑스 자유사상가들은 반교권주의적인 이신론을 유포시켰다. 영국의 이신론자인 앤서니 콜린스의 《자유사상론》은 영국에서 출판된 바로 이듬해인 1714년에 프랑스어로 번역되었으며, 틴들의 《창조만큼 오래된 그리스도교》는 1741년에 독일어로 번역되었다. 틴들의 도덕주의는 피에르 뱅의 영향을 많이 받았다.[552]

이신론이 대륙에서 뿌리를 내릴 수 있었던 데는 영국에서 돌아온 볼테르의 공이 크다.[553] 1718년에 볼테르는 불관용에 대한 공격과 잔인한 신에 대한 반란을 담은 희곡을 썼다. 볼테르의 이신론은 칼뱅파에 종교의 자유를 부여한 앙리 4세를 찬양하는 서사시 《앙리아드》에서도 표현되었다. 볼테르는 영국의 이신론에서 불관용에 대항해서 싸우는 데 필요한 지식을 습득했다. 그 결과가 《철학서한》(1734)이다. 25편의 공개적인 편지 가운데 처음 일곱 편은 종교에 대한 것이다. 볼테르는 퀘이커교도들의 소박하고 내면적인 신앙 생활을 예찬하고, 영국성공회가 가톨릭보다 규칙적이라고 평가한 반면, 장로파는 지나치게 엄격하고 불관용적이라고 비판했다. 이 책은 공개적인 이신론 책자는 아니었지만, 불경하고 반란적인 책으로 몰려 불태워졌다.

1750년대에 볼테르는 프로이센 국왕 프리드리히 2세의 초청을 받아 독일로 갔고, 신, 관용, 박해, 광신 등을 주제로 《50인의 설교》, 《철학사전》 등을 썼다. 볼테르의 후년은 그리스도교 비판으로 가득하다. 유대교는 비열한 그리스도교의 비열한 모태로, 성서는 믿을 수 없고 허접한 이야기들의 편집물이고, 교회는 언제, 어디에서나 악하고 탐욕스러운 신부들로 가득하며, 기적은 바보들이 만들고 정치꾼들이 각색한 유치한 이야기다.[554] 참고로 《50인의 설교》에서 한 설교자는 다음과 같이 그리스도교를 비판하고 조롱한다.

예수와 그의 사도들의 존재에 대해 언급한 동시대의 역사가는 없다. 너희들은 거짓으로 거짓을 뒷받침하고 있음을 인정하라. 지배자의 정신, 광신 그리고 시간의 흐름이 이 건물을 세웠으나, 오늘날 그것은 사방에서 무너져 내리고 있음을 인정하라. 이성이 혐오함에도 오류가 지탱해주는 폐허. 300년 후, 그들은 예수를 신으로 인정받게 하는 데 성공했다. 이러한 불경에도 만족하지 못한 그들은 한술 더 떠 이 신을 빵 조각 속에 넣는 기이함을 연출했다. 쥐가 그들의 신을 먹고, 소화시키고, 배설한다. 그러나 그들은 인간의 명령에 의해 자기들의 성체에는 빵이 없다고, 신이 빵의 자리를 차지했다고 강변한다. 모든 미신들이 떼지어 교회로 밀려든다. 거기에서는 오로지 강탈뿐이다. 그들은 죄 사함을 판매한다. 그들은 성직록만큼이나 면벌부를 판매한다. 모든 것은 경매에 붙여진다.[555]

볼테르는 그리스도교를 부정하지만, 신의 존재마저 부정하지는 않았다. 그는 무신론자는 아니었고, 초기의 종교가 다신교였다는 흄의 회의주의에 맞서 이신론을 옹호했다.[556] 그는 자연종교를 믿었다. '최고 존재', '지성', '창조자'로 불릴 수 있는 신은 세상을 창조했고, 세상에 질서와 정의를 부여했다. 세상은 마치 시계처럼 정교하며, 수많은 부품들이 조화롭게 규칙적으로 움직인다. 인간이 완전한 신을 위해 할 일은 없다. 인간은 간명하고 이성적인 신의 법을 따름으로써 존경심을 표하면 된다.

계몽주의 사상가 가운데 예외적으로 감성이 중요한 행동 동기라고 주장한 루소는 어떠한가? 루소의 종교 사상은 《에밀》에서 사부아의 보좌 신부가 에밀에게 털어놓은 '신앙고백'에 드러난다. 사부아의 보좌 신부는 다음의 신조를 가지고 있다. "나는 어떤 의지가 우주를 움직이고 자연에 생명력을 불어넣는다고 믿는다. 이것이야말로 나의 제1신조. 움직이는 물질이 나에게 어떤 의지를 제시해준다면 어떤 법칙들에 따라 움직이는 물질은 나에게 어떤 지성을 제시해준다. 이것이 나의 제2신조다. 인간은 행동에서 자유로우며, 또 그러한 존재로서 비물질적인 실체로부터 생명을 받는다. 이것이 나의 제3신조다."[557] 제1신조는 물질은 스스로 움직이지 않고 '제1원인'(즉, 신)에 의해 움직인다는 것이고, 제2신조는 물질의 움직임에 규칙성과 법칙성을 부여한 '신'이 있다는 것이며, 제3신조는 유물론적인 결정론에 맞서 자유를 주장하는 것이다.

사부아의 보좌 신부, 즉 루소의 신조는 루소가 "돌바크의 패거리"라고 경멸했던 유물론자들과 무신론자들에 대항하여 제시한 것이다.[558] 루소는 유물론자들을 비판하는 가운데 호교론자인 새뮤얼 클라크를 지지하기도 하며 오해를 불러일으킨다.[559] 그러나 루소는 호교론자나 무신론자가 아니다. '이성'에 대한 생각을 살펴보면 그가 이신론자임이 분명히 나타난다.

신앙이란 이해력으로 확실하게 되고 확고해지는 것이다. 모든 종교들 중 가장 훌륭한 것은 가장 분명한 종교임이 틀림없다. 나에게 종교를 전도한다고 하면서 그것을 신비나 모순으로 채우는 사람은 바로 그로 인해 그 종교에 대한 불신을 가르친다. 내가 숭배하는 신은 결코 몽매한 암흑의 신이 아니며, 신이 나에게 이해력을 주었던 것은 내가 그것을 사용하지 못하게 하려고 그랬던 것이 결코 아니다. 나의 이성을 복종시키라고 말하는 것은 이성을 만든 분을 모독하는 일이다. 진리의 사자는 나의 이성을 짓밟지 않고 오히려 그것을 밝혀준다.[560]

루소는 "계시는 신에게 인간의 정념을 부여하면서 신의 품위를 떨어뜨리고 있을 뿐이다", "나는 신을 너무 믿어서 그에게 그다지 어울리지 않는 많은 기적들을 믿지 않는다", "자신이 만든 피조물들 중 최대 다수가 영원한 형벌을 받도록 정해놓은 신은 나의 이성이 알려주는 자비롭고 선한 신이 아니다", "복음서는 믿을 수 없는 것과 이성에 반하는 것, 그리고 분별 있는 사람이라면 누구나 생각할 수도, 받아들일 수도 없는 것들로 가득 차 있다" 등의 표현으로 계시종교를 비판하면서, 성서라는 "믿을 수 없는 것과 이성에 반하는 것으로" 가득한 책, "도무지 이해하지 못하는 책"을 덮고, "자연이라는 이 위대하고 숭고한 책 속에서 그 책을 만든 신성한 작가를 섬기고 숭배하는 법"을 배우라고 권한다.[561]

루소가 '감성주의자'라고 평가받는다고 해서 이신론자가 아니라고 생각하는 것은 오독이다. 그는 이성, 감성, 양심을 종교의 기준으로 제시했으며 그 가운데 이성을 가장 중요하게 여겼다.[562] 또 루소는 문명과 인공의 때가 묻지 않은 자연으로 돌아갈 것을 외친 자연주의자이므로 반이성주의자가 아닌가 하고 생각하는 것 역시 오독이다. 루소의 자연주의는 문명에서 자연으로의 복귀를 주장했지만, 종교적으로는 교회와 사제가 타락시킨 그리스도교에서 벗어나 원초적인 자연종교로 돌아가자는 외침이다.

독일의 이신론은 라이프니츠, 크리스티안 토마시우스, 크리스티안 볼프 같은 계몽주의 철학자들이 자비로운 신, 이성적인 우주, 관용의 필요성 등을 강조하는 분위기 속에서 성장했다. 대표자는 헤르만 사무엘 라이마루스(1694~1768)다. 그의 유고를 보고 감동받은 레싱은 일부를 발표했는데, 《안티 고에즈》(1778), 《현자 나탄》(1779), 《인류의 교육》(1780)이 바로 그것이다.

레싱은 루터파 목사의 아들로 태어나 신학을 공부했으나 곧 싫증을 느끼고 연극으로 전향했다. 당시 프리드리히 대제 치하에서 자유사상이 퍼져 있던 베를린에 거주하면서 볼테르, 라메트리 같은 프랑스의 계몽주의자들을 만났고, 피에르 벨의 저작을 접했다. 이 시기의 글에 종교는 도덕이라는 이야기가 나오는데, 피에르 밸의 영향이다. 레싱은 그리스도교는 합리적인 인간이 가질 수 있는 여러 종교 가운데 하나이며, 이슬람교가 그리스도교보다 훨씬 합리적인 종교라고 생각했다.[563] 그 후 그는 문학과 연극에 전념하다가 1770년대에 라이마루스의 글을 출판하면서 다시 종교로 돌아온다.

《안티 고에즈》의 대상인 고에즈는 엄격한 정통주의를 고수하는 루터파 목사다. 고에즈는 성서의 문장 하나하나가 모두 신적인 영감과 무오류성을 지닌다고 주장한다. 이에 대해 레싱은 그리스도교는 성서와 역사적 토대와는 무관하게 '내적인 진리'를 지니고 있다고 주장한다. 그리스도의 계시가 사실인지 아닌지 여부는 그리스도교의 진리성을 판별하는 기준이 아니라고 본 것이다.[564] 레싱에게는 내적인 진리가 중요했다. 성서, 기적, 예언 등은 모두 내적인 진리를 전달하는 수단일 뿐이며, 그리스도교가 박해받을 때는 그러한 수단이 필요했으나 이제는 필요하지 않다고 말한다. 레싱이 '내적인 진리'를 강조하는 것은 라이프니츠의 영향이다.[565] 레싱과 고에즈의 논쟁에 나타난 레싱의 사상은 다음과 같이 요약할 수 있다. 예수의 순수하고 단순한 가르침은 사제들에 의해 타락했고, 참된 그리스도교인은 사제들이 아니라 예수를 따르는 사람이며, 사제들이 이성을 비방하는 것은 잘못이다. 이성은 참된 신을 발견하는 유일한 수단이기 때문에 권장해야 하며, 신은 규칙적이고 완전한 자연질서를 만들었기 때문에 기적은 신의 작품을 혼란스럽게 하는 셈이다. 그러므로 계시는 불필요하다. 《구약성서》는 이해하기 어려운 이야기로 가득할 뿐, 인간에게 신의 진리를 계시하는 것으로 볼 수 없다. 게다가 그것은 영혼 불멸에 대해 아무 말도 하지 않는데, 영혼 불멸이야말로 모든 자연종교가 참된 것으로 인정하는 것이다. 복음서 또한 서로 모순되는 것이 많다. 예수는 오직 유대인들만 돌보는 유대인들의 지도자였으며, 예수의 계획은 그의 사후에 광적인 추종자들에 의해 몰라보게 확대되었다.[566]

당시 불관용적인 독일에서 이러한 사상이 무사할 수는 없었다. 당국이 고에즈와의 대화를 못하게 막자, 레싱은 연극으로 복귀했다. 그 결실이 바로 《현자 나탄》이다. 나탄은 부유한 유대인으로, 술탄 살라딘은 돈을 구할 목적으로 나탄을 궁으로 불러서 이슬람교, 그리스도교, 유대교 가운데 어떤 종교가 가장 좋은 종교인지 묻는다. 나탄은 반지의 우화를 이용하여 이 어려운 질문에 답한다. 아버지는 세 아들에게 똑같은 반지를 물려주었다. 그 가운데 하나는 진짜이고 두 개는 복제한 것이지만, 아버지가 죽었기 때문에 어떤 것이 진짜인지 판별하는 것은 불가능하다. 세 아들은 모두 자신이 진짜 반지를 가지고 있다고 주장한다. 세 아들의 호소를 들은 판관은 사랑과 참된 신앙을 통해 반지의 힘을 증명해야 한다고 판정한다. 그리스도교를 믿는다거나, 이슬람교를 믿는다거나, 유대교를 믿는다거나 하는 것은 중요하지 않다. 중요한 것은 도덕적으로 생활하고 인간으로서 사랑하는 것이다. 그럴 경우에 그의 반지가 진짜가 된다. 마찬가지로, 덕과 사랑을 실천하는 종교가 진정한 종교다. 이렇듯 《현자 나탄》에는 관용의 이상이 담겨 있다.[567]

《인류의 교육》은 레싱의 종교철학의 정점이자 핵심이다. 각각의 종교는 도덕적이고 종교적인 인식의 진보에서 나타나는 필연적인 단계이다. 레싱의 표현에 의하면, 섭리가 인류의 교육을 위해 선택한 수단이라는 것이다.[568] 모든 종교는 긍정적이고 유용하지만 최종적이거나 유일무이한 것은 아니다. 모든 종교는 상대적인 가치를 지니며, 그리스도교도 예외가 아니다. 《구약성서》는 《구약성서》대로 《신약성서》는 《신약성서》대로 가치를 지니고 있지만, 하나의 단계에 불과하다. 인류 발전의 최종 단계는 내세에서의 구원을 위해 선을 행하는 것이 아니라 선 그 자체를 위해 선을 행하는 것이다. 이러한 사상은 칸트의 윤리주의를 예고한다.[569]

피터 게이에 의하면, 토머스 페인은 마지막 이신론자다.[570] 《상식》으로 미국혁명을 지지한 페인은 얼마 후 프랑스혁명이 발발하자 프랑스혁명을 지지했으며, 혁명 정부에도 가담했다. 그러나 자코뱅이 루이 16세를 처형하는 것에 반대하여 사형선고를 받았는데, 자코뱅의 몰락으로 간신히 목숨을 건진 후 《이성의 시대》를 완성했다. 페인이 말하는 '이성의 시대'는 그리스도교 시대 이후다. 페인의 표현에 의하면, 중세 이래 교회와 국가는 "간통적인 관계"를 유지해왔기 때문에, 프랑스혁명으로 인한 국가의 붕괴에 뒤이어 교회가 붕괴되는 것은 불가피한 일이었다. 페인은 프랑스혁명으로 그리스도교가 파괴되는 것을 목격하면서 그 정당성을 설명하고, 그리스도교가 파괴되어도 "도덕, 인류애, 진정한 신학"은 사라지지 않을 것임을 증명하기 위해 이 책을 쓴 것이다.[571]

페인에 의하면, 그리스도교의 파괴는 당연하고 바람직하다. 이성의 눈으로 볼 때 그리스도교는 '상식'에 위배되는 것으로 가득하다. 페인은 그리스도교를 극렬하게 비판하고 조롱한다. 예컨대, 신이 인간의 형태로 내려와 십자가에 못 박혀 죽지 않고, 대신 사탄을 십자가에 못 박았다면 그리스도교는 덜 어리석었을 것이라고 말한다.[572] 그리스도교는 인간이 만든 종교들 가운데 가장 반신론적이고, 야만적이며, 비이성적이고, 모순적이다.[573] 《구약성서》는 외설과 잔인 그 자체다. 신

토머스 페인

아메리카 독립의 정당성을 주장한 《상식》으로 미국인들의 존경을 받았으나, 이신론을 주장하고
그리스도교를 비판한 《이성의 시대》로 미국인들의 비난을 받았다.

의 명령으로 씌어졌다는 그 책에는 "프랑스에서 로베스피에르, 카리에, 조제프 르 봉이, 동인도에서 영국 정부가 행한 것과 마찬가지로 충격적인 반인간적이고 비도덕적인 것들"이 가득하다. 모세, 여호수아, 사무엘 등은 사기꾼이며 괴물이다. 《신약성서》에 나오는 마리아의 잉태 이야기는 외설적이며, 제우스의 행각과 다르지 않다. 《신약성서》에 가득한 기적 이야기는 교회가 꾸며낸 이야기에 불과하다. 페인은 다시 프랑스혁명을 예로 들면서 교회를 조롱한다.

혁명이 일어난 이후 교회는 성인들의 도움으로 단 하나의 기적도 일으킬수 없었다. 교회가 지금처럼 기적을 필요로 한 때가 없었기 때문에, 우리는예언의 도움 없이도 교회의 이전의 모든 기적들은 사기요, 거짓이라고 결론 내릴 수 있다.[574]

성서는 신의 말씀이나 계시가 아니라 교회가 인간을 지배하기 위해서 꾸며낸 것이며, 교회는 사람들을 지배하기 위해 신비, 기적, 예언 등을 만들어냈다. 그리스도교가 지배권을 장악한 것은 흔히 말하듯이 기적의 힘이 아니라 폭력에 의해서다.[575] 따라서 인간이 만든 것이 아니라 신이 만든 것, 인간이 쓴 성서가 아니라 신이 만든 자연, 계시종교가 아니라 자연종교로 돌아가야 한다. 무신론적이고 이교적인 그리스도교가 아니라 진정한 종교인 자연종교로 돌아가야 한다. 《이성의 시대》의 '결론'은 이신론 선언이라고 할 만하다.

인간이 만들지 않은 유일한 종교, 그리고 신적인 기원의 증거를 내포하고있는 유일한 종교는 순수하고 단순한 이신교다. 그것은 인간이 믿은 최초

의 종교일 것이며 아마도 마지막 종교일 것이다.[576]

페인이 프랑스혁명의 그리스도교 파괴를 통해 부활할 것으로 기대했던 "진정한 신학"은 이신론이었다. 페인의 극단적인 그리스도교 비판은 미국 사회에서 수용될 수 없었다. 페인은 1802년 프랑스에서 미국으로 돌아가 1809년에 사망했는데, 여섯 명만이 그의 장례식에 참석했다. 미국 사회는 그의 그리스도교 비판과 조롱에 대해 거부반응을 보였던 것이다.

이신론과 혁명

피터 게이는 1690년에서 1740년까지의 전개된 영국 이신론 논쟁을 소개하면서, 이신론이 패배했다고 결론을 내렸다.[577] 영국 내에서의 논쟁은 그러할지 모른다. 그러나 이신론은 대륙으로 확산되었으며, 미국혁명과 프랑스혁명에 기여했다. 미국의 독립선언서에는 예수, 모세, 성서에 대한 언급이 없다. 대신 '자연의 법', '자연의 신의 법' 등과 같은 이신론적인 용어들이 계시종교의 용어들을 대체하고 있다.

프랑스혁명에서는 가톨릭교회가 철저히 파괴되었다. 교회의 재산은 몰수되었고, 수도원은 폐쇄되었으며, 성직자들은 '성직자민사기본법'에 의해 나라의 봉급을 받는 공무원이 되었다. '성직자민사기본법'에 선서하지 않은 신부들은 반혁명 용의자로 의심받았으며, 학살과 공포정치에 희생되었다.

이신론은 프랑스혁명 초부터 등장한다. 1789년 8월 26일, 프랑스 제헌국민의회는 "최고 존재의 호의 아래" "인간과 시민의 권리들"을 선언했다. 여기에서 '최고 존재'는 이신론의 신이다. 혁명은 '최고 존재'라는 신적 존재를 설정함으로써 종교로부터 이탈하지 않으리라고 선언했지만, 실제로 프랑스혁명은 탈그리스도교적인 무신론 운동으로 치달았다. 교회의 종은 국가 방위를 위해 대포로 주조되었고, 성상이 있던 자리에는 혁명 순교자들의 초상이 들어섰다. 공화국 수립 이후 채택된 혁명력은 일상생활을 탈그리스도교화하려는 혁명적인 조치였다. 1793년 11월 10일, 노트르담 성당에서는 자유의 축제가 거행되었다. 노트르담 성당은 이성의 신전으로 변했고, 파리 코뮌은 모든 교회의 폐쇄를 승인했다. 이성 숭배가 가톨릭 예배를 대신했다.

이렇게 무신론적인 탈그리스도교 운동이 격화되는 가운데 '최고 존재' 숭배가 등장했다. 혁명력 2년 화월 18일(1794년 5월 7일), 국민공회는 "프랑스 인민은 최고 존재와 영혼 불멸을 인정한다"고 규정했고, 혁명력 2년 목월 20일(1794년 6월 8일), 국민공회 의장인 로베스피에르는 '최고 존재와 자연의 축제'를 주재했다. 고세크와 메월이 작곡한 장중한 음악이 연주되는 가운데, 다비드가 기획한 장엄한 행진이 튈르리 궁의 국민공원에서 샹드마르스 광장까지 이어졌다. '사제'인 로베스피에르는 이신론자인 루소의 제자였다. 그는 엘베시우스 같은 철학자들의 무신론적인 유물론을 혐오하여, 자코뱅 클럽에 걸려 있던 그의 흉상을 파괴하도록 했다. 그는 종교가 공공도덕과 공민적 덕성을 고양시키는 데 필요하다는 것을 알고 있었다.[578]

로베스피에르와 프랑스혁명의 몰락을 이신론의 몰락으로 볼 수 있을까? 프랑스혁명기의 '공포정치'가 이성주의에 대한 회의를 낳기는 했으나, 그렇다고 해서 프랑스혁명 이후 계시종교가 복귀한 것은 아

'이성理性'의 신전으로 바뀐 파리의 노트르담 성당.

제단 위에는 "철학을 위하여"라고 쓰여 있다. "빛과 이성과 철학"의 계몽주의는 계시와 신비주의의 그리스도교와 양립하기 어려웠는데, 그것의 가장 극단적인 사례는 프랑스혁명기에 일어난 "탈그리스도교" 운동일 것이다. 많은 그리스도교 신전이 이성의 신전으로 바뀌었다.

니다. 19세기에 철저하게 진행된 반교권주의, 세속화 등은 이신론이 확산, 심화된 것이다.

이신론과 무신론

이신론자들은 계시종교에 반대하며, 이성으로 이해할 수 있는 신의 존재를 인정한다. 이신론은 원초적인 자연종교의 존재를 가정하고, 인간이 이성적으로 이해할 수 없는 신비의 계시는 모두 자연종교를 타락시키는 미신으로 간주한다. 자연종교가 진정한 종교이며, 자연종교의 가르침은 도그마에 대한 무조건적인 믿음이 아니라 덕과 사랑의 실천이다. 이신론자들은 '관용'을 강조한다. 이신론자들은 광교파 latitudinarian보다 더 철저하게 관용을 요구했다. 광교파는 구원을 받기 위해서는 그리스도의 계시를 믿는 것이 필요하다고 보았으나, 이신론자들은 도덕을 실천하는 정도로도 충분하다고 여겼다.[579]

이신론은 계시종교에 반대했지만 신의 존재를 부정하지는 않았다. 바로 이 점에서 그들은 무신론자들과 불편한 관계를 유지했다. 프랑스혁명기에 나타난 '이성 숭배'와 '최고 존재 숭배'의 대립이 눈에 띄는 예다. 이신론자들 가운데에는 무신론자들을 불관용한 사람들이 많았다. 로크는 관용론의 '성인'이었지만 가톨릭과 무신론자들은 관용에서 제외했다. 톨런드는 《미신을 믿지 않는 인간》(1709)에서, "무신론자들은 형벌의 두려움이나 보상의 희망 등, 양심적으로 자신들의 생각을 말하도록 하는 것이 없기 때문에 관용을 희망할 수 없다"고 로크처럼 말했다.[580] 볼테르와 루소도 무신론에 대해 부정적이었다. 볼테르는 무신론이 "믿음을 위해 주저 없이 사람을 살육하는 맹신자보다 훨씬 불길한 재앙이 될 것"이라며 무신론보다 유신론을 지지했고,[581] 루소는 광신이 무신론보다 해로운 것은 사실이지만 무신론은 선에 대한 무관심 때문에 선을 행하지 못한다며 유신론을 지지했다.[582]

이신론자들이 무신론자들을 관용하지 않은 것은 도덕이 종교에서 비롯된다는 전통적인 사상을 지녔기 때문이다. 현세의 삶에 대한 내세의 상벌이 없다면 도덕적인 삶이 불가능하다는 것이 유신론자들의 주장이었고, 이 점에서는 이신론자도 유신론자와 다르지 않았다. 그러므로 17세기의 회의주의자인 피에르 밸은 관용의 역사에서 극점에 선다. 무신론자들도 충분히 도덕적일 수 있다는 단순해 보이는 그의 사상은 시대를 앞선 것이었다.

15

몽테스키외·
볼테르·루소

몽테스키외의 풍토론

몽테스키외Montesquieu(1689~1755)는 법복귀족인 스콩다 가문에서 샤를 루이 드 스콩다라는 이름으로 태어났다. 부모는 영세 대부로 걸인을 세웠는데, 빈민들이 그의 형제임을 기억하게 하기 위해서였다. 파리 근교에 있는 오라토리오 수도원 학교에서 고전문학을 공부했고, 고향 보르도로 돌아와 법학을 공부한 후, 1704년에 보르도 고등법원 법관이 되었다. 1706년에 백부인 몽테스키외의 뒤를 이어 보르도 고등법원장이 되면서 백부의 이름을 따서 라 브레드 남작 샤를 루이 드 스콩다 드 몽테스키외가 되었다.

몽테스키외는 가톨릭 신앙을 가지고 있었지만, 칼뱅파인 잔 드 라르티크와 결혼하면서 칼뱅파와 인연을 맺었다. 장인은 프랑스 육군 대령이었으며, 군인 최고의 영예인 성 루이 기사단 단원이었다. 낭트칙령의 폐기에도 불구하고, 부인은 결혼할 때 가톨릭으로 개종할 것을

몽테스키외Montesquieu(1689~1755)

몽테스키외는 영국의 로크를 존경했고 뉴턴 물리학의 영향을 받았다. 그는 신은 물질세계를 움직이는 법칙을 만들어 물질세계를 규칙적으로 움직이지만, 인간사에는 자의적으로 개입하지 않는다고 생각했다. 인간은 자유의지를 가지고 있으며, 자유의지를 통해 지성을 증진시킨다는 것이다. 몽테스키외의 사상은 바로 동시대 이신론자들의 사상이었다.

강요당하지 않았고, 1768년에 사망할 때까지 별다른 차별을 받지 않고 종교를 유지했다.[583] 몽테스키외는 자연스럽게 프랑스 칼뱅파들과 접촉했는데, 그 가운데에는 1758년부터 디드로와 함께 《백과전서》의 편집을 맡은 조쿠르가 있다. 몽테스키외는 1728년부터 1731년까지 이탈리아, 독일, 헝가리, 네덜란드, 영국 등을 여행하면서 저명한 칼뱅파 사상가들과 많이 만났다. 또한 스페인에서 추방되어 보르도 지역에 정착한 유대인들의 후손들과도 접촉하면서, 개방적이고 관용적인 정신을 키워나갔다. 그의 대표작인 《페르시아인의 편지》와 《법의 정신》은 암스테르담과 제네바로 망명 간 칼뱅파에 의해 출판되었다.

몽테스키외는 보르도 고등법원장이 되던 해에 보르도 아카데미에 들어갔는데, 입회 연설에서 고대 로마의 관용적인 종교 정책을 예로 들며, 종교를 신학이 아니라 공리적인 관점에서 판단해야 한다는 생각을 피력했다. 이러한 생각은 그 후 그의 삶을 관통하는 사상이 된다. 몽테스키외를 대중적으로 유명하게 만든 작품은 1721년에 익명으로 출판한 《페르시아인의 편지》다. 페르시아인 여행가인 리카와 우스벡은 서구 문명이 국왕과 교황이라는 두 명의 '마술사'에 의해 지배되는 것을 보고 놀란다.

국왕에 대해서 내가 지금 말한 것에 자네가 놀라서는 안 되네. 국왕보다 더욱 강력하고 국왕이 국민의 마음을 지배하고 있는 것처럼 국왕의 마음을 지배하고 있는 또 한 명의 마술사가 있단 말이네. 그 마술사는 교황이라고 해서, 셋은 하나에 지나지 않고 사람이 먹는 빵은 빵이 아니며 사람이 마시는 포도주는 포도주가 아니라는 둥, 그 밖에도 여러 가지 일을 국왕에게 믿게 하고 있다네.[584]

두 페르시아인은 인류가 절대자에게 바쳐야 할 최선의 숭배 형태는 시민적 덕성의 실천이라고 생각했다. 그들은 그리스도교 세계가 신학 논쟁에 의해 양분된 것을 보고 크게 놀랐다. 그러면서도, 유럽인들이 신학 논쟁에 대한 열정을 잃어버리는 것을 보았다. 반유대주의는 스페인 사람들에게 호소력을 상실했고, 프랑스인들은 칼뱅파를 박해할 필요성에 대해 회의하는 것 같았다. 우스벡은 회고하기를, 슐레이만의 신하 가운데 아르메니아 그리스도교인들을 강제로 개종시켜야 한다고 주장하는 사람들이 있었지만, 슐레이만은 그럴 경우 아르메니아인들이 적대국인 인도와 몽골로 망명을 떠날 것이며 그들과 함께 엄청난 기술과 부가 유출되리라는 이유로 그 제안을 거부했다. 만일 슐레이만이 종교적 열정만으로 국가 정책을 결정했다면 페르시아의 영광에 큰 상처를 입혔을 것이다. 우스벡의 회고를 읽은 프랑스의 독자들은 루이 14세가 슐레이만의 지혜를 지니지 못했음을 유감스러워하지 않았을까?

슐레이만의 통찰력을 찬양한 후, 우스벡은, 즉 몽테스키외는 하나의 종교로 통일하는 것보다는 종교적 다양성을 허용하는 편이 국가 이익에 부합한다고 생각한다. 만일 한 국가 내에 여러 종교가 허용된다면 분쟁보다는 선의의 경쟁이 벌어질 것이며, 하나의 종교가 독점할 때 발생하기 쉬운 정신적 경화증을 예방할 수 있을 것이다. 종교적 관용이 주어졌다고 해서 시민적 평등이 주어지는 것은 아니다. 종교적 소수자들은 공직 진출 등에 제한을 받기 때문에 대신 경제적인 부를 축적함으로써 존재 가치를 높이게 되고 국가의 경제 발전에 기여하게 된다. 관용은 이렇게 경제적으로도 유용하다. 또한 정치적으로도 안전할 텐데, 세상의 모든 종교는 국가권력에 대한 복종을 명하기 때문이다. 몽테스키외에 의하면, 유럽을 황폐화시킨 종교전쟁은 관용의 산물이 아니라 불관용의 산물이다.[585]

몽테스키외의 종교 사상은 유럽 각국을 여행하면서 다듬어진다. 이탈리아에서는 수많은 예술작품을 보고 가톨릭에 대한 애착심을 강하게 느꼈고, 독일에서는 1648년 베스트팔렌 평화조약 이후 가톨릭의 영향력이 약화되었으며, 프랑스는 독일, 네덜란드, 영국 같은 일종의 '프로테스탄트 인터내셔널'의 위협을 받고 있다고 느낀 반면, 영국에서는 전통적인 그리스도교 신앙심이 사라진 것에 충격을 받았다. "나는 프랑스에서는 지나치게 비종교적인 사람으로 여겨졌으나, 영국에서는 정반대다. 이곳에서는 종교에 대해 이야기하면 사람들이 웃기 시작한다."[586] 몽테스키외는 런던에서 만난 프랑스 망명자들이 공화주의적인 사상을 지니고 있는 것을 보고 걱정했다.[587]

몽테스키외가 여행 중에 받은 인상은 1748년에 출판한 《법의 정신》에서 표현되었다. 이 방대한 책은 인간의 삶의 다양성과 법의 다양성을 설명한다. 몽테스키외에 의하면, 진정한 철학자는 다름을 참과 거짓으로 이해하지 않고 다양성으로 이해한다.[588] 몽테스키외에게 "법은 사물의 성질에서 생기는 필연적인 관계"로서, 신의 의지로 인해 생기는 것이 아니라, 책의 부제가 밝히고 있듯이 "정체政體, 풍습, 기후, 종교, 상업 등의 구성과 맺는 관계"에서 생겨난다. 몽테스키외는 먼저 정부 형태의 원리(공화정에서는 미덕, 군주정에서는 명예, 전제정에서는 공포)와 관련해서 법의 다양한 모습을 살펴본다. 몽테스키외의 유명한 '풍토론'은 정체와 법을 비롯해 모든 것이 풍토에 따라 달라진다는 사실을 설명하는 사회학적 이론이다. 풍토론에 의하면, 나라나 지역마다 어울리는 종교가 있는 셈이다. 몽테스키외는 북유럽에는 프로테스

탄티즘이 적합하고 남유럽에는 가톨릭이 적합하며, 프로테스탄티즘
은 공화주의와 어울리고 가톨릭은 군주정과 어울린다고 주장한다.

> 프로테스탄트 신앙이 자리 잡은 나라에서는 정치적인 차원에서 혁명이 발
> 생한다. …… 칼뱅은 이미 공화정 체제에서 살고 있던 사람들이나 군주정
> 체제에서 살고 있던 미천한 부르주아들을 거느리고 영예와 존엄성을 쉽게
> 파괴할 수 있었다.[589]

이 책에서 종교가 차지하는 비중은 크지 않다. 그러나 몽테스키외
가 지니고 있는 프로테스탄티즘에 대한 해묵은 편견은 프랑스 칼뱅파
를 자극했고 실망시켰다. 그렇다고 프랑스의 가톨릭교회를 만족시킨
것도 아니었다. 몽테스키외는 이신론 내지 무신론적인 사상을 담고
있다는 비판에 시달렸다.[590]

몽테스키외는 프랑스에는 가톨릭이 적합하다고 생각했다. 그렇다
고 해서 루이 14세처럼 프랑스 내에 살고 있는 칼뱅파를 강제로 개종
시킨다거나 추방하는 것을 지지하지는 않았다. 몽테스키외는 25장 9
절 "종교적 관용에 대하여"에서, 기존의 종교로 만족하는 나라는 새
로운 종교를 거부할 수 있지만 새로운 종교가 들어와 자리를 잡았을
때에는 관용해야 한다고 말한다. 이제는 기정사실이 된 칼뱅파를 관
용해야 한다는 주장인 셈이다.[591]

몽테스키외는 군주가 폭력적인 방법으로 종교에 개입하는 일에 반
대한다. 성바르텔르미 축일의 학살 사건이나 낭트칙령의 폐기 같은
사건은 종교를 구실로 벌어진 정치적인 범죄다. 종교는 신과 개인 간
의 문제이며, 군주가 개입할 사안이 아니다. 복수하더라도 당사자인

신이 할 것이며, 신은 적절한 수단과 시간을 잘 알고 있다. 군주가 신을 대신해서 복수하는 것은 신성모독이다. 신의 일은 신에게 맡겨야 한다.[592] 몽테스키외는 플라톤을 빌려 자신의 종교 사상을 요약한다.

> 플라톤은 말했다. "신의 존재를 부인하는 자, 또는 신의 존재는 인정하나 신은 세상에 관여하지 않는다고 주장하는 자, 마지막으로 신은 희생을 바치면 쉽게 위안을 받는다고 생각하는 자는 신에 대해 불경건한 자들이다. 이 세 의견은 모두 해로운 의견이다." 플라톤의 말은 자연의 빛이 종교에 관해 한 이야기 가운데 가장 합리적인 이야기다.[593]

참여 지식인 볼테르

몽테스키외의 관용 사상은 학술적이며 추상적인 수준에 머무른 반면, 볼테르의 관용 사상은 전투적인 반교권주의였다. 볼테르는 참여 지식인이었으며 시민운동가였다. 계몽주의의 상징이자 '철학자당'의 지도자로서 그의 이름은 "파렴치함을 타도하자!"라는 유명한 구호 아래 전개한 종교적 광신에 대한 전투, 진보와 관용을 위한 전투에 깊이 새겨져 있다.

프랑수아 마리 아루에, 일명 볼테르는 1694년에 파리에서 태어나 1778년에 사망했다. 아루에 집안은 17세기 초에 푸아투에서 파리로 올라와 직물업으로 돈을 모았다. 사업으로 돈을 번 사람들은 귀족으로의 신분상승을 꿈꿨다. 볼테르의 아버지는 법복귀족으로 나아가기 위해 샤틀레의 공증인직을 사들였으며, 형사재판소 서기의 딸과 결혼했다. 다섯 명의 자녀 중 셋만 살아남았는데, 볼테르는 막내였다. 아버지는 아들의 출세를 위해 명문 루이 르 그랑 콜레주에 진학시켰으나, 아들은 아버지가 기대했던 법관이 아니라 문인이 되겠다고 선언하여 아버지를 실망시켰다. 문학적 재능이 뛰어났던 볼테르는 상류사회의 유력자들, 자유사상가들과 교제했다. 그들 가운데에는 섭정에 반대하는 인사들이 많았다. 볼테르는 섭정을 조롱하는 시를 발표했다가 1717년에 바스티유 감옥에 투옥되어 11개월 동안 옥살이를 했다.

그가 볼테르라는 이름을 처음 사용한 것은 1718년에 발표한 《오이디푸스의 비극》에서였다. 1723년에는 낭트칙령을 공포한 앙리 4세를 광신의 적인 이상적인 군주로 찬양한 《앙리아드》로 큰 성공을 거두었다. 그러나 1726년 명문귀족인 로앙에게 모욕적으로 폭행당하고도 구속되는 굴욕을 당했다. 볼테르는 망명을 떠난다는 조건으로 풀려났다. 씻을 수 없는 치욕이었다.

볼테르는 영국에서 망명 생활을 하면서 영국 사회의 자유로움과 정치적, 종교적 다원주의에 깊은 인상을 받았다. 프랑스에서는 봉인장, 즉 국왕의 명령만으로 인신 구속이 이루어지는 데 반해, 영국에서는 판사의 영장이 없으면 구속되지 않았다. 그는 영국에서 철학자, 의사, 수학자, 작가, 박물학자 등 많은 사람들을 만났고, 이때 관찰하고 체험한 것을 토대로 《철학서한》을 썼다. 1728년, 볼테르는 파리에서 떨어져 산다는 조건으로 귀국이 허용되었다. 볼테르는 시레 성에서 에밀리 뒤 샤틀레와 함께 살았으며, 조카인 마리 루이즈 드니와도 연애했다. 뉴턴을 번역한 에밀리가 죽은 후에는 아예 마리 루이즈 드니와 함께 살았다.

1750년, 볼테르는 프로이센의 프리드리히 2세에게 초청을 받아 베를린으로 갔으나, 계몽 절대군주와의 교류는 3년 만에 끝났다. 1758년 볼테르는 제네바와 프랑스의 국경에 위치한 페르네에 영지를 구입하여 그곳을 계몽주의의 순례지로 변모시켰다. 40여 명의 시골 사람들이 살던 외딴 마을은 1,000여 명이 북적거리는 부유한 도시로 바뀌었다.

1778년, 볼테르는 파리 시민의 환호를 받으며 파리로 돌아왔고, 프리메이슨에 가입한 후 그해에 사망했다. 죽기 직전에 비서에게 보낸 편지에서, "나는 신을 숭배하면서, 내 친구들을 사랑하면서, 내 적을 미워하지 않으면서, 미신을 증오하면서 죽는다"고 말했다. 죽는 순간까지 "파렴치함을 타도하라"는 구호를 외친 것이다. 그의 유해는 셀리에르 수도원에 묻혔다가, 프랑스혁명이 한창이던 1791년에 팡테옹에 안장되었다. 프랑스혁명의 성인으로 인정받은 것이다.

볼테르가 영국 체류 중에 느꼈듯이, 프랑스는 종교적인 억압이 심한 나라였다. 1685년에 루이 14세가 칼뱅파에게 가톨릭으로 강제 개종할 것을 명한 퐁텐블로칙령 때문이었다. 프랑스의 지식인들은 이 시대착오적인 칙령의 야만성을 비판했지만, 칼뱅파에 대한 전통적인 편견에서 자유롭지는 못했다. 몽테스키외도 그러했고, 볼테르도 그러했다. 볼테르는 칼뱅파에 대해 상대적으로 무관심했을 뿐만 아니라, 광신적인 칼뱅파인 카미자르가 군주에 저항한 것을 용서하지 않았다.[594] 이렇듯 볼테르는 가톨릭뿐만 아니라 칼뱅파에 대해서도 반감을 가지고 있었다. 그는 도그마적이고 불관용적인 종교를 모두 거부했던 것이다.

볼테르의 관용 사상은 초기 저작인 《앙리아드》에서부터 분명히 나타난다. 볼테르가 이 서사시를 쓰는 데 영감을 준 사람은 정치파(폴리

프리드리히 2세의 상수시궁전에서 대화하는 볼테르(왼쪽 세 번째 사람).

상수시는 '근심걱정 없는' 이란 뜻이다. 상수시궁전은 프리드리히 2세가 바로크양식의 베르사유 궁전에 대항하여 지은 로코코양식의 대표적인 건물이다.

티크)에 속했던 프랑수아 드 메즈레였다. 그는 군주가 가톨릭과 프로테스탄트로부터 벗어나 권위를 회복할 것을 주장했던 사람이다. 메즈레와 볼테르에게, 앙리 4세가 가톨릭으로 개종한 것은 국민 다수의 종교로 개종함으로써 시민적 평화를 재확립하고 국가를 종교적, 사회적 분열로부터 구해낸 위대한 행위였다.[595] 《앙리아드》는 1768년 16판이 나올 때까지 계몽주의의 진정한 베스트셀러였다. 콩도르세는 이 서사시가 "관용, 사랑, 휴머니즘"의 메시지를 전달했다고 경의를 표했다.[596]

볼테르는 영국의 자유주의에 대해 받은 강한 인상을 1733년의 《철학서한》에서 다음과 같이 표현했다. "만일 영국에 하나의 종교가 있다면 독재의 위협이 될 것이다. 만일 두 개의 종교가 있다면 그 둘은 맹렬히 싸울 것이다. 그러나 30여 개가 있다면 그것들은 평화와 조화 속에 공존할 것이다." 이 책은 구체제에 대한 첫 번째 폭탄이었다.[597] 파리고등법원은 이 책을 반종교적이라고 단죄하고 공개적으로 불태워버렸다. 볼테르는 당국의 위협에도 굴하지 않고 관용을 위한 투쟁을 계속했다. 1732년 에밀리 샤틀레에게 보낸 〈광신에 대한 송시〉에서, 광신은 무신론보다 시민적 평화를 위협한다고 썼다. 1734~1737년에 작성한 《인간론》에서는 이신론적 믿음과 관용 사상을 분명히 제시했으며, 1734년에 기술한 《형이상학론》에서는 '최고 존재'에 대한 믿음과 관용에 대한 믿음을 다시금 천명했다.

'파렴치함'을 타도하려는 볼테르의 투쟁이 아이러니와 풍자와 조롱으로만 이루어지지는 않았다. 볼테르의 위대함은 현실의 불관용을 바로잡으려고 행동한 참여 지식인의 모습에서 찾을 수 있다. 가장 유명한 사건은 칼라스Calas 사건이다. 칼라스 가족은 툴루즈에 살고 있었다. 당시 툴루즈의 인구는 약 5만 명이었고 이 가운데 칼라스와 같은 칼뱅파는 300명 정도였다. 가톨릭과 칼뱅파의 관계는 좋았다. 그러나 1759~1762년 프로테스탄트 국가인 영국, 프로이센과의 전쟁이 일어나면서 분위기가 반전되었다. 1761년 10월 13일, 아들 마르크 앙투안이 집에서 목 매달아 죽은 채로 발견되었다. 가족들은 자살자에게 가해지는 불명예를 피하기 위해 그의 시신을 바닥에 내려놓았다. 그런데 이것이 살인의 의혹을 불러일으켰다. 이웃 사람들은 죽은 아들이 가톨릭으로 개종하려 했다고 증언했다. 가톨릭으로 개종하려는 것을 막기 위해 아들을 살해했다는 것이다. 툴루즈 시민들은 죽은 아들은 순교자이고 아버지는 이단자라며 흥분했다. 재판관은 아들이 가톨릭으로 개종하는 것을 막기 위해 살해했다는 심증을 굳히고, 장 칼라스를 고문한 후, 피고의 무죄 주장에도 불구하고 사형을 선고했다. 1762년 3월 10일, 장 칼라스는 차형車刑에 처해졌다.

추방령을 선고받은 장 칼라스의 아들인 피에르가 제네바로 와서 볼테르에게 억울함을 호소했다. 볼테르는 처음에는 장 칼라스의 처형이 그럴 만하다고 생각했다. 카미자르 사건 때의 광신적인 칼뱅파가 기억났기 때문이다. 그러나 피에르의 설명을 듣고 무죄를 확신한 후, 행동에 나섰다. 그는 사건의 재조사를 촉구하기 위해 동료들과 함께 압력 단체를 구성했으며, 1763년에는 《관용론》을 출판하여 여론에 호소했다. 1765년, 볼테르는 칼라스가 무죄라는 판결을 얻어냈다.

칼라스의 복권은 미신과 광신에 대한 이성의 승리였다. 볼테르는 1765년 베르트랑에게 보낸 편지에서 진정한 종교의 자유를 획득할 수 있는 방법으로 종교와 정치의 분리를 제시했다.

사람들은 아직 충분히 성숙하지 않았습니다. 그들은 모든 형태의 종교를 모든 형태의 정부로부터 분리시키고, 종교는 음식의 선택이 그러하듯이 정치적인 문제가 되어서는 안 된다는 점을 알지 못하고 있습니다. 각자의 방식대로 신을 숭배하는 것이 허용되어야 합니다. 각자의 입맛에 따라 먹는 것이 허용되어야 하듯이 말입니다.[598]

볼테르는 《관용론》에서 불관용과 박해의 사례를 역사적으로 폭넓게 제시하면서, 불관용의 대표적인 사례인 성바르텔르미 축일의 학살 사건에 대해 다음과 같이 분노했다.

아홉 번의 내전이 프랑스를 살육으로 뒤덮었다. 그사이 한동안의 평화는 전란보다도 더 큰 재앙을 불러왔는데, 그것이 성바르텔르미 축일의 대학살이었다. 이것은 인간이 저지른 죄악의 연대기 속에서 결코 그 유례를 찾아볼 수 없는 사건이었다. 가톨릭 동맹은 앙리 3세를 암살한 데 이어 앙리 4세를 암살했다. 앞서는 도미니코회 수도사의 손을 빌려, 그리고 다음에는 푀양파의 일원인 한 불한당의 손을 빌려 행한 일이었다. 어떤 이들은 자비나 관용, 신앙의 자유란 가증스러운 것이라고 주장한다. 그러나 진정으로 반문하건데, 자비나 관용, 신앙의 자유가 그러한 재앙을 초래한 적이 과연 있었던가?[599]

루이 14세가 1685년에 낭트칙령을 폐기하면서 그 신학적 근거로 제시한 《누가복음》 14장의 "억지로라도 데려와라"에 대해서도, 볼테르는 피에르 벨과 마찬가지의 논리로 비판한다.

'억지로라도 데려와라'라는 말은 가장 명성 높은 성서 주석가들의 설명에 따르면, 부탁하고, 간청하고, 재촉하고, 승낙을 받으라는 뜻이다. 대체 이러한 간청과 만찬이 박해라는 주제와 어떻게 관련이 있다는 것인가?[600]

볼테르가 이렇게 종교적 폭력을 비판하고 있을 무렵, 랑그도크 지방의 작은 도시 마자메에서 또다시 사건이 일어났다. 칼뱅파인 피에르 폴 시르벵에게는 딸이 셋 있었는데, 1760년 둘째 딸 엘리자베트가 사라졌다. 얼마 후, 카스트르의 주교는 엘리자베트가 가톨릭 신앙 교육을 원했으며 현재 수녀원에 있다고 부모에게 알렸다. 부모는 항의를 한들 소용없을 것으로 생각했다. 그러나 딸이 정신질환자이며 수녀원에서 정신적 스트레스를 겪고 있다는 사실을 안 주교는 그녀를 부모에게 돌려보냈다. 집에 돌아온 엘리자베트는 여전히 정신적으로 불안해했다. 부모는 그녀가 미사에 참석하는 것을 막지 않았지만 그녀의 행동에 신경을 많이 썼다. 그러다가, 1760년 12월에 엘리자베트가 사라졌고, 이듬해 초 시신이 우물 속에서 발견되었다. 그러자 수녀들은 가족들이 엘리자베트가 가톨릭으로 개종하는 것을 막기 위해 학대했다며 고발했다. 가족은 로잔으로 도망쳤다. 궐석재판으로 부모는 교수형을, 두 자매는 추방을 선고받았다.

볼테르는 이 사건에 대해 들었을 때 이 사건이 칼라스 사건에 나쁜 영향을 미치지 않을까 우려했다. 그러나 그가 보기에 시르벵 가족이 딸을 죽였다는 증거가 전혀 없었다. 판결을 뒤집으려는 노력은 엘리드 보몽이 볼테르와 그의 친구 다밀라빌, 변호사인 장 밥티스트 기 타르제의 도움으로 국왕참사회에 보내는 적요서를 작성하면서 시작되었다. 2년 후, 국왕 참사회는 시르벵 사건 같은 법정모독죄의 경우에는 개입할 수 없다고 결정했다. 이에 따라 시르벵은 툴루즈로 돌아가지 않으면 안 되었다. 볼테르는 칼라스 사건 이후 툴루즈가 계몽주의의 요새로 변했다며 시르벵을 안심시켰다. 사실 볼테르의 말대로 툴루즈는 변해 있었다. 툴루즈의 법관들은 시르벵의 재심 청구건은 원래의 판결을 내렸던 마자메에서 열려야 한다고 결정했다. 시르벵은 마자메에 출두하여, 체포되고, 구금되고, 심문받고, 법정모독죄로 벌금을 물은 다음, 1769년 11월 16일에 석방되었다. 결국 1771년 11월 25일, 툴루즈 고등법원은 무죄를 선고했다. 이듬해 초, 시르벵 가족은 페르네에 가서 승리를 축하했다.

존속살해 혐의를 받던 두 칼뱅파 가족을 위해 투쟁을 벌이고 있던 1766년, 볼테르는 〈칼라스와 시르벵 가족이 존속살해를 범했다는 세간의 의혹에 대한 의견〉을 작성했다. 볼테르는 랑그도크 지방의 가톨릭교도는 칼뱅파가 자녀들의 개종을 막기 위해 자녀들을 살해한다는 뿌리깊은 확신을 가지고 있기 때문에 종교적 광신이 벌어졌다고 말했다. 볼테르가 보기에는 가톨릭만 그런 것이 아니었다. 칼뱅파도 자기들의 적에 대해 냉혹하기는 마찬가지였다. 가톨릭교회가 칼뱅파가 세르베투스를 처형한 것과 카미자르 반란의 광신에 대해 비판한 데는 일리가 있었다. 볼테르에게 유일한 해결책은 하나의 종교를 국교로 삼지 않는 것이었다. 예컨대 그리스도교를 국교로 삼았던 테오도시우스 황제 이전으로 돌아가는 것이었다. 그러면 칼라스와 시르벵 가족과 같은 죄 없는 소수자들을 위협하는 광신적인 박해에 맞서 관용을 지킬 수 있다고 생각한 것이다.[601]

1760년대 중반에 칼라스와 시르벵에 대한 볼테르의 투쟁이 세간의 관심을 모으고 있을 때, 세 권의 폭발적인 책이 출판되었다. 성직자들의 완강한 저항에 대한 새로운 공세의 시작은 볼테르가 1764년에 출판한 《철학사전》이었다. 1년 후 《백과전서》의 마지막 10권이 출판되었고, 다시 2년 후에는 장 프랑수아 마르몽텔의 소설 《밸리세르》가 관용을 위한 투사의 대열에 합류했다.

《철학사전》은 반삼위일체론, 광신, 사상의 자유, 이단재판, 박해 등에 대한 항목 등 관용과 관련된 글을 많이 포함하고 있다. 이 책은 정통 그리스도교를 철저히 파괴한다.[602] 볼테르는 박해는 기본적으로 대중적인 광기의 소산이지만, 그리스도교의 등장과 함께 추진력을 얻었다고 조롱한다. 다음 표현은 유명하다: "모든 종교 가운데 그리스도교가 관용을 가장 많이 고취시킨 종교임은 분명하지만, 이제까지 그리스도교인들은 가장 불관용적인 사람이었다." 그리스도교의 이중성에 대한 조롱이요 고발이다. 볼테르는 '이단재판' 항목에서, 그리스도는 이단적인 사상을 품고 있다는 이유만으로 사람들을 박해하는 새로운 종교의 첫 번째 이단재판관이라고 조롱한다.[603] '관용' 항목에서는 관용을 자연법으로 승화시킨다.

> 관용이란 무엇인가? 그것은 인간의 천부적 속성이다. 우리는 모두 약하고 오류를 범한다. 우리 모두 서로의 우둔함을 용서하자. 그것이 첫 번째 자연법이다.

볼테르는 루터, 칼뱅 같은 종교개혁의 지도자들도 불관용이라는 측면에서 전혀 개혁적이지 않았다고 말한다. 볼테르는 프랑스 칼뱅파의 정신적 지도자인 쥐리외가 그에게 사주받은 카미자르들이 교수형에 처해지거나 사지가 부스러질 때, 정작 자신은 네덜란드의 안전한 망

명지에서 관용적인 피에르 벨을 못살게 굴던 신비주의적인 광신자였다고 비난한다.[604]

디드로에게 있어서, 불관용과 광신은 가톨릭만의 현상이 아니라 그리스도교의 전반적인 현상이었다. 《백과전서》의 편집자는 칼뱅파에 대해 동정심을 느끼고 있었지만, 그렇다고 해서 칼뱅파가 다른 지역에서 종교적 소수자들에게 가하는 박해를 묵인하지는 않았다. '순교자'와 '청교도' 항목에서, 만일 잉글랜드의 청교도들이 메리 여왕에게 잔인하게 박해받지 않았더라면 순교자 할당량을 채우지 못했을 것이라고 비아냥거렸다.[605]

관용을 위한 투쟁에서 《백과전서》보다 더 크게 영향을 끼쳤던 것은 《밸리세르》였다. 소설의 주인공은 유스티니아누스 황제와 그의 눈먼 사령관인 밸리사리우스다. 이 교훈적인 소설이 볼테르적인 위트를 결여하고도 베스트셀러가 된 것은 시민적 관용의 문제에 초점을 맞춘 부분이 교회를 자극하여 논란을 불러 일으켰기 때문이다. 유스티니아누스는 밸리사리우스와 폭넓은 대화를 나눈다. 황제는 정통 교리를 수호해야 할 뿐만 아니라, 세속의 칼을 가지고 제국의 종교적 통일을 이루어야 한다고 주장한다. 밸리사리우스는 폭력적인 반란은 진압되어야 하지만, 신학상의 문제에 대해 공식적인 견해와 생각을 달리하는 사람들에 대한 징벌은 신에게 맡겨야 한다고 말한다. 절대적인 신학적 진리를 아는 것은 참으로 어려운 일인데, 황제가 어떻게 그것을 확신할 수 있겠는가? 설사 군주들이 자기들이야말로 참된 신앙을 가지고 있다고 확신한다 해도 그의 믿음을 신민들에게 강요하는 것은 옳지 않다. 밸리사리우스는 유스티니아누스에게 강제 개종 칙령을 내리지 말라고 간언한다. "신앙이 하늘로부터 자연스럽게 내려오도록 하십시오. 그것이 개종자를 만들 수 있는 확실한 방법입니다. 칙령을 공포하면 반도叛徒나 악당을 만들 뿐입니다. 영웅적인 사람은 순교자가 될 것이고, 바보는 위선자가 될 것이며, 광신자들은 광포한 호랑이가 될 것입니다."[606] 그러자 유스티니아누스는 보쉬에나 루이 14세처럼 신민들을 평화롭게 통치하기 위해서는 종교적 통일성이 필요하다고 말한다. 밸리사리우스는 "왕국은 신민들이 자유롭게 자기들의 양심을 따르는 것이 허용될 때 가장 평화스럽습니다"라고 대답한다. 황제는 그렇다면 신앙의 자유는 무제한적인 행동의 자유로 이어질 것이고, 그것은 국가의 안전을 위협할 것이라고 우려한다. 이에 대해 장군은 신학적인 차이로 발생한 논쟁의 고리를 끊는 가장 효과적인 방법은 무시하는 것이라고 말한다. 이 마지막 말에 대해 황제가 침묵한 것은 황제가 장군의 관용 변론을 받아들였음을 암시한다.[607]

교회와의 싸움에서 마르몽텔은 혼자가 아니었다. 볼테르는 《밸리사리우스에 대한 일화》를 써서 마르몽텔을 지원했다. 소르본 대학이 구성한 8인심사위원회는 마르몽텔의 책에서 37군데의 이단적인 내용을 지적했는데, 그 가운데 21개가 관용과 관련된 내용이었다. 볼테르는 다시 《밸리사리우스에 대한 두 번째 일화》를 썼다. 소르본은 공식적인 심사에 착수하여 최종적으로 19개 항목을 이단적이라고 발표했다. 그러나 정부는 이 문제에 개입하여 신학적 불관용이 시민적 불관용을 동반해야 한다는 성직자들의 견해를 인정하라든가 혹은 부인하라든가 하는 결정을 내리고 싶지 않았다. 정부가 주저하는 바람에 성직자들의 공격이 주춤해진 동안, 《신학적 정직함》이 발표되었다. 다밀라빌과 볼테르의 합작품으로 추정되는 이 팸플릿은 《밸리세르》의 관용 논지를 요약하고, 철학자들보다는 철학자들을 공격하는 가톨릭이 전

복적인 교리를 가르친 죄가 훨씬 크다고 고발했다.[608]

가톨릭은 더 이상 문제를 확대시키고 싶지 않았지만, 철학자들은 공격의 고삐를 늦추지 않았다. 1768년, 루이 15세는 소르본에 《밸리세르》에 대한 심사 중단을 명하는 봉인장을 발부했다. 마르몽텔은 《잉카인들》, 볼테르는 《순진한 사람》을 통해서 '파렴치함'에 대한 전투를 계속했다. 시대가 변했고, 이들의 책은 아무런 방해를 받지 않고 유통되었다.

볼테르는 이슬람교에 대해서도 비판적이었다. 그는 일찍이 1742년에 《광신 혹은 예언가 마호메트》를 썼다. 이슬람교는 광신이며, 그 창시자는 '사기꾼'이라는 비난을 받았다.[609] 쇼아의 역사가인 레온 폴리아코프에 의하면, 볼테르는 "18세기 프랑스에서 가장 심한 반유대주의자"였다. 《관용론》의 저자는 반이슬람주의자이고 반유대주의자인가? 볼테르는 도그마적인 종교를 모두 거부한 반교권주의자였다고 보는 편이 옳을 것이다. 관용의 역사에서, 그는 폭압적인 미신과 광신을 타도하기 위해 행동한 관용론자다. 그에게 관용은 개인이 종교 사상을 자유롭게 표현할 수 있는 자연법이었다. 그는 관용을 자연법 위에 놓음으로써 관용에 보편성을 부여했다.[610]

루소의 시민 종교와 자연종교

프랑스 계몽사상가 가운데 장 자크 루소만큼 칼뱅파와 인연이 깊은 사람은 없다. 그는 1550년대에 제네바로 망명한 칼뱅파의 후손이며 칼뱅주의 교육을 받고 자랐다. 1728년에 제네바를 떠나 프랑스에 와서는 칼뱅주의를 버리고 가톨릭과 이신론으로 개종했고, 1764년에는 칼뱅주의와 결정적으로 갈라섰지만, 칼뱅주의가 '자연종교'에 가깝다는 생각을 버리지는 않았다. 루소는 칼뱅파의 고난에 대해 동정심을 느꼈지만, 실제로 칼뱅파의 시민권 투쟁에는 소극적이었다. 동시대의 경쟁자였던 볼테르와 크게 대조되는 면이다.

1761년, 곤경에 처한 한 칼뱅파가 루소에게 도움을 요청했다. 몽토방의 칼뱅파 상인인 장 리보트가 지하 목사인 프랑수아 로셰트와 세 명의 유리 제조공이 구속되었다고 루소에게 알려준 것이다. 볼테르와 루소의 미묘한 관계를 알지 못한 그는 볼테르에게도 도움을 청했다고 말하는 실수를 범했다. 루소는 그들의 처지에 동정을 표하면서도, 그리스도교인들은 국가의 권위에 복종해야 한다며 개입을 거부했다. 몇 년 후, 《에밀》을 읽고 감동받은 클로드 에마르가 루소를 방문했다. 그는 34년 전에 불법적인 칼뱅파 집회에 참석했다는 이유로 종신형을 선고받고 갤리선으로 끌려간 앙투안 리아이유와 폴 아샤르의 석방 청원문을 부탁했다. 그러나 루소는 자기 시대의 중요한 과제는 무신론과 싸우는 것이지, 그리스도교 내부의 사소한 분쟁을 해결하는 것이 아니라며 거절했다.[611] 칼라스 사건이 끝난 후 볼테르는 루소의 자세를 다음과 같이 비난했다. "장 자크 루소는 한심한 궤변을 꾸며대고 조국을 뒤엎는 무례한 방법을 모색하는 것보다는 죄없는 사람을 보호하는 데 시간과 재능을 사용하는 편이 나았을 것이다."[612]

루소가 볼테르 식의 행동주의를 거부한 것은, 볼테르와의 경쟁 의식이나 건강 문제, 혹은 루소 스스로 말하듯 무신론과의 투쟁이 더 중요하다는 확신 때문이었는지도 모른다. 당시, 루소는 그리스도교와 무신론 사이의 갈등으로 고심했다. 1760년에 출판된 《신新엘로이즈》

루소의《에밀》에 수록된 그림.

"자연은 우리에게 장엄함을 보여준다"라고 쓰여 있다. 사부아의 보좌 신부는 신의 존재를 증명했지만, 교회의 비판을 받았다. 이 책은 파리와 제네바에서 불태워졌고, 루소는 뇌샤텔로 도피해야 했다.

에서, 무신론자인 볼마르와 그의 칼뱅파 부인 쥘리는 정신적인 대화를 나눈다. 대화는 그들이 애초에 가지고 있던 도그마적인 입장을 버리는 것으로 끝난다. 쥘리는 엄격한 칼뱅주의에서 소치니주의로 옮겨가고, 볼마르는 쥘리의 온건한 칼뱅주의에 근접한다. 부부 사이의 정신적인 간격을 메우려 노력한 생 푸레는 화해와 결합으로 시대의 종교적 갈등을 해결하려는 루소를 상징한다. 《신엘로이즈》의 세 주인공은 모두 정신적인 자유를 옹호한다. 그들은 칼뱅파를 가톨릭으로 강제 개종시키는 것은 물론이고 무신론자를 단죄하는 것도 반대한다. 루소는 자신이 무신론자를 처형하는 나라의 사법관이라면 "어떤 사람을 무신론자라고 고발하러 오는 사람부터 처형할 것"이라고 말했다.[613]

1762년의 《사회계약론》에서는, 개인으로서의 종교와 시민으로서의 종교에 대해 고민하며 '시민 종교'를 제시한다. 개인은 양심에 비추어 종교를 가질 수 있다. 그러나 '개인'은 동시에 한 국가 안에 사는 '시민'이기 때문에 동료 시민과 국가에 대한 의무를 지니고 있다. 국가는 기본적으로 어떤 종교를 가지든 시민으로서의 의무만 수행하면 간섭하지 않는다. 주권자는 시민적인 신앙고백을 정하며, 시민은 그 신앙고백을 준수해야 한다. 국가는 그 신조를 믿지 않는 자를 처벌할 수 있다. 루소는 시민 종교의 단순한 교리를 제시하면서 두 가지를 거부한다. 하나는 무신론이고, 다른 하나는 불관용이다. 루소는 불관용을 불관용한다. 이것이 가능한 것은 정치와 종교가 분리되어 있기 때문이다. "'교회 밖에는 구원이 없다'라고 감히 말하는 자가 있다면 국가에서 추방되어 마땅하다."[614]

한 달 후에 출판된 《에밀》에서 이신론자는 '자연종교'를 감동적으로 설파한다. 자연종교의 신은 그리스도교의 신처럼 무지와 몽매를 강요하는 신이 아니다. 자연종교의 신은 인간에게 이성을 부여했고, 인간은 이성을 통해 신을 이해할 수 있다. 자연종교의 신은 기적을 일으켜 자연의 질서를 훼손하지도, 인간의 이성을 마비시키지도 않는다. 자연종교는 그리스도교의 '성서'를 거부한다. "복음서는 믿을 수 없는 것과 이성에 반하는 것, 그리고 분별 있는 사람이라면 누구나 생각할 수도, 받아들일 수도 없는 것들로 가득 차 있다."[615] '자연'이 자연종교의 성서다.[616] 루소는 이신론과 자연종교를 주장하면서 신의 존재를 인정하고, 무신론을 옹호한 밸을 비판한다.

> 밸은 광신이 무신론보다 훨씬 해롭다는 것을 훌륭하게 증명했으며, 이론의 여지가 없다. 그러나 그는 말하려 하지 않았지만 그 못지않게 진실한 것이 있는데, 설령 피비린내나는 잔혹한 것이더라도 광신은 인간의 마음을 고양하고 죽음을 무시하게 만들고 인간의 마음에 놀라운 충동적인 힘을 주는 위대하고 강력한 정념이어서 올바르게만 인도한다면 더없이 숭고한 미덕을 끌어낼 수 있다는 것이다. 반면 무종교, 또는 일반적으로 추론적이고 철학적인 정신은 인간의 영혼을 삶에 집착하게 만들고 나약하게 만들고 타락시키고 모든 정념을 비천한 개인적인 이기심, 비열한 인간의 자아에 집중시켜서 사회의 모든 참된 기초를 야금야금 무너뜨린다. 사리사욕이 갖는 공통점은 별것이 아니어서 그것들이 대립되는 측면을 결코 상쇄하지 못할 것이기 때문이다. 무신론이 사람들의 피를 흘리게 하지 않는다면 평화에 대한 사랑보다는 선에 대한 무관심 때문이다.[617]

사부아의 보좌 신부는 에밀에게 사회의 정신적인 토대를 강화할 필요성에 대해 이야기하면서, 인류가 만든 어떤 종교라도 도그마와 불관용만 벗어버린다면 그러한 역할을 할 수 있다고 말한다. 그로 인해 그는 가톨릭 사제이면서도 모든 종교에 공통적인 건전한 도덕과 선행을 실천하는 목자가 된다. 그는 프로테스탄트와 가톨릭을 차별하지 않는다. 루이 14세가 그러했던 것처럼 신앙을 강요하는 것은 부당하다. 그렇다고 군주에게 저항하여 질서를 위협하는 것도 잘못이다.

> 시민들을 불복종하도록 하지 말자. 그들이 기존의 종교적 확신을 버리고 새로운 확신을 얻는 것이 그들에게 이익이 될지 확실히 알 수 없는 반면, 법을 지키지 않는 것은 잘못이라는 사실은 확실히 알기 때문이다.[618]

루소는 '자연종교'와 '시민 종교'를 통해 폭넓은 관용을 제창하지만, 한편으로는 무신론, 다른 한편으로는 국가의 질서 유지라는 한계를 가진다. 그 안에서 시민들은 자유롭게 양심에 따라 종교를 가질 수 있다. 루소는 돌바크 같은 무신론자들의 '양심의 자유'를 인정하지 않았다. 또한 군주가 허용하는 한도 안에서만 종교의 자유를 인정했다. 현실적으로, 군주는 기존의 종교와는 다른 새롭고 이질적인 종교에 대해 법적 지위를 부여하지 않을 수 있다. 프랑스의 군주가 칼뱅파를 박해하는 것은 슬픈 일이지만, 그것은 군주의 권한에 속하는 일이다. 루소가 볼테르의 저항에 동참하지 않은 것은 이러한 이유 때문인지도 모른다. 가톨릭 국가에서 칼뱅파가 신앙을 유지한 것은 자연권이 아니라 군주의 관용 덕분이었다. 낭트칙령을 폐기함으로써 루이 14세가 폐기한 것은 '특권'이지, '자연권'이 아니었다.[619] 이렇듯 루소의 자연종교와 시민 종교는 양립하기 어렵다. 자연종교는 개인의 양심과 이성에 따라 종교를 가질 자유를 허용하지만, 개인은 시민으로서 법과 질서를 준수할 의무를 지니기 때문에 여러 가지 제약을 받는다. 루소는 칼뱅파에 가해지는 법적, 초법적 박해에 대해 실천적인 관심을 보이지 않았다. 종교의 자유를 위한 루소의 투쟁은 철학적인 투쟁의 수준을 넘어서지 않았으며, 볼테르와 비교하면 더욱 그러하다.

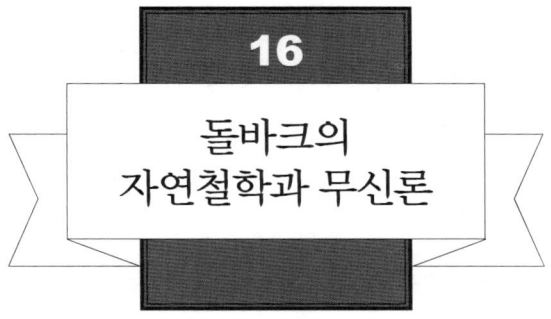

16 돌바크의 자연철학과 무신론

급진 계몽주의자 돌바크

올바크Holbach 남작 폴 앙리 티리Paul-Henri Thiry는 1723년 12월 8일에 오늘날 독일의 라인란트 팔츠에서 태어나, 1789년 1월 21일에 파리에서 사망했다. 그의 영지인 올바크는 오늘날에는 프랑스 모젤 도道의 작은 코뮌이지만, 그가 태어날 당시에는 신성로마제국에 속했다가, 프랑스혁명기에 프랑스로 병합되었다. 폴 앙리 티리의 삼촌은 존 로가 일으킨 미시시피 회사의 붐을 타고 큰 돈을 벌었으며 신성로마제국의 기사 작위를 받았는데, 정식 허가도 없이 남작 작위를 붙이고 다녔다. 그는 1730년에 조카 폴 앙리 티리를 양자로 입양했고, 1753년에 사망하면서 영지와 작위 그리고 막대한 재산을 물려주었다. 조카(양아들)는 삼촌(양아버지)의 '남작' 작위를 적극적으로 사용하며 문필 공화국에서 '돌바크 남작'으로 통용되었다.[620]

부자 양아버지 덕분에 돌바크는 1744년 당시에 유럽에서 최고의 대학으로 꼽히던 레이던 대학에 입학하여 법학을 공부했다. 그는 가톨릭이었지만 프로테스탄트 대학에서 공부하면서, 존 윌크스 같은 영국의 이신론자들과 가깝게 지냈다. 물리학, 의학, 화학, 기계학 등에도 심취했는데, 후일 디드로가 편집한 《백과전서》에 이와 관련된 글을 무려 400여 편이나 기고할 정도였다. 독일인 돌바크는 1749년에 파리에 정착하여 프랑스 국적을 취득했으며, 1756년에는 '국왕참사비서'라는 관직을 사들여 프랑스 귀족이 되었다.

돌바크의 결혼은 그가 공표한 무신론만큼이나 파격적이다. 돌바크의 삼촌은 폴 앙리 티리를 입양하기에 전에 앙리 티리의 사촌인 쉬잔을 입양했고, 쉬잔은 니콜라 댄과 결혼하여 자녀 넷을 두었다. 1750년에 돌바크는 그중 한 명인 바질 주느비에브와 결혼했다가 1754년에 사망하자, 2년 후에 처제인 샤를로트 쉬잔과 결혼했다. 근친결혼은 일찍부터 대가족 형태의 공동생활을 해온 사람들이 재산을 지키기 위한 편법으로 이용되었으나 어쨌든 가톨릭의 결혼법에는 위배되는 것이었다.

돌바크는 파리에 오자마자 당대의 최고 지식인들을 집으로 초청하여 살롱을 열었는데, 1759년에는 파리의 르와얄 가街에 대저택을 구입하여 살롱을 계속했다. 여름에는 사촌이자 장모의 저택이 있는 그랑발 성으로 살롱을 옮겼다. 그의 살롱은 35여 년간 계속되었다. 일주일에 두 번씩 목요일과 일요일 열렸고, 대개 20여 명이 참석했다. 디드로, 루소, 엘베시위스, 바르테즈, 브넬, 루엘, 루, 다르세, 뒤클로, 소랭, 레날, 쉬아르, 불랑제, 마르몽텔, 생 랑베르, 라콩다민, 샤스텔뤼 등이 단골 멤버였으며, 외국인으로는 흄, 윌크스, 스턴, 갈리아니, 베카리아, 카라치올리, 스텔번 경, 크뢰츠 백작, 베리, 프리시, 가리크, 브룬스비크 공, 프랭클린, 프리스틀리, 바레 대령, 달베르크 남작, 마이엔츠 선제후 등이 초대를 받았다. 돌바크의 살롱은 파리의 귀부인들의 살롱과 달리 철학자들의 살롱이었으며, 그야말로 "유럽의 카페"였다. 돌바크는 '철학 호텔의 주인'이었고, 그에게 초대받는 것은 '철학 인증서'를 받은 것으로 여겨질 정도였다.[621]

루소가 《고백록》에서 광적인 무신론자라고 경멸한 "돌바크의 패거리"가 모두 무신론자였던 것은 아니다.[622] 그렇지만 돌바크는 이 살롱에서 '무신론'을 다듬어나갔으며, 이것을 《자연의 체계》, 《자연적 정치》, 《외제니에게 보내는 편지》, 《종교의 잔인함》, 《예수 그리스도에 대한 비판적인 역사》, 《편견론》, 《신성한 오염》, 《양식》, 《휴대용 신학》, 《베일 벗은 그리스도교》, 《에토크라시》 등에서 체계화시켰다. 또 그는 홉스의 《인간의 본성에 대하여》, 앤서니 콜린스의 《유대주의의 정신》, 존 톨런드의 《세레나에게 보내는 편지》 등을 번역했다. 돌바크의 사상은 무신론이라는 점에서 일관성을 지니고 있다. 그의 자연철학은 무신론을 뒷받침하기 위해 세워졌고, 그의 사회철학과 정치철학은 무신론의 토대 위에서 세워졌다. 돌바크의 많은 책들 가운데 1770년에 나온 《자연의 체계》는 돌바크의 사상을 가장 포괄적으로 담고 있다.

무신론 선언

계몽주의 시대에도 가톨릭교회를 거스르는 것은 죽음을 무릅쓰는 일이었기 때문에,[623] 돌바크는 런던에서 익명으로 《자연의 체계》를 출

돌바크의 살롱.

돌바크의 살롱은 귀부인들의 살롱과 달리 철학자들의 살롱이었다.

《베일벗은 그리스도교 혹은 그리스도교의 원리와 영향에 대한 검토》

돌바크가 1766년에 불랑제라는 이름으로 발표한 반反그리스도교 서적이다. 이 책은 계몽주의자들 사이에서 논쟁을 불러 일으켰으며, 출판되자마자 당국에 의해 압류당했다.

판했다. 볼테르를 비롯한 여러 사람이 저자로 의심받았지만, 정작 돌바크는 의혹에서 벗어났다. 돌바크의 살롱에서는 문제의 저자가 누구인지 알고 있었으나, '비밀'이 살롱 밖으로 누설되지는 않았다.[624] '무신론'은 1장 "자연과 자연의 법칙"에서부터 분명히 천명된다.

인간은 상상의 체계를 따르기 위해 경험을 포기했을 때 스스로를 속인 것이다. 인간은 자연의 작품이다. 인간은 자연 속에 존재하며, 자연의 법칙에 예속된다. 인간은 자연의 법칙에서 벗어날 수 없으며, 생각 속에서도 그것을 넘어설 수 없다. 인간이 눈에 보이는 세계 너머로 뛰어나가려 하는 것은 헛일이다. 무섭고 거역할 수 없는 필요에 의해 복귀하지 않을 수 없다. 인간은 자연에 의해 형성되었기 때문에, 자연의 법칙에 둘러싸여 있다. 그 거대한 전체 너머에는 아무것도 없다. 인간은 그것의 일부이며, 그것의 영향을 체험한다. 인간의 환상이 자연 위에 있거나 자연과 별개의 것으로 그리는 것은 언제나 그가 이미 본 것에 따라 구성된 허깨비에 불과하다. 그것들이 차지하고 있는 장소나 그것들의 행동 방식에 대해 분명한 관념을 형성하는 것은 불가능하다. 만물을 포함하고 있는 자연의 바깥에는 아무것도 없고, 또 있을 수 없기 때문이다. 그러므로 자연이 인간에게 거부한 행복을 제공해줄 수 있는 존재를 인간 세상 바깥에서 찾는 대신, 이 자연을 연구하고, 자연의 법칙을 배우고, 자연의 힘에 대해 숙고하도록 하고, 자연이 가하는 불변의 법칙을 관찰하도록 하라. 인간이 이러한 발견을 그 자신의 지복至福을 위해 적용하도록 하고, 그 어떠한 것도 변화시킬 수 없는 자연의 가르침을 조용히 따르도록 하라. 인간이 헤아릴 수 없는 베일 아래 감추어진 원인들을 모른다고 해서 어쩌지 마라. 인간이 결코 이해할 수 없으며 또 인간의 본질에 의해 인간에게 부과된 그러한 법칙들로부터 인간을 해방시

킬 수도 없는 '보편적인 힘'의 명령에 굴복하도록 하라.[625]

932쪽에 달하는 내용이 여기에 압축되어 있다. 인간, 경험, 자연, 자연의 법칙, 행복(지복)이 핵심어다. 종교, '신', '하느님'이라는 단어는 나오지 않지만, 그것과 관련하여 읽을 때 의미가 분명해진다. 첫 줄에서 '상상'과 '경험'을 대조시킨 것은 인간의 인식이 감각이나 경험에서 출발한다는 경험주의를 표현한 것이다. 그것은 단순히 인식론적인 출발을 말하는 것이 아니라, 허구와 상상에 기초해 있는 그리스도교를 비판하는 것이다.

"인간은 자연의 작품"이라는 말은 인간이 하느님의 창조물이라는 그리스도교의 창조론을 거부하는 것이다. '자연'이라는 "거대한 전체 너머에는 아무것도 없다". 자연이 무한하다면 '신'이 들어갈 자리는 없다. 그러므로 '신'은 없는 것이다. 그러니 인간이나 자연은 신이 만든 것이 아니다. 그러면 자연은 어떻게 생성된 것인가? 무에서 '창조'된 것인가? 오로지 자연만이 존재한다고 말하는 물질주의자의 관점에서 볼 때, '무'에서 '유'가 나올 수는 없다. 자연의 생성이라는 거대한 문제를 경험적으로 알 수는 없지만, 돌바크는 자연은 자연에서 나온 것으로 생각한다. 자연은 자연에서 나와 자연으로 돌아가며, 다시 자연으로 나온다. 고대의 자연철학자들이 말했듯이, 돌바크의 자연은 '순환'한다.[626] 자연의 바깥에 있는 것, 그리하여 자연의 외부에서 자연을 조종하는 것은 환상, '허깨비'에 불과하다.

인간은 자연 속에서 태어나고 자연 속에서, 자연의 법칙에 따라 살아간다. 자연은 '법칙'에 따라 스스로 움직이며, 인간에게 영향을 미친다. 뉴턴의 만유인력의 법칙이 결정적으로 증명하듯이, 자연의 법칙은 규칙적이며, 불변한다. 이렇게 자연의 법칙을 강조하는 것은 기적이나 예언과 같은 하느님의 '자의적인' 개입을 거부하며, 예배와 기도 같은 종교 행위의 효력을 부정하는 것이다. 모든 것이 이미 정해진 자연의 법칙에 따라 움직인다면, 기도는 아무 소용도 없기 때문이다. 혜성은 신이 인간에게 경고하기 위해 보낸 것이 아니며, 기적이라고 알려진 사건들은 자연의 법칙을 따르는 자연현상일 뿐이다. 그것을 기적이라고 열광하는 것은 인간의 무지 때문이다.

이렇게 신이 존재하지 않고 '자연'이 존재하는 것이라면, 인간은 더 이상 신이라는 '허구'를 따르지 말고 자연의 법칙을 따라야 한다. 인간의 행복은 바로 거기에 있다. 인간의 행복은 자연 속에, 다시 말하면 현세의 삶에 있는 것이다. 내세는 없으며, 따라서 내세의 심판도 없다. 천당이니, 지옥이니 하는 것은 모두 교회가 사람들을 겁 주고 지배하기 위해 만들어낸 허구적 공간에 불과하다. 사후 심판이라는 것이 없으니 '영혼'이 있을 필요도 없다. 이렇게 해서 교회의 생존 조건인 '영혼 불멸'이 거부되는 것이다. 돌바크는 초기의 교부들을 좇아 영혼도 '물질'에 불과하다고 여겼으므로, 불멸이 아닌 것이다.[627] 따라서 그리스도교의 '사기'에 속거나 공포에 굴복하여 현세의 행복을 포기하고 내세의 구원에 매달릴 필요가 없다. 그리스도교가 강요하는 금욕과 고행을 거부하고 자연의 법칙에 따라 현세의 행복을 추구해야 한다. 교회의 행복이 아니라 인간의 행복을 위해 살아야 한다고 돌바크는 말하는 것이다.

이렇듯, 위 인용문에는 무신론에 대한 강력한 암시가 들어 있으며, 그것은 책의 전권을 통해 구체적으로 논의된다. 돌바크가 상상에만 의존해서 무신론을 체계화시킨 것은 아니다. 《자연의 체계》에는 고대부터 현대에 이르기까지의 자연철학자들, 신학자들, 철학자들이 대거 등장하는데, 특히 다음과 같은 사람들이 돌바크의 논의에서 중요한 비중을 차지한다. 아리스토텔레스, 플라톤, 에피쿠로스, 루크레티우스, 코페르니쿠스, 갈릴레이, 베이컨, 홉스, 로크, 데카르트, 뉴턴, 새뮤얼 클라크, 톨런드, 앤서니 콜린스, 스피노자, 라이프니츠, 몽테뉴, 피에르 벨, 볼테르, 디드로 등이다. 이렇게 본다면, 돌바크의 무신론은 고대의 자연철학자들, 반아리스토텔레스주의자들, 에피쿠로스주의자들, 자유사상가들, 이신론자들, 회의주의자들, 신앙주의자들의 반그리스도교적인 논의를 종합한 것으로 보아도 무방하다. 특히 고대의 무신론자인 에피쿠로스와 루크레티우스의 영향은 절대적이다. 돌바크의《자연의 체계》는 루크레티우스의《사물의 본성에 관하여》의 '부활'로 볼 수 있을 정도다.

돌바크는 무신론을 감추거나 위장하지 않았다. 그의 논지는 오해의 소지가 없을 만큼 분명하다. 이러한 면에서 그는 동시대의 이신론자들과 분명히 구분된다. 그는 여러 각도에서 그리스도교를 공격하고 있기 때문에《자연의 체계》에서는 동일한 표현과 논의가 지루할 정도로 반복되며, 그의 다른 책에서도 마찬가지다. 한마디로 요약하면, '신'은 존재하지 않으며 오로지 '자연'만이 존재할 뿐이다.

"자연 즉 신"

이 표현은 스피노자의 "신 즉 자연"을 변형시킨 것이다. 스피노자는 신이 존재하며 그 신은 자연과 동일하다고 말한다. 반면에, 돌바크는 신이나 자연 가운데 하나만 존재하는데, 자연만 존재한다고 주장한다.[628] 돌바크는 자연을 신적인 존재에 비유하여 설명하기 때문에 여기에서는 "자연 즉 신"이라는 표현을 통해 돌바크의 '자연'을 이해해보려는 것이다.

돌바크에게 있어서, 자연은 '물질'이 다양하게 결합되어 있는 '거대한 전체'다. 물질 이외에는 아무것도 없다. 영혼이 존재한다면 그것도 물질이며, 신이 존재한다면 그 역시 물질이다.[629] 인간도 물질이 결합하여 생성된 것이며, 생명도 물질의 운동을 통해 만들어진 것이다. 인간은 전적으로 물질적인 존재로서 자연의 법칙을 따르며, 그런 점에서 철저하게 수동적인 존재다.[630] 자연은 창조된 것이 아니라 스스로 존재하는 것이며, 그 스스로가 창조적이다. 스피노자 식으로 말하면, 돌바크의 자연은 "능산적 자연"이다.[631] 자연에서 자연이 나오는 것이지, 무에서 '창조'되는 것이 아니다. 창조론은 우주의 형성에 관해 아무것도 설명하지 못한다. 돌바크에게 있어서, 우주는 자연의 법칙에 의해 움직이는 거대한 기계와 다름없다. 우주에는 초자연적인 신비나 의지가 개입할 여지가 없다. 자연의 법칙은 고정적이고 규칙적이며 또 합리적이기 때문에, 신이 있다면 신도 그것을 따르지 않을 수 없다.[632]

돌바크는 데카르트, 뉴턴, 스피노자의 자연관을 따르면서도 이들의 자연에서 신의 그림자를 벗겨냈다는 점에서 한 걸음 더 나아갔다. 데카르트처럼 '본유관념'이라는 것을 들어 신의 존재를 증명할 필요가 없었으며, 뉴턴처럼 자기의 신앙을 고수할 필요도 없었고, 스피노자처럼 "신은 실체다. 실체는 실재한다. 그러므로 신은 실재한다"는 식의 억지 증명으로 어쨌든 신은 존재한다고 말할 필요도 없었다. 이들처럼 무신론을 감출 필요가 없었던 것이다. 돌바크는 신의 존재를 가상하지도 않았다. 그에게는 오로지 자연만이 존재했으며, '자연'은 '신'과 다름없었다. 돌바크의 자연은 그리스도교의 신을 대체한다.

'우연'이 우주를 만든 것은 아니다. 그것은 스스로 존재한다. 자연은 필연적으로 영원히 존재한다. 자연은 전능하다, 만물은 자연의 에너지로 생성되기 때문에. 자연은 동시에 어디에든지 편재해 있다, 자연은 모든 공간을 채우기 때문에. 자연은 전지全知하다, 만물은 현재의 그 상태가 아닐 수 없기 때문에. 자연은 부동이다, 자연이 통째로 자리 이동을 할 수 없기 때문에. 자연은 불변이다, 자연의 형태는 변할 수 있어도 본질은 변할 수 없기 때문에. 자연은 무한하다, 자연은 어떠한 한계도 없기 때문에. 자연은 완전하다, 자연은 모든 것을 내포하고 있기 때문에. 요컨대, 자연은 형이상학자들이 말하는 모든 추상적인 속성을, 신학자들이 말하는 모든 도덕적인 자질을 가지고 있으며, 여기에는 어떠한 충돌도 없다. 모든 것의 조합체는 필연적으로 모든 속성들을 지니기 때문이다.[633]

《자연의 체계》는 '자연'을 신으로 찬미하면서 종결된다. 그리스도교를 대체하는 '자연종교'가 형성된 것이다.

오, 자연. 모든 존재의 지배자sovereign여! 그리고 자연의 숭배를 받을 만한 딸인 덕, 이성, 진리여! 영원히 우리의 존경받는 보호자로 남으시기를! 바로 당신이 인류의 찬미를 받으십니다. 바로 당신에게 지상의 경의가 바쳐집니다. 그러니, 오, 자연이여! 당신이 인간으로 하여금 원하도록 만든 행복을 인간이 얻기 위해 해야 할 것을 인간에게 보여주십시오. 덕이여! 당신의 자애로운 불로 인간에게 생기를 넣어주십시오. 이성이여! 인생의 길을 헤쳐나가는 그의 불안한 발걸음을 인도해주십시오! 진리여! 당신의 햇불로 그의 지성을 밝혀주시고, 그의 길에서 어둠을 쫓아버리십시오. 오, 보조하는 신들이여! 인간들의 마음을 당신의 지배에 굴복시키기 위해 힘을 모으십시오. 우리의 정신으로부터 오류를, 우리의 마음으로부터 악함을, 우리의 발걸음으로부터 혼란을 몰아내십시오. 지식이 그 유익한 지배력을 확장하도록, 선함이 우리의 영혼을 사로잡도록, 우리의 가슴속에 평안이 깃들도록 해주십시오. 터무니없는 사기詐欺가 다시는 고개를 들지 못하게 해주십시오...[634]

자연이 곧 신이다.[635] 따라서 자연만을 숭배해야 한다. 자연을 숭배하려면 자연을 이해해야 한다. 자연에 대한 무지, 이로부터 나오는 자연에 대한 공포로 인해 종교가 만들어진다. 그리스도교도 예외는 아니다. 그것 역시 인간이 만든 것이지, '자연스럽게', 혹은 계시적으로 주어진 것이 아니다. 돌바크에게 계시종교는 없다. 신이 인간의 형상을 하고 있는 것 자체가 인간이 만들었다는 증거다. 돌바크는 크세노파네스를 인용하면서, 소나 코끼리에게도 신이 있다면 그 신은 그들의 형상을 하고 있을 것이라고 말한다.[636]

종교는 모두 만들어진 것이다. 종교와 미신을 구분할 필요는 없다. 인간이 이성의 힘으로 이해할 수 있는 종교, 즉 자연 종교만이 유일한 종교다. 그 밖의 것들은 모두 미신이다. 돌바크는 '사기'라는 말을 자주 사용한다. 종교는 사기이며, 교주는 '사기꾼'이다. 마호메트는 '대사기꾼'이다.[637] 예수는 어떠한가? 예수는 "광적이고 우울한 장인匠人, 어설픈 사기꾼"이며, 복음서는 "양식 있는 사람들에게는 역겨운 동양의 소설"이다.[638] 이보다 더 심한 무신론 내지 반그리스도교 선언이 있겠는가? 돌바크는 《세 명의 사기꾼》의 저자는 아니지만, 적어도 그 무서운 책의 정신은 공유하고 있다고 볼 수 있을 것이다.[639]

돌바크에게 있어서 신은 인간의 공포가 만들어낸 허구에 지나지 않는다. 돌바크는 '신'의 공포에서 벗어나 '신'은 없다고 과감하게 선언한다. 그는 데카르트나 스피노자처럼 신의 존재를 가상하지 않았다. 나아가 이신론자들처럼 이성을 가진 '최고 존재'가 자연 밖에서 자연의 운행을 주재한다고도 생각하지 않았다. 그에게는 자연만이 유일한 실재였고, 굳이 말한다면 신이었다.

현세의 행복

홉스의 뒤를 이어, 돌바크는, 인간에게 가장 중요한 것이 '자기 보존'이라고 말한다. 이미 아우구스티누스도 이러한 인간의 성향을 인정했으며, 자연철학자들이 말하는 '인력', 뉴턴이 말하는 '관성력', 도덕주의자들이 말하는 '자기애' 등은 '자기 보존'의 다른 표현들이다.[640] 돌바크는 '행복'이라는 말을 선호한다.[641] 어떻게 보면, 인간이 종교를 믿는 것도 결국은 행복해지기 위해서며, 그리스도교도 최종적으로는 인간의 행복을 위해 존재하는 종교라고 말할 수 있다. 그러나 문제는 무엇이 행복인가 하는 것이다. 그리스도교는 내세의 구원을 위해 현세의 고난을 감내할 것을 강요하는데, 있지도 않은 내세를 위해 있는 현세를 포기하는 셈이다. 돌바크에게는 인간의 진정한 행복을 포기하라는 말이 된다. 따라서 인간이 행복해질 수 있는 길은 그리스도교를 버리고 자연의 법칙을 따르는 데 있다. "행복한 사람은 자연이 그에게 베풀어준 혜택을 누릴 줄 아는 사람"이다.[642]

그리스도교는 죄의식을 강요하기 때문에 마음의 평화를 주지 못한다. 구원의 불확실, 사후 심판과 이어지는 형벌에 대한 공포는 불안감을 증폭시킨다. 그리스도교는 끝없이 사람들을 겁주면서 그 대신 현세에서의 권력을 유지한다. 신자들에 대한 지배력을 강화하기 위해 그리스도교는 정치권력과 결탁한다. "모든 권력은 하느님으로부터 온 것이다"라고 말함으로써 폭정을 용인하고 저항권을 사전에 분쇄한다. 그리스도교는 결국 이중으로 사람들을 괴롭히는 것이다.

뿐만 아니라, 그리스도교는 본질적으로 다른 종교와 공존하지 못한다. 유일신을 믿는 종교의 입장에서 개종을 위한 전쟁은 신성한 의무다. 그리스도교는 사랑과 평화를 표방하기 때문에 이론적으로는 전쟁과 양립할 수 없지만, 현실적으로는 '전쟁'을 동반한다. 따라서 그리스도교의 역사는 고난과 고행과 전쟁의 역사가 된다. 돌바크는 다음과 같이 '종교전쟁'을 고발한다.

인간은 이성을 사용할 수 없다거나, 사회의 이익은 이성의 희생을 요구한다고 말하는 사람들은 인간을 자신들의 악의의 놀이감으로 삼는 셈이며, 인간을 무가치함의 맹목적인 도구로 만드는 것이다. 이러한 뿌리깊은 오류로부터 여러 가지 미신들이 지구 위에 일으킨 터무니없는 일들이 발생했다. 지구를 걸핏하면 피로 물들이는 신성한 분노는 여기에서 비롯되었다. 그렇게 자주 나라들을 황폐하게 만들었던 비인간적인 박해의 원인이 여기에 있다. 요컨대, 이 세상의 넓은 무대 위에서 행해진 모든 무시무시한 비극들은 다양한 종교 체계들의 지도자들의 명령에 의해 일어난 것이다.

그들은 자기들의 신이 그 충격적인 사건들을 명령했다고 말한다.[643]

돌바크의 글에는 그리스도교의 호전성을 고발하는 구절이 너무나 많아서 일일이 인용할 필요가 없을 정도다. 이러한 고발이 그리스도교의 교리에 대한 비판에서만 비롯된 것은 아니었다. 루터의 종교개혁 이후에 그리스도교와 다른 종교 간의 전쟁만이 아니라 가톨릭과 프로테스탄트 사이의 전쟁, 즉 그리스도교 내부에서 전쟁이 벌어짐으로써 동시대의 지식인들은 그리스도교가 과연 사랑과 평화의 종교인지 회의하기 시작했다. 특히 1618년에서 1648년까지 독일에서 일어나 전체 인구의 절반을 희생시킨 참혹한 종교전쟁은 결정적인 전환점이었다. 이신론이나 무신론은 불행한 시대에 대한 고발의 성격이 강하다.[644]

따라서 중요한 것은 종교가 아니라 삶이었고, 내세의 구원이 아니라 현세의 행복이었다. '행복'이라는 말은 물론 에피쿠로스의 사상과 결합되어 있다. 사실, 에피쿠로스만큼 왜곡된 인물도 드물 것이다. 그는 인간은 행복을 추구해야 한다고 보았고, 행복은 만족에서 얻어지는 것이며, 만족을 얻기 위해서는 욕망을 줄이라고 주장했다. 따라서 그는 쾌락주의자가 아니라 금욕주의자다. 금욕주의자가 쾌락주의자로 둔갑하게 된 것은 그들의 적이었던 스토아 철학자들의 왜곡, 이를 받아들인 그리스도교 신학자들의 왜곡, 그리고 에피쿠로스의 철학을 따르던 근대의 자유사상가들에 대한 교회의 의심과 경계 때문이다.[645] 피에르 밸이 그러했던 것처럼, 신학적으로도 '에피쿠로스의 역설'[646]은 현실적으로 존재하는 '악'을 설명하는 데 강한 설득력을 지니고 있었다.[647] 물론 에피쿠로스도 '신'의 존재를 인정하기는 했으나, 그가 말하는 '신'은 현세의 인간들에게 신경 쓰거나 내세의 영혼들에게 상과 벌을 내리는 그리스도교의 신과는 다른 존재였다.[648] 에피쿠로스의 신은 데카르트나 스피노자가 가상한 신과 다르지 않았다. 무신론의 역사에서 중요한 것은 신의 존재를 부정하는 것이 아니라 신이 '섭리'를 가지고 인간사에 개입한다는 주장을 부정하는 것인데, 이러한 점에서 에피쿠로스는 무신론자였다. 근대에 '에피쿠로스주의자'라는 말이 무신론자의 대명사로 사용된 것도 이러한 이유에서다. 디드로는 17세기의 프랑스는 온갖 종류의 에피쿠로스주의자들로 가득 찼다고 주장했다.[649]

돌바크는 에피쿠로스를 어떻게 보고 있는가? 돌바크는 원자들의 운동, 충돌, 결합을 통해 만물이 생성되었다는 에피쿠로스의 원자론을 그대로 따르고 있으며, 그것이 어떠한 신학 체계보다도 확실하다고 말한다.[650] 또한 무신론자 에피쿠로스의 도덕적인 삶에도 주목한다.[651] 이미 피에르 벨이 주장했듯, 돌바크 역시 그리스도교에서만 도덕적인 삶이 가능하다는 전통적인 그리스도교의 도덕론을 거부한다. 돌바크는 "평화를 좋아하는 에피쿠로스는 그리스를 혼란스럽게 하지 않았으며", "루크레티우스의 시는 로마에 내전을 일으키지 않았다"며 오히려 무신론이 평화주의적임을 암시한다.[652]

종교가 사람을 도덕적으로 만드는 것이 아니라 오히려 부도덕하게 만든다면, 사람을 도덕적으로 만드는 것은 무엇인가? 돌바크는 사회, 교육, 법으로도 충분하다고 말한다.[653] 사람을 행복하게 만드는 것은 내세의 구원에 대한 기대가 아니라 현실 사회의 안정과 질서다. 이 문제에 있어서, 돌바크는 군주에게 기대를 건다.

현실의 사례는 인류의 미래에 대해 절망할 필요가 없음을 우리에게 증명해주고 있지 않은가? 정의와 질서의 친구인 한 군주가 곧 거대한 제국의 재건자가 될 수 있지 않을까? 커다란 권력으로 무장한 지혜와 공평함은 짧은 시간 동안에 국가의 모습을 바꾸어놓을 수 있다. 절대적인 권력은 악습을 폐지하고 불의를 없애고 악을 바로잡고 도덕을 개혁하는 데 매우 유용하다. 독재는 티투스나 트라야누스나 안토니우스 같은 황제들에 의해 행해질 때는 최선의 정부다. 그러나 그것은 대체로 현명하게 사용할 수 없는 사람들의 손에 들어간다.[654]

돌바크는 군주에게 권력을 주는 정도가 아니라 절대적인 권력까지 허용한다. 군주가 계몽된 군주라면 다행이다. 그러나 군주가 국민의 행복을 보장하지 못하고 오히려 침해한다면 어떻게 할 것인가? 돌바크는 자연법의 원칙에 의해 사회는 군주에게 부여한 권력을 철회할 수 있다고 말하며, 이론적으로는 저항권을 인정한다.[655] 그러나 이 문제에 있어서 돌바크의 입장은 로크보다는 홉스에 가깝다. 그는 군주에 맞서 싸울 것을 권하지 않는다.[656] 무엇보다도 중요한 평화를 깨뜨릴 위험이 있기 때문이다. 당시에 돌바크가 기대한 "정의와 질서의 친구"는 루이 16세였다! '혁명'은 돌바크를 비롯한 계몽주의자들의 언어가 아니었다.[657] 공화주의는 계몽주의자들의 시계視界에는 아직 들어오지 않았다.[658] 계몽주의의 '급진 철학자'[659]에게도 유일한 해법은 계몽 전제군주였다.

동시대인들의 반응

돌바크는 무신론을 분명하게 제시했기 때문에 동시대인들의 관심을 끌지 않을 수 없었다. 돌바크에 대한 역사적인 평가를 결정지은 가장 중요한 인물은 루소다. 루소는 《고백록》에서 디드로, 돌바크, 그림과 사회적 동료들을 '돌바크의 패거리'라고 경멸하면서, 이들이 물질주의적이고 광적인 무신론을 공유하고 있다고 비난했다. 루소도 처음에는 돌바크의 살롱에 출입했지만, 살롱에서 이신론이 비판받고 무신론이 강력하게 주장되는 것을 참지 못했던 것이다. 루소는 크레키 부인에게 보낸 편지에서, "나는 철학에 대해 많이 생각해보지는 않았습니다. 나는 철학자들의 무리와는 완전히 떨어져 있습니다. 그들이 불신을 설교하는 것을 좋아하지 않습니다"라고 말했는데,[660] '철학자들의 무리'는 '돌바크의 패거리'의 다른 이름이었고 '철학 호텔의 주인'은 돌바크였다. 루소가 《에밀》에서 사부아 보좌 신부의 입을 통해 이신론을 주장한 것은 돌바크의 무신론에 대한 반박이라고 볼 수 있다.[661]

당시에 '미신'을 타도하려 투쟁을 벌이던 볼테르는 처음에는 《자연의 체계》를 지지했다. 그는 그림에게 다음과 같이 썼다. "그 책이 좀더 치밀했다면 엄청난 결과를 가져왔을 것이다. 그러나 그 정도로도 대단한 일을 했다. 그는 스피노자보다 더 설득력이 있다. 그러나 스피노자는 그보다 장점을 많이 지니고 있는데, 그것은 그가 고대의 예를 좇아 자연에 지성을 부여했다는 것이다. 우리의 주인공은 지성은 운동의 결과이고 물질들이 조합한 결과라고 주장하는데, 이해가 잘 되지 않는다." 그러나 이신론자인 볼테르는 무신론에 대해서는 동의하지 않았으며, 돌바크의 책이 대중들 사이에서 인기를 모으는 것(볼테르는 "이 책은 모든 사람을 겁나게 하지만, 모든 사람이 읽기를 원한다"고 말했다)에 대해서는 우려와 불만을 표했다. 그는 《자연의 체계에 대한 답변》을 써서 돌바크의 인기를 낮추려고 노력했다. 그는 돌바크가 스피노자보다 우월하다는 초기의 평가를 철회했으며, 돌바크의 책은 "대단히 잘못된 물리학에 기초한 장황한 허식"이라고 비판했다.[662] 볼테르의 후견인이었던 프리드리히 2세는 《자연의 체계에 대한 비판적 검토》를 작성하여 돌바크의 과격한 무신론을 경계했다.[663] 한편, 볼테르와 편지를 주고받았던 그림은 볼테르의 이신론적 비판을 검토하면서 돌바크를 지지했다.[664]

디드로는 살롱의 고정 출입자였으며, 돌바크에게는 평생 동안 지적 동반자였다. 돌바크는 디드로의 분신이었다.[665] 돌바크는 디드로의 《백과전서》에 많은 글을 기고했으며, 재정적으로도 큰 도움을 주었다. 디드로는 동료들로부터 '그 철학자'로 불릴 만큼 사상의 폭과 깊이를 인정받았다. 디드로는 유물론자였고 무신론자였다. 그러나 그는 자신의 무신론을 돌바크처럼 적극적으로 설파하지는 않았다.[666] 디드로의 '창조적 물질'와 '역동적 물질' 개념은 돌바크의 유물론과 무신론을 형성하는 데 결정적이었다.[667] 디드로는 볼테르의 비판에 맞서 돌바크를 변호했다. 디드로는 《자연의 체계》가 "지나치게 길고 산만하다"고 지적하기는 했지만, 분명한 철학을 담고 있다며 지지했다.[668] 바로 자신의 철학이었기 때문이다.

돌바크의 살롱은 무신론자들의 집결지가 아니었다. 디드로와 디드로의 유언 집행자이자 유고 관리인인 내종만이 무신론자였다. 살롱 참석자들은 살롱의 자유로운 분위기와 재치 있는 이야기를 즐겼을 뿐, 무신론을 강요받지는 않았다. 디드로와 내종마저도 돌바크의 책을 전적으로 지지한 것은 아니었다. 《로마제국 쇠망사》의 에드워드 기번은 1763년에 파리에 체류하면서 살롱에 출입했는데, "돌바크와 엘베시위스의 친구들"은 "불관용적인 열정을 지닌 교조적인 무신론자"라고 비난했다.[669] 회의주의자인 흄도 살롱을 방문한 적이 있는데, 영국과 달리 무신론자가 많은 것에 놀라움을 금치 못했다.[670]

그러면 대중의 반응은 어떠했을까? 대중이 돌바크의 책을 어떻게 이해했는지 알 수는 없다. 그러나 당시의 서적 유통에 대한 연구를 통해 돌바크의 책에 대한 대중의 관심을 알 수는 있는데, 돌바크의 책들은 구매 요청이 많은 베스트셀러였다.[671] 《자연의 체계》는 고가에도 불구하고 출판 첫해에만 4판을 낼 정도였다. 대중이 돌바크의 책에 관심을 보인 이유를 정확히 알 수는 없다. 그러나 돌바크의 책은 분명한 논지를 직설적으로 표현하고 있기 때문에 저자의 사상을 오해할 소지가 없다는 점을 고려한다면 돌바크의 무신론 자체가 독자의 관심을 모았다고 볼 수 있을 것이다. 돌바크는 무신론이 관습과 편견의 노예인 무지한 대중을 위한 것이 아니라면서 대중을 무시했지만 말이다.[672]

돌바크의 책이 대중의 관심을 모은 또 다른 이유는 돌바크의 책들이 '금서'로 분류되었기 때문이다. 차장검사인 세기에는 신앙적으로 의심스러운 책 일곱 권을 고발했는데, 이 가운데 세 권이 돌바크가 쓴 《자연의 체계》, 《신성한 오염》, 《베일 벗은 그리스도교》였다. 그러나 저자는 아무런 피해를 입지 않았다. 단지 문제의 책이 수거되어 불태워지는 정도였다. 돌바크가 저자라고 밝혀졌다 해도 심각한 처벌을 받지는 않았을 것이다.[673] 그의 주장은 교회를 위협하기는 했어도 국왕을 위협하지는 않았기 때문이다.

　동시대인들은 돌바크의 책에서 교회에 대한 비판의 목소리를 들었다. 그것은 대단히 과격하기는 했으나 정부와 국왕에게 직접적인 위협이 되지는 않았기 때문에 '금서'로 지정되는 것 이상으로 제재를 받지는 않았다. 그러나 종교적인 금서였다고 해서 정치적인 의미를 담고 있지 않았다고 말할 수는 없다. 저자나 책이나 모두 '혁명'에는 반대했지만, '자의적인 개입'을 반대한다는 점에서는 절대왕권에 대한 저항을 요구하는 것으로 볼 수 있었기 때문이다.

무신론과 관용

　돌바크는 무신론자다. 그보다 앞서서 체계적인 무신론을 전개한 사람은 스피노자이다. 그러나 그는 신의 존재를 인정했고 무신론자라는 비난을 받아들이지 않았다. 장 멜리에 신부(1664~1729)는 본인이 무신론자임을 고백하는 '유서'를 남겼다.[674] 돌바크는 가명을 쓰기는 했지만 무신론을 체계적으로 천명했다. 장 멜리에 신부와 돌바크는 무신론을 넘어서 반신론, 반종교론을 주장했다.

　돌바크에게 존재하는 유일한 것은 '자연'이다. 자연은 원인과 결과라는 인과의 사슬로 연결되어 있으며, 아리스토텔레스의 목적인이 아니라 자연의 법칙에 의해 움직인다. 자연을 창조한 창조주도, 자연을 움직이는 제1원인도 없다. 오로지 자연만이 존재한다. 자연은 자체의 동력에 의해 움직이며, 생성-소멸-생성을 반복한다. 이러한 물질주의 자연관이 돌바크의 독창적인 사상은 아니다. 그것은 멀리는 고대의 자연철학자들의 사상에서, 가깝게는 데카르트와 뉴턴의 자연철학에서 영향을 받았으며, 직접적으로는 디드로의 유물론을 계승했다. 돌바크는 신이나 '최고 존재'를 가정하지 않았으며, 무신론을 체계적으로, 분명하게 주장했다.

따라서 자연을 이해하고 자연의 법칙에 따라 사는 것이 중요하다. 그리스도교가 내세우는 내세의 구원이라는 '환상'을 좇아 굴종적으로 사는 것이 아니라, 현세의 행복을 추구하는 것이다. 돌바크에게 있어서 현세의 행복과 안정과 평화를 가져다주는 것은 교회가 아니라 군주였다. 돌바크는 다른 계몽사상가들과 마찬가지로 군주에게 기대를 걸었다. 이러한 점에서 그의 종교 사상은 혁명적이었지만, 정치 사상은 보수적이었다.

돌바크는 정치혁명을 제창하거나 지지하지 않았다. 국가를 개혁하는 것은 이성, 계몽 그리고 시간이지, 대중의 열정이 아니었다. 혁명이 아니라 개혁이 자연스러웠다. 그러나 그의 혁명적인 무신론이 프랑스혁명의 발발과 진행에 아무 영향도 미치지 않았다고 말할 수는 없다. 그의 무신론은 자연이 자연의 법칙에 따라 규칙적으로 움직인다는 자연철학에 기초한 것으로, 종교적으로는 신의 자의적인 개입을 거부한다. 전제적인 신을 거부하는 것은 곧바로 전제적인 국왕의 자의적인 통치를 거부하는 정치 사상으로 이어지기 쉬웠다. 이렇게 볼 때, 돌바크의 무신론은 본의 아니게 프랑스혁명의 급진화에 기여했다고 말할 수 있다.[675] 계몽사상을 연구하는 데 있어서 종교적인 토대를 연구할 필요성이 여기에 있는 것이다. 피터 게이가 "계몽주의는 고전주의, 무신앙, 과학이 변덕스럽게 혼합된 것이었고, 계몽사상가들은 한마디로 근대의 이교도들이었다"라고 한 말은 옳다.[676]

돌바크의 무신론은 인간의 무지와 공포의 산물인 종교의 억압으로부터 인류를 구원하려 했다. 그러나 인간 사회에서 종교를 제거하는 것이 과연 가능할까? 돌바크는 종교를 히드라에 비유하면서, 그것을 퇴치하기가 어렵다고 보았다. 또한 돌바크는 대중을 어둠을 좋아하는 '박쥐'에 비유하면서 대중을 불신했다.[677] 돌바크의 무신론은 당대의 지식인들에게 호응을 얻지 못했다. 루소나 볼테르 같은 이신론자들은 물론이고, 그의 살롱을 출입하는 동료들도 돌바크의 사상을 받아들이지 않았다. 돌바크는 자신의 무신론을 적극적으로 설파했지만, 실현 여부에 대해서는 비관적이었다.

관용의 확산에서 가장 완고하게 배제되었던 사람들은 무신론자였다. 로크는 무신론자를 관용하지 않았고, 볼테르도 무신론을 거부했으며, 루소도 시민 종교에서 무신론자들을 인정하지 않았다는 사실은 무신론이 서구 그리스도교 사회에서 얼마나 끈질기게 배척되었는지 알려준다. 그러나 익명이기는 하지만, 돌바크처럼 무신론자임을 당당하게 밝히고 무신론을 체계적으로 정당화시키는 사람이 등장하여 그의 책이 대중의 환영을 받은 것은 그리스도교의 지배력이 많이 약해졌음을 알려주는 증거다. 서구 사회는 종교 사회에서 세속 사회로 탈주술적인 합리주의 세계로 넘어가고 있었다. 사람들은 개인의 양심에 따라 종교를 가지거나 가지지 않을 수 있게 되었으며, 종교를 선택할 수 있었다. 박해하는 사회에서 관용하는 사회로 넘어가는 토대가 구축된 것이다. 1787년에 루이 16세는 '관용 칙령'을 공포하면서 이러한 변화를 확인해준다. 프랑스혁명이 종교의 자유를 자연권으로 선언한 것은 프랑스혁명 이전에 일어난 혁명적인 변화를 추인한 것이다.

맺음말

세속화

르네상스에서 계몽주의까지, 루터의 95개조에서부터 돌바크의 무신론 선언에 이르기까지, 200여 년 동안 서양 사회는 커다란 변화를 겪었다. 루터는 교황에게 파문당했고 제국의회에 소환되어 생명의 위협을 받았으나, 돌바크는 파문당하지 않았다. 교회의 징벌은 이제 별 의미가 없었다. 징벌의 권한을 쥔 것은 국가였고, 그나마 돌바크에게 가해진 형벌은 형식적인 것에 불과했다. '근대'에 일어난 중요한 변화는 교회와 국가가 분리되고, 국가가 정책의 주도권을 차지한 것이다. 한마디로 '세속화'이다. 신앙의 순수함과 통일보다는 국가의 평화와 번영이 더 중요했다. '관용의 역사'를 지배한 힘은 세속화였다.

이렇게 국가의 안전이 관건이었음은 로마의 귀족인 심마쿠스와 밀라노 주교인 암브로시우스 사이의 논쟁에서도 확인할 수 있다. 심마쿠스에게 국가 종교의 준수는 로마가 야만인들에게 승리를 거두고 영광을 유지할 수 있는 수단이었다. "베스타 여신들과 사제들이 공정한 대우를 받았을 때 만물이 번성했고, 그들의 보수를 빼앗았을 때 기근이 뒤따랐다." 심마쿠스는 전통으로부터 논지를 끌어내어 종교적 다양성을 옹호했다. 신의 뜻은 신비로운 것이어서 인간은 하나의 수단을 통해 이해할 수는 없기 때문에 다양한 형태의 종교가 필요하다는 것이다. "모든 사람에게 각자의 관습과 각자의 의식을", 이것이 심마쿠스의 결론이었다. 암브로시우스도 종교의 역할에 대해 비슷한 생각을 가지고 있어서, 제국의 안전은 신의 뜻에 달려 있다고 생각했다. 그러나 심마쿠스는 전통적인 로마의 신들에게서 보호력을 찾은 반면, 암브로시우스는 그리스도에게서 보호력을 찾았다. 암브로시우스는 제국의 안전은 그리스도교의 신에 대한 배타적인 숭배를 통해서만 획득된다고 보았으므로 종교적 다양성을 인정할 수 없었다. 어쨌든 관건은 제국의 안전이었다.[678]

근대에도 마찬가지였다. 루터의 종교개혁 이후로 가톨릭과 루터파는 종교전쟁을 겪었고 1555년 아우크스부르크 평화조약으로 타협책을 찾았다. 종교의 순수함과 통일성을 고집하여 하나의 종교를 강요하는 것은 제국의 안전을 위협하는 셈이었기 때문이다. 아우크스부르크 평화조약의 "그의 지역에 그의 종교"라는 원칙에 따라, 제국에는 영방군주의 종교에 따라 가톨릭과 루터파가 공존하게 되었다. 전통적으로 "하나의 신앙, 하나의 법, 한 명의 왕"이라는 원칙 아래 가톨릭을 국교로 채택해온 프랑스에서 칼뱅파의 등장은 종교전쟁으로 이어졌고, 역시 왕국의 안전과 평화를 고려하여 두 종교가 공존하는 타협이 이루어졌다.

종교개혁으로 그리스도교의 통일성이 깨진 후, 근대 세계를 재통합하려는 힘은 인문주의, 종교개혁, 국가주의였다. 인문주의는 지식인 운동이었다. 지식인들은 그리스도교의 독선과 독단을 허무는 작업에 나섰다. 인문주의자들은 그리스도교에 붙은 중세적인 관행과 사변을 벗겨내어 순수성을 회복하려 했고, 본래의 그리스도교로 돌아가 관용과 평화를 요구했다. 순수한 그리스도교를 회복하려는 열망은 순수한 그리스도교로 돌아가는 것을 넘어서서 더 근원적으로 '자연종교'라는 새로운 종교를 모색하게 되었다. 이신론자들은 이성으로 이해할 수 없는 초자연적인 현상, 계시종교들을 거부했다. 회의주의 철학의 부활은 그리스도교의 독단과 독선을 허무는 강력한 무기가 되었으며, 에피쿠로스 철학의 부활은 사람들의 관심을 내세의 구원에서 현세의 행복으로 바꾸었다. 때마침 '지리상의 발견'으로 유럽인들의 시계에 들어온 다양한 문명들, 그리스도교를 믿지 않으면서도 도덕적으로 사는 사람들의 존재는 그리스도교의 유아독존을 허물었다. 인문주의자들, 회의주의자들, 이신론자들, 자연법학자들, 계몽주의자들, 무신론자들은 그리스도교의 불관용과 전쟁을 벌였다.

종교개혁가들도 인문주의자들과 마찬가지로 그리스도교의 순수성을 회복하려 했다. 그러나 종교개혁가들이 찾아낸 순수한 그리스도교는 배타적이었고 불관용적인 그리스도교였다. 인문주의자들은 관용적이었던 반면, 종교개혁가들은 불관용적이었다. 인문주의자들의 무기는 대화와 회의였고, 그들의 제안은 답을 얻지 못했다. 시대의 주도권을 쥔 사람들은 종교개혁가들이었다. 에라스뮈스의 평화주의를 계승한 그리스도교 인문주의는 무력했다. 그리스도교 종파들은 점점 비타협적으로 변했고, 상대방을 종교와 국가의 적으로 타자화시키면서 내적인 정체성과 일체성을 다지는 종파주의confessionalism가 강화되어 분열이 고착되었다.

종파주의는 전쟁이나 박해로 종결되는 경우가 일반적이었다. 종교개혁은 종교전쟁을 낳았다. 아우크스부르크 평화조약을 낳았던 슈말칼덴전쟁, 낭트칙령을 낳았던 프랑스 종교전쟁, 베스트팔렌 평화조약을 낳았던 독일의 30년전쟁은 신민들이 지배자와 다른 종교를 믿었기 때문에 일어난 종교전쟁이었다. 같은 하느님을 믿으며 사랑과 평화를 근본 가르침으로 하는 종교의 종파들 사이에서 벌어진 처절하고 야만적인 싸움을 겪으며 사람들은 종교적인 적대심을 키우기도 했으나, 종교 자체에 대해 회의하게 되고 관용의 필요성을 체득했다. 그리스도교 종파끼리의 싸움은 승부가 나지 않았다. 그래서 국가의 평화와 안정을 위해 휴전하지 않을 수 없었다. 관용 칙령과 평화조약은 이러한 정치적인 배경에서 나온 일시적인 조치였다. 이때의 관용은 말 그대로 '싫지만 용인하는 것'으로, 군주가 "그의 지역에 그의 종교"를 강요할 정도로 강력해지면 폐기될 것이었다. 1685년에 루이 14세가 낭트칙령을 폐기하고 칼뱅파에게 가톨릭으로의 강제 개종을 명령한 것은 어떤 의미에서는 예정되어 있던 수순이었다.

군주의 역할은 절대적이었다. 30년전쟁의 참화를 겪은 독일에서 특히 그러했다. 종교개혁의 직접적인 결과는 종교전쟁이었는데, 전쟁이 군주의 역할을 강화시켰던 것이다. "그의 지역에 그의 종교"라는 원칙은 군주가 국가의 종교를 결정할 수 있음을 의미했다. 군주가 자신의 종교로 통일시키는 것은 군주의 의무라기보다는 권리였다. 군주는 종교적 순수성을 확보하기 위해 벌이는 전쟁이 국가를 파멸시킨다는 사실을 잘 알고 있었다. 그래서 국가의 발전을 위해 관용을 선택했다. 역설적이지만, 절대군주는 관용의 친구였다.[679]

물론 군주가 항상 관용을 취한 것은 아니었다. 국가 이성이 항상 관용을 요구한 것도 아니었다. 루터가 초기의 관용적인 입장을 철회한 것도 국가 이성이었고, 발도파 학살, 성바르텔르미 축일의 학살, 낭트칙령의 폐기 등을 주도한 것도 국가였다. 낭트칙령을 폐기하고 야만적인 불관용을 벌인 루이 14세의 사례는 절대군주와 국가 이성이 항상 관용의 옹호자였던 것은 아니라는 사실을 엄연히 말해준다. 그러나 종교개혁 이후 계몽주의까지의 장기적인 흐름에서 루이 14세의 예는 예외적인 현상으로 볼 수 있지 않을까 싶다. 국가 이익에 대한 고려는 대체로 관용으로 이어졌다. 관용으로 나아가는 제1관문은 세속화였다. 관용으로 이어지든 불관용으로 이어지든, 우선은 정치와 종교가 분리되어야 했다. 정치와 종교의 분리는 모든 관용론자들의 요구였다. 정치와 종교가 분리됨으로써 군주는 더 이상 교회의 가르침과 요구에 따라 이단을 징벌할 의무가 없었다. 군주는 자신의 종교로 통일시키려는 노력이 국가의 안정과 평화를 해치고 경제적인 번영을 저해할 때에는 그 노력을 포기하고 종교적 관용을 실시할 수 있었다. 가톨릭 국가가 프로테스탄트 국가와 전쟁할 때에도, 가톨릭 국가 내에 있는 프로테스탄트들이나 프로테스탄트 국가에 있는 가톨릭교도는 더 이상 국가의 적으로 간주되지 않았다.[680]

관용 칙령

군주는 교회의 간섭에서 벗어나, 교회의 이익이 아니라 국가의 이익을 위해 종교 정책을 취했다. 군주들은 관용 칙령을 공포했다. 잉글랜드에서는 명예혁명 이듬해인 1689년에 관용법을 공포했다. 관용법은 퀘이커교도, 장로파, 침례파 같은 잉글랜드 비국교도들에게 예배의 자유를 부여했지만 가톨릭과 유니테리언들은 제외했다. 그러나 실제적인 차원에서, 가톨릭을 포함한 모든 잉글랜드인들은 국교회 예배에 참여하지 않고 자신의 종교를 실천할 수 있었다. 잉글랜드를 방문한 몽테스키외와 볼테르가 잉글랜드를 관용적인 나라라고 느낀 것은 이러한 이유에서다. 1778년의 가톨릭구제법은 기톨릭교도들이 법적인 핑계 없이 토지를 매입하는 것을 허용했다. 그러나 가톨릭교도들이 투표하고 공직을 보유하거나 대학 학위를 받는 것은 허용하지 않았고, 예배의 자유도 부여하지 않았다. 영국은 1829년 가톨릭구제법을 발표하여 가톨릭에 대한 완전한 관용을 실시한다.

신성로마제국에서도 관용 칙령들이 공포되었다. 브란덴부르크-프로이센의 계몽적인 군주들은 관용 칙령을 공포하여 칼뱅파는 물론이고 메노파와 소치니파에도 관용을 베풀었을 뿐만 아니라, 낭트칙령의 폐기로 곤경에 처한 프랑스 칼뱅파들의 이주를 허용했다. 베스트팔렌 평화조약(신성로마제국이 해체되는 1806년까지 유효한 법이었다)에 근거한 프로이센의 1788년 칙령은 루터파, 칼뱅파, 가톨릭에게 동등한 권리를 부여했으며, 다른 집단들에도 보호망을 제공했다. 1781~1782년에 오스트리아, 헝가리, 보헤미아에서 공포된 요세프 2세의 관용특허장은 루터파, 칼뱅파, 그리스 정교도들뿐만 아니라 유대인들에게도 예배의 자유를 허용했다. 그러나 비밀 교회에서만 예배 보는 것이 허용되었으며, 예배보기 전에 6주 동안 그렇게 하지 말라고 설득하는 가톨릭 교육을 받아야 했다.[681]

프랑스는 1598년 낭트칙령으로 프로테스탄트에게 종교의 자유를 허용하여 당대에 가장 관용적인 국가가 되었다가, 1685년에 낭트칙령을 폐기하며 당대의 가장 불관용적인 국가로 전락했다. 1787년에 루이 16세는 관용 칙령을 공포하여 프로테스탄트뿐만 아니라 유대인들에게도 종교의 자유를 부여했다. 1787년 11월 7일에 공포되고 1788년 1월 29일 고등법원에 등록된 베르사유칙령의 전문前文은 다음과 같다.

신의 은총에 의해 프랑스와 나바르의 왕인 루이가 현재와 미래의 모든 사람에게 신의 구원이 있기를 기원한다.

루이 14세가 왕국의 전 지역에서 가톨릭 이외의 모든 종교의 공적인 예배를 엄숙히 금지했을 때, 그는 신민들을 하나의 종교라는 그토록 열망하던 상태로 데려가려 한 것이었다. 그러나 그것은 기만적인 개종으로 이어져, 그 위대한 국왕은 교회의 성사를 받을 수 없는 신민들의 호적을 법적으로 증명하기 위해 참사회에서 구상했던 계획을 실현시킬 수 없게 되었다. 과인은, 과인의 존엄하신 선대왕들의 예를 따라, 과인의 신민들이 왕국의 옛 신앙으로 결합되도록 하기 위해 교육과 설득의 수단을 사용할 것이다. 과인은 그리스도교의 진정한 정신뿐만 아니라 이성과 인간애의 길에도 위배되는 폭력의 사용을 엄금하는 바다.

그러나 신의 섭리가 우리의 노력을 축복하시고 행복한 혁신을 이루시기를 기다리면서, 과인은 과인의 정의로움과 왕국의 이익을 고려하여, 가톨릭을 믿지 않는 과인의 신민들과 과인의 제국에 거주하는 외국인들의 시민권을 더 이상 배제하지 않노라. 오랜 경험을 통해 이러한 가혹한 시련은 그들을 개종시키는 데 충분하지 않음을 알게 되었다. 따라서 과인은 과인의 법이 그들의 자연적인 권리를 빼앗음으로써 그들의 출생의 불행을 불필요하게 처벌하는 것을 더 이상 용인하지 않노라. 과인은 이렇게 모든 법적인 존재를 빼앗긴 프로테스탄트들이 거짓 개종으로 성사聖事를 모독하거나, 아니면 왕국의 법에 의해 무효임이 분명한 결혼을 계약함으로써 아이들의 신분을 위태롭게 하는 양자택일을 강요받고 있음을 진지하게 고민했다.

법령들은 과인의 왕국에는 가톨릭교도들만 있다고 가정한다. 그러나 이제는 받아들일 수 없는 이러한 허구는 법을 침묵시킬 뿐이다. 법은 프랑스에는 다른 종교를 믿는 사람들이 있음을 인정하지 않는데, 그것은 그들을 왕국에서 몰아냈을 때이거나 그들에게 호적을 부여하지 않았을 때에만 가능하다. 왕국의 번영과 안정에 그토록 위배되는 원칙들은 이민자를 양산하며 가정 내의 분란을 일으킬 뿐이다. 만일 과인이 아이들과 아버지의 유산을 놓고 다투는 탐욕스러운 방계 친척들을 배제하기 위해 과인의 법정에서 일시적으로 재판을 하지 않는다면 말이다. 이러한 문제들 때문에 과인은 오래전부터 자연법과 실정법 사이의 이러한 무서운 모순에 종지부를 찍을 방도를 모색해왔노라.

과인은 결정의 중요성을 고려하여 충분히 검토했다. 과인의 결심은 이미 과인의 참사회에서 결정되었다. 과인은 그것의 법적인 형태에 대해 한참 더 생각해보고자 했다. 그러나 작금의 상황은 과인이 새로운 법으로부터 거둘 수 있으리라 희망하는 이익을 증가시키고 있으며, 그것을 공포하는 시기를 재촉하는 것으로 여겨진다. 과인의 국가 안에 상이한 섹트들이 존재하는 것을 과인이 더 이상 막을 수 없다면, 과인은 그것들이 과인의 신민들 사이에서 불화의 원천이 되는 것을 더 이상 용인하지 않을 것이다. 과인은 해로운 결사를 막기 위해 가장 효과적인 조치를 취했다.

다행스럽게도 과인이 믿고 있는 가톨릭 종교는 과인의 왕국에서는 홀로 공적인 예배의 권리와 영예를 누릴 것이다. 반면 가톨릭을 믿지 않는 과인의 신민들은 왕국의 기존 질서에 영향을 줄 모든 행위를 할 수 없고, 과인의 왕국에서 결사체를 구성할 수 없으며, 축제의 준수를 담당하는 일반 경찰의 감독을 받는다. 그들은 법 가운데 자연권에 의해 과인이 그들에게 거부할 수 없는 것만을 지킨다. 그리하여 그들은 과인의 다른 신민들과 마찬가지로 출생, 결혼, 사망에 따른 민법적인 효력을 누릴 수 있다. 이상과 같은 이유로……

루이 16세는 루이 14세의 강압적인 낭트칙령 폐기가 성과를 거두지 못했음을 지적하고 개종을 유도하기 위해서는 교육과 설득이라는 방법을 사용하는 것이 그리스도교의 근본 정신에 부합된다고 말한다. 그리고 '정의'와 '왕국의 이익'을 고려하여, 프로테스탄트는 물론이고 유대인 같은 외국인에게도 종교의 자유를 부여할 것을 선언한다. 물론 종교의 자유라는 차원에서 차별이 없는 것은 아니어서, 가톨릭만 공적인 예배의 자유를 누린다. 그러나 프로테스탄트들은 사적인 예배와 가정 예배의 자유를 누린다는 점에서 관용이 확대된 것이다. 뿐만 아니라 프로테스탄트들은 출생, 결혼, 사망에 있어서 민법상으로 더 이상 차별받지 않는다. 그러나 유대인의 경우, 메츠 고등법원은 유대인들을 명시적으로 배제함으로써 차별을 계속했다.

전문에 사용된 '그리스도교의 진정한 정신', '이성', '인간애', '자연법', '자연권' 등의 단어는 이 칙령이 계몽주의의 세례를 받았음을 보여준다. 이 칙령은 당시 계몽주의자들에게 호의적이었던 고등참사회원 말제르브와 프랑스 프로테스탄트의 대변인이었던 라보 생테티엔 목사가 공동으로 작성한 것이다.

관용에서 권리로

1787년의 관용 칙령은 국왕의 칙령이었다. 다시 말하면 국왕이 자기의 신민들에게 은혜를 베풀어준 것이다. 국왕은 여전히 가톨릭이 진정한 그리스도교라고 생각하며 왕국은 하나의 종교로 통일되는 것이 바람직하다고 생각하지만, 왕국의 평화와 이익을 고려하여 관용을 베풀었다. 그러므로 이 관용 칙령 역시 근본적으로는 200년 전의 낭트칙령과 마찬가지로 잠정적인 성격을 지니고 있었다.

일찍이 로크와 벨 그리고 볼테르 등이 주장했듯이, 관용의 역사에서 중요한 것은 종교의 자유가 군주의 시혜가 아니라 개인의 자연권이라는 인식이다. 이러한 주장이 법으로 명문화된 것은 혁명 이후이다. 1776년 미국 독립선언서는 생명, 자유, 행복 추구가 양도할 수 없는 인간의 권리라고 천명했다. 같은 해에 발표된 펜실베니아 주 헌법은 "모든 사람은 자신의 양심과 이해의 명령에 따라 전능하신 신을 숭배할 자연적이고 양도할 수 없는 권리를 가진다"고 선언했으며, 종교에 있어서의 강제와 시민권 박탈을 금지했다. 1777년에 제퍼슨이 기초한 버지니아 주 종교자유법 역시 종교의 자유는 시민사회에 선행하는 자연법이라고 천명했다.[682] 이러한 변화는 프랑스혁명에서도 일어났다. 1789년 8월 26일, 프랑스 제헌국민의회는 '인간과 시민의 권리선언'을 발표했다. 제11조는 "어느 누구도 자기의 견해, 심지어는 종교적인 견해가 법이 정한 공공의 질서를 어지럽히지만 않는다면 그것 때문에 불안해할 필요가 없다"고 선언했다. 프로테스탄트들은 1789년 12월 24일에 시민권을 얻었고, 남프랑스의 유대인은 1790년 1월 28일에, 동프랑스의 유대인은 1791년 9월 27일에 시민권을 얻었다.

이렇게 종교의 자유가 '관용'에서 권리로 변해가고 있는 상황에서, 1789년 8월 28일에 라보 생테티엔은 제헌국민의회에서 다음과 같이 '관용'과 '자유'를 구분했다.

여러분, 내가 요구하는 것은 관용이 아니라 자유입니다. 관용! 그것은 용인, 용서, 베풀기입니다. 종교의 차이, 의견의 차이가 범죄가 아닌 한, 그것은 반대파들에게는 대단히 부당한 관념입니다. 관용! 나는 이제는 그것이 금지될 차례라고 주장합니다. 우리를 연민의 대상으로만 여기는, 용서받을 죄인으로만 여기는 이 부당한 말은 금지되어야 합니다. 그들은 우연과 교육에 의해 우리와는 다른 방식으로 생각하게 된 것일 뿐인데도 말입니다. 여러분, 오류는 범죄가 아닙니다. 그것을 주장하는 사람은 그것을 진리라고 여깁니다. 그것은 그에게는 진리입니다. 그는 그렇게 말하지 않을 수 없습니다. 어느 누구도, 어떤 사회도 그가 그렇게 하지 못하도록 막을 권리는 없습니다.[683]

라보 생테티엔의 주장에는 종교의 자유는 자연권이라고 했던 로크, 종교의 자유는 신성한 권리라고 했던 밸의 주장이 메아리친다. 미국 혁명과 프랑스혁명에 참여했던 토머스 페인은 《인권》(1791년)에서 라보 생테티엔처럼 '관용'을 고발했다.

관용은 불관용의 반대말이 아니라, 그것의 모조품이다. 둘 다 전제주의다. 하나는 양심의 자유를 억압하는 권리를 떠맡으며, 다른 하나는 그것을 베푸는 권리를 떠맡는다.[684]

라보 생테티엔의 주장과 토머스 페인의 주장은 계몽주의 시대 말기의 전반적인 분위기를 대변하는 것이다. 프랑스혁명기의 미라보는 '관용'이라는 말을 사용하는 것에 대해 항의했다. "관용하는 권력은 또한 관용하지 않을 수도 있기 때문"이었다.[685] 괴테는 "관용은 일시적인 태도에 불과하다. 그것은 인정으로 나아가야 한다. 관용하는 것은 모욕하는 것이다"라고 말했고, 실러는 "관용이 불필요한" 새로운 시대를 바랐다.[686]

프랑스혁명으로 종교의 자유, 양심의 자유는 "자연적이고 양도 불가능하며 신성한 인간의 권리"임을 인정받았다. 물론 종교의 자유가 100퍼센트 보장되지는 않았다. "법이 정한 공공의 질서를 어지럽히지만 않는다면"이라는 조건하에 보장되는 것이었다. 그러나 더 이상 군주의 종교와 다르다는 이유로 억압하거나 박해하는 일은 사라졌다. 1555년 아우크스부르크 평화조약의 원칙인 "그의 지역에 그의 종교"가 폐기된 것이다. 프랑스혁명 이후로 종교의 자유는 관용의 대상이 아니라 권리가 되었다. 누구든지 자기가 선택한 종교를 믿을 자유, 믿을 권리가 법으로 보장되었다. 프랑스혁명 이후로 더 이상 '관용'은 없다.

1787년에 루이 16세가 칙령으로 종교의 자유를 인정한 것을 마지막으로, 국왕이 개인의 종교의 자유를 '관용'하던 시대는 끝났다. 종교의 자유는 관용의 대상이 아니라 개인의 자연권이 되었다. 이러한 변화는 근대를 대표하는 사상가들의 요구와 일치하며 이를 반영한 것이다. 그런데 '관용의 사상사'와는 달리 '관용의 사회사'라는 차원에서도 관용의 요구가 상승하고 확산되는 것을 확인할 수 있을까? 종교개혁, 인문주의, 자유사상, 이신론, 계몽주의 등의 근대 사상이 민중들에게도 영향을 미쳐서 민중들도 지식인들의 관용 사상에 공감했을 까?

카플란은 근대에 관용이 늘어났다는 주장은, 적어도 민중적인 차원에서 볼 때 이데올로기적 구성물이요, 신화라고 말한다.[687] 이성이 승리한 계몽주의 시대에도 민중은 여전히 광신에 사로잡혀 있었다는 것이다. 루이 14세가 낭트칙령을 폐기한 것은 관용이 늘어났음을 부정하는 결정적인 증거가 된다. 루이 14세의 야만성은 결코 예외가 아니었다는 말이다. 계몽사상가인 에드워드 기번은 1778년에 잉글랜드의 가톨릭구제법에 반대하여 일어난 고든 폭동을 보고 "사라진 것으로 생각했던 어둡고 악마적인 광신"이 아직 사라지지 않았음을 확인했다.[688]

근대를 지나면서 종교의 자유와 관용이 '지속적으로' 늘어났다거나 확산되었다고 말할 수는 없다. 1648년에 종교전쟁이 끝난 후에도 종교전쟁은 계속되었으며, 낭트칙령이 폐기되는 등 불관용이 늘어나기도 했기 때문이다. 그러나 종교개혁에서 계몽주의까지 지식인들에게서 변화는 일어났고 관용이 늘어났다고 말할 수 있다. 민중적인 차원에서도 동일한 변화를 엿볼 수 있다. 미셸 보벨이나 로제 샤르티에 같은 프랑스 사회사가들의 연구에 의하면, 프랑스혁명 전의 프랑스 사회와 문화에서도 그러한 변화가 일어났다. 보벨은 유언장 연구를 통해 프랑스인들이 프랑스혁명 이전부터 이미 바로크적인 외면적인 신앙에서 벗어나 개인주의적인 신앙을 실천했음을 증명했다.[689] 로제 샤르티에는 구체제의 공론 영역, 출판, 독서, 탈기독교화, 세속화, 국왕의 탈신성화, 사회성 등에 대한 연구를 통해 보벨이 발견한 것 같은 변화가 일어났음을 확인했다.[690] 근대에 관용이 늘어났다는 주장은

1962년 교황 요한 23세가 소집했으며 1965년 교황 바오로 6세 때 폐막한 제2차 바티칸 공의회.

요한 23세는 공의회를 소집하면서 "교회 생활의 모든 분야가 현대 세계에 적응하는 차원을 넘어 완전한 의식 변화를 이루어야 한다"고 천명했다. 이 공의회는 가톨릭뿐 아니라 다른 종교, 나아가 20세기 중반 이후 현대 문명 전반에 커다란 영향을 끼쳤다. 이 공의회는 교회의 자각과 쇄신, 신앙의 자유, 종교와 정치의 분리, 개별 민족과 사회 존중, 세계 평화, 프로테스탄트 교회를 포함한 그리스도 교회의 일치, 다른 종교와의 대화, 전례 개혁을 비롯한 교회의 현대화 등을 촉구했다. 한국 가톨릭의 조상 제사 수용, 각국의 토착화된 성모상 등장, 미사 집전에서 라틴어가 아닌 모국어 사용, 평신도의 역할 부각도 모두 제2차 바티칸 공의회 이후의 일이다.

신화가 아니라 역사다. 이제 문제가 되는 것은 더 이상 종교적 구원이나 국가의 안정, 평화가 아니라, 개인의 행복과 권리다. 공동체가 아니라 개인이 중요해진 것이다.

관용에 완강히 저항했던 가톨릭교회도 관용의 역사에 참여했다. 1965년 제2차 바티칸공의회는 "종교의 자유에 대한 선언. 인간 존엄성"을 공포했다.

> 바티칸공의회는 인간이 종교 자유의 권리를 가지고 있음을 선언한다. 이 자유는 모든 인간이 개인이나 사회 단체의 강제, 온갖 인간 권력의 강제에서 벗어나는 것이다. 곧 종교 문제에서 자신의 양심을 거슬러 행동하도록 강요받지 않아야 하고, 또한 사적으로든 공적으로든, 혼자서나 단체로, 정당한 범위 안에서 자기 양심에 따라 행동하는 데 방해받지 않아야 한다. 그 위에, 종교 자유의 권리는 참으로 인간의 존엄성 그 자체에 바탕을 두고 있음을 선언한다. 종교 자유의 이러한 인간 권리는 사회의 법적 제도 안에서 인정받아 시민권이 되어야 한다.[691]

가톨릭교회가 "종교의 자유의 권리"를 인정한 것은 매우 뒤늦은 조치이기는 하지만 관용의 역사를 마무리하는 뜻깊은 행위가 아닐 수 없다. 그런데 이 선언에서 주목되는 것은 가톨릭교회가 "때로는 복음 정신과 맞지 않거나 심지어는 반대되는 행위"를 했음을 인정했다는 사실이다.[692] 그 구체적인 내용이 무엇인지는 2000년 3월 12일 가톨릭교회가 2,000년 간의 잘못을 반성하며 행한 고해성사를 통해 알 수 있다. 역사적인 그날, 교황은 동방교회와의 결별, 마르틴 루터의 파문, 십자군의 만행, 이단재판, 마녀사냥, 유대인 박해 등과 같이 교회가 "진리에 봉사한다는 미명 아래 불관용과 폭력을 묵인한" 죄를 반성했다.

관용의 역사에서 볼 때, 지난 2,000년에 걸친 그리스도교의 역사는 실패의 역사다. 본래는 사랑과 평화의 종교인 그리스도교가 불관용과 폭력의 종교가 되었던 이유는 "황제의 것을 황제에게 돌려주고, 하느님의 것은 하느님께 돌려드려라"라는 가르침을 망각하고 정치에 개입했기 때문이다. 교회의 가르침을 따르지 않고 다른 의견을 가진 사람이 있으면 설득하고, 그래도 듣지 않으면 교회법에 따라 징벌하면 되지만 이에 그치지 않고 세속 권력에 이첩하여 잔인한 형벌을 강요했기 때문이다. 관용의 역사가 주는 교훈은 정치와 종교의 분리, 즉 세속화다. 교황의 고해성사를 실천하는 길은 무엇보다도 교회가 정치에 개입하지 않는 것이다.

오늘날, 법이나 제도적으로 종교의 자유를 억압하는 것은 없다. 이제 남은 일은 개인적인 차원에서, 일상생활에서 관용을 실천하는 것이다. 관용은 비단 종교적인 차원에만 국한되지 않는다. 그것은 나와 다른 계급, 종교, 문화, 이데올로기, 피부색 등을 가진 사람들에게도 확대되어야 한다. '다름'을 인정하고, 다양성이 만드는 조화 속에서 아름다움을 찾아야 한다. 관용의 역사에 등장한 수많은 희생자들이 우리에게 남겨준 과제는 바로 이것이다. 그들이 우리와 함께 공존하는 것은 우리의 '시혜' 덕분이 아니라 그들의 '권리'임을 인정하는 것이 관용의 역사가 우리에게 준 교훈이다.

주석

머리말

1 Perez Zagorin, *How the Idea of Religious Toleration came to the West*, Princeton University Press, 2003, p. 1.

2 존 B. 베리, 박홍규 옮김, 《사상의 자유의 역사》, 바오, 2005, 52쪽. 티베리우스 황제 는 "신들이 모욕을 당하면 그들이 알아서 하도록 놔두라"고 말했다.

3 Peter Garnsey, "Religious Toleration in Classical Antiquity", W. J. Sheils(ed.), *Persecution and Toleration*, Papers read at the twenty-second summer meeting and the twenty-third winter meeting of the Ecclesiastical History Society, Oxford, 1984, p. 10.

4 *Ibid.*, pp. 15~6.

5 존 B. 베리, 《사상의 자유의 역사》, 65쪽.

6 Peter Garnsey, *Ibid.*, p. 16.

7 Perez Zagorin, *How the Idea of Religious Toleration came to the West*, pp. 28~9.

8 Peter Brown, "St. Augustine's Attitude to Religious Coercion", *The Journal of Roman Studies* LIV (1964), p. 107.

9 Perez Zagorin, *How the Idea of Religious Toleration came to the West*, p. 43 ; Henry Kamen, *The Rise of Toleration*, World University Library, McGraw-Hill Book Company, New York, 1967, p. 18.

10 Benjamin J. Kaplan, *Divided by Faith. Religious Conflict and the Practice of Toleration in Early Modern Europe*, The Bleknap Press of Harvard University Press, 2007, p. 21.

11 Ian Harris, "Tolérance, Eglise et Etat chez Locke", Yves Charles Zarka, Franck Lessay, John Rogers(ed.), *Les fondements philosophiques de la tolérance en France et en Angleterre au XVIIe siècle*, t. I,, p. 211 ; Jean~Michel Gros, "Bayle : de la tolérance à la liberté de conscience", *Ibid.*, p. 296, 303.

12 G. R. Elton, "Introduction", W. J. Sheils(ed.), *Persecution and Toleration*, p. xiii.

[13] Perez Zagorin, *How the Idea of Religious Toleration came to the West*, p. 90.

[14] Walter Grossmann, "Religious toleration in Germany, 1684~1750", *Studies on Voltaire and the Eighteenth Century 201*(1982), p. 115.

[15] 뤼시앵 페브르, 김응종 옮김, 《16세기의 무신앙문제—라블레의 종교》, 문학과지성사, 1996.

[16] 슈테판 츠바이크, 안인희 옮김, 《폭력에 대항한 양심—칼뱅에 맞선 카스텔리옹》, 자작나무, 1998.

[17] Perez Zagorin, *How the Idea of Religious Toleration came to the West* ; Henry Kamen, *The Rise of Toleration* ; Benjamin J. Kaplan, *Divided by Faith. Religious Conflict and the Practice of Toleration in Early Modern Europe.*

I. 인문주의와 종교개혁

[18] Blair Worden, "Toleration and the Cromwellian Protectorate", W. J. Sheils(ed.), *Persecution and Toleration*, p. 200.

1. 루터와 '그리스도인의 자유'

[19] 롤란드 베인턴, 이종태 옮김, 《마르틴 루터의 생애》, 생명의 말씀사, 1982, 244쪽.

[20] Richard H. Popkin, *The History of Scepticism. From Savonarola to Bayle*, Revised and Expanded Edition, Oxford University Press, 2003, p. 6.

[21] 롤란드 베인턴, 이종태 옮김, 《마르틴 루터의 생애》, 100쪽.

[22] *Ibid.*, 156쪽.

[23] *Ibid.*, 220쪽.

[24] *Ibid.*, 408쪽.

[25] 클라우스 에버트, 오희천 옮김, 《토마스 뮌처—독일 농민 혁명가의 삶과 사상》, 한국신학연구소, 1994, 80쪽.

[26] Henry Kamen, *The Rise of Toleration*, p. 32에서 재인용.

[27] 롤란드 베인턴, 《마르틴 루터의 생애》, 318쪽.

[28] Lucien Febvre, *Un Destin. Martin Luther*, PUF, 1928.

[29] 롤란드 베인턴, 《마르틴 루터의 생애》, 429쪽.

[30] *Ibid.*, 425쪽에서 재인용.

[31] Ole Peter Grell, "서문", Ole Peter Grell, Bob Scribner(ed.), *Tolerance and intolerance in the European Reformation*, Cambridge University Press, 1996, p. 4에서 재인용.

[32] Joseph Lecler S. J., *Histoire de la tolérance au siècle de la Réforme*, t. 1, Paris, Aubier Editions Montaigne, 1954, p. 164.

[33] *Ibid.*, p. 504.

[34] *Ibid.*, p. 170.

[35] Henry Kamen, *The Rise of Toleration*, p. 35.

[36] 루터와 나치즘에 대해서는, 라울 힐베르크, 김학이 옮김, 《홀로코스트—유럽 유대인의 파괴》, 개마고원, 2008, 서문.

[37] Heiko A. Oberman, "The travail of tolerance : containing chaos in early modern Europe", Ole Peter Grell, Bob Scribner(ed.), *Tolerance and intolerance in the European Reformation*, p. 26.

[38] Henry Kamen, *The Rise of Toleration*, pp. 30~1.

[39] Perez Zagorin, *How the Idea of Religious Toleration came to the West*, p. 76.

[40] Joseph Lecler S. J., *Histoire de la tolérance au siècle de la Réforme*, t. 1, p. 163. Walter Grossman, "Religious toleration in Germany, 1684~1750", *Studies on Voltaire and the Eighteenth Century 201*, 1982, p. 128.

[41] Benjamin J. Kaplan, *Divided by Faith. Religious Conflict and the Practice of Toleration in Early Modern Europe*, pp. 22~4.

[42] Blair Worden, "Toleration and the Cromwellian Protectorate", W. J. Sheils(ed.), *Persecution and Toleration*, p. 201.

[43] Steven Ozment, "Martin Luther on Religious Liberty", in *Religious Liberty in Western Thought*, ed. Noel B. Reynolds and W. Cole Durham, Jr., ATlanta, 1996, p. 77.

[44] W. E. Lecky, *History of the Rise and Influence of the Spirit of Rationalism in Europe*, 2 vols, London, 1865 ; W. K. Jordan, *The Development of Religious Toleration in England*, 4 vols, London, 1932~40 ; J. Lecler, *Toleration and the Reformation*, 2 vols, London, 1960.

45 Bob Scribner, "Preconditions of tolerance and intolerance in sixteenth–century Germany", Ole Peter Grell, Bob Scribner(ed.), *Tolerance and intolerance in the European Reformation*, p. 33.

46 Ole Peter Grell, "서문", Ole Peter Grell, Bob Scribner(ed.), *Tolerance and intolerance in the European Reformation*, p. 12.

2. 에라스뮈스의 평화주의

47 뤼시앵 페브르, 김응종 옮김, 《16세기의 무신앙 문제. 라블레의 종교》, 문학과지성사, 1996, p. 397.

48 롤란드 베인튼, 박종숙 옮김, 《에라스뮈스》, 현대지성사, 1998, 서문.

49 *Ibid.*, p. 85.

50 Perez Zagorin, *How the Idea of Religious Toleration came to the West*, p. 54.

51 Joseph Lecler S. J., *Histoire de la tolérance au siècle de la Réforme*, I, p. 134.

52 1530년대, 유럽에서 판매된 서적의 10~20퍼센트는 에라스뮈스의 책이었다고 한다.

53 *Ibid.*, p. 134.

54 롤란드 베인튼, 박종숙 옮김, 《에라스뮈스》, p. 162.

55 *Ibid.*, pp. 148~9.

56 *Ibid.*, p. 139.

57 *Ibid.*, p. 140.

58 *Ibid.*, p. 141.

59 *Ibid.*, p. 196.

60 *Ibid.*, p. 210.

61 Richard H. Popkin, *The History of Scepticism. From Savonarola to Bayle*, p. 9.

62 Joseph Lecler S. J., *Histoire de la tolérance au siècle de la Réforme*, I, p. 148.

63 *Ibid.*, p. 135.

64 *Ibid.*, p. 137.

65 Henry Kamen, *The Rise of Toleration*, p. 27.

66 Joseph Lecler S. J., *Histoire de la tolérance au siècle de la Réforme*, I, p. 138.

67 Perez Zagorin, *How the Idea of Religious Toleration came to the West*, p. 53.

[68] Joseph Lecler S. J., *Histoire de la tolérance au siècle de la Réforme*, I, p. 143.

[69] *Ibid.*, p. 144.

[70] *Ibid.*, p. 144.

[71] Richard H. Popkin, *The History of Scepticism*, p. 220.

[72] E. 카시러, 박완규 옮김, 《계몽주의 철학》, 민음사, 1995, 250쪽.

[73] *Ibid.*, p. 148.

[74] *Ibid.*, p. 149.

[75] Perez Zagorin, *How the Idea of Religious Toleration came to the West*, pp. 68~70.

3. 칼뱅에 맞선 카스텔리옹

* 이 글은 김응종, 《서양의 역사에는 초야권이 없다》, 푸른역사, 2005에 수록된 〈위대한 인문주의자 세바스티앵 카스텔리옹〉을 수정보완하여 재구성한 것이다.

[76] 국내 번역으로는, 박건택 편역, 《세네카의 관용론 주석》, 칼뱅작품 선집 제1권, 총신대학교출판부, 1998.

[77] Henry Kamen, *The Rise of Toleration*, p. 49.

[78] E. M. 번즈, R. 러너, S. 미첨, 박상익 옮김, 《서양문명의 역사》, II, 1994, p. 591.

[79] Henry Kamen, *The Rise of Toleration*, p. 52.

[80] 슈테판 츠바이크, 안인희 옮김, 《폭력에 대항한 양심. 칼뱅에 맞선 카스텔리옹》, 자작나무, 1998, 80쪽.

[81] *Ibid.*, 81~82쪽.

[82] Joseph Lecler S. J., *Histoire de la Tolérance au siècle de la Réforme*, 제1권, p. 323.

[83] 후일 칼뱅은 다음과 같이 말했다 : "세르베투스가 교황의 종교재판 측에 체포되도록 내가 일을 꾸몄다는 소문이 돌고 있습니다. 어떤 사람은 내가 그를 신앙의 원수들에게 넘기고 늑대들에게 복수하라고 내던졌다고 말합니다. 하지만 대체 어떤 방식으로 내가 갑자기 교황의 추종자들과 연락을 취할 수 있겠습니까? 우리가 서로 교류하고 있으며 내게는 사탄과 같은 저들과 내가 함께 모의했다는 것은 도저히 있을 수 없는 이야기입니다". 그러나 역사가들은 칼뱅이 거짓말을 하고 있는 것으로 판단한다.

[84] 중세에, 산채로 화형시키는 것은 너무나 큰 고통을 주는 것이었기 때문에, 먼저 죽인 다음에 화형을 시키는 경우가 많았다.

[85] 네 명은 초대 교회의 교부인 Saint Augustine, Saint Jerome, Lactantius, Saint John Chrysostom이고, 나머지 16명은 인문주의자인 에라스뮈스를 제외하고는 Luther, Sebastian Franck, Calvin 등의 프로테스탄트이다. 마지막 두 명은 가공의 인물인데, 카스텔리옹 자신이다.

[86] 이단의 정의에 대해서는, 김응종, 《서양의 역사에는 초야권이 없다》, 푸른역사, 2005, 214쪽, 주 2.

[87] 이 구절은 칼뱅의 《기독교 강요》 초판에는 실려 있었지만 재판에서는 삭제되었다. 칼뱅이 인문주의자에서 종교개혁가로 넘어갔음을 보여주는 상징적인 증거이다.

[88] Perez Zagorin, *How the Idea of Religious Toleration came to the West*, p. 135.

[89] Richard H. Popkin, *The History of Scepticism*, p. 11.

[90] Perez Zagorin, *How the Idea of Religious Toleration came to the West*, p. 140.

[91] Hans R. Guggisberg, "Tolerance and intolerance in sixteenth-century Basle", Ole Peter Grell, Bob Scribner(ed.), *Tolerance and intolerance in the European Reformation*, p. 157.

[92] 송규범, 〈로크의 관용론〉, 《서양사론》 78, 2003.

[93] Richard H. Popkin, *The History of Scepticism*, p. 13.

[94] Perez Zagorin, *How the Idea of Religious Toleration came to the West*, p. 143, 155.

Ⅱ. 종교전쟁과 관용

4. 독일의 종교전쟁과 관용

[95] Interim인 이유는 이 협정이 공식 공의회가 소집될 때까지 효력을 발휘할 것이기 때문이었다.

[96] Joseph Leclerc S. J., *Histoire de la Tolérance au siècle de la Réforme*, 제1권, p. 258. Benjamin J. Kaplan, *Divided by Faith*, p. 104.

[97] *Ibid.*, pp. 273~5.

[98] Jaroslav Pánek, "The question of tolerance in Bohemia and Moravia in the age of the Reformation", Ole Peter Grell, Bob Scribner(ed.), *Tolerance and intolerance in the European Reformation*, p. 239.

[99] Richard S. Dunn, *The Age of Religious Wars*, 1559~1689, W. W. Norton & Company, INC, 1970, p. 70. 이 책은 임희완 옮김, 《근대유럽의 종교전쟁시대》, 예문출판사, 1986으로 번역되었다.

[100] *Ibid.*, p. 76. 30년전쟁의 희생자가 과연 얼마나 되는지 정확히 알 수는 없지만 연구자들은 대체로 Dunn이 제시한 이 수치와 비슷한 수치를 제시한다. 희생자의 수도 지역에 따라 상이한데, 30년전쟁의 발발지인 보헤미아가 가장 큰 피해를 입어, 인구가 1,700,000에서 930,000으로 줄었다(V.-L. Tapie, "The Habsburg Lands 1618~57", *The New Cambridge Modern History*, IV, Cambridge University Press, 1981, pp. 523~4). 1960년대의 여론조사에 의하면 독일인들은 30년전쟁을 양차대전, 홀로코스트, 페스트보다 더한 참극이라고 생각했다(Peter H. Wilson, *The Thirty Years War. Europe's Tragedy*, Harvard University Press, 2009, p. 6) 그런데 여기에서 유의해야 할 것은 연구자들이 공통으로 제시하는 700만 내지 800만이 사망자의 수치가 아니라 다수의 이주민을 포함하는 수치라는 점이다(Henry Kamen, "The Economic and Social Consequences of the Thirty Years' War", *Past & Present*, No. 39, 1968, pp. 44~61).

[101] Peter H. Wilson, *The Thirty Years War. Europe's Tragedy*, p. 9.

[102] Henry Kamen, *The Rise of Toleration*, pp. 157~9.

[103] 그림멜스하우젠의 이 소설에 대한 간단한 소개는, 마틴 키친, 유정희 옮김, 《케임브리지 독일사》, 시공사, 2001, 139쪽.

[104] Walter Grossmann, "Religious toleration in Germany, 1684~1750", p. 116.

[105] *Ibid.*, p. 117.

[106] Benjamin J. Kaplan, *Divided by Faith. Religious Conflict and the Practice of Toleration in Early Modern Europe*, p. 160.

[107] Henry Kamen, *The Rise of Toleration*, p. 159.

[108] Walter Grossmann, "Religious toleration in Germany, 1684~1750", pp. 117~8.

[109] *Ibid.*, pp. 180~1. Benjamin J. Kaplan, *Divided by Faith. Religious Conflict and the Practice of Toleration in Early Modern Europe*, p. 139.

[110] Benjamin J. Kaplan, *Ibid.*, pp. 198~204.

[111] *Ibid.*, pp. 243~4.

[112] Joachim Whaley, "A Tolerant Society? Religious Toleration in the Holy Roman Empire, 1648~1806", Ole Peter Grell, Roy Porter(ed.), *Toleration in Enlightenment*

Europe, p. 176.

[113] *Ibid.*, p. 182.

[114] Walter Grossmann, "Religious toleration in Germany, 1684~1750", p. 115.

[115] 1619년, 브란덴부르크 선제후인 게오르그 빌헬름은 프로이센 공국을 상속받았다

[116] 소치니파에 대한 적극적인 해석으로는, 베리, 《사상의 자유의 역사》, 114쪽.

[117] Walter Grossmann, "Religious toleration in Germany, 1684~1750", p. 125.

[118] *Ibid.*, pp. 125~6.

[119] *Ibid.*, p. 127.

[120] *Ibid.*, p. 127.

[121] Ole Peter Grell, Roy Porter, "Toleration in Enlightenment Europe", Ole Peter Grell, Roy Porter(ed.), *Toleration in Enlightenment Europe*, p. 9.

[122] Benjamin J. Kaplan, *Divided by Faith. Religious Conflict and the Practice of Toleration in Early Modern Europe*, p. 350.

[123] Karl Vocelka, "Enlightenment in the Habsburg Monarchy : History of a Belated and Short-lived Phenomenon", Ole Peter Grell, Roy Porter(ed.), *Toleration in Enlightenment Europe*, p. 202.

[124] Walter Grossmann, "Religious toleration in Germany, 1684~1750", p. 128.

[125] Henry Kamen, *The Rise of Toleration*, p. 222.

[126] Walter Grossmann, "Religious toleration in Germany, 1684~1750", pp. 127~33.

[127] *Ibid.*, pp. 133~5. Joachim Whaley, "A Tolerant Society? Religious Toleration in the Holy Roman Empire, 1648~1806", pp. 182~3.

[128] Henry Kamen, *The Rise of Toleration*, p. 222.

[129] Joachim Whaley, "A Tolerant Society? Religious Toleration in the Holy Roman Empire, 1648~1806", p. 183.

[130] Henry Kamen, *The Rise of Toleration*, pp. 229~30.

[131] Walter Grossmann, "Religious toleration in Germany, 1684~1750", p. 116.

[132] Joachim Whaley, "A Tolerant Society? Religious Toleration in the Holy Roman Empire, 1648~1806", p. 178.

[133] Henry Kamen, *The Rise of Toleration*, p. 157.

134 William Monter, "Heresy executions in Reformation Europe, 1520~1565", Ole Peter Grell, Bob Scribner(ed.), *Tolerance and intolerance in the European Reformation*, 1996, p. 56. 엑스 고등법원장은 사건 직후에는 국왕과 교황의 칭찬을 받았으나, 파문이 일어나자 5년 후에는 파리 고등법원에서 재판을 받았다. 그러나 그는 국왕의 명령을 수행했을 뿐이라는 이유로 무죄 선고를 받았다(Euan Cameron, *Waldenses. Rejections of Holy Church In Medieval Euriope*, Blackwell Publishers, 2000, pp. 258~62). 발도파의 수난은 계속되어, 1655년, 사부아공작은 가톨릭 미사 참여를 거부한 발도파를, 당시의 기준으로도 잔인하게, 학살했다.

135 *Ibid.*, p. 60.

136 William Monter, "Heresy executions in Reformation Euripe, 1520~1565", Ole Peter Grell, Bob Scribner(ed.), *Tolerance and intolerance in the European Reformation*, p. 50.

137 다니엘 리비에르, 최갑수 옮김, 《프랑스의 역사》, 까치, 1998, 149쪽.

138 Jacques Le Goff, René Rémond(sous la direction de), *Histoire de la France religieuse*, 제2권, Seuil, 1988, p. 254.

139 강남수, 〈앙보아즈 평화(1563. 3. 19)와 16세기 프랑스의 관용정책〉, 《서양사론》 54, 1997년 9월, 4~5쪽.

140 위그노huguenot라는 단어는 사부아 공작에 대항하여 제네바의 독립을 주창했던 사람들을 지칭하기 위하여 1520~25년경에 나타났다. 어원적으로 그것은 '서약공동체의 동료'를 지칭하는 독일어인 아이트게노센(Eidgenossen)에서 나왔다.

141 다니엘 리비에르, 최갑수 옮김, 《프랑스의 역사》, 153~4쪽.

142 바이아주와 세네쇼세는 각각 바이이와 세네샬이라는 국왕 대관이 행정, 사법권을 집행하던 구역을 말한다. 대체로 프랑스 북부는 바이이, 남부는 세네샬이 있었으나 예외도 많았다. 중세에는 절대적인 권력을 행사했으나 근대에 들어서는 실질적인 권력을 상실했다. 바이아주나 세네쇼세의 경계는 대단히 불명확하다. 1789년에는 400여 개의 바이아주(세네쇼세)가 있었다.

143 Gueux. 이들은 1566년부터 에스파냐의 지배에 항거했던 네덜란드의 칼뱅파 귀족들을 가리키는 용어이다. 특히 바다에서 활동한 '바다거지들'의 활동이 두드러졌다.

144 gouvernement. 프랑수아 1세와 앙리 2세는 왕국의 국경을 수비하기 위해 가장 크

고 중요한 지방에 모두 12개의 관구를 설치했다. 그 후, 그 수는 늘어나, 1776년에는 39개가 되었다. 종교전쟁 당시에 이들의 권력은 왕실을 위협할 정도로 강력했다.

145 말콩탕malcontent은 '만족하지 못한 사람'이라는 뜻으로 카트린 드 메디시스에 불만을 가진 가톨릭과 칼뱅파 귀족들을 말한다. 이들은 샤를 9세의 후임으로 앙주 공작 앙리가 아니라 동생인 알랑송 공작 프랑수아를 옹립하려는 음모를 꾸몄다.

146 처음으로 칼뱅파 신교도를 지칭하는 명칭으로 공식화되었다.

147 Issoire, Perigueux, le Mas-de-Verdun(오늘날 Mas-Grenier), Aigues-Mortes, Beaucaire, Noyons, Serres, Seyne.

148 Fernand Braudel, *Autour de la Méditerranée*, Editions de Fallois, 1996, p. 250.

149 이것은 낭트칙령이 궁극적으로 지향하는 것은 '하나의 종교'라는 점임을 시사하는 유명한 구절이다.

150 이를 나타내기 위해 칙령은 갈색 밀납으로 봉인되었다.

151 Henry Kamen, *The Rise of Toleration*, p. 194.

152 *Ibid.*, p. 196.

153 Benjamin J. Kaplan, *Divided by Faith. Religious Conflict and the Practice of Toleration in Early Modern Europe*, pp. 229~30.

154 이 장에서 소개한 세부 사실들은 Elisabeth Labrousse, *Essai sur la révocation de l'édit de Nantes*, Paris, Payot, 1985를 참고했다.

155 여기 소개하는 12조항은 요약한 것이다.

156 Elisabeth Labrousse, *Essai sur la révocation de l'édit de Nantes*, p. 108.

157 *Ibid.*, p. 115.

158 Henry Kamen, *The Rise of Toleration*, p. 198.

159 에마뉘엘 르 루아 라뒤리, 김응종·조한경 옮김, 《랑그도크의 농민들》 제2권, 한길사, 2009, 438~469쪽. 서정복, 《프랑스의 절대왕정 시대》, 푸른사상, 2012, 242~248쪽. Benjamin J. Kaplan, *Divided by Faith. Religious Conflict and the Practice of Toleration in Early Modern Europe*. p. 341.

160 Henry Kamen, *The Rise of Toleration*, p. 199.

161 Benjamin J. Kaplan, *Divided by Faith. Religious Conflict and the Practice of Toleration in Early Modern Europe*. pp. 159~60.

162 *Ibid.*, p. 339. Euan Cameron, *Waldenses*, p. 294

163 Elisabeth Labrousse, *Essai sur la révocation de l'édit de Nantes*, p. 202.

6. 장 보댕과 관용

* 이 글은 〈장 보댕과 관용〉, 《인문학연구》 46, 계명대학교 인문과학연구소, 2012년 12월을 수정보완한 것이다.

164 이밖에도 보댕의 작품으로 유명한 것은 당시의 가격 상승이 아메리카로부터의 은의 유입 때문임을 계량적으로 밝힌 《화폐와 만물의 풍부해짐에 대한 말레스트루아 씨의 모순들》(1568)이 있다. 《7현인의 대화》는 1588년에 완성된 것으로 추정되며 보댕의 생전에는 출판되지 못했다. 이 책은 라틴어와 프랑스어 필사본으로 널리 유포되다가 1857년에야 출판되었다.

165 여기에 소개하는 보댕의 삶은 Marion Leathers Daniels Kuntz이 보댕의 《7현인의 대화*Colloquium of the Seven about Secrets of the sublime*》 영어번역판(Princeton University Press, 1975)에 붙인 서문("Religion in the life of Jean Bodin")을 참고한 것이다.

166 사실, 이단재판을 받고 풀려난 보댕, 티펜과 결혼한 보댕이 우리의 그 보댕인지는 확실하지 않다.

167 P. Papin, "Duplicité et traîtrise : L'image des 'Politiques" durant la Ligue", *Revue d' histoire moderne et contemporaine*, 1991.

168 모나르코마크란 "일인 지배에 반대하는 사람들"이라는 뜻이다. 모나르코마크에 대해서는, 임승휘, 〈프랑스 신교도 모나르코마크의 정치이론(1572~1584)〉, 《프랑스사연구》 15, 2006년 8월 ; Arlette Jouanna, "Monarchomaques", Arlette Jouanna, Jacqueline Boucher 외(편), *Histoire et Dictionnaire des Guerres de Religion*, Robert Laffonte, 1998, 1109~11.

169 실제 저자는 뒤플레시스 모르네일 것으로 추정되기도 하나 확실하지는 않다.

170 Arlette Jouanna, "Politiques", Arlette Jouanna, Jacqueline Boucher 외(편), *Histoire et Dictionnaire des Guerres de Religion*, p. 1212.

171 P. Papin, "Duplicité et traîtrise : L'image des 'Politiques" durant la Ligue", p. 3.

172 W. J. Stankiewicz, *Politics and Religion in Seventeenth-Century France. A Study of Political Ideas from the Monarchonachs to Bayle, as Reflected in the Toleration Controversy*, Connecticut, 1960, pp. 41~4.

173 D. El Kenz, "Politiques ou malcontents", Jean-François Sirinelli et Daniel Couty(dir.), *Dictionnaire de l'Histoire de France*, Armand Colin, 1999, pp. 1232~3.

174 보댕의 정치사상에 대해서는, 장 보댕, 임승휘 옮김, 《국가론》, 책세상, 2005의 임 승휘 해제, 〈장 보댕과 근대 주권론의 탄생〉 참고 ; 임승휘, 《절대왕정의 탄생》, 살 림, 2004 ; 임승휘, 〈근대국가의 종교적 기원 : 프랑스 절대왕정과 종교〉, 《프랑스사 연구》 12, 2005년 2월.

175 "영구적이라는 말은 권력을 지닌 자의 일생이라는 의미로 받아들여야 한다"(Jean Bodin, *Les six livres de la République. Un abrégé du texte de l'édition de Paris de 1583*. Edition et présentation de Gérard Mairet, Le livre de poche, 1993, p. 116).

176 Jean Bodin의 *Les six livres de la République* 에 대한 Gérard Mairet의 해제, p. 10.

177 Fernand Braudel, *Autour de la Méditerranée*, p. 217.

178 임승휘, 〈장 보댕과 근대 주권론의 탄생〉, p. 49.

179 보댕과 홉스에 대해서는, Germano Bellussi, "L'absolutisme politique et la tolérance religieuse dans l'oeuvre de Jean Bodin et de Thomas Hobbes", *Jean Bodin*. Actes du Colloque Interdisciplinaire d'Angers. 24 au 27 Mai 1984, Presses de l'Université d'Angers, 1985 ; Ingrid Ellen Creppell, *The Genesis of toleration as a value*, The University of Chicago, 1994, UMI, 1999, p. 194 주 ; 보댕과 루소에 대해서는, Jean Bodin의 *Les six livres de la République* 에 대한 Gérard Mairet의 해제.

180 보댕은 《국가론》의 서문에서 마키아벨리를 비판하고 있지만, 보댕의 세속국 가론과 마키아벨리의 세속국가론은 유사한 면을 지닌다. 이 두 사상가에 대해 서는, Henri Weber, "Jean Bodin et Machiavel", *Jean Bodin*. Actes du Colloque Interdisciplinaire d'Angers ; Ingrid Ellen Creppell, *The Genesis of toleration as a value*, p. 189.

181 Joseph Lecler S. J., *Histoire de la tolérance au siècle de la Réforme*, 제2권, 1955, p. 92.

182 세 가지 방법에 대해서는 Ingrid Ellen Creppell, *The Genesis of toleration as a value*의 논의를 많이 참고했다.

183 전통적으로 가톨릭교회는 사후의 심판을 두려워하지 않으면 현세에서 도덕적으 로 살 리가 없다는 이유로 종교가 도덕의 원천이라고 주장했다. 그들이 무신론자를 비판한 것도 무신론자는 도덕적으로 살 리가 없다고 보았기 때문이다. 이 문제에 대해 무신론자도 도덕적으로 고결할 수 있다고 주장한 사람이 바로 피에르 벨이다.

184 George Roellenbleck, "Jean Bodin et la liberté de conscience", *La Liberté de conscience(XVIe–XVIIe siècles)*, Actes du Colloque de Mulhouse et Bâle(1989), Librairie Droz, 1991.

185 Ingrid Ellen Creppell, *The Genesis of toleration as a value*, p. 177, 183.

186 Joseph Lecler S. J., *Histoire de la tolérance au siècle de la Réforme*, 제2권, p. 153.

187 *Colloquium heptaplomeres de rerum sublimium arcanis abditis.* 영어판 제목은 *Colloquium of the Seven about Secrets of the Sublime*이다. heptaplous는 seven times라는 뜻이고, meros는 part라는 뜻이다.

188 Marion Leathers Daniels Kuntz의 영어번역판 서문("The Colloquium heptaplomeres and the Sixteenth Century"), p. xlvii.

189 Karl F. Faltenbacher, "Examen de conscience à Venise : Le "Colloquium Heptaplomeres", *La Liberté de conscience(XVIe–XVIIe siècles)*, Actes du Colloque de Mulhouse et Bâle(1989), p. 110에서 7명의 출신지를 추정한다. 참고로 필자는 보댕 이 책의 저자가 아니라고 주장한다.

190 Marion Leathers Daniels Kuntz의 영어번역판 서문("Religious views in Bodin's works"), p. xliv ; Joseph Lecler S. J., *Histoire de la tolérance au siècle de la Réforme*, 제2권, p. 155.

191 이 책의 영어 제목은 *On the Sevenfold account of the Six days of Genesis*이다. Cesare Vasoli, "De Nicolas de Cues et Jean Pie de la Mirandole à Jean Bodin : trois colloques", *Jean Bodin*, Actes du Colloque Interdisciplinaire d'Angers.

192 Marion Leathers Daniels Kuntz의 영어번역판 서문("The Colloquium heptaplomeres and the Sixteenth Century"), p. lv.

193 당시는 마녀사냥이 극성을 부리던 시대였고, 보댕의 마녀관은 동시대 지식인들의 일반적인 생각이었다. 그러나, 보댕과 마찬가지로 법관이었던 동시대의 몽테뉴는 보댕의 마녀관에 대해 비판적이었다는 점에서 보댕의 마녀관과 관용 사상이 지닌 한계를 지적할 수 있다. 이에 대해서는 Joseph Garreau, "Religion chez Montaigne et Bodin : convergence et divergence", *Jean Bodin*, Actes du Colloque Interdisciplinaire d'Angers, p. 223 ; 동시대인인 프랜시스 베이컨은 과학적인 생각 위에서 마녀에 대해 회의했다. 프랜시스 베이컨, 진석용 옮김, 《신기관—자연의 해석과 인간의 자연지 배에 관한 잠언》, 한길사, 2001, p. 302.

194 Marion Leathers Daniels Kuntz의 영어번역판, p. 143.

195 *Ibid.*, p. 151.

196 *Ibid.*, p. 152.

197 *Ibid.*, p. 226.

198 *Ibid.*, p. 169.

199 르네상스기의 작가들은 원죄론을 받아들이지 않았다. 보댕이 원죄론을 거부한 것은 유대교의 영향이다. 이에 대해서는, Maryanne Horowitz, "La religion de J. Bodin reconsidérée : Le Marrane comme modèle de la tolérance", *Jean Bodin*, Actes du Colloque Interdisciplinaire d'Angers, pp. 206~7.

200 Marion Leathers Daniels Kuntz의 영어번역판, p. 471.

201 Henry Kamen, *The Rise of Toleration*, p. 143.

7. 흐로티위스의 자연법사상

* 이 장의 일부는 〈자연법과 전쟁─후고 그로티우스의 《전쟁과 평화의 법》을 중심으로〉라는 제목으로 《군사》 91호, 2014년 6월에 발표되었다.

202 Perez Zagorin, *How the Idea of Religious Toleration Came to the West*, p. 149.

203 *Ibid.*, p. 152.

204 Benjamin J. Kaplan, *Divided by Faith. Religious Conflict and the Practice of Toleration in Early Modern Europe*, p. 242.

205 *Ibid.*, pp. 178~183.

206 그의 탈출 이야기는 매우 낭만적이다. 흐로티위스의 부인은 책을 잔뜩 담은 큰 통을 가지고 면회를 왔고, 그 통에 체구가 작은 흐로티위스를 담아 성 밖으로 탈출했다.

207 Richard Tuck, *The Rights of War and Peace. Political Thought and the International Order from Grotius to Kant*, Oxford University Press, 1999, pp. 79~80. 노획물의 가치는 3백만 길더가 넘었는데, 그것은 당시 잉글랜드 정부의 1년 지출과 맞먹는 어마어마한 액수였다.

208 이 필사본의 제12장은 《자유로운 바다 *Mare Liberum*》라는 제목으로 1609년에 출판되었고, 나머지는 1864년에 발견되어 《노획물의 법 *De Iure Praedas Commentarius*》이라는 제목으로 출판되었다.

209 Hugo Grotius, *The Rights of War and Peace*, Book 1, Edited and with an Introduction by Richard Tuck from the Edition by Jean Barbeyrac, Indianapolis, Liberty Fund, 2005, "Introduction", p. x.

210 찰스 틸리, 윤승준 옮김, 《유럽혁명 1492~1992—지배와 정복의 역사》, 새물결, 2000, 125쪽.

211 Hugo Grotius, *The Rights of War and Peace*, 제1권, p. 106.

212 *Ibid.*, pp. 106~7.

213 *Ibid.*, pp. 78~9.

214 폴 아자르, 조한경 옮김, 《유럽의식의 위기》, 제1권, 48쪽.

215 이 부분은 일반적인 예상을 벗어난다. 왜냐하면, 흐로티위스의 자연법 그리고 그것을 발전시킨 홉스의 자연법의 근본은 인간은 '자기보존self preservation'의 권리를 가지고 있다는 것이기 때문이다. 장 바르베락의 판본과는 달리 1625년의 판본에서는 '자기보존권'이 강조되어 있으며, 홉스가 읽은 책도 바로 이것이었다. 이 문제에 대해서는, Richard Tuck, *The Rights of War and Peace. Political Thought and the International Order from Grotius to Kant*, pp. 96~8 참고.

216 Hugo Grotius, *The Rights of War and Peace*, 제1권, pp. 85~6.

217 *Ibid.*, p. 91. x

218 *Ibid.*, pp. 101~2, 106.

219 Franco Cardini, "Guerre et Croisade", in Jacques Le Goff, Jean~Claude Schmitt(ed.), *Dictionnaire raisonné de l Occident médiéval*, Fayard, 1999, p. 439.

220 Philippe Contamine, *War in the Middle Ages*, translated by Michael Jones, Basil Blackwell, 1984, p. 273.

221 Hugo Grotius, *The Rights of War and Peace*, 제1권, pp. 196, 209.

222 *Ibid.*, 제2권, pp. 1021~1024.

223 *Ibid.*, 제2권, p. 448

224 Richard Tuck, *The Rights of War and Peace. Political Thought and the International Order from Grotius to Kant*, p. 106에서 재인용.

225 Franco Cardini, "Guerre et Croisade", p. 448.

226 Richard Tuck, *The Rights of War and Peace. Political Thought and the International Order from Grotius to Kant*, p. 95. "그는 헤이그에 있는 평화 궁전의 수호성인이 되

기에는 가장 어울리지 않는 인물이다."

227 Hugo Grotius, *The Right of War and Peace*, 제1권, p. 175.

228 *Ibid.*, 제1권, p. 195.

229 *Ibid.*, 제2권, pp. 1035~7.

230 *Ibid.*, 제2권, pp. 1041~50.

231 이노켄티우스 4세는 이교도들이 신의 법을 지키지 않으면 처벌할 수 있고, 그리스도교 선교사의 입국을 막으면 처벌할 수 있지만, 이교도들이 그리스도교 세계에 선교사를 파견하는 것은 안 된다고 말했다. 왜냐하면 그리스도교도들은 옳지만 이교도들은 그르기 때문이다(Richard Tuck, *The Rights of War and Peace. Political Thought and the International Order from Grotius to Kant*, pp. 60~1).

232 Hugo Grotius, *The Right of War and Peace*, 제1권, p. 155.

233 *Ibid.*, 제1권, p. 338.

234 *Ibid.*, 제3권, p. 1539.

235 *Ibid.*, 제3권, p. 1150.

236 *Ibid.*, 제3권, p. 1456.

237 *Ibid.*, 제3권, p. 1182.

238 Perez Zagorin, *How the Idea of Religious Toleration Came to the West*, p. 172.

239 이하의 논의는, Joseph Leclerc S. J., *Histoire de la tolérance au sièclede la Réforme*, 1954, 제2권, pp. 266~79. 에른스트 카시러, 박완규 옮김, 《계몽주의 철학》, 민음사, 1995, pp. 316~324.

240 Perez Zagorin, *How the Idea of Religious Toleration Came to the West*, p. 176.

241 Hugo Grotius, *The Rights of War and Peace*, 제1권, pp. 89~90. "참으로 우리가 이야기한 모든 것은 신이 없으며 신은 인간사에 관심이 없다고 할지라도—이것이야말로 극도로 사악하지 않고서는 말할 수 없는 것이지만—일어날 것이다.

8. 토머스 홉스와 국가주의

* 이 글은 김응종, 〈토마스 홉스와 무신론〉, 《역사와 담론》 55, 2010을 수정보완하여 재구성한 것이다.

242 A. P. Martinich, *The two Gods of Leviathan. Thomas Hobbes on Religion and Politics*

(Cambridge : Cambridge University Press, 1992), 30~31. 홉스는 자서전에서 자신이 "공포와 쌍둥이"였다고 말한다.

243 엘리자베스의 이복언니인 메리여왕은 가톨릭으로 복귀하여 280여 명의 프로테스탄트를 처형했다.

244 Perez Zagorin, *How the Idea of Religious Toleration Came to the West*, p. 189.

245 *Ibid.*, pp. 190~1.

246 A. P. Martinich, *Hobbes. A Briography*(Cambridge : Cambridge University Press, 1999), 215.

247 리챠드 턱(외), 강정인 편역, 《홉스의 이해》, 문학과지성사, 1993, 52쪽.

248 *Leviathan* with selected variants from the Latin edition of 1668, Edited with Introduction and Notes by Edwin Curley (Cambridge : Hackette Publishing Company, 1994). 제1장은 On the Nicene Creed, 제2장은 On Heresy, 제3장은 On certain objections against *Leviathan*이다.

249 〈영국 보통법에 관한 철학자와 학생의 대화〉, 〈이단과 그 처벌에 관한 역사적 담론〉, 〈브램홀Bramhall 주교에 대한 답변〉, 〈스카길 사건에 대한 논평〉, 《베헤못 또는 장기의회》, 〈이단에 관한 짧은 노트〉 등이다.

250 Clifford, Arlington, Buckingham, Ashley Cooper, Lauderdale의 이름 첫 자를 따서 조합한 단어로, 내각을 지칭한다.

251 이때 로크는 불관용적인 정책을 피해 망명을 떠났다.

252 리차드 턱(외), *Ibid.*, 56~59. 이에 대해 마르티니치는 홉스의 장례식이 교회에서 진행되었고, 홉스를 증오했던 사람들은 그가 평화롭게 죽음을 맞이했다는 사실에 대해 분노했으며, 홉스는 병자성사를 거부했다는 거짓말을 퍼뜨렸다고 말한다. (Martinich, *Hobbes. A Briography*, 356)

253 리차드 턱(외), *Ibid.*, 103 ; Eldon J. Eisenach, "Hobbes on church, state and religion", *History of Political Thought*, 3: 2 (Summer 1982), 215.

254 Martinich, *Hobbes. A Biograhpy*, 350 ; Martinich, *The two Gods of Leviathan*, 19~28.

255 '무신론자'라는 말의 용도에 대해서는, 뤼시앵 페브르, 김응종 옮김, 《16세기의 무신앙 문제. 라블레의 종교》, 문학과지성사, 1996.

256 Quentin Skinner, David Gauthier, Edward Curley 같은 학자는 홉스를 무신론자

로 보고, A. E. Taylor, Howard Warrender, F. C. Hood, 그리고 Martinich 같은 학자는 그렇지 않다고 본다. 구체적인 논점에 대해서는, Martinich, *The two Gods of Leviathan*, 14~16.

[257] 토머스 홉스, 진석용 옮김, 《리바이어던》, 제1권, 나남, 2008, 21쪽. "Nature(the Art whereby God hath made and governes the World) is by the Art of man, as in many other things, so in this also imitated, that it can make an Artificial Animal." (*Leviathan* by Thomas Hobbes, introduction by A. D. Lindsay (New York : E. P. Dutton and Company, 1950), 3)

[258] 《리바이어던》, 제1권, 78.

[259] *Ibid.*, 제1권, 37~39, 48, 108, 113, 제2권, 64, 66, 115, 357.

[260] *Ibid.*, 제1권, 38.

[261] *Ibid.*, 제1권, 39.

[262] *Ibid.*, 제2권, 318. 그밖에도 제1권, 116, 434, 제2권, 291, 293~4.

[263] *Ibid.*, 제1권, 465.

[264] *Ibid.*, 제1권, 465. "세계가 혹은 세계의 혼이 바로 하느님이라고 말한 철학자들은 그분을 하찮은 존재로 평가하고 그분의 현존을 부인하는 것이다. 왜냐하면 하느님은 세계의 원인인데 세계가 하느님이라고 말하면 그것은 세계에는 원인이 없다는 말이고 곧 하느님은 없다는 말이 되기 때문이다." "세계는 창조된 것이 아니고 영원한 것이라고 말하는 것은 하느님이 존재한다는 것을 부인하는 것이다. 왜냐하면 영원한 것은 아무런 원인을 갖지 않기 때문이다." 홉스의 주장은 스피노자의 범신론("신 즉 자연") 혹은 루소가 '사부아 보좌 신부의 신앙고백'에서 피력한 범신론과 다르다.

[265] *Ibid.*, 제1권, 465.

[266] *Ibid.*, 제1권, 466. "형상은 유한한 것이기 때문에 하느님에게 형상을 부여하는 것은 하느님을 공경하는 것이 아니며, 하느님이 이곳이나 저곳에 있다고 말해도 안 된다."

[267] *Ibid.*, 제1권, 466. "하느님이 여럿 있다고 해서도 안 된다. 이는 그들 모두가 유한하다는 것을 의미"하기 때문이다. 홉스는 삼위일체를 부정한다는 비판을 받았다. (Martinich, *The two Gods of Leviathan*, 205) 그러나 *Leviathan*의 라틴어 부록에서는 예수가 '하느님의 아들'임을 인정한다.

268 *Ibid.*, 제1권, 467. 정념이란 다른 어떤 것에 의해 제약되는 힘이기 때문이다. 스피노자 역시 이러한 이유로 신이 "사랑하는 존재"임을 부정했다.

269 *Ibid.*, 제1권, 150.

270 *Ibid.*, 제2권, 277.

271 *Ibid.*, 제2권, 24.

272 *Ibid.*, 제2권, 35.

273 Richard Popkin, *The History of Scepticism*, 223~225 ; E. 카시러, 박완규 옮김, 《계몽주의 철학》, 민음사, 1995, 247~250 참고.

274 《리바이어던》, 제2권, 46.

275 *Ibid.*, 제1권, 176.

276 *Ibid.*, 제1권, 213.

277 *Ibid.*, 제1권, 372, 279.

278 *Ibid.*, 제1권, 188.

279 홉스가 *Leviathan*의 라틴어 번역판에 붙인 부록, 541쪽.

280 리차드 턱(외), *Ibid.*, 106.

281 루소는 《에밀》에서 사부아 보좌신부의 입을 통해 '자연종교'를 고백하고 있다. 신앙에 대한 가장 위대한 관념들은 오직 이성을 통해 우리에게 생긴다. 자연의 광경을 보라. 그리고 내면의 소리를 들어보라. 신은 우리 눈과 우리 양심과 우리 판단력에 모든 것을 다 말해두지 않았는가? 인간들이 우리에게 더 이상 무엇을 말할 것인가? 그들이 말하는 계시는 신에게 인간의 정념을 부여하면서 신의 품위를 떨어뜨리고 있을 뿐이다"(장 자크 루소, 이용철·문경자 옮김, 《에밀 또는 교육론》, 제2권, 한길사, 2007, 178). "나는 모든 책을 덮어 버렸다. 모든 사람들 눈앞에 펼쳐져 있는 단 한 권의 책이 있으니, 그것은 자연이라는 책이다. 바로 이 위대하고 숭고한 책 속에서 나는 그 책을 만든 신성한 작가를 섬기고 숭배하는 법을 배운다."(201)

282 루소, 이환 옮김, 《사회계약론》, 서울대학교 출판부, 1999, p. 19.

283 여기에서 루소와 홉스의 차이를 볼 수 있다. 홉스의 경우에는 주권자가 곧 군주이기 때문에 군주는 주권자로서 절대적인 권력을 휘두른다.

284 *Ibid.*, 45.

285 *Ibid.*, 177.

286 *Ibid.*, 177. 번역서에는 '미래의 삶'으로 되어 있으나, life to come이니 '내세의 삶'

이 맞을 것 같다. '부정적인 교리'는 '금지하는 교리'라는 뜻이다.

287 *Ibid.*, 170. 루소는 홉스의 '신의 계약'에 대해 다음과 같이 말한다. "국민이 그 자신을 군주에게 복종시키는 행위는 결코 계약 행위가 아니라는 주장은 매우 타당하다. 그것은 결단코 위임이나 또는 고용에 불과한 것으로 그들은 한낱 주권자의 관리로서 위임받은 권력을 주권자의 이름으로 행사하는 것이다. 그러므로 주권자는 이 권력을 그의 뜻대로 제한하고 수정하고 또 회부할 수 있다"(*Ibid.*, 78). 《에밀》에도 홉스가 나온다. "정치법은 아직 생겨나지 않았고 앞으로도 결코 생겨나지 못할 거라고 생각한다. 이 분야에서 우리 모든 학자들의 스승인 흐로티위스는 한낱 어린아이에 게다가 더 나쁘게도 정직하지 못한 어린아이에 불과하다. 흐로티위스를 하늘 높이 떠받들고 홉스에게 저주를 퍼붓는 소리가 들릴 때면 나는 두 작가를 읽거나 또는 이해하는 분별력이 있는 사람들의 수가 얼마나 되는지를 알게 된다. 사실인즉 두 작가의 원리는 정확히 일치하나, 오직 그 표현 방식만 다를 뿐이다. 방법론에서도 다르기는 하다. 홉스는 궤변에 흐로티위스는 시인들에 의존한다. 그러나 그들은 나머지에서는 같다"(《에밀 또는 교육론》, 제2권, 476.).

288 《리바이어던》, 제2권, 200. 이 구절은 홉스의 책 곳곳에 나온다.

289 《리바이어던》, 제1권, 375.

290 김응종, 〈피에르 밸과 무신론〉, 《프랑스사연구》 18, 2008 ; Alan Ryan, "A more tolerant Hobbes?", Susan Mendus(ed.), *Justifying Toleration. Conceptual and Historical Perspectives* (Cambridge : Cambridge University Press, 1988), 49 ; J. G. A. *Pocock, Politics, language and time : Essays on political thought and history* (Chicago : Univ. of Chicago Press, 19890), 184. Pocock는 홉스의 신이 근대의 급진적 신학자들이 말한 deus absconditus와 유사하다고 말한다.

291 《사회계약론》, 177.

292 홉스는 처음에는 교회에 해석권을 부여했으나, 《리바이어던》에서는 주권자에게 해석권을 부여했다. 리차드 턱(외), *Ibid.*, 113 ; Quentin Skinner, *Hobbes and Republican Liberty* (Cambridge : Cambridge UP, 2008), 168.

293 홉스는 1642년의 《시민론》에서도 이러한 이야기를 했다. Martinich, *Hobbes A Briography*, 219 ; Quentin Skinner, *Ibid.*, 181.

294 《리바이어던》, 제2권, 277.

295 Quentin Skinner, *Ibid.*, 213~6 ; Alan Ryan, *Ibid.* ; Alan Ryan, "Hobbes, Toleration

and the Inner Life", David Miller, *The Nature of Political Theory* (Oxford : Clarendon Press, 1983).

296 리차드 턱(외), *Ibid.*, 48.

297 《리바이어던》, 제2권, 64.

298 *Ibid.*, 제2권, 343.

299 *Leviathan* 라틴어 번역판 부록, 541.

300 Martinich, *The two Gods of Leviathan*, 25~6.

301 《리바이어던》, 제1권, 147. 홉스의 이러한 자연주의 사상은 그가 파리에 망명할 때 접촉했던 프랑스 리베르탱(자유사상가)들의 영향일지 모른다(Ezequiel de Olaso, "Hobbes : religion and ideology. Notes on the political utilization of religion", *Scepticism and irreligion in the seventeenth and eighteenth centuries* (Paris : E. J. Brill, 1933), 60.

302 《리바이어던》, 제1권, 84~85쪽. public이라는 단어는 모호하지만 홉스는 그것을 이런 의미로 사용하고 있다. (Martinich, *The two Gods of Leviathan*, 52.).

303 《리바이어던》, 제1권, 150.

304 《리바이어던》, 제2권, 146.

305 무신론자라는 말은 적에게 사용하는 무기였다는 점에서는 홉스도 예외가 아니었다. 홉스는 《베헤못 또는 장기의회》에서 장로파를 무신론자라고 비판한다. "장로파와 장로회 목사들의 행동에 분명히 나타나 있는 무신론, 위선, 탐욕, 잔인함 보다 더 큰 악이 어디 있는가?"(Hobbes, *Behemoth or the Long Parliament* (Chicago : Chicago University Press, 1990), 155.).

306 Martinich, *The two Gods of Leviathan*, 33.

307 Eldon J. Eisenach, *Ibid.*, 223. 저자는 홉스의 종교가 동시대의 급진파에 비해서는 온건한 정통주의에 가깝다고 본다.

308 리차드 턱(외), *Ibid.*, 48~49 ; Martinich, *The two Gods of Leviathan*, 330.

309 Franck Lessay, "La tolérance : contextes et problématiques", Yves Charles Zarka, Franck Lessay, John Rogers(ed.), *Les fondements philosophiques de la tolérance en France et en Angleterre au XVIIe siècle*, t. I, p. 5.

310 Perez Zagorin, *How the Idea of Religious Toleration Came to the West*, pp. 206~39 ; Norah Carlin, "Toleration for Catholics in the Puritan revolution", Ole Peter Grell, Bob Scribner(ed.), *Tolerance and intolerance in the European Reformation*.

311 《리바이어던》, 제2권, 403.

312 리차드 턱(외), *Ibid.*, 106.

313 *Leviathan* 라틴어 번역판 부록, 529쪽. 피에르 벨은 무신론자라고 해서 반드시 부도덕한 것은 아니라는 점을 처음 이야기한 사람이라는 평가를 받는데, 홉스가 이미 그런 이야기를 했다.

314 *Ibid.*, 529.

315 Martinich, *The two Gods of Leviathan*, 248.

316 Alan Charles Kors, "The Atheism of d'Holbach and Naigeon", Michael Hunter, David Wootton(ed.), *Atheism from the Reformation to the Enlightenment* (Oxford : Clarendon Press, 1992), 282.

317 Ole Peter Grell, Roy Porter, "Toleration in Enlightenment Europe", Ole Peter Grell, Roy Porter(ed.), *Toleration in Enlightenment Europe*, p. 4.

Ⅲ. 회의주의의 부활

318 Richard H. Popkin, *The History of Scepticism. From Savonarola to Bayle*, p. xvii.

319 *Ibid.*, p. 158.

320 Ole Peter Grell, "Introduction", Ole Peter Grell, Bob Scribner(ed.), *Tolerance and Intolerance in the European Reformation*, p. 2.

9. 몽테뉴의 회의주의

* 이 글은 김응종, 《몽테뉴의 종교》, 《프랑스사연구》 12, 2005를 수정보완하여 재구성한 것이다.

321 Géralde Nakam, *Montaigne et son temps* (Gallimard, 1993), p. 88 ; 같은 무렵 리옹의 인구는 6만이었으며 이 가운데 3분의 1이 칼뱅파였다. Natalie Zemon Davis, *Society and Culture in Early Modern France* (Stanford : Stanford University Press, 1965), p. 1.

322 홋타 요시에, 《위대한 교양인 몽테뉴》 3권, 김석희 옮김 (한길사, 1999), 제1권, p. 40. 그러나, 몽테뉴의 어머니가 칼뱅파로 개종했는지에 대해서는 이론이 있다.

M. Dreano는 그녀의 유언장을 분석해 볼 때 가톨릭임이 분명하다고 말한다. M. Dreano, *La religion de Montaigne* (Librairie A.‒G. Nizet, 1969), p. 22.

323 Richard H. Popkin, *The History of Scepticism*, p. 46.

324 스티븐 그린블랫, 이혜원 옮김, 《1417년, 근대의 탄생. 르네상스와 한 책 사냥꾼 이야기》, 까치, 2013, 312~321쪽.

325 원본으로는, *Oeuvres complètes*. textes établies par Albert Thibaudet et Maurice Rat (Gallimard, 1962) ; 영어 번역판으로는, *The complete Works of Montaigne*. Essays·travel Journal·Letters Newly translated by Donald M. Frame (Stanford : Stanford University Press, 1957). 이 글에서는 영어판을 사용했으며 필요한 경우 불어판을 참고했다. 여행기와 편지도 영어판을 참고한 것이다.

326 《수상록》, 제2권, 제3장 "Cea 섬의 관습에 대하여".

327 이노켄티우스 3세의 《인간존재의 비참함에 대하여》는 번역판이나 발췌본을 빼고도 필사본 약 700부, 인쇄본 약 40부가 있었던, 중세에 가장 널리 읽혔던 책 가운데 하나이다. 호르스트 푸어만, 《중세로의 초대》, 안인희 옮김 (이마고, 2003), pp. 70~1.

328 《수상록》, 제3권, 제12장 "외모에 대하여".

329 Henry Kamen, *The Rise of Toleration*, p. 23.

330 David Quint, *Montaigne and the quality of Mercy. Ethical and political themes in the Essais* (Princeton : Princeton University Press, 1998), pp. 93~6.

331 몽테뉴는 1568년에 레몽 스봉의 《자연신학》을 번역했다. 몽테뉴가 "위대한 신학자이자 철학자"로 평가한 스봉의 《자연신학》(특히 프롤로그)은 금서로 지정되었다. "성서는 자연이라는 책과 더불어 하느님을 알려주는 책이다"라는 스봉의 주장은 지나치게 성서만을 강조한 것으로 교회는 판단했기 때문이다. 이성과 신앙 및 은총의 관계에서, 스봉의 이성주의는 그리스도교의 숭고한 신앙을 이성으로 축소시켜 지나치게 인간적인 종교로 만든다는 비판을 받은 것이다. 그러나 스봉이 교회에 대한 복종을 거부한 적은 없으며, 스봉에게 있어서 인간의 이성이란 하느님의 말씀에 비하면 경박하고 헛된 환상에 불과했다. 이 사실을 알고 있던 몽테뉴는 일부 오해의 소지가 있는 부분을 수정하여 번역함으로써 이성주의자들에게 이성의 한계를 인식시켜주고 불확실성에 대한 해답을 믿음에서 찾도록 한 것이다(Dreano, p. 70).

332 《수상록》, 제3권, 제8장 "토론의 기술에 대하여" ; 《수상록》, 제1권, 제37장 "소少 카토에 대하여".

333 《수상록》, 제2권, 제15장 "어려움이 우리의 욕망을 증진시킨다".

334 《수상록》, 제2권, 제12장 "레몽 스봉을 위한 변호".

335 1939년에 금서에서 풀려난다.

336 Dreano, pp. 294~310.

337 Richard H. Popkin, *The History of Scepticism*, p. 51.

338 《수상록》, 제1권, 제56장 "기도에 대하여".

339 《수상록》, 제2권, 제12장 〈레몽 스봉을 위한 변호〉.

340 《수상록》, 제1권, 제23장 "기존의 법을 쉽사리 바꾸지 않는 관습에 대하여".

341 《수상록》, 제2권, 제12장 〈"레몽 스봉을 위한 변명〉.

342 《수상록》, 제3권, 제12장 "외모에 대하여".

343 《수상록》, 제1권, 제31장 "식인종들에 대하여".

344 《수상록》, 제2권, 제19장 "양심의 자유에 대하여".

345 《수상록》, 제1권, 제23장 "기존의 법을 쉽사리 바꾸지 않는, 관습에 대하여". "나는 이러한 상태[분별력의 상실]가 우리의 열광적인 분파들 가운데 첫 번째 분파[칼뱅파]에서 최고조에 달했음을 관찰한 바 있다. 또다른 분파[가톨릭 신성동맹]는 그후에 생겨난 것으로, 그것을 모방하는 데 있어서 그것을 능가했다"(《수상록》, 제3권, 제3장 "의지를 아끼는 것에 대하여").

346 "나는 양쪽에서 시달림을 받았다. 기벨린당에서는 나를 겔프당으로 보았고, 겔프당에서는 나를 기벨린당으로 보았다"(《수상록》, 제3권, 제12장 "외모에 대하여").

347 Ramus, Lambin, Turnèbe, Forcadel 같은 법학자나 지식인들이 여기에 속했으며, Arnaud Du Ferrier, Paul de Foix 같은 인문주의 외교관들과 관계를 맺고 있었고, 카트린 드 메디시스, Michel de L'Hospital, Jean de Monluc, Châtillon 형제(Gaspard, Odet, François) 같은 사람들의 보호를 받았다.

348 Philippe Papin, "Duplicité et traîtrise : l'image des "politiques" durant la Ligue", Revue d'histoire moderne et contemporaine, (1991), p.10 ; 임승휘, 〈종교전쟁의 성흔─17세기 프랑스 가톨릭의 종교문화〉, 《역사와 문화》 제5권(2002), pp. 90~1.

349 몽테뉴는 이 학살에 대해 어떻게 생각했을까? 《수상록》에는 종교전쟁 기간 중에 벌어진 사건들에 대해 구체적인 언급이 많이 있지만 성바르텔르미축일의 학살에 대한 언급은 없다. 몽테뉴는 그것을 칼뱅파가 자초한 일로 보고 있는지(Dreano, 앞의 책, p. 106) 아니면, 공익을 위해서는 성바르텔르미축일의 학살 같은 사건도 필요하

다고 보았는지는 확실하지 않다. Malcom C. Smith, *Montaigne and Religious freedom, The dawn of Pluralisme*(Droz, 1991), p. 113. Nakam은 1572년 이후의 글에 잔인함에 대한 고발이 늘어나고, 관용과 양심의 자유에 대한 글이 늘어난 것은 이 사건의 영향으로 보고 있다(Nakam, pp. 188~199).

350 《수상록》, 제1권, 제23장 "기존의 법을 쉽사리 바꾸지 않는, 관습에 대하여".

351 몽테뉴의 군주론에는 홉스적인 논조가 엿보인다 : "최악의 법도 그것 없으면 인간이 인간을 잡아먹는 상태에 떨어질 것이기 때문에 필요하다고 에피쿠로스는 말했다"(《수상록》, 제2권, 제12장 "레몽 스봉을 위한 변호").

352 Quint, p. 104.

353 《수상록》 제1권 27장 "옳은 것과 그른 것을 우리가 이해할 수 있는 것만으로 한정하는 것은 잘못이다".

354 스미스는 《수상록》 제1권의 챕터 구성으로 보아 이렇게 추정한다. 몽테뉴는 제1권 57장의 가운데에 라 보에시의 글(《자발적 예속》)을 넣으려 했으나 포기했고, 라 보에시의 시와 서문 격으로 "우정에 대하여"를 넣었는데, 위 글은 바로 그 앞 챕터에 들어 있다.

355 Smith, p. 34.

356 Nakam은 두 사람의 의견이 달랐다고 말하지만, 여기에서는 Smith의 견해를 따랐다.

357 《수상록》, 제2권, 제19장, "양심의 자유에 대하여".

358 몽테뉴는 tolérence des maulx(악의 관용)이라는 말을 사용한 적이 있는데, 본질적으로는 악이지만 편의상 일시적으로 묵인한다는 의미이다. 몽테뉴의 tolérance 개념은 당시의 일반적인 용례와 다르지 않다. 그가 종교의 경우에 tolérance라는 단어를 쓰지 않은 것은 종교는 악이 아니기 때문이다. William H. Huseman, "The expression of the Idea of Toleration in French During the sixteenth century", *Sixteenth Century Journal*, no. 15(1984), p. 310 ; Philip Benedict, "Un roi, un loi, deux fois : Parameters for the history of Catholic-Reformed co-existence in France, 1555~1685", Ole Peter Grell, Bob Scribner(ed.), *Toleration and intolerance in the European Reformation* p. 67.

359 Smith, p. 35.

360 Mario Turchetti, "Concorde ou tolérance? de 1562 à 1598" *Revue historique*, no. 274(1986) ; Mario Turchetti, "Religious Concord and political tolerance in Sixteenth

and Seventeenth Century France", *Sixteenth Century Journal*, no. XXII(1991), p. 18. Turchetti는 낭트칙령을 "perpetual and irrevocable"이라는 조항에도 불구하고 이전의 다른 칙령들과 마찬가지로 "일시적인" 칙령, 즉 "종교의 자유"를 부여한 것이 아니라 "관용"을 부여했을 뿐이라고 본다. 그렇다면 루이 14세의 낭트칙령 "폐기"는 엄밀한 의미로 폐기가 아니라 낭트칙령의 원칙을 계승한 것이 된다 ; Malcom C. Smith, "Early French Advocates of Religious Freedom", *Sixteenth Century Journal*, no. XXV(1994), pp. 29, 49. 여기에 나오는 인물들은, Pierre Du Chastel, Michel de L'Hôpital, "Exhortations aux princes"의 저자, Estienne de La Boëtie, Arnaud Du Ferrier, Paul de Foix, Jean de Monluc, Antoine Loisel 등 대체로 몽테뉴가 친분을 유지하던 사람들이다.

361 Smith, *Montaigne and Religious freedom*, p. 121.

362 *Ibid.*, p. 124. 몽테뉴는 마녀사냥에 대해서도 반대했다. "결국 자신의 추측만 가지고 한 인간을 불태우는 것은 그 추측을 지나치게 높이 평가하는 것이다"(《수상록》, 제3권, 제11장 "절뚝발이에 대하여").

363 Malcolm C. Smith, p. 168.

364 James J. Supple, "Montaigne and the French Catholic League", *Montaigne Studies*, no 4(1992), p. 126.

365 몽테뉴, 전집, 제2권, p. 1092.

366 Nakam, p. 168.

367 Smith, *Montaigne and Religious freedom*, p. 174.

10. 프랑스의 자유사상가들

368 Jacques Chiffoleau, "Du Christianisme flamboyant à l'aube des Lumières", Jacques Le Goff, René Rémond(ed.), *Histoire de la France religieuse*, II, Seuil, 1988, p. 239.

369 Perez Zagorin, *How the Idea of Religious Toleration came to the West*, p. 155.

370 Pascal Taranto, *Du Déisme à l'athéisme : la libre-pensée d'Anthony Collins*, Paris, Honoré Champion Editeur, 2000, p. 22.

371 에드먼드 버크, 이태숙 옮김, 《프랑스혁명에 관한 성찰》, 한길사, 2008, p. 161.

372 미셸 옹프레, 곽동준 옮김, 《바로크의 자유사상가들》, 인간사랑, 2011, p. 32.

[373] Richard H. Popkin, *The History of Scepticism*, p. 57.

[374] 옹프레, pp. 67~9.

[375] 옹프레, p. 77.

[376] 옹프레, p. 84.

[377] 옹프레, p. 146.

[378] 옹프레, p. 158.

[379] 옹프레, p. 159.

[380] 옹프레, p. 164.

[381] 옹프레, p. 195.

[382] 옹프레, p. 193.

[383] Richard H. Popkin, *The History of Scepticism*, p. 97.

[384] *Ibid.*, p. 87.

[385] 브라이언 매기, 박은미 옮김, 《사진과 그림으로 보는 철학의 역사》, 시공사, 2004, p. 44~5.

[386] 미셸 옹프레, 《바로크의 자유사상가들》, p. 190.

[387] Richard H. Popkin, *The History of Scepticism*. p 81.

[388] 옹프레, pp. 41~2.

11. 스피노자의 무신론과 자유

*이 글은 김응종, 〈근대 무신론의 철학적 기원—베네딕투스 데 스피노자와 피에르 밸을 중심으로〉, 《프랑스사연구》 20, 2009를 수정보완하여 재구성한 것이다.

[389] Michael J. Buckley, *At the Origins of Modern Atheism*, (Yale University Press, 1987), p. 3.

[390] Justin Martyr, *First Apology*, 13, *Ibid.* p. 4에서 재인용.

[391] David Wootton, "New Histories of Atheism", Michael Hunter, David Wootton(ed.), *Atheism from the Reformation to the Enlightenment* (Clarendon Press, 1992), p. 25.

[392] 뤼시앵 페브르, 《16세기의 무신앙 문제—라블레의 종교》.

[393] Buckley, *At the Origins of Modern Atheism*, p. 10.

[394] *Ibid.*, p. 27.

[395] David Wootton, "New Histories of Atheism", p. 49.

396 폴 아자르, 조한경 옮김, 《유럽 의식의 위기》, 민음사, 1990.

397 Spinoza, *Ethics*, edited and translated by G. H. R. Parkinson (Oxford University Press, 2000), "편자 서문", p. 6.

398 Collegiants는 1619년 네덜란드의 아르미니우스파와 재세례파들이 세운 섹트로서, 소집단collegia으로 모여 사제 없이 예배를 보는 사람들이고, Mennonites 는 창설자인 Meno Simons의 가르침에 따라 정치를 등지고 무저항적인 삶을 사는 사람들이었다.

399 책의 제목은 *Ethics Demonstrated in Geometrical Order* 이다.

400 Spinoza, *Theological-Political Treatise*, in *Complete Works* with Translations by Samuel Shirley, edited with Introduction and Notes, by Michael L. Morgan (Hackett Publishing Company, 2002), "편자 서문", pp. 383~4.

401 이정우, 〈바루흐 스피노자, 《에티카》〉, 이진경, 이정우, 심경호, 배병삼 외 지음, 《고전의 향연》(한겨레출판, 2007), 39~43쪽.

402 E. 카시러, 《계몽주의 철학》 박완규 역 (민음사, 1995), 214쪽. 폴 아자르도 당시는 "온통 인간이 무엇을 믿어야 하고 무엇을 믿지 않아야 하는가에 대한 의문뿐이었다"고 말한다(폴 아자르, 《유럽 의식의 위기》 I, 10쪽).

403 스피노자는 《에티카》를 완성한 후 《정치론》 집필에 나서나 완성하지 못한다.

404 Spinoza, *Theological-Political Treatise*, p. 391.

405 *Ibid.*, p. 392.

406 *Ibid.*, p. 521.

407 *Ibid.*, pp. 521~2.

408 Richard H. Popkin, *The History of Scepticism*, p. 243.

409 Spinoza, *Theological~Political Treatise*, p. 514.

410 *Ibid.*, p. 445.

411 *Ibid.*, p. 521.

412 *Ibid.*, p. 516.

413 *Ibid.*, p. 525.

414 *Ibid.*, p. 441.

415 *Ibid.*, pp. 442~3.

416 *Ibid.*, p. 508.

⁴¹⁷ Richard H. Popkin, *The History of Scepticism*, p. 242.

⁴¹⁸ 공리 7은 "존재하지 않는 것으로 상상될 수 있는 모든 것의 본질은 존재를 포함하지 않는다"이고, 명제 7은 "존재는 실체의 속성에 속한다"이다.

⁴¹⁹ Spinoza, *Ethics*, edited and translated by G. H. R. Parkinson, "편자 서문", p. 27.

⁴²⁰ 만물에는 신이 들어 있다는 사상을 범신론pantheism, 만물이 신 안에 들어 있다는 사상을 만유재신론panentheism이라고 구분하기도 하지만, 우리의 논의에서 그 차이는 중요하지 않다. 이 문제에 대해서는 Alan Donagan, *Spinoza* (New york, Harvester, 1988), pp. 90~1 참고.

⁴²¹ Spinoza, *Ethics*, p. 109.

⁴²² 이것을 "신 혹은 자연"이라고 번역하는 것은 신과 자연을 별개의 것으로 보는 치명적인 오해를 초래한다.

⁴²³ 1790년대에 Lichtenberg, Novalis, Herder, Schleiermacher 등은 스피노자에 열광했으며, 스피노자를 "신에 중독된 철학자"라고 불렀다 (로저 스크러턴, 《스피노자》, 정창호 옮김 (시공사, 2000), 73쪽.

⁴²⁴ Richard H. Popkin, *The History of Scepticism*, pp. 245~6.

⁴²⁵ Perez Zagorin, *How the Idea of Religious Toleration came to the West*, p. 187.

⁴²⁶ E. 카시러, 《계몽주의 철학》, 64쪽.

⁴²⁷ 피에르 벨의 전기에 대해서는 김응종, 〈피에르 벨과 무신론〉, 《프랑스사연구》 제18호 (2008, 2). Elisabeth Labrousse, *Pierre Bayle*, t. I, *Du pays de Foix à la cité d Erasme* (M. Nijhoff, 1963) (2e éd., M. Nijhoff, 1985). Elisabeth Labrousse, *Pierre Bayle*, t. II, *Hétérodoxie et Rigorisme* (M. Nijhoff, 1964 (2e éd., A. Michel, 1996). Hubert Bost, *Pierre Bayle*, (Fayard, 2006).

⁴²⁸ 이 네 권의 책은 *Oeuvres diverses*라는 제목으로 1727년에 헤이그에서 출판되었다. 여기에서는 이 책들에서 발췌한 구절들로 엮은 *Pensées sur l athéisme*, Edition présentée, établie et annotée par Julie Boch (Desjonquères, 2004)를 참고했다. 《혜성에 대한 다양한 생각들*Pensées diverses sur la comète*》(1682)은 가톨릭의 우상숭배 관행을 비판하면서 무신론을 옹호한 책이고, 《다양한 생각들의 보충*Addition aux Pensées diverses*》(1694)은 칼뱅파 신학자이며 목사인 피에르 쥐리외의 비판에 대한 반박문이다. 《다양한 생각들의 계속*Continuation des Pensées diverses*》(1704)는 《역사적 비판적 사전》이 회의주의의 온상이라는 비판에 대한 답변이며, 《한 시골 사람의 질문에 대

한 답변*Réponse aux questions d un provincial*》(1705)은 이성주의 신학자들의 공격에 대한 답변이다.

429 *Pensées sur l athéisme*, p. 56.

430 *Ibid.*, p. 42.

431 *Ibid.*, p. 95.

432 *Ibid.*, p. 153.

433 *Ibid.*, p. 147. "게으른 신"은 홉스의 "숨은 신", 디드로의 "무관심한 신", 돌바크의 "등돌린 신"과 동일한 속성을 가지고 있다.

434 Hubert Bost, *Pierre Bayle*, p. 137.

435 여기서는 Pierre Bayle, *Historical and Critical Dictionary*, Selections, translated with an Introduction and Notes by Richard H. Popkin (Hackette Publishing Company, 1991)을 사용했다. "Spinoza" 항목은 무려 50쪽(pp. 288~338)으로서 《역사적 비판적 사전》의 1,200여 항목들 가운데 가장 길다.

436 E. 카시러, 《계몽주의 철학》, 250쪽. 피터 게이, 주명철 옮김, 《계몽주의의 기원》, 민음사, 1998, 422쪽. Richard H. Popkin, *The History of Scepticism*, p. 299..

437 Richard H. Popkin, *The History of Scepticism*, p. 289. 디드로는 논증술에 있어서 밸보다 뛰어난 사람은 없을 것이라고 말한다(E. 카시러, 《계몽주의 철학》, 218쪽).

438 Richard H. Popkin, *The History of Scepticism*, p. 242.

439 *Ibid.*, p. 245.

440 *Ibid.*, p. 247. Paul Vernière, *Spinoza et la pensée française avant la Révolution* (PUF, 1982), pp. 305~6.

441 Pierre Bayle, *De la Tolérance. Commentaire philosophique sur ces paroles de Jésus~Christ "Contrains-les-d entrer"*, Préface et commentaires de Jean-Michel Gros (Presses Pocket, 1992), p. 87.

442 *Ibid.*, p. 42.

443 *Ibid.* p. 177, 193. "파울주의자Paulicians 항목.

444 Gianluca Mori, *Bayle Philosophe*, p. 237. 팝킨에 의하면, 볼테르도 밸의 신앙주의를 믿지 않았다 (Richard H. Popkin, *The History of Scepticism*, p. 290).

445 *Ibid.*, p. 256.

446 김응종, 〈피에르 밸과 무신론〉, 40쪽 참고.

[447] Pierre Bayle, *De la Tolérance. Commentaire philosophique sur ces paroles de Jésus−Christ "Contrains−les−d entrer"*, 편자서문, p. 40.

[448] Richard H. Popkin, *The History of Scepticism*, p. 230.

[449] 폴 아자르, 《유럽 의식의 위기》, I, 108~109쪽.

[450] *Ibid.*, p. 109. 우리는 18세기의 philosophe를 계몽사상가라고 번역하는데 그냥 철학자라고 번역하는 것이 낫다.

[451] David Wootton, "New Histories of Atheism", p. 40.

[452] Richard H. Popkin, *The History of Scepticism*, p. xx.

[453] E. 카시러, 《계몽주의 철학》, 275쪽.

[454] Jonathan I. Israel, "Spinoza, Locke and the Enlightenment Battle for Toleration", Ole Peter Grell, Roy Porter(ed.), *Toleration in Enlightenment Europe*, p. 108.

[455] Henry Kamen, *The Rise of Toleration*, p. 220.

[456] Jonathan I. Israel, "Spinoza, Locke and the Enlightenment Battle for Toleration", p. 105.

[457] *Ibid.*, p. 106.

[458] *Ibid.*, p. 111

[459] Richard H. Popkin, *The History of Scepticism*, pp. 252~3.

12. 존 로크와 피에르 벨

* 이 글은 김응종, 〈존 로크와 피에르 벨의 관용론— '관용'을 넘어 양심의 자유로—〉, 《프랑스사연구》 19, 2008을 수정보완하여 재구성한 것이다.

[460] 《프티 로베르*Petit Robert*》 사전에는 1561년부터 tolérance라는 단어가 사용되었다고 적혀 있다.

[461] Philip Benedict, "Un roi, une loi, deux fois : parameters for the history of Catholic−Reformed co−existence in France, 1555~1685", Ole Peter Grell, Bob Scribner(ed.), *Tolerance and intolerance in the European Reformation*, p. 67.

[462] 폴 아자르, 《유럽 의식의 위기》, 조한경 옮김 (민음사, 1990).

[463] Pierre Bayle. *De la tolérance. Commentaire philosophique sur ces paroles de Jésus−Christ "contrains−les−d entrer"*. pp. 43~4. 이하 《철학적 논평》으로 줄임.

464 Perez Zagorin, *How the Idea of Religious Toleration came to the West*, pp. 258~9.

465 Richard I. Aaron, *John Locke* (Oxford : Oxford University Press, 1971), p. 22.

466 송규범, 〈존 로크의 관용론〉, 《서양사론》 제78호 (2003. 9), 89~90쪽.

467 Perez Zagorin, *How the Idea of Religious Toleration came to the West*, p. 250.

468 송규범, 〈존 로크의 관용론〉, 90~91쪽.

469 *Ibid.*, 93쪽.

470 The Works of John Locke, vol 6, Routledge/ Thoemmes Press, 1794. '제1서신'은 54쪽, '제2서신'은 77쪽, '제3서신'은 406쪽, '제4서신'은 26쪽이다. 제1서신을 제외한 나머지 서신들은 제1서신의 내용을 논쟁적으로 반복한 것이어서 제1서신의 논의에 새롭게 더한 것이 없다는 평가를 받는다.

471 *Ibid.*, p. 9.

472 *Ibid.*, p. 16.

473 *Ibid.*, p. 28.

474 *Ibid.*, p. 41.

475 *Ibid.*, pp. 47~48.

476 *Ibid.*, p. 52.

477 *Ibid.*, pp. 45~47.

478 Richard S. Dunn, *The Age of Religious Wars*, 1559~1689, p. 218.

479 Henry Kamen, *The Rise of Toleration*, p. 211.

480 Perez Zagorin, *How the Idea of Religious Toleration came to the West*, p. 267.

481 Norah Carlin, "Toleration for Catholics in the Puritan Revolution", Ole Peter Grell, Bob Scribner(ed.), *Tolerance and intolerance in the European Reformation*, p. 216.

482 퐁텐블로칙령이 비판받을 수 있는 것은 그것이 불관용적이라는 점보다는 야만적으로 강제 개종을 명했다는 점에 있을 것이다. 프랑스에 있는 프로테스탄트들은 가톨릭으로 강제 개종해야 했으며, 이를 피해 망명을 떠나는 것도 허용되지 않았다. 강제 개종을 피해 도주하다가 잡힌 사람들은 갤리선으로 끌려가거나 감옥에 갇혔다.

483 Henry Kamen, *The Rise of Toleration*, p. 231.

484 Pierre Bayle, *Pensées sur l athéisme*, Edition présentée, établie et annotée par Julie Boch (Paris : Editions Desjonquères, 2004), p. 42.

485 *Ibid.*, p. 87.

486 *Pensées sur l'athéisme*, p. 78.

487 *Ibid.*, Julie Boch의 서문, p. 25.

488 벨은 성서해석자인 리샤르 시몽Richard Simon이나 이삭 라 페레레르Issac La Peyère 등과 교류하고 있었으며, 스피노자의 성서해석학에 대해서도 알고 있었다. 성서해석학에 대해서는, Richard H. Popkin, *The History of Scepticism*.

489 《철학적 논평》, p. 87.

490 중국 황제가 선교사들에게 자발적으로 개종하지 않으면 어떻게 할 것인가라고 묻는 이야기는 로크의 《관용서신》에도 나온다.

491 《철학적 논평》, p. 146.

492 *Ibid.*

493 *Ibid.*, p. 283.

494 Henry Kamen, *The Rise of Toleration*, p. 78.

495 Perez Zagorin, *How the Idea of Religious Toleration came to the West*, p. 283.

496 Ian Harris, "Tolérance, Eglise et Etat chez Locke", Yves Charles Zarka, Franck Lessay, John Rogers(ed.), *Les fondements philosophiques de la tolérance en France et en Angleterre au XVIIe siècle*, t. I,, p. 211 ; Jean-Michel Gros, "Bayle : de la tolérance à la liberté de conscience", *Ibid.*, p. 296, 303.

497 Jean-Michel Gros의 서문.

498 Peter Brown, "St. Augustine's Attitude to Religious Coercion", *The Journal of Roman Studies LIV* (1964), p. 107.

499 Ingrid Ellen Creppell, *The Genesis of Toleration as a value* 제4장 "Conflict and Public Establishment of Toleration in Early Modern Europe".

500 Benjamin J. Kaplan, *Divided by Faith*, pp. 334, 336.

Ⅳ. 계몽주의와 관용

13. 계몽사상의 반그리스도교적 기원

* 이 글은 김응종, 〈계몽사상의 반反그리스도교적 기원〉, 《서양사론》 100, 2009를 수

정보완하여 재구성한 것이다.

501 다니엘 모르네, 《프랑스혁명의 지적 기원》, 588쪽. 본문 중에서도 비슷한 구절을 읽을 수 있다. "불안한 여론을 조성한 것은 대담한 철학이라기보다는 바로 민중 운동이었던 것이다. 우리는 몇 가지 희귀한 예외를 인정하면서, 계몽사상가들은 혁명을 원하지도 않았거니와 심지어 예견하지도 않았다는 사실을 밝힌 바 있다"(560쪽).

502 에른스트 카시러, 《계몽주의 철학》, 357쪽.

503 다니엘 모르네, 《프랑스혁명의 지적 기원》, 292쪽.

504 로제 샤르티에, 《프랑스혁명의 문화적 기원》, 1991, 백인호 옮김, 일월서각, 1998.

505 《프랑스혁명의 지적 기원》과 《지방의 계몽주의》를 번역한 주명철 교수의 해제 참고.

506 다니엘 모르네, 《프랑스혁명의 지적 기원》, 581~2쪽.

507 라인하르트 코젤렉, 한철 옮김, 《지나간 미래》, 문학동네, 1998.

508 전진성, 〈'항구적 위기'로서의 근대—코젤렉의 초기 저작에 나타나는 보수주의〉, 《서양사론》 91, 2006년 12월.

509 노명우, 《아도르노와 호르크하이머의 '계몽의 변증법'》, 살림, 2005, 110쪽.

510 Th. W. 아도르노, M. 호르크하이며, 김유동 옮김, 《계몽의 변증법. 철학적 단상》, 문학과지성사, 2001, 18쪽.

511 *Ibid.*, 34쪽.

512 피터 게이, 《계몽주의의 기원》, 224~5쪽.

513 이혜령, 〈근대정신과 문화의 대두〉, 배영수(편) 《서양사강의》, 한울, 2007, 295쪽.

514 Robert Wokler, "Multiculturalism and Ethnic Cleansing in the Enlightenment", Ole Peter Grell, Roy Porter(ed.), *Toleration in Enlightenment Europe*, p. 72.

515 카시러, 《계몽주의 철학》, 214쪽. 폴 아자르도 같은 평가를 내리고 있다. "온통 인간이 무엇을 믿어야 하고 무엇을 믿지 않아야 하는가에 대한 의문들 뿐이었다"(폴 아자르, 조한경 옮김, 《유럽의식의 위기》 I, 민음사, 1990, 10쪽).

516 *Ibid.*, 185쪽.

517 피터 게이, 《계몽주의의 기원》, 96쪽.

518 《프랑스혁명의 지적 기원》에 대한 주명철 교수의 해제.

519 다니엘 모르네, 《프랑스혁명의 지적 기원》, 122~4쪽.

520 피터 게이, 《계몽주의의 기원》, 27쪽.

[521] *Ibid.*, 300쪽.

[522] *Ibid.*, 28쪽.

[523] *Ibid.*, 160쪽.

[524] *Ibid.*, 161쪽.

[525] *Ibid.*, 69쪽.

[526] *Ibid.*, 108쪽.

[527] 카시러, 《계몽주의 철학》, 74쪽.,

[528] Peter Gay, *The Enlightenment : An Interpretation*의 제2권의 Preface.

14. 이신론과 관용

* 이 글은 김응종, 〈이신론과 관용〉, 《인문학연구》 88, 충남대학교 인문과학연구소, 2012를 수정보완한 것이다.

[529] '신앙주의자 '의 정의에 대해서는, Richard Popkin, *The History of Scepticism*, p. xxii.

[530] Pascal Taranto, *Du déisme à l athéisme : La libre-pensée d Anthony Collins*, pp. 155~6.

[531] *Ibid.*, pp. 156~7. 폼포나치는 《영혼불멸에 대하여》(1516)에서, 모든 물질은 고유의 생명을 가지고 있다는 물활론을 근거로 영혼불멸을 부정했다.

[532] Lucien Febvre, 김응종 옮김, 《16세기의 무신앙 문제. 라블레의 종교》.

[533] Pascal Taranto, *Du déisme à l athéisme : La libre-pensée d Anthony Collins*, p. 158.

[534] Peter Gay(ed.), *Deism : An Anthology*, Princeton, New Jersey, D. Van Nostrand Company, 1968 ; 비슷한 형태의 선집으로는, E. Graham Waring(ed.), *Deism and Natural Religion*. A Source Book, New York, Frederick Ungar Publishing Co., 1967.

[535] Peter Gay(ed.), *Deism*, p. 30.

[536] 이태하, 〈17~8 세기 영국의 이신론과 자연종교〉, 《철학연구》 63, 2003, 94쪽.

[537] *Ibid.*, 93~95쪽.

[538] Henry E. Allison, *Lessing and the Enlightenment. His philosophy of Religion and its relation to Eighteenth-Century Thought*, Ann Arbor, The University of Michigan Press, 1966, p. 6.

[539] *Ibid.*, p. 8.

[540] John Locke, *Reasonableness of Christianity as Delivered in the Scriptures*, Works, vol.

VI, p. 135. *Ibid.* pp. 8~9에서 재인용.

541 이태하, 〈17~8 세기 영국의 이신론과 자연종교〉, 95쪽.

542 Martin Fitzpatrick, "Toleration and the Enlightenment Movement", Ole Peter, Roy Porter(ed.), *Toleration in Enlightenment Europe*, pp. 37~40.

543 E. Graham Waring(ed.), *Deism and Natural Religion*. A Source Book, p. 4. 톨랜드의 책과 그것에 대한 피터 브라운의 답신은, John Valdimir Price(ed.), *Christinity not Mysterious* by John Toland, *A Letter in Answer to Christianity not Mysterious by Peter Browne*, Routledge/ Thoemmes Press, 1995.

544 P. Gay(ed.), *Deism*, p. 52. 피터 게이, 주명철 옮김, 《계몽주의의 기원》, 민음사, 1998, 470~471쪽.

545 Henry E. Allison, *Lessing and the Enlightenment. His philosophy of Religion and its relation to Eighteenth~Century Thought*, p. 13.

546 E. Graham Waring(ed.), *Deism and Natural Religion*. A Source Book, p. 111.

547 *Ibid.*, p. 110. Matthew Tindal, *Christianity as Old as the Creation*, with a new Introduction by John Valdimir Price, Routledge/Thoemmes Press, 1995.

548 E. Graham Waring(ed.), *Deism and Natural Religion*. A Source Book, p. 149.

549 *Ibid.*, p. 147.

550 *Ibid.*, p. 129.

551 P. Gay(ed.), *Deism*, p. 142.

552 Henry E. Allison, *Lessing and the Enlightenment. His philosophy of Religion and its relation to Eighteenth—Century Thought*, p. 15.

553 P. Gay(ed.), *Deism*,, p. 143.

554 *Ibid.*, p. 143~5.

555 *Ibid.*, p. 156.

556 볼테르는 《철학사전》에서 정중하지만 단호한 어조로 이렇게 썼다. "어떤 철학자, 오늘날 가장 심오한 형이상학자 가운데 한 사람은 다신교가 인간의 최초의 종교였다고 믿어야 할 강력한 이유를 몇가지 제시하고 있다. …… 그러나 나는 그렇지 않다고 감히 생각한다. 사람들은 유일한 하느님을 인정하는 데서 출발했고 나중에는 인간의 약점 때문에 다수의 신을 믿게 되었다"(피터 게이, 주명철 옮김, 《계몽주의의 기원》, 민음사, 1998, p. 593.).

557 장 자크 루소, 이용철·문경자 옮김, 《에밀 또는 교육론》, 2권, 한길사, 2007, pp. 136~149.

558 Alan Charles Kors, *D'Holbach's Coterie : an Enlightenment in Paris*, Princeton University Press, 1976.

559 Roger L. Emerson은 *Dictionary of the History of Ideas*(New York: Charles Scribner's Sons, 1968)에서 루소는 "이신론자들의 피상적인 종교를 잠식했다"고 주장했으나, 이는 잘못이다. 자세한 논의는 Robin Attfield, "Rousseau, Clarke, Butler and Critiques of Deism", *British Journal for the History of Philosophy* 12, 2004. 참고.

560 장 자크 루소, 이용철·문경자 옮김, 《에밀 또는 교육론》, 2권, p. 187.

561 *Ibid.*, 201쪽.

562 *Ibid.*, 187쪽

563 Henry E. Allison, *Lessing and the Enlightenment. His philosophy of Religion and its relation to Eighteenth-Century Thought*, pp. 56~7.

564 *Ibid.*, p. 96.

565 *Ibid.*, p. 123.

566 P. Gay(ed.), *Deism*, pp. 159~60.

567 세 반지 이야기는 보카치오의 《데카메론》에 나오는 이야기로, 이탈리아의 유명한 방앗간 주인인 메노키오가 상대주의적인 신앙관을 가지는 데 도움을 주었다 (Benjamin J. Kaplan, *Divided by Faith. Religious Conflict and the Practice of Toleration in Early Modern Europe*, p. 245). 메노키오에 대해서는, 카를로 진즈부르크, 김정하·유제분 옮김, 《치즈와 구더기. 16세기 한 방앗간 주인의 우주관》, 문학과지성사, 2001.

568 Henry E. Allison, *Lessing and the Enlightenment. His philosophy of Religion and its relation to Eighteenth-Century Thought*, p. 148.

569 *Ibid.*, p. 160. 이렇게 인간이 종교로부터 심지어는 정부로부터도 완전히 해방되는 미래의 관용사회에 대한 레싱의 비전은 당시로서는 지나치게 유토피아적이라는 평가를 받을 만하다(Joachim Whaley, "A Tolerant Society? Religious Toleration in the Holy Roman Empire, 1648-1806", Ole Peter Grell, Roy Porter(ed.), *Toleration in Enlightenment Europe*, p. 184).

570 P. Gay(ed.), *Deism*, p. 165.

571 Thomas Paine, *The Age of Reason*, London, Freethought Publishing Company, 1880,

pp. 1~2.

572 *Ibid.*, p. 9.

573 *Ibid.*, p. 147.

574 *Ibid.*, pp. 132~3.

575 *Ibid.*, p. 143.

576 *Ibid.*, p. 147.

577 P. Gay(ed.), *Deism*, 서론

578 알베르 소부울, 최갑수 옮김, 《프랑스대혁명사》 하권, 두레, 1984, pp. 54~5.

579 Günther Gawlick, "The english deists contribution to the theory of toleration", *Studies on voltaire and the eighteenth century*, 1976, pp. 823~35. 광교파는 그들의 적들과 마찬가지로 그리스도의 계시에 대한 믿음은 구원에 필수적이라고 생각했다. 따라서 그들은 사후세계에서 영원한 벌을 받는 것보다는 이 세상에서 화형당하는 것이 낫다는 화형집행자들의 명분에 만족스럽게 대답할 수 없었다.

580 Pascal Taranto, *Du déisme à l'athéisme : La libre-pensée d'Anthony Collins*, p. 167.

581 볼테르, 송기형·임미경 옮김, 《관용론》, 한길사, 2001, p. 195.

582 장 자크 루소, 이용철·문경자 옮김, 《에밀 또는 교육론》, 2권, pp. 211~2.

15. 몽테스키외·볼테르·루소

583 Geoffrey Adams, *The Huguenots and French Opinion, 1685~1787. The Enlightenment Debate on Toleration*, Ontario, Wilfrid Laurier University Press, 1991, p. 62.

584 몽테스키외, 소두영 옮김, 《페르시아인의 편지》, 삼성출판사, 1982, 67쪽.

585 *Ibid.*, 156쪽.

586 Geoffrey Adams, *The Huguenots and French Opinion, 1685~1787*, p. 66.

587 *Ibid.*, p. 66.

588 Ole Peter Grell, Roy Porter, "Toleration in Enlightenment Europe", Ole Peter Grell, Roy Porter(ed.), *Toleration in Enlightenment Europe*, p. 4.

589 몽테스키외, 신상초 옮김, 《법의 정신》, 을유문화사, 1990, 387~388쪽.

590 Geoffrey Adams, *The Huguenots and French Opinion, 1685~1787*, pp. 68~9.

591 몽테스키외, 신상초 옮김, 《법의 정신》, 404~5쪽.

592 Geoffrey Adams, *The Huguenots and French Opinion, 1685~1787*, p. 70.

593 몽테스키외, 신상초 옮김, 《법의 정신》, 403쪽.

594 Geoffrey Adams, *The Huguenots and French Opinion, 1685~1787*, p. 49.

595 *Ibid.*, p. 50.

596 *Ibid.*, p. 53.

597 Perez Zagorin, *How the Idea of Religious Toleration came to the West*, p. 294.

598 Geoffrey Adams, *The Huguenots and French Opinion, 1685~1787*, p. 223.

599 볼테르, 송기형·임미경 옮김, 《관용론》, 한길사, 2001, 51쪽.

600 *Ibid.*, 159쪽.

601 Geoffrey Adams, *The Huguenots and French Opinion, 1685~1787*, pp. 224~6.

602 Perez Zagorin, *How the Idea of Religious Toleration came to the West*, p. 295.

603 Geoffrey Adams, *The Huguenots and French Opinion, 1685~1787*, p. 180.

604 *Ibid.*, p. 180.

605 *Ibid.*, p. 182.

606 *Ibid.*, p. 185.

607 *Ibid.*, pp. 185~6.

608 *Ibid.*, p. 187.

609 *Ibid.*, p. 167.

610 Perez Zagorin, *How the Idea of Religious Toleration came to the West*, p. 299.

611 Geoffrey Adams, *The Huguenots and French Opinion, 1685~1787*, p. 156.

612 *Ibid.*, p. 158.

613 *Ibid.*, p. 149.

614 장 자크 루소, 이환 옮김, 《사회계약론》, 서울대학교 출판부, 1999, 178쪽.

615 장 자크 루소, 이용철·문경자 옮김, 《에밀 또는 교육론》, 제2권 204쪽.

616 *Ibid.*, 201쪽.

617 *Ibid.*, 211쪽.

618 Geoffrey Adams, *The Huguenots and French Opinion, 1685~1787*, p. 152.

619 *Ibid.*, pp. 159~60.

16. 돌바크의 자연철학과 무신론

* 이 글을 김응종, 〈돌바크의 자연철학과 무신론〉,《프랑스사연구》26, 2012를 수정보완하여 재구성한 것이다.

620 Baron d'Holbach는 '올바크 영지의 남작'이라는 뜻이기 때문에 돌바크 남작이 아니라 올바크 남작으로 표기해야 옳으나, 프랑스에서는 돌바크라고 발음하기 때문에 여기에서는 돌바크로 표기한다.

621 Guy Chaussinand-Nogaret, *Les Lumières au péril du bûcher. Helvétius et d'Holbach*, Fayard, 2009, p. 156.

622 이 살롱에 참석한 사람들에 대한 구체적인 연구로는 Alan Charles Kors, *D'Holbach's coterie : an enlightenment in Paris*, 1976. 저자는 이 방대한 사회사적 연구에서 돌바크의 살롱에 모인 사람들이 모두 무신론을 공유했다는 루소 이래의 편견을 부정한다. 이들 20여 명의 열성 멤버 가운데 무신론자로 꼽을 수 있는 사람은 돌바크, 디드로, 내종 정도였다.

623 1757년의 칙령은 교회를 거스르거나 국가의 안정을 해치는 책의 저자나 판매자들은 사형에 처할 수 있다고 규정했다(*Ibid.*, p. 230 주 43 참고). 다니엘 모르네, 주명철 옮김,《프랑스혁명의 지적 기원》, 175쪽.

624 Alan Charles Kors, *D'Holbach's coterie*, p. 83.

625 이 글에서는 Samuel Wilkinson의 영어번역판을 참고했다. *System of Nature ; or the Laws of the Moral and Physical World*, 3 vols, Thomas Davison, 1820, 제1권, p. 1. 이 책을 인용할 경우에는 I, II, III으로 권수만 표기할 것이다.

626 I, p. 35. "…… 물질은 언제나 존재했다 ; 그것은 자신의 본질에 의해 움직인다 ; 자연의 모든 현상은 그 안에 포함된 물질의 다양한 움직임에 따라 생겨난다 ; 그것은 마치 불사조처럼 자기의 재에서 영원히 다시 생성된다."

627 I, p. 107.

628 Michael J. Buckley, *At the Origins of Modern Atheism*, p. 250.

629 II, p. 211. 홉스도 비슷한 삼단논법을 사용했다. 존재하는 것은 물질이다―신은 존재한다―신은 물질이다.

630 I, p. 82.

631 사실, 이 유명한 말은 스피노자의 작품이 아니라 중세에 이미 사용되던 개념이

다. Bernard Tocanne, *L'idée de nature en France dans la seconde moitié du XVIIe siècle*, Klincksieck, 1978, p. 11.

632 흐로티위스와 스피노자도 이런 말을 했다.

633 II, p. 280.

634 III, p. 261.

635 이러한 이유로 돌바크를 스피노자류의 범신론자로 보는 것이 무리는 아닐 것이다. 그의 사상은 스피노자의 사상과 매우 유사하지만 스피노자처럼 '신이 존재한다'고 위장하지 않았다는 점에서 차이가 있다고 말할 수 있다.

636 II, p. 137.

637 II, p. 226.

638 Paul-Henri Thiry d'Holbach, *Histoire critique de Jésus-Christ ou Analyse raisonnée des Evangiles*, 1770, Oeuvres Philosophiques, t. 2, Editions Alive, 1998, pp. 654~5.

639 이 유명한 책에 대해서는, Silvia Berti, "The First Edition of the Traité des trois imposteurs and its Debt to Spinoza's Ethics", Michael Hunter, David Wootton(ed.) *Atheism from the Reformation to the Enlightenment*, 1992. 국내 번역으로는 스피노자의 정신 지음, 성귀수 옮김, 《세 명의 사기꾼》, 생각의 나무, 2005.

640 I, p. 53.

641 I, p. 148. "무엇이 목적인가? 무엇이 인간이 살고 있는 이 세상에서 인간의 목표인가? 그것은 자신을 보존하는 것이다. 그것은 자신의 존재를 행복하게 만드는 것이다."

642 I, p. 5.

643 II, p. 175.

644 "우리는 신앙심으로 가득한 제후들이 시도 때도 없이 부당한 전쟁을 일으키고, 쓸데없이 백성들의 피와 재산을 낭비하고 있는 것을 보지 못하는가?"(Paul-Henri Thiry d'Holbach, *Le Christianisme dévoilé*, 1756, Oeuvres Philosophiques, t. 1, Editions Alive, 1998, p. 6).

645 미셸 옹프레, 곽동준 옮김, 《바로크의 자유사상가들》, 인간사랑, 2011, 190쪽.

646 신은 전지전능하며 완전히 선한 존재이다. 그런데 왜 현실적으로 악이 존재하는가? 신은 전능하고 선하지만 악이 존재하는 것을 모르는가? 그렇다면 그는 전지하지 못하다. 신은 악이 존재하는 것을 알고 악을 없애려 하지만 없앨 수 없는 것인

가? 그렇다면 그는 전능하지 못하다. 신은 악을 없앨 수 있지만 없애지 않는 것인
가? 그렇다면 그는 선하지 않다. 현실적으로 악이 존재하는 것은 전지전능하고 완
전히 선한 존재가 없기 때문이다. 따라서 신은 없다.

[647] 회의주의 철학자인 흄은 에피쿠로스의 의문은 여전히 해결되지 않고 있다고 말했
다.

[648] Michael J. Buckley, *At the Origins of Modern Atheism*, p. 5.

[649] 피터 게이, 주명철 옮김, 《계몽주의의 기원》, 441쪽.

[650] III, p. 151.

[651] III, p. 184.

[652] III, p. 184.

[653] III, 269.

[654] Paul-Henri Thiry d'Holbach, *Ethocratie ou le gouvernement fondé sur la morale*, 1776,
Oeuvres Philosophiques, t. 1, 1998, p. 597.

[655] I, p. 159.

[656] III, p. 251. '저항권' 문제에 대해서는 Guy Chaussinand-Nogaret, *Les Lumières au
péril du bûcher. Helvétius et d'Holbach*, p. 242~3에서 복잡한 논의를 볼 수 있다.

[657] 돌바크는 *La politique naturelle*(1773)에서 혁명은 혁명이 치유하려고 하는 악보다
더 악하다고 말한다. "혁명에서, 사람들은 분노에 이끌려 이성에 귀를 기울이지 않
는다. 그들의 격앙된 상상력은 모든 것을 극단적으로 생각하게 하고 순간만을 고려
하게 한다. 야심가들과 광폭한 자들 또는 정치적 협잡꾼들에 눈이 멀어, 대중은 이
성이 필요악이라고 말하는 가벼운 악이나 시간이 지나면 쉽게 사라져버릴 악을 치
유하기 위해 깊은 상처를 내는데, 그것은 최종적으로는 국가를 파괴하거나 허망하
게 약화시키고 만다."(Alan Charles Kors, *D'Holbach's coterie : an enlightenment in Paris*, p.
310에서 재인용). 카시러, 박완규 옮김, 《계몽주의 철학》, 민음사, 1995, 357쪽.

[658] 물론 디드로나 돌바크가 공화주의를 말한 적이 없는 것은 아니나 그것은 추
상적이고 수사학적인 수준을 넘지 않았다(Alan Charles Kors, *D'Holbach's coterie : an
enlightenment in Paris*, pp. 302~10).

[659] 미셸 옹프레, 남수인 옮김, 《계몽주의 시대의 급진철학자들》, 인간사랑, 2010.

[660] Alan Charles Kors, *D'Holbach's coterie : an enlightenment in Paris*, p. 95.

[661] *Ibid.*, p. 119. 돌바크, 디드로, 루소의 친구이며 《벨리제르*Bélisaire*》의 작가인 마

르몽텔의 진술은 살롱의 분위기를 잘 전해준다. "돌바크의 집은 철학자라고 불리던 사람들의 집결지였다. 그 안식처의 불가침적인 성스러움이 정직한 영혼들에게 고취시킨 안전 의식 속에서 돌바크와 그의 친구들은 루소를 진심으로 받아들였다. 그런데 그가 《에밀》에서 그들을 어떻게 묘사하고 있는지 보라. 물론, 그가 그들의 모임에 가져다 붙인 무신론이라는 단어가 진실의 일단을 지니고는 있지만 그것은 불쾌한 일이다. 대다수의 경우에 그것은 중상모략이다. 루소도 그것을 잘 알고 있다. 그는 자기의 보좌신부의 유신론은 그들 가운데 개종가능자와 열성적인 지지자가 있다는 것을 잘 알고 있었다."

662 Guy Chaussinand-Nogaret, *Les Lumières au péril du bûcher. Helvétius et d Holbach*, p. 226~31. E. 카시러, 《계몽주의 철학》, 102~6쪽.

663 *Ibid.*, p. 223.

646 *Ibid.*, p. 62.

665 *Ibid.*, p. 133.

666 *Ibid.*, p. 47.

667 Michael J. Buckley, *At the Origins of Modern Atheism*, 제5장 "Atheism as the system of Nature : Baron Paul Henri d'Holbach" 참고로 Toland도 "물질은 본질적으로 움직인다" 라고 주장하여 돌바크에게 영향을 주었다(*Ibid.*, p. 320).

668 Jean-Claude Bourdin, Préface, Paul-Henri Thiry d'Holbach, *Oeuvres philosophiques*, Editions Alive, 1998, p. xii.

669 Alan Charles Kors, *D'Holbach's coterie : an enlightenment in Paris*, p. 104.

670 *Ibid.*, pp. 41~2.

671 로버트 단턴, 주명철 옮김, 《책과 혁명. 프랑스혁명 이전의 금서 베스트 셀러》, 길, 2003. 138쪽. 주명철, 《서양금서의 문화사. 프랑스 계몽주의 시대를 중심으로》, 길, 2006, 341쪽.

672 III, pp. 220~1.

673 Alan Charles Kors, *D'Holbach's coterie : an enlightenment in Paris*, p. 241.

674 미셸 옹프레, 《계몽주의 시대의 급진철학자들》, 47~107쪽.

675 Guy Chaussinand-Nogaret, *Les Lumières au péril du bûcher. Helvétius et d Holbach*, p. 164.

676 피터 게이, 《계몽주의의 기원》, 28쪽; *John Marshall, John Locke, Toleration and Early*

Enlightenment Culture(Cambridge: Cambridge University Press, 2006), pp. 1~2.

677 Paul-Henri Thiry d'Holbach, *La Contagion sacré*, 1768, Oeuvres Philosophiques, t. 1, p. 297. 돌바크에게는 종교와 마찬가지로 민주주의도 환상chimera이었다.

맺음말

678 Peter Garnsey, "Religious Toleration in Classical Antiquity", W. J. Sheils(ed.), *Persecution and Toleration*, pp. 23~4.

679 Henry Kamen, *The Rise of Toleration*, p. 217.

680 Benjamin J. Kaplan, *Divided by Faith*, p. 351.

681 *Ibid.*, p. 352.

682 Perez Zagorin, *How the Idea of Religious Toleration came to the West*, p. 301.

683 Jean-Michel Gros, "Bayle : de la tolérance à la liberté de conscience", Yves Charles Zarka, Franck Lessay, John Rogers(ed.), *Les fondements philosophiques de la tolérance en France et en Angleterre au XVIIe siècle*, t. I, p. 311에서 재인용.

684 Martin Fitzpatrick, "Toleration and the Enlightenment Movement", Ole Peter Grell, Roy Porter(ed.), *Toleration in Enlightenment Europe*, p. 46에서 재인용.

685 존 베리, 《사상의 자유의 역사》, 133쪽.

686 Joachim Whaley, "Religious Toleration in the Holy Roman Empire", Ole Peter Grell, Roy Porter(ed.), *Toleration in Enlightenment Europe*, pp. 190~1에서 재인용.

687 Bemjamin J. Kaplan, *Divided by Faith. Religious Conflict and the Practice of Toleration in Early Modern Europe*, p. 356.

688 *Ibid.*, p. 355.

689 Michel Vovelle, *Piété baroque et déchristianisation en Provence au XVIIIe siècle*, Plon, 1973.

690 로제 샤르티에, 백인호 옮김, 《프랑스혁명의 문화적 기원》, 일월서각, 1998.

691 한국천주교주교회의, 《제2차바티칸 공의회 문헌》, 2010, 650~1쪽.

692 *Ibid.*, 661쪽.

찾아보기

르네상스에서 계몽주의까지

관용의 역사

- ⊙ 2014년 6월 30일 초판 1쇄 발행
- ⊙ 2023년 3월 28일 초판 3쇄 발행
- ⊙ 글쓴이   김응종
- ⊙ 펴낸이   박혜숙
- ⊙ 펴낸곳 도서출판 푸른역사
    우) 03044 서울시 종로구 자하문로8길 13
    전화: 02)720-8921(편집부) 02)720-8920(영업부)
    팩스: 02)720-9887
    전자우편: 2013history@naver.com
    등록: 1997년 2월 14일 제13-483호

ⓒ 김응종, 2023

ISBN   979-11-5612-015-5   93900

이 저서는 2009년 정부(교육부)의 재원으로 한국연구재단의 지원을 받아 수행된 연구임(NRF-2009_812_A00027)